BIBLIOTECA DE DERECHO ADMINISTRATIVO

COLECCIÓN ALLAN R. BREWER-CARÍAS

Luigi Garofalo
(Director)

Carlos Antonio Agurto Gonzáles
Sonia Lidia Quequejana Mamani
Benigno Choque Cuenca
(Coordinadores Generales)

José Ramón Parada Vásquez
Catedrático de Derecho Administrativo de la
Universidad Nacional de Educación a Distancia (UNED)
(España)

LA ADMINISTRACIÓN Y LOS JUECES

Estudio Preliminar
Luciano Parejo Alfonso
Catedrático de Derecho Administrativo Universidad Carlos III de Madrid

Notas de Actualización
Andrés Betancor Rodríguez
Catedrático de Derecho Administrativo de la Universidad Pompeu Fabra

Edición al cuidado de
Carlos Antonio Agurto Gonzáles
Sonia Lidia Quequejana Mamani
Benigno Choque Cuenca

editorial jurídica venezolana
Ediciones Olejnik

Edición al cuidado de: Carlos Antonio AGURTO GONZÁLES
Sonia Lidia QUEQUEJANA MAMANI
Benigno CHOQUE CUENCA

La primera edición de esta obra estuvo a cargo de la Editorial Jurídica Venezolana.

Título: LA ADMINISTRACIÓN Y LOS JUECES.

Huérfanos 611, Santiago-Chile
E-mail: contacto@edicionesolejnik.com
Web site: http://www.edicionesolejnik.com

Primera edición en Ediciones Olejnik: 2020

ISBN: 978-956-392-877-8

Diseño de Carátula: Ena Zuñiga
Diagramación: Janett Ruiz Rebaza

Impreso en Argentina 2020 Printed in Argentina

Al profesor Brewer Carías,
gran maestro y;
entrañable amigo.

INDICE

2.
Sobre la tesis de parada en relación con los orígenes de lo contencioso administrativo
Alejandro Nieto

3.
Replica a Nieto sobre el privilegio de decisión ejecutoria y el sistema contencioso administrativo

4.

Informe sobre la administración y la jurisdicción contencioso-administrativa en el anteproyecto de bases para una ley orgánica de la justicia

SEGUNDA PARTE
ADMINISTRACIÓN Y JURISDICCIÓN PENAL

5.

LA RESPONSABILIDAD CRIMINAL DE LOS FUNCIONARIOS PÚBLICOS Y SUS OBSTÁCULOS: AUTORIZACIÓN PREVIA, PREJUDICIALIDAD ADMINISTRATIVA Y CUESTIONES PREVIAS

5.
EL PODER SANCIONADOR DE LA ADMINISTRACIÓN Y LA CRISIS DEL SISTEMA JUDICIAL PENAL

TERCERA PARTE
EL SISTEMA DE CONFLICTOS

7.
LOS CONFLICTOS ENTRE LA ADMINISTRACIÓN Y LOS TRIBUNALES ANTE LA NUEVA CONSTITUCIÓN

NOTAS SOBRE LA EDICIÓN

Este volumen, editado por la Editorial Jurídica Venezolana en Caracas en 1988, contiene siete estudios producidos en la doctrina jurídica española sobre uno de los temas que han sido y, previsiblemente serán siempre, capitales para el derecho administrativo, y es el relativo a las relaciones entre la Administración y la Justicia.

Se trata de un conjunto de trabajos de un mismo autor, el muy querido amigo el profesor José Ramón Parada Vázquez, pues si bien uno de ellos pertenece a nuestro también muy querido el profesor Alejandro Nieto, este último se produjo con ocasión de una polémica con el anterior que entonces y ahora cabe considerar clásica en el moderno derecho administrativo español. Por consiguiente, la unidad del presente libro no es sólo temática sino también doctrinal, al recoger la posición de uno de los más caracterizados representantes de la doctrina administrativa española contemporánea.

La edición de Caracas, y esta que se edita ahora conjuntamente con Ediciones Olejnik, constituye, en definitiva, una reedición de conjunto de unos trabajos que fueron publicados en la Revista de Administración Pública, *editada por el Instituto de Estudios Políticos de Madrid, durante un período de casi veinte años entre el primero (1960) y el último (1977). La calidad de los estudios, y la conexión temática de la que participan todos ellos, constituían las mejores razones para publicarlos conjuntamente en un mismo volumen.*

Pero, al propio tiempo, la separación temporal existente entre los estudios, y la lejanía de alguno de ellos respecto del ordenamiento jurídico surgido tras la Constitución española de 1978, aconsejaban la realización de una tarea adicional, que era explicar la evolución operada por el ordenamiento jurídico-administrativo en los años anteriores, dando cuenta del sistema jurídico entonces vigente en 1988.

La solución adoptada al realizar esta obra fue, en este sentido, la más respetuosa que cabía imaginar tanto con la finalidad debida a cada autor, como con el proceso temporal mismo, de acuerdo con el cual los citados trabajos vieron la luz. De esta manera, se publican, de una parte, los siete estudios sobre la Administración y los Jueces *tal y como salieron de la pluma de sus autores. Además, en notas a pie de página –con numeración romana para respetar la autenticidad de los documentos originales– se da cumplida cuenta de las transformaciones normativas que se habían operado en el ordenamiento español, desde el momento en que los trabajos se elaboraron hasta 1988, tarea realizada por el también querido amigo el profesor Andrés Betancor Rodríguez. Finalmente, la obra se completa con un extenso estudio preliminar del también querido amigo profesor Luciano Parejo Alfonso, relativo a la evolución experimentada en el ordenamiento administrativo sobre esta concreta materia, así como expresivo del sistema jurídico entonces vigente en España.*

El resultado, fue un libro cuyo interés trascendía y trasciende las fronteras del derecho español, al enfrentarse con uno de los problemas centrales para la construcción y consolidación de todo Estado de Derecho. Por ello, constituyó un verdadero orgullo para la Editorial Jurídica venezolana, el que el Profesor Parada Vázquez, uno de los más destacados creadores del derecho administrativo español contemporáneo, hubiera aceptado mi sugerencia de publicar el libro en Venezuela, donde se lo consulta y respeta, como en el resto de los países hispanoamericanos.

Después de haber estado agotada por mucho tiempo, a la Editorial Jurídica venezolana le complace mucho que Ediciones Olejnik haya tomado interés en reeditar la obra en conjunto, y darle ahora la adicional difusión que se merece.

Agosto de 2020

ESTUDIO PRELIMINAR

LUCIANO PAREJO ALFONSO
Catedrático de Derecho Administrativo
Presidente del Instituto Nacional de Administración Pública
España

Aparecen ahora de nuevo, editados en Venezuela y reunidos en forma de libro, gracias a una muy feliz iniciativa del Profesor Allan R. Brewer-Carías, los distintos trabajos en que, a lo largo de dos largas y cruciales décadas (años 60 y 70) el maestro y amigo Profesor José Ramón Parada Vázquez ha ido volcando su preocupación por la relación entre la Administración y el Poder Judicial. Esta preocupación, sea dicho desde ahora e incidentalmente, dice ya por sí sola mucho sobre el autor, que nunca ha rehuido los problemas centrales del Derecho público.

El libro que así resulta, ni es una simple recopilación más o menos afortunada o arbitraria, ni -en contra de lo que una primera y superficial impresión pudiera apuntar- se agota en una colección de estudios ciertamente valiosos en sí mismos pero de interés actual más bien relativo. Todos ellos como acaba de hacerse notar, forman un conjunto trabado por idéntica preocupación, constituyendo aproximaciones -desde distintas perspectivas- a una misma y capital cuestión del Derecho Administrativo y aun del Derecho Constitucional, de la que depende la realización del principio de Estado de Derecho: la de la posición privilegiada de la principal manifestación del poder público en el interior del Estado, por lo que hace a la relación cotidiana de éste con el ciudadano y, más concretamente, la de los términos de su justiciabilidad. Es cierto que los trabajos aquí reunidos o bien buscan en los orígenes del sistema específico del control judicial de la acción administrativa o bien analizan problemas concretos derivados del principio de separación entre la Administración y el Poder Judicial en la situación normativa anterior a la Constitución de 1978, pero ninguna de estas dos circunstancias les priva de interés o les resta valor para el planteamiento y la solución actuales de la cuestión a la que se reconducen. Prueba evidente -referida al estudio sobre el poder sancionador de la Administración y la crisis del sistema judicial penal- es el elogioso juicio que éste ha merecido y el interés con que lo maneja, para la solución de los problemas de orden sancionador en el terreno del Derecho financiero, el Profesor F. Sáinz de Bujanda, en su *Sistema de Derecho Financiero* (Ed. Facultad de Derecho de la Universidad Complutense, Madrid, 1985, Vol. II, págs. 694 y ss.).

Los estudios del Profesor Parada Vázquez aquí publicados constituyen, en efecto, un magnífico ejemplo del empeño y el esfuerzo de los iuspublicistas encabezados, formados y alentados por los maestros que surgen en la postguerra civil en orden a reconstruir (más propiamente habría que hablar de "construir") el Derecho público, de alcanzar el debido equilibrio entre privilegios del poder y derechos del ciudadano en garantía de éstos. En un sistema autocrático de las características del surgido en la guerra civil, es decir, desprovisto de verdadera Constitución y en el que el poder político, además de centralizado, aparece descompensado en favor del aparato ejecutivo o "Administración", aquel esfuerzo había de intentarse y realizarse desde las técnicas propias del Derecho Administrativo. El empeño, contemplado retrospectivamente y valorado en su contexto, dio frutos espléndidos por la doble vía, con gran tradición en España, política (conducida por los administrativistas que, por ser más cercanos o compatibles con el régimen político, al mismo tiempo fueron administradores: la década de los años cincuenta ve la promulgación de Leyes-hito, como la reguladora de la Jurisdicción contencioso-administrativa, la de régimen jurídico de la Administración del Estado, la de procedimiento administrativo, la de expropiación forzosa, etc...) y científico-dogmática (liderada sin duda por la figura excepcional del Profesor García de Enterría y la escuela por él formada, en la que al Profesor Parada Vázquez corresponde un lugar destacado). La acción combinada de ambas vías (que llega hasta el final del régimen de Franco y en la que es apreciable una secuencia, un relevo en el tiempo: la segunda gana en importancia a medida que el sistema se institucionaliza y se "juridifica", así como se va renovando en sus cuadros dirigentes) no es ajena a la evolución del Estado surgido de la guerra civil; evolución en la que, como compensación a su incapacidad constitutiva para alcanzar una plena y real legitimación popular y democrática, cumple todo un proceso de legitimación "jurídica" mediante la formalización y regularización de su acción y de sus relaciones con los ciudadanos, es decir, afirmación progresiva, siquiera en el plano formal, del principio de Estado de Derecho.

El esfuerzo así desplegado colectivamente y sostenido a lo largo del dilatado período del régimen de Franco resulta posible y eficaz, no tanto por la coincidencia positiva del grupo de juristas considerado en unos valores concretos, cuanto más bien -y esto conviene enfatizarlo- por su coincidencia en el rechazo del sistema, y en la necesidad de la corrección de sus excesos en el ejercicio del poder y sus correlativas insuficiencias en el reconocimiento y la garantía de los derechos de los ciudadanos. La intensidad y duración del esfuerzo determinan la consolidación y el arraigo de las ideas, los conceptos y los esquemas generados en el curso del mismo, que -se insiste- más que resultado de una reflexión positiva sobre las exigencias institucionales de un Estado democrático de Derecho son reflejo de una lucha histórica contra un sistema determinado. Y las ideas así forjadas, que habían logrado penetrar y obtener difusión en la conciencia jurídica y política colectivas, al llegar la democracia colman las necesidades derivadas de la articulación jurídica de la misma -que pugna con impaciencia por su plena realización-, en una suerte de victoria postrera sobre un régimen desaparecido y sin sufrir primero -como parece habría sido preciso- una suficiente revisión o reconsideración a la luz de la constitución de un nuevo Estado, éste sí -ahora- plenamente democrático.

Encuentra explicación de esta forma el desbordamiento en los primeros años de vida democrática y constitucional (especialmente la etapa de transición política y las dos primeras legislaturas) por el ansia, la obsesión casi por hacer efectivas las ideas elaboradas y acuñadas en y contra el régimen autocrático, confundiéndolas o identificándolas sin más, con las precisas para la construcción del nuevo Estado democrático; obsesión que impide y ahoga -por no democrática, no "progresista"- cualquier otra serena ponderación de los requerimientos planteados, desde el mismo orden constitucional, a dicha construcción. En la legislación y en la aplicación del Derecho (significativamente en la jurisprudencia) acaba instalándose, como inherente al nuevo ordenamiento estatal, una actitud de principio crítica de desconfianza hacia el poder (sospechoso *a priori* de exceso, precisado de limitación y entrabamiento como regla; opera aquí claramente una inercia de la "imagen" del poder preconstitucional, tratándose de una actitud heredera, bajo nueva veste, de la que suscitaba dicho poder, no equiparable, en todo caso, a la que es consustancial a todo Estado de Derecho) y proclive indiscriminadamente a las posiciones privadas o no estatales, sin consideración o, cuando menos, con relegación de las exigencias inherentes a la acción pública y, en particular, administrativa. Favorecen indudablemente tal proceso, tanto la composición sociológica de los cuadros dirigentes del partido mayoritario y gobernante en la transición política y la primera legislatura (creadora de una suerte de ilusión de la continuación, en el terreno político real, de la lucha contra el franquismo), como la asunción por el partido mayoritario a partir de la segunda legislatura del apuntado planteamiento (en el plano de las soluciones jurídicas), en orden a su proyecto de consolidación democrática y modernización del país.

Buen ejemplo de cuanto venimos diciendo, por guardar relación con el objeto común de los estudios del Profesor Parada Vázquez, es la aceptación acrítica en el momento constituyente como un bien indiscutible la creación de un órgano constitucional de gobierno del poder judicial (el Consejo General del Poder Judicial) independiente, separado del poder ejecutivo y diferenciado, a su vez, del propio poder judicial en sentido estricto, así como la configuración patente de dicho órgano constitucional por la Ley Orgánica 1/1980, de 10 de enero. Ninguna duda ofrece tanto el condicionamiento de esta decisión por la experiencia de la deficiente situación del poder judicial respecto del ejecutivo en el régimen franquista, como la ausencia de ponderación en el momento de su decisión de sus inconvenientes para el buen funcionamiento del sistema democrático concreto que se implantaba, y de consideración seria de otras alternativas igualmente válidas para conseguir la plena independencia judicial. Podría citarse también la prioridad legislativa concedida, sobre la nueva regulación del propio complejo Gobierno-Administración, a instituciones de control externo del mismo, tales como el Defensor del Pueblo (Ley Orgánica 3/1981, de 6 de abril) y el Tribunal de Cuentas (Ley Orgánica 2/1982, de 12 de mayo), en la que se muestra nuevamente la conveniencia y aun la necesidad política del poder de diferenciarse radicalmente sin más del modelo heredado, de aparecer rigurosamente controlado. Esta prioridad es tanto más significativa, cuanto que con la intensificación y la extensión de la limitación y el control del poder público, camina paralelamente la reafirmación y la ampliación de las demandas y las exigencias sociales positivas a ese mismo poder, en tanto que el nuevo Estado se reconoce a sí mismo como social, imponiéndosele un elenco de objetivos de configuración de la vida social ciertamente ambicioso.

Supuesto bien ilustrativo igualmente de la situación es el planteamiento y el fallo del recurso de inconstitucionalidad deducido contra las Leyes ordinaria 48/1984, de

26 de diciembre, reguladora de la objeción de conciencia, y Orgánica 8/1984, de 26 de diciembre, reguladora del régimen de recursos y régimen penal en materia de objeción de conciencia y prestación social sustitutoria. El planteamiento del recurso, deducido nada menos que por el Defensor del Pueblo, se montó sobre una amplísima concepción del derecho a la objeción de conciencia, entendiéndolo como un verdadero derecho fundamental (a pesar de no figurar sistemáticamente en el texto constitucional entre los que éste atribuye tal condición) comprensivo no sólo del derecho a formar libremente la propia conciencia, sino también a obrar de modo conforme a los imperativos de la misma (frente a los deberes impuestos con carácter general por el Estado), que -al ser ejercitado- no autoriza a comprobación estatal que lesione el derecho a no declarar o violente (por ejemplo, mediante la exigencia de la ampliación de los razonamientos expuestos en su declaración por el objetar o la solicitud de documentos o testimonios a otras personas u organismos) el derecho fundamental a la intimidad y al respeto a la vida privada; planteamiento, pues, que -como se ve- elevaba a sus extremos el contenido de las correspondientes posiciones individuales frente a los requerimientos elementales que, desde los intereses generales propios de un Estado democrático y social de Derecho, se formulan a las excepciones al cumplimiento de deberes generales que dichas posiciones representan. Y el fallo, formulado por la Sentencia del Tribunal Constitucional 160/1987, de 27 de octubre, ha de producirse con tres votos particulares de sendos Magistrados y dejar sentado que la objeción de conciencia, aún siendo derecho constitucional consagrado, carece de la cualidad de fundamental (su regulación no requiere, por tanto, Ley Orgánica); la permisión de una conducta que se separa de la norma general e igual para todos debe considerarse -en un Estado social y democrático de Derecho construido sobre el consenso mayoritario expresado libremente- una verdadera excepción; el derecho a la objeción de conciencia no es, por tanto, un *derecho ilimitado o incondicionado* y sí precisado de expresión, constatación y reconocimiento; y el ejercicio de dicho derecho lleva en sí la renuncia del objetor a mantener en el ámbito secreto de su conciencia sus reservas ideológicas a la violencia y/o a la prestación del servicio militar, por lo que no cabe reprochar inconstitucionalidad al requerimiento y la aportación de documentos o testimonios dirigidos a comprobar la seriedad de los motivos declarados o la realidad de hechos externos constatables.

Sólo ahora, y no tanto en la doctrina científica o en la jurisprudencia, sino en los ámbitos de responsabilidad política, de gobierno o de administración, comienzan a apreciarse las consecuencias negativas de las líneas que han presidido la primera etapa del período constitucional. El caso antes aludido del Consejo del Poder Judicial resulta ilustrativo. Su funcionamiento, que lógicamente llevó al Consejo a intentar extraer de su estatuto todas las potencialidades, puso de relieve bien pronto las dificultades de encaje en el sistema diseñado por la propia Constitución: la composición exclusivamente funcionarial del poder judicial imponía un carácter corporativo (sólo democrático en el interior de la propia corporación de los funcionarios judiciales), nada menos que al órgano de gobierno de un poder constitucional, este último resultaba en todo caso una poderosa pieza situada al margen del mecanismo básico de la responsabilidad política por inaccesible al control ordinario y efectivo del Parlamento, y la generosa concepción de sus competencias privaba al Gobierno de toda influencia efectiva en la política del servicio público de la Justicia (que no es la función constitucional de juzgar y hacer ejecutar lo juzgado), a pesar de su responsabilización constitucional global de la política interior. El conflicto se hacía inevitable y efectivamente se produjo, habiéndose saldado por ahora con la corrección por la Ley Orgánica 6/1985, de 1 de julio, del Poder Judicial, de la composición del Consejo General de éste (atribuyendo a las Cortes la elección de los miembros de extracción judicial; lo que no da solución completa al problema constitucional de la responsabilidad política, por su gestión, del Consejo) y la recuperación de terreno por el Gobierno en el orden de la política en materia del servicio público de la Justicia.

Los ejemplos podrían fácilmente multiplicarse y algunos irán surgiendo más adelante. En todo caso, la progresiva conquista en la legislación y la jurisprudencia postconstitucional de metas puntuales largamente anheladas, está generando -por razón de su incidencia contraproducente sobre valores y objetivos claros del Estado democrático y social- la conciencia de la ineludible necesidad de planteamientos globales capaces de evitar las contradicciones, articulados sobre los datos actuales del orden constitucional y desembarazados, por tanto, del lastre indebido de cualesquiera fantasmas y condicionamientos del pasado. Así sucede desde luego con la renovada aporía de la doble autotutela reconocida al poder público administrativo y su conciliación con la plenitud de la tutela judicial en un sistema con separación efectiva de poderes, en el que al judicial corresponde la plenitud de su función inherente: juzgar y ejecutar lo juzgado, es decir, decidir imperativamente y ejecutoriamente lo que es derecho en el caso concreto o plano de la aplicación de este último.

En el ámbito de esa aporía central, los trabajos del Profesor Parada Vázquez representan la ilustración más cabal del proceso hasta aquí descrito con carácter general. En la investigación de los orígenes de lo contencioso-administrativo laten sin duda, por debajo y más allá del objeto científico, de develar los términos iniciales del problema y construir el desarrollo histórico de la institución, el cuestionamiento del privilegio de la autotutela ejecutiva (al menos tal cual acaba decantándose y afirmándose hasta la actualidad) y el propósito de demostrar, que no se trata de un atributo ineluctablemente necesario con carácter general para la funcionalidad y operatividad del poder administrativo, a cuyo efecto la demostración de la tesis de su inexistencia ya no sólo en el momento fundacional del sistema (gracias a la influencia del modelo francés), sino ni tan siquiera en la época del absolutismo tardío constituye un argumento decisivo. Idéntico planteamiento crítico inspira el examen de algunas otras consecuencias principales de la rígida separación entre Administración y Juez: la relación con la justicia penal (problemas de prejudicialidad penal y cuestiones administrativas, así como de enjuiciamiento criminal de autoridades y funcionarios públicos) y la resolución de los inevitables conflictos jurisdiccionales. La sensibilidad de la doctrina a este enfoque revulsivo de la cuestión se ofrece con claridad en la polémica -rarísima *avis* en la ciencia jurídico-administrativa española, según reconoce el interlocutor en la misma, Profesor A. Nieto- suscitada por la monografía sobre los orígenes de lo contencioso-administrativo (recogida en el presente volumen), y la receptividad de esa misma doctrina para con la posición de fondo última que subyace en tal enfoque resulta inmediata: el propio Profesor A. Nieto aborda su réplica desde la doble advertencia de la existencia en la doctrina de síntomas de desasosiego e insatisfacción graves con él estado de la jurisdicción contencioso-administrativa -síntomas anunciadores de una crisis profunda de la institución- y de lo certero del análisis del Profesor Parada

("...ha puesto agudamente de manifiesto -dice- la llaga de todo el sistema"), de suerte que el replanteamiento del sistema, caso de abordarse y más allá de las discrepancias que con las tesis de dicho autor expone, habría de hacerse en el sentido indicado o apuntado por este último; más aún, da cuenta ya de la repercusión inmediata de dichas tesis en un sector de la doctrina, que intenta extraer las consecuencias actuales de las mismas. Con entera independencia de su aceptación, éstas están, así, en el centro mismo del estado de opinión que acaba decantándose en la doctrina nucleada en torno al Profesor E. García de Enterría, y cuyos elementos básicos aparecen en su conocido *Curso de Derecho Administrativo.* Se trata, sin poner en duda su subsistencia (y, por ende, la autotutela administrativa), de la superación del techo alcanzado en la tutela por el sistema contencioso-administrativo de 1956: eliminación de los condicionantes y las limitaciones de la tópica caracterización revisora de la Jurisdicción especializada, complitud del control garantizado por la misma, cuestionamiento de la prescripción de los derechos sustantivos a través de la combinación de la carga de la impugnación (con fijación de fugaces plazos para su levantamiento), y la técnica del acto consentido y firme, exigencia de la ejecución efectiva de las Sentencias condenatorias de la Administración y perfeccionamiento de la tutela judicial cautelar, frente al privilegio de la ejecución administrativa de los actos impugnados. Estas líneas de crítica y renovación del sistema apuntadas y perfiladas ya antes de la transición política y de la promulgación de la Constitución, reciben de éstas -sin variar su enfoque y dirección- nuevos y definitivos impulsos, especialmente en punto a la tutela judicial cautelar y la ejecución de las Sentencias condenatorias de la Administración (yo mismo, en el contexto de la corriente doctrinal comentada, me he ocupado de estos temas en diversos trabajos: "La garantía jurisdiccional frente a la actividad administrativa: a propósito de los artículos 24 y 104 del Anteproyecto de Constitución", *RAP,* núm. 84, *Estado social y Administración Pública; los postulados constitucionales de la reforma administrativa,* Ed. Civitas, 1983, y "La tutela judicial cautelar en el orden contencioso-administrativo", *REDA,* núm. 49). Su incidencia en la legislación postconstitucional es clara por lo que hace a la tutela judicial cautelar. El legislador, sin plantearse la reconsideración general de la institución, va procediendo a su retoque continuo materia por materia (vía regulaciones especiales) y en el sentido propugnado por la doctrina: Ley 62/1978, de 26 de diciembre, de protección jurisdiccional de los derechos fundamentales; Ley Orgánica 1/1979, de 26 de septiembre, General Penitenciaria; Ley Orgánica 1/1986, de 10 de enero, del Consejo General del Poder Judicial; Ley Orgánica 2/1979, de 3 de octubre, reguladora del Tribunal Constitucional; y Ley 7/1985, de 2 de abril, reguladora de las bases de régimen local. En la Ley Orgánica 2/1986, de 13 de marzo, sobre Cuerpos y Fuerzas de Seguridad del Estado aparece ya una reacción frente al favorecimiento por principio de la suspensión de la ejecución de los actos pendientes su impugnación, al cuidar de advertir que las medidas provisionales adoptadas respecto de un funcionario sujeto a expediente disciplinario (salvo la de suspensión de sueldo) pueden prolongarse hasta que recaiga resolución judicial definitiva. Pero la innovación legislativa sin duda más importante, dado el campo cubierto por la misma -la producida en el régimen de tutela judicial de los derechos fundamentales-, que supone realmente una regulación general alternativa de la técnica de la suspensión, se ha decantado en la dirección señalada por la doctrina. Esta decantación se ha hecho notar en la jurisprudencia, con una aplicación mucho más decidida y desenvuelta por la misma de la referida técnica de la suspensión.

Sin embargo, donde la alineación de la jurisprudencia con los planteamientos doctrinales se ha hecho notar más espectacularmente es, sin duda, en el problema de la ejecución de las Sentencias condenatorias de la Administración, respecto al cual aún no se ha pronunciado el legislador postconstitucional. A pesar de que el Art. 117.3 de la Constitución (atribución en exclusiva al poder judicial de la función de juzgar y hacer ejecutar lo juzgado) no supone novedad alguna en nuestra historia constitucional y en contraste con la prudencia observada por el Tribunal Constitucional (la S. 67/1984, de 7 de junio no concluye la inconstitucionalidad de la atribución a la Administración por la vigente Ley de la Jurisdicción contencioso-administrativa, de la ejecución de las Sentencias y la posterior S. 167/1987, de 28 de octubre, aunque enfatiza las facultades de ejecución judiciales, no contradice la anterior), la Jurisdicción Contencioso-Administrativa se ha pronunciado con decisión -sobre la doble base del derecho fundamental a una tutela judicial plena y efectiva (Art. 24.1 de la Constitución) y de la obligación general y no excepcionable de cumplir las resoluciones y Sentencias firmes de los Jueces y Tribunales (Art. 118 de la Constitución)- sobre su poder de ejecución de los propios pronunciamientos, llegando incluso a declarar irreductiblemente contradictorio con la Constitución y derogado por ésta el actual sistema legal de ejecución de las Sentencias de aquella Jurisdicción (Sentencia del Tribunal Supremo, Sala 3ª, de 13 de marzo de 1986; Rep. Az. 1080).

Como se ve, el traspaso por las tesis doctrinales comentadas de los límites de la teoría gracias al cambio de las condiciones políticas lejos de haber contribuido a la superación de la crisis del sistema de justicia administrativa, de haber supuesto la reconstrucción de éste conforme al nuevo orden, ha venido por ahora a romper la coherencia de dicho sistema y a sumirlo en una diversidad de soluciones y planteamientos. El resultado hoy por hoy es una cierta confusión, un panorama de multiplicidad de caminos sin perspectiva cierta (cada uno de ellos) de conducir a soluciones globales satisfactorias, y, por tanto, un resurgimiento incontenible de la aporía. Aquel sistema vuelve a ser una *dubitatio* plagada de interrogantes que reclaman imperiosamente una respuesta, además de satisfactoria, capaz de inscribirse y encajar en una imagen institucional global nítida y acabada. La responsabilidad de los *iuspublicistas* en semejante tarea es evidente. Y esa responsabilidad no puede afrontarse, a mi modesto juicio, desde los esquemas y los planteamientos establecidos y arraigados en un Estado sin Constitución. Es inexcusable su revalidación y, en su caso, su sustitución por otros nuevos a partir del Estado fundado por la Constitución de 1978. En particular, ha quedado obsoleto el planteamiento de prevención frente a la Administración (parte de un sistema sin legitimidad sustantiva) conducente a la primacía absoluta de la perspectiva externa y antagónica a la misma de búsqueda en todo caso de soluciones, fórmulas y procedimientos de limitación y control de su acción, es decir, a un escenario maniqueo en el que a la Administración se le atribuye como regla el papel del personaje poderoso, proclive constitutivamente al exceso y al avasallamiento de los derechos de los ciudadanos. La Administración es hoy un instrumento servicial de un poder legitimado democráticamente e, incluso (en el caso de las instancias locales) un aparato gobernado directamente por representantes populares. Esta sola circunstancia exige ya un cambio radical del punto de vista en su tratamiento, pues lo primero ha de ser sin duda cuidar de que la Administración reúna las condiciones para su obligada acción como instrumento al servicio de la realidad y efectividad de la garantía de la convivencia democrática; la consolidación del Estado de Derecho; la protección de todos, de sus derechos, cultura, tradición, lenguas e instituciones; la promoción del progreso de la cultura y la economía; el establecimiento de una sociedad democrática avanzada, y la colaboración en el fortalecimiento de unas relaciones internacionales basadas en la cooperación y la paz; valores todos ellos a los que se reconduce en último término el Estado y su ordenamiento jurídico a tenor del preámbulo de la Constitución. Adquieren así sentido y consistencia valores y técnicas calificados sólo formalmente como privilegios del poder público y que antes eran palabras hueras, simples atributos del nudo poder. Conviene aclarar, para anticiparnos a la posible y fácil crítica, que este indispensable cambio de óptica en nada implica rebajar ni un ápice el nivel de exigencia y de control de la legalidad de la actuación administrativa. No está reñido y sí es perfectamente compatible con los requerimientos más estrictos del principio de Estado de Derecho, como lo demuestra el ejemplo de los Estados democráticos de nuestro entorno geográfico.

II

LA SEPARACIÓN ENTRE ADMINISTRACIÓN Y JUEZ; SUS CONSECUENCIAS: LA DOBLE AUTOTUTELA ADMINISTRATIVA Y EL CONTROL JUDICIAL ESPECIALIZADO

1. *La evolución histórica y la situación inmediatamente antes de la Constitución de 1978*

En España acaba decantándose históricamente un sistema contencioso-administrativo que, encuadrado en el llamado "régimen administrativo" de patente francesa y basado en la separación de la Administración (dotada de la doble prerrogativa de la decisión previa ejecutoria y de la ejecución unilateral de la misma) y el Juez (limitado al enjuiciamiento *ex post facto* de la acción administrativa), ha llegado a arraigar profundamente para formar parte esencial de la cultura jurídico-pública del país, lo que -por lo demás y como es bien sabido- no le singulariza entre los del continente europeo. En la polémica Parada-Nieto, la cuestión debatida no era otra que la de si dicho sistema trae causa en realidad de una desfiguración o desvirtuación del modelo original o, por el contrario, es fruto de una evolución condicionada por unos elementos ya existentes en el momento de partida. Para Parada lo cierto es lo primero, porque:

- Antes de la implantación del sistema la Administración carecía, salvo excepciones, del privilegio de la decisión ejecutoria desde el momento, al menos, en que la cuestión de que se tratara se tornara contenciosa por la oposición del o de los afectados; lo contencioso es sólo, pues, un criterio de reparto de asuntos entre la Administración activa y la contenciosa y no -como ahora- de delimitación entre una jurisdicción especializada y los Jueces civiles ordinarios; tal proceso contencioso-administrativo lo es de resolución en primer grado de una cuestión litigiosa a propósito de una actuación de la Administración y no de enjuiciamiento objetivo del acto de ésta (así era en el esquema Consejos Provinciales-Consejo Real regulado en 1845-1846).
- El apartamiento del modelo original así sumariamente caracterizado tiene lugar vía reconocimiento excepcional, pero progresivo a órganos administrativos de la potestad de resolver ejecutoriamente controversias sobre derechos (son los llamados Jueces Administrativos de excepción, recibidos de Francia). En estos casos resulta obligado dar ocasión a los afectados de defenderse, lo que se hace montando un recurso de apelación ante la Administración con-

tenciosa, que sienta ya las bases para la posterior conversión del proceso contencioso-administrativo en proceso revisor de las decisiones ejecutorias administrativas. La generalización de los supuestos excepcionales lleva a la convivencia, bajo la fórmula de 1845/1846, de dos soluciones conflictivas, la cual acaba resolviéndose en el abandono de la original y la adopción del sistema armónico consagrado en la Ley Santamaría de Paredes de 1888.

Nieto, por contra, estima más cierta una evolución a partir del doble dato, desde el principio, de la posesión por la Administración del privilegio de la decisión ejecutoria (por lo que la oposición del ciudadano convirtiendo la cuestión en contenciosa, no enervaba la acción administrativa) y de la residencia en el particular de la carga de impugnación del acto administrativo.

No existiendo investigaciones históricas suficientes para valorar adecuadamente, en su contexto, el alcance real de los argumentos normativos, jurisprudenciales y doctrinales de la polémica, ésta no llegó a clarificar definitivamente el problema debatido. Puede decirse, no obstante, que ha contribuido decisivamente a comprender la definición del sistema contencioso-administrativo como un proceso histórico difícil en el que pugnaron elementos viejos (propios del régimen absolutista, recogidos y absorbidos por el absolutismo democrático) y nuevos (emergentes con la revolución liberal) y que encontró resolución por debajo y al margen del plano constitucional. Arrumbado el régimen absolutista (salvo los cortos períodos en que lo resucita Fernando VII) de la confusión de poderes, característica de éste, sólo la función legislativa aparecía en el nuevo esquema político con perfiles más o menos nítidos; el espacio comprendido por la ejecución o aplicación de la Ley resultaba de distribución dudosa entre los nuevos poderes ejecutivo y judicial (ambos resultaban ser concreción y materialización de la soberanía de la ley y, por tanto, participar en dicha medida de ésta y de su autoridad). La inestabilidad política, la continua lucha ideológica (entre conservadores y moderados, de un lado, y progresistas, de otro) y los correspondientes vaivenes según la suerte que la misma deparaba, así como la ausencia de efectividad de las normas constitucionales que caracteriza al siglo XIX hasta la restauración borbónica, explican la concentración del esfuerzo de reconstrucción del Estado -realizado fundamentalmente por los moderados- en el nivel infraconstitucional y, en concreto, de la Administración y, por lo tanto, la progresiva articulación de lo contencioso-administrativo a partir de los requerimientos y las necesidades propias de esta última (es ilustrativo que la primera desviación expresa del sistema judicial gaditano se produzca precisamente en el ámbito de la Administración de Hacienda y a los efectos de hacer más expeditiva la exigencia de los derechos de la misma), a cuyo efecto en modo alguno puede sorprender que se haya tenido a la vista la magnífica construcción napoleónica. Pero por ello mismo, la definitiva consagración del sistema sólo se hace posible a partir del pacto político (simple tregua desde la perspectiva histórica) que abre paso a la restauración borbónica y ello únicamente bajo la forma de una solución de compromiso o "armónica", que es la que sanciona la Ley Santamaría de Paredes de 13 de septiembre de 1888.

Como ha expuesto A. Nieto ("Los orígenes de lo contencioso-administrativo en España", *RAP*, núm. 50, mayo-agosto 1966), para Santamaría de Paredes lo contencioso-administrativo había venido expresándose en alguna de las siguientes cuatro fórmulas:

- Sistema administrativo puro (resolución de los asuntos contenciosos por la propia Administración -jurisdicción retenida- previo dictamen de órganos consultivos).
- Sistema judicial puro (lo contencioso pertenece a los Tribunales, que resuelven a través de un verdadero proceso o pleito).
- Sistema administrativo ecléctico (atribución de lo contencioso a la Administración, si bien mediante la fórmula de jurisdicción delegada en funcionarios inamovibles que resuelven mediante procedimiento contradictorio).
- Sistema judicial ecléctico (atribución de lo contencioso a los Tribunales, pero a través de órganos judiciales especiales que resuelven en procesos asimismo especiales).

La superación de la dialéctica sistema administrativo-sistema judicial y sus variantes se produce gracias a la consideración de que lo contencioso-administrativo, gracias a la fusión de estos dos términos, es en realidad un *tertium genus*, colocado en un terreno propio tanto en lo organizativo (un Tribunal especial, constituido, por mitades de personas que reúnan las condiciones para su nombramiento como Magistrados del Tribunal Supremo y de aquellas requeridas para el nombramiento como Consejeros de Estado) como en lo procesal (el proceso contencioso-administrativo es singular; ni segunda parte del correspondiente procedimiento administrativo ni pleito ordinario).

En todo caso, la Ley de 1888 supone el gran paso de la jurisdicción retenida a la delegada, es decir, la jurisdiccionalización de lo contencioso-administrativo, atribuida al Consejo de Estado (constituido en Sala de justicia) y a los Tribunales provinciales. No obstante, el sistema arranca en la Ley con graves limitaciones: carácter limitado de la jurisdicción, al circunscribirse -no obstante la implantación de una cláusula general de competencia- a los actos adoptados en ejercicio de potestades regladas (exclusión del ámbito de la discrecionalidad, en la que reside el viejo problema de la concentración en el control de los elementos formales, la doctrina de los vicios de orden público); exigencia de la invocación de la lesión de un derecho subjetivo de carácter jurídico-administrativo para el acceso al proceso; construcción de la jurisdicción con el carácter de revisora de la acción administrativa y establecimiento del requisito formal del agotamiento previo de la vía administrativa (con la consecuencia de la consideración del recurso contencioso-administrativo como segunda instancia).

A partir de esta primera jurisdiccionalización, el sistema va a evolucionar ya, sin retrocesos apreciables, hacia la judicialización y el perfeccionamiento -en extensión y profundidad- del control de la actividad administrativa. Reformada la Ley de 1888 por la de 22 de junio de 1894, la de 5 de abril de 1904 integra ya el Tribunal superior (hasta entonces, como ha quedado dicho, inserto en el Consejo de Estado) en la estructura ordinaria del poder judicial: la jurisdicción contencioso-administrativa pasa a ejercerse por una nueva Sala que se crea en el Tribunal Supremo, justamente con la denominación de Sala de lo Contencioso-Administrativo (aunque aun con la composición mixta: Magistrados y funcionarios procedentes de la carrera administrativa con el grado de Jefe superior de Administración). Si bien en la dictadura de Primo de Rivera se producen algunas reformas parciales para el contencioso-administrativo de las entidades locales (reformas que únicamente dieron lugar a una cierta dualidad de regulación hasta la Ley de 1956, sin lograr incidir perdurablemente en la ordenación de la institución) y la jurisdicción contencioso-administrativa sufre los avatares propios de la contienda civil que se enciende en 1936 y de la primera época que sucede a la conclusión de la misma (suspensión de la jurisdicción por Ley de 27 de agosto de 1938; atribución de todo lo relacionado con la ejecución de Sentencias al Gobierno por la ley de 18 de marzo de 1944, que restableció el funcionamiento de la jurisdicción), el sistema como tal no sufre una nueva reforma hasta la promulgación de la Ley de 27 de diciembre de 1956, que es el texto legal aún vigente (sin perjuicio de algunas reformas muy parciales en los años 1973 y 1977).

Esta Ley de 27 de diciembre de 1956, con la que culmina por ahora la evolución legislativa de la Jurisdicción Contencioso-Administrativa, prosigue y cierra el proceso de judicialización iniciado por la Ley Maura de 1904 mediante dos medidas:

- La atribución de la jurisdicción contencioso-administrativa, como proclama su Exposición de Motivos, a verdaderos Tribunales encuadrados en la común organización judicial e integrados por Magistrados profesionales. Esos Tribunales son, a partir de la misma, el Tribunal Supremo (Salas 3ª, 4ª y 5ª) y las Audiencias Territoriales (Salas de lo Contencioso-Administrativo). A partir del Decreto-Ley 1/1977, de 7 de enero, se suma la Audiencia Nacional (Sala de lo Contencioso-Administrativo), situado entre los Tribunales anteriores.
- La consideración de la jurisdicción contencioso-administrativa como prestadora de un nivel de garantía de los derechos e intereses individuales en todo equiparable o equivalente al otorgado por las restantes jurisdicciones ordinarias. En esta línea se inscribe el espíritu antiformalista que preside la Ley según su propia Exposición de Motivos.

No obstante, tal completa inserción en el poder judicial se verifica sin perjuicio del mantenimiento del carácter especializado de la jurisdicción contencioso-administrativo, en tributo a la singularidad que en la contienda judicial de esta clase introduce la presencia del interés público y, a su través, las peculiaridades de los sujetos jurídico-administrativos que lo gestionan y sirven. La especialidad se traduce en la reserva de un tercio de las plazas de Magistrados en las Salas de lo Contencioso-Administrativo a miembros de la carrera judicial especialistas en la materia (acreditada en último término mediante oposición), con lo que igual reserva se extiende a las correspondientes Salas del Tribunal Supremo (si bien dicha reserva se refiere ahora sencillamente a Magistrados ya especialistas).

La configuración que de la jurisdicción hace la Ley aporta decisivos avances sobre la situación anterior:

- Afirmación, siquiera de principio, de la complitud del control de la acción administrativa y, por tanto, de la garantía de los administrados, gracias a la definición del ámbito de la jurisdicción por relación a las pretensiones deducibles contra todos los actos y las disposiciones generales inferiores a la Ley, emanados de la Administración.
- Articulación del proceso como una contienda ordinaria entre partes, rompiendo con su vieja concepción como casación o segunda instancia. En él, en

todo caso, el juez posee la plenitud de poderes inherentes a su función, sin que las mismas aparezcan limitadas por el acto impugnado (no se trata de un proceso objetivo al acto), pudiendo desde luego no sólo declarar la no conformidad a Derecho de éste, sino también adoptar las medidas pertinentes para el reconocimiento y, en su caso, el restablecimiento de la situación jurídica individualizada correspondiente.

- Aunque el proceso se configura con carácter impugnatorio (no en vano se le califica de "recurso"), la condición revisora de la jurisdicción ya sólo significa enjuiciamiento *a posteriori* y no suspensivo por sí mismo de la decisión previa administrativa, en modo alguno restricción, limitación o condicionamiento alguno (desde la perspectiva del tópico tradicional del carácter revisor de esta jurisdicción) de los poderes del Juez.
- Recuperación de terreno por los Tribunales Contencioso-Administrativos en punto a la ejecución de sus resoluciones y Sentencias, gracias a la limitación de la facultad del Gobierno de acordar la inejecución total o parcial y la afirmación en todo caso de la potestad judicial de vigilancia del cumplimiento, si bien la Ley sigue encomendando éste al órgano administrativo que dictó el acto.

Esta construcción de la Jurisdicción contencioso-administrativa no quiebra en modo alguno el principio de separación de poderes y, en concreto, de la Administración (en la época, la Administración del Estado comienza en el Jefe del Estado y continúa con el Consejo de Ministros, el Presidente del Gobierno y los Ministros hacia abajo, y la Administración Local -única Administración territorial existente, además de la anterior- se encuentra sometida a estrecho control) y el Juez. Consecuentemente, tampoco altera las consecuencias básicas que de dicha separación resultan: de ahí justamente la especialización de la Jurisdicción Contencioso-Administrativa, la articulación impugnatoria del recurso o proceso y la ausencia de eficacia suspensiva general y automática de éste respecto de los actos administrativos. Inmediatamente después de la promulgación de la Ley reguladora de dicha Jurisdicción, las Leyes de Régimen Jurídico de la Administración del Estado, de 26 de julio de 1957, y la de Procedimiento Administrativo, de 17 de julio de 1958, van a dejar sentadas las prerrogativas administrativas: presunción de validez y ejecutividad de los actos, no suspensión de la eficacia de éstos por su sola impugnación en vía administrativa, preceptividad del agotamiento de la vía administrativa como requisito para el acceso a la vía judicial, reconocimiento a los actos administrativos de la condición de títulos legitimantes de la actividad de ejecución, habilitación a la Administración para la ejecución forzosa unilateral de sus propios actos y prohibición de la admisión de acciones interdictales contra las actuaciones realizadas por los órganos administrativos en materia de su competencia y conforme al procedimiento legalmente establecido. A esta lista se añade la interdicción a los Tribunales del despacho de mandamientos de ejecución y el dictado de providencias de embargo contra los derechos, fondos, valores y bienes en general de la Hacienda pública (establecida primero por la Ley de 1 de julio de 1911, de Administración y Contabilidad de la Hacienda Pública y reiterada luego por las Leyes del Patrimonio del Estado, texto articulado de 15 de abril de 1964, y General Presupuestaria de 4 de enero de 1977, por lo que hace a la Administración del Estado, y por la Ley de Régimen Local, texto refundido y articulado de 24 de junio de 1955 y recogido ulteriormente -si bien de forma más matizada- por el texto refundido de las disposiciones legales vigentes en materia de régimen local de 18 de abril de 1986, producido tras la promulgación de la Ley 7/1985, reguladora de las bases de régimen local, por lo que respecta a la Administración Local). Cierra el cuadro, asegurando la separación, la persistencia en el Código Penal de la tipificación del delito consistente en la irrogación por un Juez o, en su caso, por un funcionario público, de atribuciones administrativas o, en su caso, judiciales, o el impedimento por cualquiera de ellos al otro del ejercicio de sus funciones propias.

Aún reconociendo y ponderando tanto la calidad técnica de la Ley de 1956 y el enorme progreso que la misma ha supuesto en la integridad y efectividad del control judicial de la Administración, la doctrina científica no ha descuidado en ningún momento la crítica, ni dejado de señalar los puntos a su juicio deficientes del sistema, impulsando a la jurisprudencia a su superación y al legislador a su corrección. Los principales de esos puntos son los siguientes:

1. La inseguridad que provoca en el justiciable, con riesgo de causar situaciones de indefensión, la dualidad de Jurisdicciones a que queda sometida la Administración, en tanto que la contencioso-administrativa sólo cubre la actuación de ésta sujeta al Derecho Administrativo.

2. El peligro encerrado en la formulación de la cláusula legal delimitadora de la Jurisdicción Contencioso-Administrativa, en la medida en que -combinada con la ausencia de un criterio legal positivo garante del ámbito propio de la civil- permite ilimitadamente el proceso de expansión de aquélla a costa de ésta, a través del simple expediente de la administrativización de los correspondientes sectores de la realidad social.

3. El desfallecimiento de la cláusula general de acotamiento de la jurisdicción de los Tribunales Contencioso-Administrativos, toda vez que la propia Ley de 1956 prevé excepciones a la misma (los actos dictados en ejercicio de la función de policía sobre la prensa, radio, cinematografía y teatro -exclusión luego derogada por las Leyes 14/1966, de 18 de marzo, en punto a la prensa, y 46/1967, de 22 de julio, en punto a cinematografía y teatro-, y los actos relativos a ascensos y recompensas a militares por hechos de armas y los dictados en ejercicio de la potestad disciplinaria militar) y aún admite que otras Leyes incrementen indefinidamente la lista de estas excepciones al control judicial.

4. La interpretación y la aplicación tópicas del carácter revisor de la Jurisdicción, en contra incluso de la letra y el espíritu de la propia Ley de 1956, como recurso argumental para la restricción de las potencialidades garantizadoras de aquella Jurisdicción.

5. La multiplicidad de problemas derivados de la configuración impugnatoria del proceso contencioso-administrativo y su concreta traducción legal; problemas que van desde un exceso de la carga impuesta a los administrados vía exigencia del agotamiento de la vía administrativa previa, hasta la denuncia de la pérdida de derechos e intereses legítimos (cuya prescripción sería mucho más dilatada) por el solo hecho de la combinación de los plazos fugaces

de impugnación de los actos y la doctrina de los actos firmes y consentidos, pasando por la insatisfactoria solución de la reacción frente a los supuestos de inactividad y silencio administrativos.

6. La inadecuada, por estrecha regulación de la legitimación activa, en su efectiva aplicación por la jurisprudencia, tanto por razón del requerimiento de la concurrencia de un "interés directo", como -en el caso de la impugnación de disposiciones de carácter general- de la restricción de aquella legitimación a las entidades, corporaciones e instituciones representativas o defensoras de intereses de carácter general o corporativo, cuyo ámbito coincida con el de la disposición cuestionada.
7. La insuficiencia radical del único mecanismo de tutela judicial cautelar -la suspensión de la ejecución de los actos impugnados- previsto por la Ley, dada la expansión de la acción de la Administración y la diversificación de Sus formas de intervención y actuación, así como la lentitud de los procesos.
8. El desfallecimiento del proceso de judicialización en punto tan sensible como el de la ejecución de las resoluciones y sentencias firmes de los Tribunales contencioso-administrativos. No se trata ya únicamente de la facultad reconocida al Consejo de Ministros para acordar, en determinados supuestos (peligro de trastorno grave del orden público, temor fundado de guerra con otra potencia, quebranto en la integridad del territorio nacional y detrimento grave de la Hacienda pública), la suspensión del cumplimiento e, incluso, la inejecución en todo o en parte de los fallos judiciales, sino sobre todo de la ausencia de poderes judiciales efectivos para lograr en los supuestos ordinarios el cumplimiento de dichos fallos por la Administración condenada y encargada por la Ley de dicho cumplimiento.

Con la precisión de que la crítica doctrinal que se deja apuntada no dejó de influir (además de la creación de una conciencia generalizada de la necesidad de la superación de los defectos por ella denunciados) en la jurisprudencia, que paulatinamente y cada vez con mayor decisión progresó en la triple línea de desmantelamiento de las trabas formales a la justicia material, de la afirmación de la plenitud de los poderes del Juez y de la reducción de las zonas exentas de control e intensificación del rigor de éste, ésta es la situación en la que se llega a la Constitución de 1978. Es claro que ya en el momento constituyente la labor doctrinal desplegada a lo largo del dilatado período de vigencia de la Ley de 1956 había de hacerse sentir.

2. *La Constitución de 1978; su incidencia directa en la materia*

El vigente texto constitucional de 26 de diciembre de 1978 altera la situación preexistente, tanto desde la época sustantiva de la garantía de los derechos e intereses legítimos de los ciudadanos como desde la de la organización de los poderes públicos. La norma fundamental, en efecto, se considera a sí misma como verdadera y estricta norma jurídica inmediata y directamente aplicable, a la que quedan sujetos los ciudadanos y los poderes públicos (siendo particularmente vinculantes los derechos y las libertades en ella reconocidos), de tal suerte que produce la derogación de cuantas disposiciones se opongan a lo establecido en la misma.

Las tres determinaciones que aquí importan en concreto son las siguientes:

- El reconocimiento a todas las personas, a título de derecho fundamental, del derecho a obtener la tutela efectiva de los jueces y tribunales en ejercicio de sus derechos e intereses legítimos, sin que, en ningún caso, pueda producirse indefensión (Art. 24.1).
- La definición de la Administración Pública como una organización, dirigida por el Gobierno, que sirve con objetividad los intereses públicos; actúa de acuerdo con los principios de eficacia, jerarquía, descentralización, desconcentración y coordinación, con sometimiento pleno a la Ley y al Derecho; y está sujeta al control de los Tribunales en punto a la legalidad de su actuación, así como a su sometimiento a los fines que la justifican (Arts. 97, 103.1 y 106.1).
- La atribución en exclusiva a los Jueces y Magistrados (integrantes del poder judicial e independientes, inamovibles, responsables y sometidos únicamente al imperio de la Ley) del ejercicio de la potestad jurisdiccional de juzgar y ejecutar lo juzgado en todo tipo de procesos, siendo obligado cumplir las Sentencias y demás resoluciones firmes que aquéllos dicten, así como prestar la colaboración que los mismos requieren en el curso del proceso y en la ejecución de lo resuelto (Arts. 117.3 y 118).

Estas determinaciones han alterado en diferente forma y con distinta intensidad importantes aspectos de la cuestión que nos ocupa.

A) *El cierre del proceso de judicialización de lo contencioso-administrativo*

Por de pronto, la independencia y la plenitud con que la Constitución configura la potestad atribuida al poder judicial llevan aparejada una estricta unidad de la jurisdicción, lo que supone una rotunda confirmación al más alto rango normativo de la total judicialización de lo contencioso-administrativo y, por tanto, la culminación de la evolución experimentada en tal sentido por esta específica Jurisdicción. La Ley Orgánica 6/1985, de 1 de julio, del Poder Judicial, ha sido consecuente sin reserva alguna en este punto con el orden constitucional. Ya en su Exposición de Motivos, tras afirmar que "La importancia que *la plenitud de la independencia judicial* tendrá en nuestro ordenamiento debe ser valorada completándola con el *carácter de totalidad* con que la Ley dota a la potestad jurisdiccional. Los Tribunales, en efecto, *controlan sin excepciones* la potestad reglamentaria y la actividad administrativa, con lo que ninguna actuación del poder ejecutivo quedará sustraída a la fiscalización de un poder independiente y sometido exclusivamente al imperio de la Ley", especifica como corolario de la independencia judicial "*...la unidad de jurisdicción* que, en consecuencia con el mandato constitucional, *es absoluta,* con la única salvedad de la competencia de la jurisdicción militar..." (el artículo 117.5 de la Constitución establece, en efecto, que "el principio de unidad jurisdiccional es la base de la organización y funcionamiento de los Tribunales. La Ley regulará el ejercicio de la jurisdicción militar en el ámbito estrictamente castrense y en los supuestos de estado de sitio, de acuerdo con los principios de la Constitución"). En su texto articulado, la Ley dispone luego:

a) El carácter único de la jurisdicción, que se ejerce por los Tribunales y Juzgados previstos en el texto legal, sin perjuicio de las potestades jurisdiccionales reconocidas por la Constitución a otros órganos (Art. 3.1.).

b) La extensión de la jurisdicción a todas las personas, todas las materias y todo el territorio nacional, en la forma establecida en la Constitución y las Leyes (Art. 4).

c) La integración de la jurisdicción contencioso-administrativa, como una más, entre las jurisdicciones en que se descompone competencialmente la potestad jurisdiccional de Juzgados y Tribunales ordinarios (civil, penal, contencioso-administrativo y social). La jurisdicción civil se define, además de positivamente (tal como había postulado en su día Parada, en el "Informe sobre la Administración y la Jurisdicción Contencioso-Administrativa en el Anteproyecto de Bases para una ley Orgánica de la Justicia", recogido en este volumen), con carácter residual: conoce, además de las materias que le son propias, de *todas aquellas que no estén atribuidas a otro orden jurisdiccional.* La jurisdicción contencioso-administrativa, en relación con la situación preconstitucional, experimenta una ampliación. Aunque nuclearmente conoce de las pretensiones que se deduzcan en relación con los actos de la Administración Pública (de todas las Administraciones Públicas) sujetos al Derecho Administrativo y con las disposiciones reglamentarias –con lo que se confirma su ámbito tradicional y se ratifica el criterio criticado por Parada, toda vez que entrega al legislador la extensión de la jurisdicción, al depender ésta simplemente de la administrativización o no de los distintos sectores de la realidad social–, se le atribuyen también las pretensiones que se deduzcan "en relación con actos de los poderes públicos españoles, de acuerdo con lo que dispongan las Leyes" (Arts. 9, 22 y 24). Esta ampliación viene impuesta por la constitución del Estado democrático con división funcional de poderes, toda vez que el legislativo y el judicial precisan, para desplegar su función típica, desarrollar tareas auxiliares, materialmente administrativas, cuyo control judicial ha de seguir pautas distintas a las que sigue para aquélla. La jurisdicción contencioso-administrativa se ofrece, desde esta perspectiva, como la jurisdicción común del poder público cuando no actúa conforme a Derecho constitucional o judicial. Y ello como exigencia impuesta, desde el plano material, por la cláusula de la tutela judicial efectiva y sin fisuras, contenida en el artículo 24.1 de la Constitución.

d) La organización de la Jurisdicción Contencioso-administrativa en los siguientes términos (Arts. 55, 64, 72 y 90):

- una Sala (articulable en Secciones) en el Tribunal Supremo.
- una Sala (articulable en Secciones) en la Audiencia Nacional.
- una Sala (articulable en Secciones) en cada Tribunal Superior de Justicia de Comunidad Autónoma (que han de sustituir a las Audiencias Territoriales).
- uno o más Juzgados de lo Contencioso-Administrativo en cada Provincia (excepcionalmente pueden crearse Juzgados de este tipo con jurisdicción sobre más de una Provincia dentro de una misma Comunidad Autónoma).

El establecimiento efectivo de esta nueva organización está pendiente, sin embargo y conforme a la disposición trigésima cuarta de la Ley, de la promulgación y entrada en vigor de la Ley de planta de los órganos jurisdiccionales, continuando subsistentes hasta tanto los actuales.

e) La afirmación de que los Jueces y Magistrados integrantes de la carrera judicial, es decir, todos ejercen las funciones jurisdiccionales en los Juzgados y Tribunales *de todo orden* (Art. 298.1). No obstante, se conserva -atenuado- el principio de especialización de los Magistrados a través de la reserva de una de cada cuatro vacantes que se produzcan en la categoría de Magistrados para su previsión -entre Jueces- mediante pruebas de especialización en los órdenes contencioso-administrativo y social; pruebas de promoción de Jueces a la categoría de Magistrado especialista que han de tender, en todo caso, a apreciar particularmente los conocimientos que sean propios de aquellos órdenes jurisdiccionales (Art. 312).

B) *La realización de la complitud de la función garantizadora de la Jurisdicción contencioso-administrativa*

Junto al perfeccionamiento del proceso de judicialización de lo contencioso-administrativo, la Constitución ha rectificado -esta vez por sí misma y directamente- la deficiencia que venía padeciendo la Jurisdicción de dicho orden por lo que hace a la plenitud de su eficacia garantizadora. Recuérdese que la Ley reguladora de la misma, de 1956, excluía ella misma del control judicial determinadas actuaciones administrativas y permitía que el legislador formal ampliara dichas exclusiones. La crítica doctrinal de semejante situación y, en general, de los desfallecimientos de la tutela judicial contencioso-administrativa, formulada y progresivamente enriquecida a lo largo del dilatado período de vigencia de dicha Ley, se hizo presente y actualizó en la etapa contribuyente (así, entre otros, en mi trabajo "La garantía jurisdiccional frente a la actividad administrativa: a propósito de los artículos 24 y 104 del Anteproyecto de Constitución", publicado en el número 84 de la *RAP),* postulando la rectificación más exigente por la norma constitucional de aquéllos. La proclamación constitucional del derecho fundamental a una tutela judicial efectiva, con interdicción de toda situación de indefensión, supuso por sí sola, tanto más combinada con la determinación del control judicial de la legalidad de la actuación administrativa *in toto,* la superación (mediante su formal derogación) del sistema legal indicado y la consagración de la plenitud de la función garantizados de la Jurisdicción contencioso-administrativa. También aquí la Ley Orgánica 6/1985, de 1 de julio, del Poder Judicial, ha venido a ratificar en el plano de la legislación ordinaria la nueva situación derivada de la Constitución (y que la jurisprudencia, tanto del Tribunal Constitucional, como de los Tribunales ordinarios, ya habían hecho valer en la práctica), reiterando en su artículo 8, que "Los Tribunales controlan la potestad reglamentaria y la legalidad de la actuación administrativa, así como el sometimiento de ésta a los fines que la justifican" (precepto de inequívoca interpretación en el sentido expresado, a la luz de los pronunciamientos a este respecto de la Exposición de Motivos del texto legal; pronunciamientos ya recogidos anteriormente).

C) *La problematización del régimen de la ejecución de las resoluciones de la Jurisdicción contencioso-administrativa, así como del de la tutela cautelar dispensable por ésta*

Si hasta aquí el cambio provocado por la norma constitucional ha supuesto clarificación inmediata y claro progreso -desde luego en punto al carácter judicial de la jurisdicción contencioso-administrativa y a la extensión de su función garantizadora, pero también en otros muchos aspectos que ahora resultan colocados bajo la luz de la equiparación u homologación de aquella jurisdicción a las restantes ordinarias (con las consecuencias evidentes sobre los poderes del Juez y la naturaleza del proceso contencioso-administrativo)-, no puede decirse exactamente lo mismo por lo que respecta a dos cuestiones nada baladíes: la ejecución de las resoluciones judiciales firmes y la tutela judicial cautelar en este orden.

En el terreno acotado por estas últimas, en ausencia de un pronunciamiento concreto y expreso de la Constitución (al que ésta no estaba obligado desde luego) sobre la posición de la Administración como poder público y sus relaciones con la Jurisdicción controladora de la misma, el desarrollo, la interpretación y la aplicación de la norma fundamental viene padeciendo bajo la tensión a la que los somete la prolongación y aun intensificación (sin haber sufrido una suficiente revisión a la luz del orden constitucional) de los planteamientos y las ideas acuñadas con anterioridad al establecimiento de éste y, obviamente, en un contexto radicalmente distinto. De esta suerte, tales cuestiones, colocadas bajo el requerimiento político-social de la efectividad de lo que aparentemente se deduce con rotundidad de concretos preceptos constitucionales, se valoran desde los conceptos de:

- la complitud de la potestad jurisdiccional y la consiguiente repugnancia a que otro poder, en concreto el administrativo, retenga cualesquiera facultades (entendidas como privilegios en cualquier caso, es decir, en un plano formal) que limiten aquélla.
- la condición de poder de la Administración y de poder dotado (de nuevo el razonamiento se circunscribe al plano formal) de privilegios odiosos, que -en cuanto tales y como regla- procede constreñir.

La atribución constitucional expresa y *en exclusiva* a los Juzgados y Tribunales de la potestad tanto de juzgar como de *ejecutar lo juzgado,* con especificación de la obligación de cumplimiento de las sentencias y demás resoluciones firmes de aquéllas, dirigida al acotamiento general del ámbito propio del poder judicial y a la determinación del respeto a sus decisiones, es claro que postula una profunda revisión del sistema de ejecución de las resoluciones firmes de la Jurisdicción Contencioso-Administrativa, establecido actualmente por la Ley reguladora de éste (que supone la "retención" por la Administración de la ejecución, sin perjuicio de la reserva en favor del Juez de un cierto control sobre esta última). En el ambiente a que se ha hecho alusión, sin embargo, la doctrina (y en ella, yo mismo: véase lo que al respecto digo en mi libro *Estado social y Administración Pública; los postulados constitucionales de la reforma administrativa,* Ed. Civitas, Madrid, 1983) ha pretendido y pretende extraer inmediata y directamente de aquella prescripción constitucional -y la jurisprudencia (S. del T. S. de 13-3-1986), así lo ha hecho en algún caso ya- la consecuencia de la inconstitucionalidad sobrevenida, cuando no la efectiva derogación del vigente sistema legal. Resulta entonces fácil entender la configuración constitucional de la Administración Pública como institución que actúa "con *sometimiento pleno* a la Ley y al Derecho" (sin mayor profundización en la regulación del poder ejecutivo, claramente diferenciadora -con neto aportamiento del planteamiento, aún vigente formalmente, de la Ley de Régimen Jurídico de la Administración del Estado- del Gobierno y la Administración), y la proclamación del derecho fundamental a una tutela judicial efectiva como de determinaciones claramente confirmatorias de la anterior interpretación. En cualquier caso, la cuestión que nos ocupa se ha tornado tras la Constitución y por ahora, más problemática que antes:

- Algunos pronunciamientos de la Jurisdicción contencioso-administrativa, de acuerdo con una posición doctrinal más o menos generalizada, se han pronunciado por la incompatibilidad radical del sistema legal con la Constitución e, incluso, la derogación efectiva por ésta de aquél. Sin embargo, la praxis administrativa continúa siendo la de ejecución por el órgano del que emanó el acto correspondiente de la resolución judicial.
- El Tribunal Constitucional (S. 32/1982, de 7 de junio), enfrentado a la cuestión desde la perspectiva de la tutela judicial efectiva, si bien ha dejado sentado que ésta comprende el derecho a que el fallo judicial se cumpla, ha evitado cuidadosamente pronunciarse acerca de la constitucionalidad o no del actual sistema de ejecución de las resoluciones contencioso-administrativas y, más aún, ha señalado -para el caso de las Sentencias condenatorias de la Administración al pago de cantidad de dinero- la existencia de una tensión entre el principio de seguridad jurídica (exigente del cumplimiento de las Sentencias) y el de legalidad presupuestaria (demandante de la supeditación del cumplimiento a la existencia de cobertura presupuestaria para el pago); tensión, que ha de resolverse de forma equilibrada, es decir, de manera que no se deje sin contenido el primero de dichos principios.
- El legislador postconstitucional, aún sin afrontar directamente el problema en el orden contencioso-administrativo, ha establecido con carácter general una solución, cuya relación con el sistema previsto por la Ley reguladora de aquel orden no está clara. El artículo 18 de la Ley orgánica 6/1985, de 1 de julio, del Poder Judicial, tras sentar los principios de que las resoluciones judiciales sólo pueden dejarse sin efecto en virtud de los recursos (se entiende judiciales) previstos en las Leyes y han de ejecutarse en sus propios términos -principios que sólo ceden, además de ante el derecho de gracia reconocido al Rey, en el supuesto de resultar imposible la ejecución (contingencia que apodera al Juez para adoptar las medidas necesarias que aseguren la mayor efectividad de la ejecutoria y fijar en todo caso la indemnización que sea procedente)-, faculta expresamente al Gobierno para declarar la concurrencia de causa de utilidad pública o interés social y, consecuentemente, *expropiar los derechos reconocidos frente a la Administración* en una Sentencia firme, antes de la ejecución de ésta.
- En la realidad, a la poca claridad normativa de la cuestión se ha añadido un factor suplementario de confusión, derivado de la descentralización político-territorial del Estado: supuesto que la regulación de la Ley de la jurisdicción continúa vigente y el Consejo de Ministros continúa reteniendo determinadas facultades sobre la ejecución de los fallos judiciales, ¿corresponden ahora éstas también a los Consejos de Gobierno de las Comunidades Autónomas en su ámbito y para los fallos aplicativos de los correspondientes ordenamientos territoriales? ¿Qué ocurre con las Corporaciones Locales? Justamente la solicitud por estas últimas, con relativa frecuencia, de la adopción de acuerdos de inejecución de Sentencias que les afectaban, movió al entonces

Ministerio de Administración Territorial a formular consulta al Consejo de Estado. Este supremo órgano consultivo evacuó informe con fecha 23 de diciembre de 1986, en el que, estimando que el sistema previsto en la Ley reguladora de la Jurisdicción contencioso-administrativo no puede tacharse por sí mismo de inconstitucional ni debe considerarse derogado (por sustitución) por la Ley Orgánica del Poder Judicial, concluye que el Gobierno (y no la Administración) es lícito que retenga tasadas facultades en orden a enervar, en sus propios términos, la ejecución de los fallos judiciales firmes, con lo cual no padece el principio de legalidad de la Administración ni el de integridad de la potestad jurisdiccional en tanto la cuestión ofrece como conflicto entre poderes constitucionales.

Como se ve, el panorama de la ejecución de las Sentencias contencioso-administrativas condenatorias de la Administración no es precisamente diáfano. La turbiedad proviene de la falta de recomposición de la imagen de la Administración, del poder público administrativo y de sus atributos en el nuevo orden constitucional y no en último término de la dificultad misma del problema. La prueba la aporta su agudización respecto de las resoluciones condenatorias al pago de cantidad, con la puesta en cuestión doctrinal -cada vez en términos más perentorios y exigentes (así la más reciente toma de posición de García de Enterría, tomando pie en la previsión legal de la técnica de compensación para la cancelación de deudas entre la Seguridad Social y la Mutualidad Nacional de Previsión de la Administración Local, de un lado, y las Corporaciones Locales y otros Organismos públicos, de otro, en su artículo "Sobre el principio de inembargabilidad, sus derogaciones y sus límites constitucionales y sobre la ejecución de Sentencias condenatorias de la Administración", *REDA*, N° 52)- del principio de inembargabilidad e interdicción del despacho de mandamientos de ejecución contra bienes y fondos públicos. La pretensión doctrinal apunta, sobre la base de la exclusividad de la potestad jurisdiccional de ejecución, a romper el bloqueo de las reglas tradicionales y dejar expedita la vía para la directa realización de las ejecutorias sin intermediación de la propia Administración.

La tutela judicial cautelar, sin perjuicio de haber experimentado progresos significativos pero parciales, tampoco ha experimentado por ahora una sensible mejora en cuanto institución. La garantía constitucional a toda persona, en calidad de derecho fundamental, de la tutela judicial *efectiva* en el ejercicio de sus derechos e intereses legítimos, con interdicción de toda situación o resultado de indefensión, si bien ha despejado el horizonte de la legitimación activa en lo contencioso-administrativo (al hacer desaparecer el requisito legal del carácter directo del interés, siendo suficiente su legitimidad, y acabar con la línea jurisprudencial restrictiva de la legitimación corporativa para la impugnación de disposiciones de carácter general), ha introducido elementos de inseguridad -transitoria, en tanto no se renueve la legislación procesal contencioso - administrativa- tanto en la regulación misma del recurso de este orden como, en lo que aquí interesa, en las claves de la tutela cautelar dispensable por el Juez. Porque la efectividad de la tutela judicial prescrita constitucionalmente postula (a través de la obligada interpretación internacionalista de los derechos fundamentales -según el artículo 10.2 de la Constitución- y en virtud del Convenio Europeo para la Protección de los Derechos Humanos y de las Libertades Fundamentales de 1950, ratificado en 1979 por España) la realización de aquella tutela conforme a los principios mínimos de la equidad, publicidad y, sobre todo, razonabilidad en el tiempo (valor este último de difícil cumplimiento en el actual estado de cosas y que está dando lugar a pronunciamientos del Tribunal Constitucional sobre la base de las circunstancias del caso), pero también una real protección de los bienes jurídicos objeto de litigio pendiente en la contienda, de modo que la decisión final judicial no sea ilusoria y pueda cumplirse en principio en sus propios términos, posibilitando el disfrute de aquellos bienes. Esta consecuencia del mandato constitucional demanda, como es obvio, una revisión del equilibrio legalmente establecido entre autotutela ejecutiva de la Administración y poderes del Juez; revisión global que aún está pendiente. En su defecto, el legislador viene introduciendo -como ya hemos expuesto- regulaciones especiales en distintas Leyes sectoriales (la más importante de las cuales, prácticamente coetánea con la promulgación de la Constitución, es la de la protección jurisdiccional de los derechos fundamentales); regulaciones que, a no dudarlo, pueden ser acordes con los requerimientos específicos de las materias correspondientes, pero que no responden a una concepción de conjunto de la institución a la que afectan y que, por tanto, suponen un riesgo claro de ruptura de la coherencia y la economía de ésta. La jurisprudencia, por su parte, huérfana de una regulación postconstitucional de lo contencioso-administrativo, obligada a resolver día a día conforme el orden constitucional y obviamente sensible a los planteamientos doctrinales, si bien no ha hallado aún la línea segura, acusa lógicamente en sus pronunciamientos -en razón a la naturaleza y condicionamiento de la función judicial- la tendencia a encontrar el nuevo equilibrio en una enfatización del aspecto garantista de los derechos e intereses privados, siguiendo con ello la dirección marcada por el legislador postconstitucional. El resultado por ahora de todo ello es que, a la adaptación jurisprudencial de una sola regulación (posibilidad de suspensión de la ejecución del acto administrativo impugnado: regla general la ejecución [jugando la presunción en favor de la misma] -excepción la suspensión [al exigirse la alegación convincente de la producción por la ejecución de perjuicios de difícil o imposible reparación]) a las diversas situaciones posibles de conflicto entre el interés público y el privado, se ha superpuesto una diversificación de aquella regulación por materias, sectores o situaciones: si el acto administrativo afecta a un derecho fundamental el mecanismo funciona a la inversa (procedencia de la suspensión como regla -y siempre cuando se trate de sanciones pecuniarias impuestas en aplicación de la Ley de orden público-, salvo que la Administración justifique la existencia o posibilidad de perjuicio grave para el interés general); si el acto administrativo recae en el contexto de la relación funcionarial y en ejercicio de la potestad disciplinaria, la solución es distinta según se trata de un funcionario de la Administración civil, de la Administración militar o de personal de la Administración de Justicia; finalmente, para no prolongar innecesariamente la lista, si el acto se produce con motivo de la liquidación y gestión tributarias reaparece la regulación general pero con matizaciones en el caso de afianzamiento de la deuda fiscal. Con ser significativa esta desarticulación del régimen de la tutela cautelar, lo más importante es que se produce respecto de una sola técnica, la tradicional de la suspensión de la ejecución del acto, absolutamente desfasada en relación con la realidad de la acción administrativa. La entera construcción de la tutela cautelar sobre la misma descansa, en efecto, sobre la imagen clásica de la Administración ordenadora e interventora, que -llegado el caso- actúa unilateral y autoritariamente la policía administrativa pertinente, limitando o afectando la actividad del ciudadano; imagen desde la que la técnica de la suspensión se ofrece como apta y suficiente para cubrir las necesidades de protección provisoria de los bienes jurídicos incluidos en la contienda.

Lo cierto es, sin embargo, que la actuación administrativa hace tiempo que ha experimentado -en extensión y en forma- tales variaciones, que aquella imagen ha quedado amplísimamente desbordada, de suerte que la técnica de la suspensión resulta útil sólo en parte de la misma, existiendo una enorme laguna en el resto (que no es ni despreciable ni carece de importancia). Semejante y clamoroso déficit de la tutela cautelar no ha suscitado, ni de lejos, una preocupación mínimamente parecida a la que se ha volcado en la modulación a las nuevas circunstancias de la suspensión. Aflora así, una vez más, el problema de fondo: la ausencia de un replanteamiento -a la luz del orden constitucional- de la posición de la Administración y de su relación -a título de control- con la Justicia administrativa, permite todo lo más pasos que podrán calificarse de avances desde la perspectiva clásica formal de la Administración cómo poder titular de privilegios precisados de limitación, pero cuya coherencia desde la óptica del progreso institucional conforme al orden constitucional está aún por establecer..

3. *Las claves fundamentales para la recomposición del sistema a tenor del orden constitucional*

Como acabamos de ver, el encaje del "régimen administrativo" en el nuevo orden constitucional no es una operación sencilla, antes bien, presenta dificultades nada despreciables, sobre las que ilustran bien los supuestos analizados de la ejecución de las Sentencias condenatorias de la Administración y la tutela judicial cautelar en lo contencioso-administrativo. La lista podría ampliarse con otros problemas de no menor porte, como la situación de duda e inseguridad en que se encuentra el régimen de la autotutela ejecutiva cuando de su utilización en el campo de los derechos fundamentales se trata: dos casos han bastado para producir incertidumbre; uno, saldado por el Tribunal Constitucional (S. 110 /1984, 26.11) en favor del fuero de la Administración, en el que se oponía el derecho a la intimidad frente a la investigación administrativa -por motivos fiscales- de las cuentas corrientes bancarias; otro, resuelto por el mismo Tribunal (S. 22/1984, de 17 de febrero) afirmando la primacía del derecho fundamental invocado y la necesidad consiguiente de la intervención judicial, en el que frente a la pretensión de ejecución de un acto -confirmado judicialmente- ordenando la demolición de una edificación ilegal se esgrimió la inviolabilidad del domicilio y la preceptividad de la autorización del Juez para el alzamiento de la misma (este último supuesto ha dado lugar a una reacción doctrinal claramente contraria a la solución del Tribunal Constitucional y afirmativa de la autotutela administrativa en el caso; véase F. López Ramón, "Inviolabilidad del domicilio y autotutela administrativa en la jurisprudencia del Tribunal Constitucional", *REALA*, N° 225). Estos problemas revelan que la realización plena y cabal del orden constitucional no es practicable por la vía hasta ahora transitada de simple aplicación al sistema administrativo, tal como éste se encontraba definido desde antes, de las diferentes exigencias derivables de concretos preceptos constitucionales o, dicho de otro modo, desde la actitud de que la operación se circunscribe a hacer efectivas nuevas limitaciones -nuevas conquistas, ahora constitucionales, en una evolución lineal de continua reducción del poder al Derecho- a los privilegios de la Administración. Antes bien, aquella realización requiere (y este imperativo se hace cada vez más imperioso) un replanteamiento del papel de la Administración en el ordenamiento constitucional, para -desde el mismo- hacer posible un desarrollo y una interpretación y aplicación sistemáticos y coherentes de la norma fundamental.

A) *La Administración como poder público y sus prerrogativas*

La Constitución de 1978 no ha podido dejar de pronunciarse sobre un fenómeno tan importante en nuestros días como la Administración. Lo ha hecho, considerándola inequívocamente como un poder público perfectamente institucionalizado por relación a las notas de servicio objetivo a los intereses generales, sometimiento pleno a la Ley y el Derecho y sujeción a control judicial (Arts. 103.1 y 106.1). Sin embargo, no ha incluido prescripción alguna acerca del régimen de su actuación y, en concreto, de si éste incorpora la doble autotutela tradicional.

No existe, pues, una "imagen" constitucional precisa de la Administración, que incorpore como elemento necesario la doble autotutela declarativa y ejecutiva. Desde el derecho a la tutela judicial efectiva proclamado en el artículo 24.1 de la norma fundamental podría afirmarse, además, que la negación al menos del privilegio de ejecución forzosa unilateral de los propios actos facilitaría considerablemente dicha tutela y convendría más al orden constitucional. Sin embargo, la interpretación que parece más correcta impone concluir que este último no sólo permite la subsistencia del modelo administrativo establecido, sino asume tal modelo como el más idóneo al Estado que constituye. Por de pronto, si la Constitución hubiera querido implantar una Administración distinta (y una Administración sin poder de autoejecución de sus actos lo sería) había sido necesaria una regulación expresa y contundente de las notas caracterizadoras de la nueva, para romper con la existente. La opción reguladora adoptada denota, por tanto, más bien una voluntad de ratificación de la situación preexistente, perfectamente definida por la legislación ordinaria; legislación que, por tal motivo, no quedó afectada de tacha alguna de inconstitucionalidad sobrevenida, como así se ha entendido, desde luego, pacíficamente tras la promulgación del texto constitucional (la Sentencia del Tribunal Constitucional de 17 de febrero de 1984 reconoce expresamente la vigencia inalterada de dicha legislación). De otro lado, ni el derecho fundamental a la tutela judicial efectiva (pues éste se satisface con la posibilidad, frente a la ejecución forzosa de un acto, de una intervención cautelar, es decir, con un mecanismo de protección provisoria judicial), ni la plenitud y exclusividad de la función judicial de juzgar y hacer ejecutar lo juzgado (en tanto de lo que se trata es de la capacidad administrativa de operar *entretanto* no recaiga resolución judicial firme) resultan ser incompatibles con las prerrogativas administrativas clásicas y, en concreto, la que nos ocupa (así lo ha establecido el Tribunal Constitucional en las Sentencias de 17 de febrero y 6 de junio de 1984).

Más aún, el parco y principal "estatuto" constitucional de la Administración supone necesariamente, como también ha comprobado el Tribunal Constitucional en el primero de los pronunciamientos citados, una remisión al legislador ordinario para la concreción de aquél y, consiguientemente, el correspondiente margen de libertad de configuración; margen, en el que desde luego tiene cabida perfectamente el privilegio de autoejecución. La propia regulación constitucional, finalmente, contiene elementos claramente reconducibles a una ratificación de la Administración autosuficiente en su acción:

- El artículo 97, que encabeza el Título IV "Del Gobierno y la Administración", incardina la Administración -a través de la potestad de dirección que sobre la misma concede al Gobierno- en el bloque del poder ejecutivo. Siendo así que al Gobierno corresponde la función ejecutiva (a la que, en nuestra cultura jurídico-política, es inherente una tarea de acción positiva de configuración y ordenación sociales por medios propios), la Administración -en cuanto, instrumento de aquél- ha de participar de las notas inherentes a dicha función.
- En el artículo 103.1, de forma congruente con lo anterior, destacan dos elementos en la caracterización de la Administración pública: ésta, siempre "con sometimiento pleno a la Ley y al Derecho" ciertamente, *sirve* los intereses generales y *actúa* con arreglo a determinados principios. La Administración es, pues, una institución vocada a la acción, legitimada y justificada en la actividad. Esta, a su vez, tiene por objeto la satisfacción de los intereses generales en términos, en cualquier caso, de eficacia. Su legitimación viene dada más precisamente aun, pues, por relación a la consecución -de forma continuada o permanente- de un resultado. Semejante caracterización trae causa, obviamente, de la importancia de la Administración para la realización del Estado democrático y social de Derecho de que habla el artículo 1.1 del texto fundamental. Y es claro que a la misma conviene de todo punto tanto la potestad de la decisión previa unilateral, como la de autoejecución de la misma. Así lo ha dejado dicho el Tribunal Constitucional en su Sentencia de 17 de febrero de 1984.
- La reserva y, simultáneamente, el mandato al legislador ordinario de la regulación del procedimiento a través del cual deben producirse los actos administrativos por el artículo 105, c) refuerza considerablemente el argumento anterior. Es clara la trascendencia atribuida a la actividad jurídica de la Administración y al elemento clave de la misma: el acto administrativo. Como lo es también que dicha trascendencia resulta del reconocimiento en el acto administrativo del momento de manifestación de la decisión unilateral vinculante sobre lo que sea el Derecho en el caso concreto con eficacia frente a los ciudadanos interesados.
- El artículo 106.1 persigue desde luego la justiciabilidad plena de la Administración, pero utiliza para ello la reveladora expresión "los Tribunales controlan... la legalidad de la actuación administrativa". La idea es claramente la de un control de la acción de un poder; acción, que resulta fácil colegir que no precisa para desarrollarse incluso en caso de conflicto o controversia, cual sucede con la de los sujetos privados, del auxilio judicial. Al consistir la intervención judicial en un control, queda claro también que aquí la propia Constitución ha modulado el régimen general del poder judicial establecido en su Título VI: la potestad jurisdiccional (juzgando y

haciendo ejecutar lo juzgado) es en el orden contencioso administrativo, al igual que en los demás integrantes de la Justicia ordinaria, plena y exclusiva, pero se ejerce bajo la forma de control, con las consecuencias que de la misma derivan.

Razonado así que una Administración Pública dotada de la doble autotutela no sólo no es contradictoria con el orden constitucional sino plenamente conforme con el mismo, parece conveniente extenderse aún en una breve argumentación en favor no ya de la conservación sino incluso de la reafirmación decidida de dicha Administración, a fin de despejar -en el contexto del nuevo ordenamiento del Estado- las sombras que inevitablemente ha ido arrojando sobre los "privilegios" administrativos la lucha tenaz y necesaria por el Estado de Derecho bajo el régimen de Franco. En éste, técnicamente, la Administración y, por tanto, el Derecho Administrativo habían acabado por construirse rigurosamente, gracias al esfuerzo doctrinal, sobre tres ideas-fuerza: la concepción de la Administración como poder público (partícipe, en calidad de ejecutor, de la voluntad soberana plasmada en las Leyes e investiga, por tanto, de *imperium)*, la atribución a la Administración -en cuanto poder- de la doble potestad de decisión ejecutoria y ejecución forzosa (el acto administrativo arquetípico, emanación de un poder público, es el acto imperativo, que predica de sí mismo la presunción de legitimidad y la ejecutividad y postula, por tanto, su ejecución incluso de oficio), y la esencia nuclear del Derecho Administrativo (como Derecho estatutario de la Administración) radica en el conflicto entre el poder público y las posiciones activas, que se sustancia en términos de equilibrio entre privilegios del primero y garantías de las segundas y se resuelve -como regla general y siquiera sea provisoriamente- sobre la base de la primacía de aquél. Sucede que esta construcción técnica formal, en todo paralela a la propia del régimen administrativo francés, apenas podía ocultar una realidad política por entero, diferente a la que sustentaba y sustenta a este último, en la que -inexistente una verdadera división de poderes- el poder carecía, a su vez, de legitimación democrática. De esta forma la lucha por el Derecho, aunque realizada con las mismas armas técnicas, adquiría los tintes específicos que le imprimía aquella realidad. En ella, y como trasfondo siempre presente, operaban el rechazo a y la reticencia frente al sistema político: el acto administrativo manifestaba una voluntad no reconducible a legitimación democrática y el interés general declarado en el mismo, sólo era tal por su manifestación por el poder que no por ser traducción y concreción de valores sustantivos proclamados y sostenidos por un ordenamiento democrático; la consecuencia no podía ser otra que la consideración de dicha declaración unilateral y su ejecución no ya únicamente como prerrogativas en sentido técnico, sino también como privilegios en sentido estricto, privilegios cuya actuación había de ser examinada desde una actitud de prevención y sospecha. Aun cuando la evolución del régimen autocrático le fue haciendo perder progresivamente sus perfiles más crudos y, en contrapartida, ganar en construcción jurídica, hasta alcanzar -en la sujeción del poder a Derecho- cotas nada despreciables, el Derecho Público y, más concretamente, el administrativo nunca ha llegado a desprenderse del lastre de desconfianza frente al poder público administrativo, acumulado durante largo tiempo. A ello ha contribuido decisivamente sin duda la peculiar transición política española, que evitó toda censura en el funcionamiento de la Administración.

Pero a pesar de la ausencia de ruptura, de solución de continuidad en la práctica, es bien claro que la Administración Pública no es la misma antes y después de la Constitución. A partir de ésta el cuadro de referencia varía por completo:

- El Estado es ahora un verdadero orden constitucional (en el sentido del constitucionalismo genuino) efectivo por jurídicamente vinculante tanto para los ciudadanos como para los poderes públicos (incluida, naturalmente, la Administración Pública). Ese orden constitucional, que no es momento de examinar en detalle, se resume principalmente en la fórmula de Estado social y democrático de Derecho que propugna como valores superiores de su ordenamiento jurídico la libertad, la justicia, la igualdad y el pluralismo político, los cuales presiden el conjunto de los que componen el contenido dogmático de dicho orden. Ese contenido se vertebra, además, a partir de la primacía del bien consistente en la dignidad de la persona y se integra por derechos fundamentales y libertades públicas, derechos y deberes constitucionales y principios rectores de la política social y económica, vinculando desde luego a los poderes públicos no sólo negativamente (prohibición de lesión o contravención del orden constitucional), sino también positivamente (deber de acción positiva de configuración social para la realización efectiva del orden constitucional). En cualquier caso, tal regulación sustantiva de la norma fundamental se constituye en marco de referencia en punto a la investigación y declaración -de resultado forzosamente diverso según la distinta implicación de valores y bienes constitucionalmente protegidos en cada caso- de los intereses generales o públicos y su equilibrio con los privados presentes en cada actuación administrativa.
- En la Constitución la Administración (el conjunto de las Administraciones Públicas) se contempla como una organización, una institución no sólo legítima, sino necesaria al Estado democrático y social de Derecho, caracterizada -según ya nos consta- por sus fines (la satisfacción del interés general) y sus medios (la actuación objetiva y eficaz con sometimiento pleno a la Ley y al Derecho, bajo la dirección del Gobierno); en definitiva, como un poder público autónomo pero subordinado al Gobierno.

  La Administración es, así, un poder legítimo, con legitimidad múltiple: por su dependencia orgánica del Gobierno, que cuenta con una legitimidad democrática específica propia; por su servicialidad respecto al interés general, que no es sino la concreción o aplicación en cada caso de la voluntad general en su traducción o formalización ordinamental; finalmente, por su objetividad, que garantiza justamente la fidelidad a dicha voluntad general. Desde esa compleja legitimación, la Administración participa del poder público, posee, en cuanto tal, la doble autotutela declarativa y ejecutiva, y sus actos se benefician de la presunción de legitimidad. Dada su instrumentalidad y servicialidad, la Administración es un poder vicario, un poder que no puede predicar de sí mismo sin más (por el mero dato formal de serlo) y de forma indiscriminada tal condición, sino sólo en la medida en que así proceda como manifestación necesaria de la autoridad social encargada del interés general. Por tanto no puede hacer valer sus potestades exorbitantes sobre la única base de su posición subjetiva de poder público, siéndole preciso justificar el empleo de aquéllas en el interés público. Esta caracterización condiciona la construcción de la doble autotutela que le está reconocida. Por de pronto, despejando cualquier recelo respecto a tales prerrogativas, que son privilegios únicamente en sentido técnico, atributos rigurosamente indispensables para el cumplimiento del papel de la Administración en el Estado constitucional y de los que ésta no sólo está facultada para hacer uso, sino obligada estrictamente a su aplicación. Pero también, y una vez sentado el principio anterior, exigiendo un replanteamiento del régimen propio de las autotutelas, cuyas figuras no deben confundirse. La decisión unilateral no es atributo exclusivo de la Administración; parecido fenómeno es conocido -facultades de autotutela declarativa reconocidas excepcionalmente a particulares -en el Derecho privado. La especialidad radica aquí exclusivamente en la amplitud y fuerza de obligar con que se configura la autotutela de la Administración en cuanto traduce el interés público definido por la Ley. La prerrogativa de ejecución forzosa de los propios actos es, por contra, peculiar al poder público administrativo. En el Estado definido y sostenido por la Constitución, empero, no es factible entenderla como potestad actuable respecto de cualesquiera actuación administrativa, debe entenderse más bien como herramienta con una lógica propia, que no es lícito forzar. La instrumentalidad respecto del interés público material y su efectiva realización se traduce aquí en que la actualización de la prerrogativa, la intensidad de la misma y los términos de su aplicación están siempre en función de la regulación sustantiva que, en concreto, reclame efectividad en el caso. La necesidad de la diferenciación de las dos autotutelas administrativas y de su configuración técnica en sentido instrumental estricto, deriva de que la posición de la Administración no es hoy sólo la propia de un poder actuante por vía autoritaria mediante actos imperativos; el Estado democrático y social es fruto de una evolución que ha desbordado los esquemas clásicos de intervención/prestación o policía/fomento/servicio público para asumir un desdibujamiento de la separación de Estado y sociedad, o lo que es igual, una múltiple interpenetración de ambos, con la doble consecuencia de la ampliación de la acción administrativa y de la diversificación de sus formas y, por tanto, de las de satisfacción del interés público. De ello se deduce que ni la fuerza de obligar y la eficacia vinculante de los actos, decisiones u operaciones de la Administración son únicas, ni a toda acción administrativa ha de seguir una correlativa ejecución forzosa, ni -finalmente- esta ejecución, cuando proceda, debe revestir características y alcances idénticos.

- El conflicto entre lo público y lo privado en el que se desenvuelve la acción de la Administración Pública queda colocado bajo nueva luz, desplazado del plano formal en que el equilibrio se alcanza aplicando una economía general (primacía de lo público) a la tensión entre poderes subjetivos (prerrogativa pública/derecho subjetivo o interés legítimo privados). Ese plano pasa a tener una importancia secundaria, cediendo el puesto al sustantivo de los bienes jurídicamente relevantes y protegidos, cuyo código básico de relación y composición radica en la Constitución. El interés general o público no es, pues, simplemente un producto de la voluntad del poder público administrativo; es el resultado de la ponderación correcta del conjunto de bienes protegidos por el Derecho que pretenden legítimamente vigencia de forma simultánea. La entrada en juego de la prerrogativa pública depende estrictamente de ese resultado y está al servicio del mismo. El privilegio, la autotutela se reconduce, así, a la ejecución o aplicación del Derecho objetivo, deslegitimándose su ejercicio indiscriminado como atributo de la *potentior persona.* De esta suerte, el equilibrio entre privilegios y garantías pierde toda posibilidad de definición general y abstracta y reconoce en su economía la diversidad misma que es propia del proceso de aplicación del Derecho objetivo.

El cambio de perspectiva que resulta de las breves consideraciones anteriores es capital, porque contribuye a despejar la imagen de la Administración de las adherencias tópicas que en ella se han ido acumulando, hasta distorsionarla. Abre la puerta, en efecto, a su contemplación como agente legítimo y principal de la construcción activa y permanente del Estado social y democrático de Derecho y, por tanto, de la unidad política en el sentido de realización continuada del orden constitucional. Penetran por esta puerta todas las exigencias internas de organización y funcionamiento del aparato administrativo, largamente descuidadas. Y también libera esa nueva perspectiva la acción administrativa del estrecho esquema basado en la dicotomía y la contradicción entre interés público y privado, revelando la complejidad que le es inherente y su trascendencia para la realidad y la efectividad de los derechos y los intereses de los ciudadanos.

B) *La plenitud de la potestad jurisdiccional del poder judicial y el poder público administrativo*

La constitucionalidad del estatuto de la Administración que acaba de ser esbozado obliga a examinar bajo su luz la plenitud de la potestad jurisdiccional reconocida a los Jueces y Magistrados integrantes del poder judicial. Como punto de partida no puede admitirse ni una contradicción frontal entre ambas regulaciones, ni tampoco la posibilidad de una excepción de la integridad del poder judicial cuando de la justiciabilidad del poder público administrativo se trate.

Una interpretación sistemática de la Constitución, sin embargo, permite abordar la cuestión desde la idea de la compatibilidad entre una Administración dotada de la doble autotutela tradicional y la recuperación por la Justicia de su fuero propio. La clave está desde luego en la doble regla de la sumisión plena a la Ley y al Derecho de la Administración y del control judicial de la actividad de ésta. Porque para salvaguardar la plenitud de la función judicial de juzgar y hacer ejecutar lo juzgado no se requiere desde luego la colocación del poder administrativo -a efectos de su justiciabilidad- en la misma posición que el resto de los sujetos del Derecho. La satisfacción de dicha plenitud se cumple con la sujeción a enjuiciamiento judicial de la totalidad de la acción de la Administración. Y la propia Constitución ha previsto en su artículo 106.1 -como ya advertimos- el mecanismo que hace posible cohonestar la posición exorbitante de los sujetos públicos administrativos con la función del poder judicial: ésta opera en términos de control, es decir, enjuiciando la actividad jurídicamente autosuficiente de aquellos sujetos, sin que ello obste a la extensión, intensidad y eficacia de tal enjuiciamiento. Así lo ha entendido con toda corrección la Ley Orgánica 6/1985, de 1 de julio, del Poder Judicial, toda vez que -sin perjuicio de proclamar enfáticamente la pertenencia en exclusiva a Juzgados y Tribunales de la potestad jurisdiccional- ha reiterado la encomienda a los Tribunales del *control* de la legalidad de la actuación administrativa y, lo que es decisivo, definido la jurisdicción específica del orden contencioso-administrativo por relación al conocimiento de las pretensiones deducidas en conexión con *los actos* de la Administración Pública (Art. 9.4), definitiva esta, que presupone que tales actos son previos a la intervención judicial y productores de efectos jurídicos sin necesidad del auxilio de Juzgados y Tribunales.

Condición misma de la compatibilidad así alcanzada es, sin embargo, la completa sujeción de la Administración no sólo el control judicial, sino también a sus consecuencias. Tal sujeción está asegurada por la sumisión plena a la Ley y al Derecho que la Constitución ha impuesto al poder público administrativo. De forma consecuente con ello, la Ley Orgánica 6/1985, de 1 de julio, del Poder Judicial concreta que todos, tanto los sujetos privados como los públicos (Administraciones Públicas, Corporaciones y entidades públicas, sus Autoridades y funcionarios), tienen el deber de respetar y, en su caso, de cumplir las Sentencias y las demás resoluciones judiciales que hayan ganado firmeza o sean ejecutables de acuerdo con las Leyes (Art. 17.2). Se alcanza así la meta largamente anhelada de afirmación de la vinculación absoluta de la Administración a las resoluciones judiciales firmes, es decir, de pérdida por la misma de toda facultad de disposición sobre la ejecución de estas resoluciones.

Con ello, sin embargo, no se clarifican sin más las cuestiones relativas a la atribución a la Administración de la ejecución misma de las resoluciones judiciales firmes y a la vinculación del poder ejecutivo como tal a dichas resoluciones. En cuanto a lo primero, porque la potestad judicial exclusiva de "hacer ejecutar lo juzgado" no se opone (ni siquiera en la propia formulación literal) a la subsistencia en la Administración condenada de la responsabilidad de realizar las actuaciones que sean precisas para la ejecución; únicamente excluye que a dicha Administración se le reconozcan, con tal motivo, cualesquiera facultades de decisión acerca de la ejecución misma y de sus términos. Tampoco el derecho fundamental a la tutela judicial efectiva coloca en inconstitucionalidad sobrevenida al artículo 103 de la Ley reguladora de la Jurisdicción Contencioso-Administrativa, toda vez que aquél únicamente postula la ejecución de las decisiones judiciales firmes en principio en sus propios términos (así lo tiene establecido el Tribunal Constitucional: Ss. 32/1982, de 7 de junio; 125/1987; de 15 de julio; y 167/1987, de 28 de octubre, entre otros). Este Tribunal, en la última de las sentencias citadas, ha despejado cualquier duda al respecto: tras afirmar la pertenencia en exclusiva (en cuanto manifestación típica de la potestad jurisdiccional) a los órganos judiciales de la potestad en ejecución, señala que "... Dentro del orden jurisdiccional contencioso-administrativo, son exigibles (de los Tribunales), en primer lugar, las que, *al amparo de su legislación reguladora* (con lo que no se cuestiona ésta), deben tender a que *se produzca inicialmente la actuación administrativa requerida por el pronunciamiento judicial, recabando para ella la colaboración precisa, incluso al margen del régimen ordinario de competencias.* Pero también lo son, y si cabe con mayor razón, cuantas medidas sean necesarias, de acuerdo con las Leyes, para impedir lo que expresivamente el Tribunal Supremo ha calificado como "la insinceridad de la desobediencia disimulada" por parte de los órganos administrativos (STS, Sala Quinta, de 21 de junio de 1977), que se traduce en *cumplimiento defectuoso o puramente aparente,* o en formas de inejecución indirecta, como son entre otros las modificaciones de los términos estrictos de la ejecutoria, la reproducción total o parcial del acto anulado o la emisión de otros actos de contenido incompatible con la plena eficacia del fallo (hay aquí un reconocimiento explícito de que la actividad de cumplimiento pertenece a la Administración bajo el pleno control del Tribunal, ejercido justamente sobre la base de la plenitud de su potestad de "hacer ejecutar lo juzgado").

En lo que hace a la sujeción del poder ejecutivo a las ejecutorias judiciales, ésta no puede deducirse sin más de la que es predicable de la Administración.

La Constitución deja perfectamente clara la composición de dicho poder ejecutivo, integrado por dos piezas orgánica y funcionalmente diferenciadas: el Gobierno y la Administración, correspondiendo al primero -además de la dirección de la segunda- la de la política interior y exterior y la defensa del Estado, así como la función ejecutiva y la potestad reglamentaria. Sin perjuicio de que el Gobierno realice (junto con los que son propios de los cometidos político-constitucionales que lo caracterizan) actos sujetos al Derecho Administrativo con ocasión de la dirección de la Administración, no se confunde con ésta, ni es posible extender al mismo el estatuto propio de ella.

Esta circunstancia es la que permite dudar -como lo ha hecho el Consejo de Estado, según ya hemos hecho notar- de la derogación por la Constitución de las facultades tasadas de suspensión o inejecución de resoluciones judiciales firmes atribuidas al Consejo de Ministros por el artículo 105 de la Ley de la Jurisdicción Contencioso-Administrativa de 1956 (pues la confusión en la legislación preconstitucional entre Gobierno y Administración no facilita concluir acerca de si dicho Consejo de Ministros aparece considerado como órgano de gobierno o de administración). Y, en todo caso, otorga fundamento constitucional a la determinación por la Ley 6/1985, de 1 de julio, del Poder Judicial (Art. 18.2), de la posibilidad de que el Gobierno -no la Administración pueda expropiar, por causa de la utilidad pública o interés social, los derechos reconocidos frente a la Administración Pública en una Sentencia firme. La cuestión queda así planteada, con entera independencia de la discusión en torno a la concreta regulación de las facultades del Gobierno y de la relación entre los dos preceptos legales citados, en términos de conflicto entre dos poderes constitucionales (el ejecutivo y el judicial) -ambos inscritos en el plano y en la lógica de la ejecución o aplicación de la Ley- derivado de un conflicto material, entre lo que ha sido declarado como Derecho en el caso concreto y con relación a un momento histórico-determinado (aquel en que se produjo la acción administrativa motivante del contencioso) y lo que es de interés público o utilidad social, es decir, de lo que reclama ser Derecho en el momento en que aquella declaración pretende hacerse efectiva. Supuesta la constitucionalidad de este planteamiento, el problema se reconduce al acotamiento sustantivo de la facultad materialmente expropiatoria del Gobierno y de su justiciabilidad, la cual únicamente podría producirse ya atribuyendo la resolución del conflicto al Tribunal Constitucional (toda vez que el supuesto no está contemplado en la Ley orgánica reguladora de este Tribunal). En cualquier caso, semejante solución -como ya desde luego la regulación prevista en el artículo 18.2 de la Ley orgánica del poder judicial- suscita numerosos interrogantes, entre los cuales no es el menor el que se refiere a la suerte de las ejecutorias que afecten a las Administraciones local y autonómicas. El interés público tiene siempre la misma condición, con independencia de que su actualización corresponda a una u otra Administración u órgano de Gobierno. Siendo esto así, ¿carecen los entes locales de toda posibilidad de hacer valer el interés público que crean poder oponer a la ejecución de una resolución judicial? ¿A los Consejos de Gobierno de las Comunidades Autónomas debe reconocérseles, en su ámbito, parecida facultad a la del Gobierno de la Nación? El ejercicio por parte de éste de su facultad de enervar la eficacia de una ejecutoria daría lugar, como acabamos de señalar, a un conflicto constitucional. Por ello, habría que negar a los ejecutivos de las Comunidades Autónomas idéntica facultad, pues el poder judicial es único y, por tanto, de ámbito nacional. La única salida residiría así en reconocer a las instancias territoriales autonómicas y locales capacidad para instar del Gobierno de la Nación el ejercicio de su propia facultad en beneficio de las mismas.

C) *Las prerrogativas del poder público administrativo y el derecho a la tutela judicial efectiva*

Como ya hemos podido comprobar anteriormente, el derecho fundamental a la tutela judicial consagrado en el artículo 24.1 de la Constitución -última perspectiva que resta por analizar en la reconsideración "constitucional" que del régimen administrativo venimos efectuando- no contradice por sí mismo los postulados de dicho régimen y, en concreto, las prerrogativas de autotutela de la Administración, en cuanto sólo exige la plenitud y la efectividad de la protección judicial de los derechos y los intereses legítimos de los ciudadanos frente a la acción de aquélla. Esto no quiere decir, sin embargo, que el derecho fundamental en cuestión no ponga en duda algunos de los términos de la materialización concreta de los referidos privilegios y de las consecuencias sobre el control judicial de los mismos.

a) La plenitud de la tutela judicial; el caso de la inactividad administrativa

En primer lugar, la plenitud de la protección judicial hace recaer la atención sobre una vasta zona en que se acusa grave deficiencia; la cubierta con la expresión "inactividad de la Administración". La prerrogativa administrativa de la decisión previa y el carácter revisor del control judicial hacen, en efecto, de la pasividad o negligencia de la Administración un serio riesgo para el sistema de garantías del ciudadano.

La construcción también del derecho administrativo con los materiales portantes del edificio jurídico entero a partir de la Revolución burguesa liberal (concepción individualista del Derecho objetivo; el sujeto de derechos y obligaciones como consecuente piedra angular; y las figuras de derecho subjetivo, autonomía de la voluntad, personalidad y acto jurídico como piezas claves), sumada a la perspectiva garantista que ha acabado primando necesariamente en el mismo, conducen derechamente a la restricción del análisis y del tratamiento a la "actividad" jurídica" de la Administración (contrapuesta a su "actividad técnica", expresión está de por sí significativa). La sistematización del Derecho Administrativo hoy dominante descansa, en efecto, sobre tres pilares: los sujetos de *la relación jurídica* administrativa (la Administración y sus prerrogativas, de un lado; el administrado y sus posiciones activas o pasivas, de otro), las formas típicas de actuación de la Administración en cuanto sujeto de dicha relación (acto -normativo o no- y contrato) y las garantías de las posiciones del administrado frente a la acción administrativa. Del sistema resultante queda forzosamente marginada, colocada en una oscura zona de penumbra, toda cuanta actuación administrativa no determine una relación jurídica o esté llamada a producir un acto o un contrato, a pesar de que semejante reducto de la Administración ni es cuantitativamente despreciable, ni es jurídicamente irrelevante (pues el poder público nunca puede, por definición, desembarazarse del Derecho, operar *fuera* del mismo; de ahí la dificultad de la distinción alemana entre acto administrativo y "acto real"). Se trata de la actividad técnica -que la dogmática alemana, quizás con mayor propiedad, califica de "simple" (*Schlichtes Verwaltungshandeln*)-, comprensiva así de cuanto no cuadra en aquel esquema, mero continente de contenidos heterogéneos, carente de perfiles nítidos y, sobre todo, difícilmente accesible para la batería de depurados mecanismos de garantía orientada hacia la actuación administrativa jurídicamente tipificada y formalizada. Por ello mismo, nuestro Derecho sólo ha generado instrumentos de defensa para el supuesto de patología en este último campo, es decir, para la inactividad asimismo formal (remedio: la técnica del silencio), de suerte que la reacción en el resto sólo es posible mediante la reconversión (operación costosa y no siempre factible) de la inactividad simple o material en formal.

El descuido que hasta ahora ha padecido (y continúa padeciendo) la actividad técnica o simple de la Administración no puede prolongarse sin quebranto de los valores superiores del ordenamiento jurídico del Estado constitucional. En la Constitución, en efecto, la Administración pública en general (y muy especialmente la Administración Local, por su condición de Administración con di' recta legitimación democrática) es el instrumento ordinario de acción del Estado social y democrático de Derecho para el que valen los deberes jurídicos establecidos en el artículo 9 del texto fundamental y, en concreto, los de remoción de obstáculos y promoción de condiciones relativas a circunstancias políticas, económicas, culturales y sociales. Por eso mismo, el estatuto constitucional (Art. 103.1) de la Administración incluye una referencia a la *eficacia*, otorgando así relevancia, en cualquier caso, a la totalidad de la actividad administrativa con independencia de que ésta se formalice o no a través de procedimientos articulados sobre relaciones jurídicas y esté dirigida o no a producir actos jurídicos. Y esa actividad administrativa (la totalidad de la que realiza la Administración, cualquiera de las Administraciones) está sometida al control judicial; control que tiene por objeto tanto la comprobación estricta de la legalidad, como *el sometimiento a los fines justificativos* (Art. 106.1 de la Constitución). Consecuentemente la actividad administrativa es, en todos los órdenes (y no únicamente en el estrictamente jurídico) no sólo un postulado político, programático o social, sino un riguroso deber jurídico establecido ya desde la Constitución, por lo que su control judicial y, por tanto, la tutela judicial frente a la misma comprende todas las manifestaciones de tal actividad y la someten al imperio del Derecho desde parámetros ciertamente amplios.

Como ya nos consta, hasta aquí el control y la tutela judiciales se han desarrollado mirando a la actividad jurídica de la Administración, limitándose -además-gracias a la conversión de la Jurisdicción contencioso-administrativa (favorecida por aquella perspectiva y denunciada por A. Nieto: "Sobre los derechos públicos subjetivos", *REDA*, Nº 63, y "La inactividad material de la Administración: veinticinco años después", *DA*, Nº 208) en institución protectora de derechos subjetivos e intereses legítimos, con pérdida de su dimensión controladora de la legalidad objetiva. De esta forma, el control de la inactividad material o simple de la Administración queda doblemente condicionada por el requisito de la acción, es decir, de la legitimación activa *ad causam* y la necesidad de la conversión de dicha inactividad material en formal para que opere la técnica del silencio y, por tanto, la ficción del dictado de un acto.

La superación de semejante situación -en modo alguno compatible con la Constitución- requiere el análisis y tratamiento adecuados del vasto y esencialmente desconocido campo de la actividad técnica, material o simple de la Administración, hoy despachados con premura y superficialidad por la doctrina. Curiosamente es aquí el legislador el que parece ir por delante, aunque con pasos tímidos: la Ley reguladora de las bases del régimen local (Ley 7/1985, de 2 de abril), por ejemplo, ha incluido en el catálogo de derechos que reconoce a los vecinos el de "exigir la prestación y, en su caso, el establecimiento del correspondiente servicio público, en el supuesto de constituir una competencia municipal propia de carácter obligatorio" (Art. 18.g), abriendo así la puerta al control efectivo de la inactividad municipal en la materia, y también ha simplificado y reforzado el ejercicio por los vecinos, mediante sustitución procesal, de las actuaciones no actuadas por las entidades locales (Art. 68), facilitando así la superación de la inactividad de éstas en la defensa de sus propios derechos.

El planteamiento inicial y tradicional es el que remite esta actividad al mundo de la técnica, sin preocupación seria por la estructuración y sistematización de su contenido y obligando a una determinación empírica de las actuaciones pertenecientes a la misma. Es, en la dogmática alemana, el de W. Jellinek (en su *Verwaltungsrecht*, ed. de 1948), para quien se trataba de algo heterogéneo, en lo que cabía distinguir tres capítulos: las obras, la técnica y el apoyo a la acción jurídico-administrativa propiamente dicha. Y es también el que, básicamente, domina en nuestra doctrina (por todos, E. García de Enterría y T. R. Fernández, *Curso de Derecho Administrativo*, Vol. II, Ed. Civitas, Madrid, 1983): se trata de la actividad que se manifiesta en actos materiales o técnicos; si bien se contrapone a la actividad jurídica no consiste en un indiferente jurídico; las diferencias con la actividad jurídica se cifran en que la material no necesariamente es imputable a la Administración en cuanto persona jurídica y no produce efectos jurídicos, no altera la situación jurídica existente (aunque esté regulada por el Derecho). Semejante concepción no parece enteramente satisfactoria, siquiera sea porque la Constitución no distingue en el estatuto de la Administración entre una actividad y otra (toda la administrativa queda sujeta a los principios y reglas del artículo 103.1) y los Tribunales no se limitan, por mandato constitucional, a controlar la legalidad de la acción administrativa, verificando también el sometimiento de ésta (toda ella) a los fines que la justifican. Se hace necesario un nuevo enfoque, como el que ha iniciado la doctrina alemana (G. Robbers, "Schlichtes Verwaltungshandeln-Ansätze zu einer dogmatischen Strukturieung", *Die Öffentliche Verwaltung* Nº 7, abril, 1987); la actividad técnica debe ser considerada no como un concepto *cajón de sastre* al que remitir los más diversos cometidos y tareas de la Administración, sino justamente como un tipo formal de actividad administrativa, que se situaría -así- junto a la trilogía clásica de norma, acto y contrato. El camino así apuntado se ofrece prometedor para el tratamiento jurídico de la actividad material. El criterio para su deslinde respecto de la propiamente jurídica residiría en la idea de "regulación". Las formas clásicas de actuación administrativa (norma, acto, contrato) se traducen siempre en regulaciones (entendiendo por tal la directa producción de una consecuencia jurídica o la definición de una situación jurídica), es decir, son siempre fuente de Derecho en el sentido de que concluyen en una declaración de que algo es Derecho (con carácter general o particular). No sucede lo mismo con la actividad material o técnica, que carece de tal virtualidad, limitándose -en su desarrollo- a actualizar determinadas consecuencias jurídicas y derivando de este dato su relevancia jurídica. Conforme al criterio así establecido es posible ya una clasificación de esta última actividad, como la que propone G. Robbers *(op. cit.),* y que aquí sólo puede dejarse simplemente apuntada:

1. Actuaciones preparatorias de una regulación, tales como conversaciones o negociaciones informales en relación con un asunto sometido a procedimiento formal en curso, informes técnicos, audiencias, otorgamiento material de vista del expediente, etc...
2. Actuaciones sustitutivas de una regulación, tales como la ejecución de una medida sin acto previo, acciones policiales como la retirada de un vehículo de la calzada o el ingreso en un hospital de una persona borracha o inconsciente, la facilitación de información en oficinas establecidas al efecto, etc...
3. Actuaciones que obvien una regulación, tales como las recomendaciones o los avisos públicos, el suministro de datos oficiales orientativos, la celebración de conversaciones o negociaciones informales, etc...
4. Actuaciones de cumplimiento de regulaciones, tales como el acto material de pago de cantidad, la realización de registros e inspecciones, etc...
5. Actuaciones vinculadas a tareas concretas, tales como la docencia, la investigación universitaria, la inspección técnica de vehículos, la lucha contra incendios, etc...

El ensayo más reciente (y prácticamente el único) de sistematización, en su vertiente patológica, del ámbito administrativo así acotado se debe a A. Nieto ("La inactividad material..., *op. cit., D. A.* N° 208), que emplea dos criterios clasificatorios con el siguiente resultado:

a) Según el criterio que podría calificarse de descriptivo:

   1. No producción por la Administración de un acto debido (siempre en el supuesto de no conexión de la inactividad material con la formal a través del silencio).
   2. No dictado de normas previstas por el ordenamiento.
   3. Inactividad organizativa: no creación de órganos previstos y necesarios; no adopción de medidas de organización de servicios indispensables para el funcionamiento correcto de éstos.
   4. Inactividad en la prestación de servicios públicos: no implantación de los dispuestos legalmente.

5. No ejercicio de acciones en defensa de sus derechos.
6. Inactividad en el cumplimiento de resoluciones judiciales firmes.

b) Según el criterio que podría conceptuarse de tipológico:

1. Inactividad material negativa: tiene lugar cuando existe para la Administración un deber normativo de actuar, con independencia de que se encuentre trabada la relación procesal en que se traduce el procedimiento administrativo y en ella puede distinguir entre:

 1.1. Inactividad material jurídica, caracterizada por la ausencia de un acto jurídico debido (se omite el dictado de un acto administrativo concreto, de una disposición, de una medida organizativa o de una decisión sobre el establecimiento de un servicio).

 1.2. Inactividad material fáctica, caracterizada porque –desde el punto de vista ciudadano– la acción omitida y pretendida no consiste en un acto formal (lo que sería exigible es, por ejemplo, la presencia de la policía, la diligencia de los bomberos, la facilitación de una cama en un hospital público, etc...).

2. Inactividad material positiva: ocurre cuando, realizándose una determinada actividad administrativa (de ahí el calificativo de positiva), ésta produce consecuencias ilegales o daños por su desarrollo incorrecto (ejemplos: la celebración de espectáculos oficiales productores de ruidos molestos; el funcionamiento del servicio de recogida de basuras de forma igualmente molesta; etc...). La inactividad consiste en la no corrección de los aspectos disfuncionales, que –en caso de ser privada la actividad– serían reputados ilegales, exigiéndose su subsanación.

3. Inactividad con efectos trilaterales (mejor: múltiples). Se da cuando las consecuencias de la pasividad administrativa repercuten sobre una pluralidad de administrados (al contrario de lo que sucede, *jurídicamente,* en la inactividad en el contexto de un procedimiento con interesado determinado). Así sucede, por ejemplo, con la omisión por la Administración del ejercicio eficaz de su potestad inspectora sobre establecimientos privados peligrosos, nocivos, insalubres o molestos.

Esta sistematización de la inactividad material de la Administración desvela la extensión del terreno al que aún hoy tiene difícil acceso la tutela judicial. Además de lo ya dicho y de algún otro supuesto dogma (hoy bien arrumbados bien seriamente quebrados), dos son los obstáculos principales a la integridad de dicha tutela en el mismo: el principio de separación de poderes, que impide al Juez sustituir a la Administración en su función propia, es decir, le prohíbe "administrar", de un lado; y la construcción de la Jurisdicción contencioso-administrativa como protectora de derechos subjetivos e intereses legítimos, con restricción de la legitimación para acceder a la misma a los titulares de tales situaciones jurídicas individualizadas.

En cuanto a la legitimación, la doble vía que viene siguiéndose por la doctrina y la jurisprudencia parece la acertada: ampliación de los objetos protegibles por la Jurisdicción (derechos e intereses legítimos) y de los supuestos de acción popular (que, en rigor, suponen una exención por Ley del requisito de acreditación de la vinculación con el contencioso), así como -por otra parte- recuperación del papel de garante de la legalidad de dicha Jurisdicción (con reconocimiento al ciudadano de un interés en la defensa de aquélla). En realidad, ambas confluyen -aunque quizás no conscientemente- en una superación del cuño individualista que padece el Derecho Administrativo, es decir, en una recuperación del valor del Derecho objetivo y de la perspectiva de la Administración como instrumento para su realización: lo que importa es la regulación objetiva, los deberes que de la misma resultan para la Administración y las situaciones (más o menos concretas y consolidadas) que derivan asimismo para los ciudadanos o administrados. Lo decisivo al efecto del acceso y, por tanto, de la plenitud de la tutela es este último dato y, en concreto, que el mismo permita comprobar una mínima conexión (interés) entre el ciudadano y el deber y la acción / omisión correspondientes de parte de la Administración. La índole de la situación del ciudadano (determinada por el ordenamiento o la acción administrativa) tendrá luego importancia para graduar lo que pueda ser pedido y obtenido del Juez, pero no se erigirá en obstáculo para el acceso al mismo. La noción constitucional de "interés legítimo" pasaría así a tener una significación capaz de absorber no sólo las situaciones individualizadas en sentido tradicional, sino también aquéllas hoy englobadas en la expresión "interés difuso" (que, en rigor, en nada -salvo en su compartición por una pluralidad de personas- tiene por qué diferenciarse de las anteriores: esa compartición no significa que, para cada persona, el interés coincidente no sea también suyo. En esta línea viene ya situándose el propio legislador: el artículo 7.3 de la Ley Orgánica 6/1985, de 1 de julio del Poder Judicial dispone, que "Los Juzgados y Tribunales protegerán los derechos e intereses legítimos, *tanto individuales como colectivos,* sin que en ningún caso pueda producirse indefensión" (el precepto es importante, aun cuando, a continuación, parezca restringir la legitimación para la defensa de los intereses colectivos a las corporaciones, asociaciones y grupos afectados; esta es la solución que efectivamente adoptaba el anteproyecto de Ley reguladora del proceso contencioso-administrativo publicado por el Ministerio de Justicia en 1986 y cuya tramitación parece abandonada, solución que, sin embargo, no es progresiva ni cumple satisfactoriamente los requerimientos máximos actuales del artículo 24.1 de la Constitución). Concluyendo, a nuestro juicio nada se opone -es más, la plenitud del derecho a la tutela judicial reconocido por el artículo 24.1 de la Constitución la impone- a una interpretación y aplicación amplias del "interés legítimo" de que habla dicho precepto (la adjetivación del interés nada añade, pues legítimo es cuanto el Derecho reconozca o permita), de suerte que dicho interés comprenda aquellas situaciones de los ciudadanos que limitan por un lado con los derechos subjetivos en sentido estricto y por otro con las dotadas de la acción popular. En el entendido, sin embargo, que se trata únicamente del acceso a la tutela judicial y no del alcance de ésta en cada caso, el cual vendrá determinado por el grado de protección efectiva dispensado por el Derecho a la situación concreta: del Juez sólo podrá instarse y obtenerse justamente lo protegido, que podrá ir desde la mera legalidad (pronunciamiento de conformidad o disconformidad a Derecho de la acción u omisión administrativas) hasta el reconocimiento de un derecho y el restablecimiento de una situación jurídica individualizada, pasando por el otorgamiento de una indemnización por daños y perjuicios.

Con lo dicho se ha avanzado también en el alcance del control y, por tanto, de la tutela judiciales. La dificultad básica reside aquí, no obstante, más que en el dogma de la separación de Administración y poder judicial, en la específica posición del Juez determinante de su función. El Juez ha de hacer justicia en el caso concreto, es decir, establecer lo que sea el Derecho en un supuesto específico, normalmente determinado en sus características en un momento temporal preciso. La Administración, operando siempre conforme a Derecho está inmersa en una lógica distinta, dinámica (su acción ha de adaptarse constantemente a la evolución social) y general (debe atender al interés general, al servicio público en su conjunto y por relación a sus objetivos). Esta radical diferencia entre uno y otra hace muy difícil, singularmente en el caso de la inactividad administrativa y aun en la hipótesis de concurrir verdaderos derechos subjetivos o intereses individualizados, reconocer al Juez capacidad para sustituir por sí mismo a la Administración; reconociendo que, en principio, sería necesario para alcanzar la plenitud de la tutela judicial en tal hipótesis.

En el plano de los pronunciamientos generales y de principio, el artículo 24.1, puesto en relación con el 117, ambos de la Constitución, no permiten otra conclusión que el referido reconocimiento. Pero a partir de ahí, la intervención del Juez debe sufrir la pertinente matización. La clave reside, una vez más, en el Derecho objetivo y la recuperación de su valor: el alcance de la intervención del Juez, de la tutela que puede dispensar, está en función directa del grado de densidad de regulación del supuesto, es decir, del grado de concreción jurídica de la protección dispensada al bien en litigio. A mayor concreción, mayor intervención judicial; a menor concreción, menor alcance de ésta. Es ésta, por, demás, la única vía que permite compatibilizar la plenitud de la tutela judicial con los principios constructivos del Estado. Porque es claro que la configuración social a partir de la Constitución es campo entregado primariamente al juego político democrático (ilustrativo al respecto es el artículo 53.1 de la Constitución) y, en su caso y en el terreno administrativo, a las potestades discrecionales o concedentes de márgenes de apreciación sobre criterios de oportunidad. Al juez le corresponde sólo velar por la aplicación y efectividad de las decisiones colectivas ya transformadas en Derecho, en modo alguno suplir la acción de los poderes a quienes incumbe esa transformación. Desde estas ideas puede mostrarse plena conformidad a los planteamientos doctrinales más recientes (por todos, A. Nieto, "La inactividad material...", *op. cit.*, *DA*, N° 208), que propugnan la intervención judicial escalonada así:

- Intervención no sustitutoria de la acción administrativa: el Juez se limita a declarar la disconformidad o Derecho de la pasividad de la Administración y a ordenar la actuación de ésta.

  Este escalón de intervención judicial puede tener distinta intensidad, según se circunscriba a ordenar sin más la actuación administrativa o llegue a especificar en parte o en todo el contenido de ésta.

  Hasta aquí se ha llegado en nuestro Derecho, sin perjuicio de que aún reste mucho camino por andar. Ejemplos del buen camino son las Sentencias del Tribunal Constitucional de 30 de marzo de 1981 y 14 de diciembre de 1983 y del Tribunal Supremo de 6 de marzo de 1978.

- Intervención sustitutoria de la acción administrativa, aún inédita en nuestro Derecho, pero que sería factible siempre que la decisión judicial se circunscribiera a hacer efectivas regulaciones precisas ya existentes.

b) La efectividad de la tutela judicial y la protección provisional de los bienes litigiosos

El derecho a la tutela judicial a que se refiere el artículo 24.1 de la Constitución incluye en su contenido, además de la plenitud, la nota de efectividad. Es bien cierto que el cumplimiento de ésta depende fundamentalmente del cumplimiento de las resoluciones judiciales condenatorias de la Administración, cuestión que ya hemos examinado. Pero ese cumplimiento no cubre el riesgo de inefectividad de dichas resoluciones y de su cumplimiento por razón de las vicisitudes a que quedan expuestos los bienes objeto de litigio durante la sustanciación del proceso. Los poderes judiciales cautelares resultan ser también, así, factores decisivos en orden a la efectividad de la tutela judicial, como asimismo -de otro lado- elementos importantes cara a la plenitud misma de ésta (toda vez que la amplitud de la protección cautelar puede mejorar en mucho el problema de la intervención del Juez ante la pasividad de la Administración, que acabamos de analizar).

En su momento advertimos la incidencia constitucional en esta materia y la no satisfactoria evolución del ordenamiento a partir de la misma. En la medida en que los requerimientos constitucionales a la tutela judicial son íntegramente trasladables a la meramente cautelar (pues ésta está al servicio de aquélla), la deficiencia que padece lo contencioso-administrativo en este punto no se circunscribe a la diversificación del régimen de la suspensión de los actos administrativos; afecta sobre todo a la insuficiencia de los remedios cautelares a disposición del Juez. En efecto, si es cierto que la Constitución (su Art. 24.1) ha puesto en cuestión la economía y el juego de la técnica de la suspensión, también lo es que ha venido a reclamar la articulación de nuevas técnicas capaces de cubrir las variadas formas de actuación administrativa frente a las que aquélla es inútil, así como otorgar protección ante la simple pasividad de la Administración. Así se ha visto con acierto al elaborar el anteproyecto de Ley reguladora del proceso contencioso-administrativo publicado por el Ministerio de Justicia en 1986: contempla en sus artículos 139 a 146 la posibilidad no sólo de la suspensión de la ejecución del acto o de la disposición objeto del recurso, sino también de la adopción de otras medidas cautelares dirigidas a la preservación de la integridad de un bien jurídico o la conservación de un derecho o interés legítimo (situándose de este modo en la línea propugnada por la doctrina; así, entre otros, yo mismo en *Estado social y Administración pública..., op. cit.).*

a') La técnica cautelar de la suspensión

Es indudable que el artículo 24.1 de la Constitución demanda el perfeccionamiento de la técnica de la suspensión y que la dirección de la mejora se sitúa en la línea avanzada, desde la óptica de las garantías jurisdiccionales de los derechos fundamentales, por la Ley 62/1978, de 26 de diciembre, si bien llevándola a sus últimas consecuencias (véase sobre este extremo L. Parejo Alfonso, "La tutela judicial cautelar", *REDA*, Nº 49). Sin embargo, la nueva regulación debe descansar en la idea de que dicha técnica es un instrumento al servicio de la protección provisional de los bienes jurídicos litigiosos en tanto se resuelve definitivamente el contencioso judicial que sobre ellos penda y, por tanto, al servicio de la efectividad de la tutela judicial plena, que es por sí misma siempre el derecho fundamental. Consecuentemente, el régimen jurídico de la suspensión debe ser, en la mayor medida posible, independiente de la naturaleza y entidad del bien jurídico discutido; características de éste, cuya trascendencia se manifiestan fundamentalmente no tanto en el plano de dicho régimen, cuanto en el de la ponderación concreta en orden al otorgamiento o no de la protección cautelar. En todo caso, tales características podrán dar lugar a especialidades procedimentales (desde los principios de preferencia y sumariedad sentados por el artículo 53-2 de la Constitución), pero no necesariamente en la economía de la suspensión.

El régimen jurídico de ésta habría, pues, de responder –para satisfacer adecuadamente las exigencias constitucionales– a las siguientes ideas fundamentales:

1ª La suspensión no es la técnica, sino tan sólo una (si se quiere capital) de las técnicas de la tutela judicial cautelar o preventiva en el contencioso-administrativo. Como ya hemos dicho, la diversidad de las formas actuales del actuar administrativo impone la habilitación al Juez con facultades más amplias y distintas de la suspensiva, y la articulación consecuente de ésta en un sistema que le trascienda en calidad de instrumento de protección judicial preventiva frente a los actos unilaterales de intervención positiva requirentes o susceptibles de ejecución forzosa.

El sistema de tutela judicial cautelar ha de partir, así, en su conjunto de la diferenciación entre fuerza de obligar intrínseca a los actos unilaterales por su sola adopción (fuerza de obligar que será diversa en función de la regulación legal de la que los actos traigan causa y de los bienes a los que afectan) y ejecución forzosa de dichos actos (procedentes sólo en aquellos supuestos en que la naturaleza del acto lo requiera). Esta diferenciación permitiría, en efecto, abandonar la confusión actual entre las dos autotutelas administrativas y la regla de la ejecutividad indiscriminada de los actos.

Quedaría abierta la puerta, de esta forma, al establecimiento de una regla inversa a la actual: los actos administrativos son ejecutivos cuando así motivadamente se decida por la Administración y, en todo caso, lo disponga la Ley. La imposición de un pronunciamiento administrativo separado sobre la ejecución y sus términos a la vista de la situación concreta, posibilitaría la recuperación del carácter revisor del control judicial en el ámbito de la tutela cautelar. Dicho de otro modo, despejaría la sobrecarga que pesa actualmente sobre el Juez, situándole en su verdadera posición y permitiéndole tener a la vista elementos de juicio adecuados sobre las exigencias, en el caso del interés público.

El reconocimiento a la impugnación, administrativa y jurisdiccional, del efecto suspensivo de los actos constituiría el complemento necesario de la regla anterior. El efecto suspensivo general de los recursos representaría, en todo caso y también, una alternativa válida y suficiente a dicha regla, de suerte que, de asumirse efectivamente, permitiría prescindir en efecto de la misma.

2ª La suspensión no es, ni puede ser, un mecanismo de equilibrio provisional entre poderes jurídicos formalmente considerados, sino entre intereses públicos y/o privados reconocidos por el ordenamiento jurídico y actuados a través de dichos poderes. La perspectiva correcta, pues, es la de la ponderación material de dichos intereses desde el sistema constitucional de valores tal como haya sido precisado válidamente por el legislador ordinario y a la vista de las circunstancias del caso concreto (en esta perspectiva se sitúa ya el anteproyecto de Ley del proceso contencioso-administrativo publicado por el Ministerio de Justicia en 1986).

3ª La ordenación jurídica de la suspensión debe resolver satisfactoriamente la doble tensión dialéctica entre régimen general -regímenes especiales, de una parte, y, dentro de cada uno de éstos en su caso, entre regla general- excepción a la misma, de otra, en tanto que dicha doble tensión es inmanente a 1a economía misma de la institución.

El régimen general (en el que la regla debe ser la suspensión y la excepción el alzamiento de la misma, es decir, la ejecución) debe pretender abarcar el mayor campo posible, relegando las especialidades a los supuestos verdaderamente justificados. Al propio tiempo, y como contrapartida, ha de tener una estructura lo suficientemente flexible como para permitir amplio margen a la ponderación y, por tanto, soluciones acomodadas a las circunstancias del supuesto concreto. Los regímenes especiales comienzan en el momento del agotamiento de la solución general, a partir de la justificación de la insuficiencia o inadecuación de la misma por exigencias radicales de la materia de que se trate en función de los bienes jurídicos a los que afecta.

b') Otras técnicas de aseguramiento provisional de los bienes litigiosos

Ya ha quedado denunciada la insuficiencia de la técnica de la suspensión para alcanzar hoy una adecuada armonización de los contradictorios requerimientos, derivados de la simultánea condición de la Administración como poder público actuante y sujeto justiciable. Dicha técnica deja, en efecto, fuera de su cobertura múltiples supuestos: desde todo el amplio campo de la inactividad administrativa hasta el complejo y frondoso mundo de las formas de actuación administrativa no imperativas, interventoras o limitadoras, pasando por los actos puramente negativos y la variada gama de actos prestacionales o de fomento sujetos a condiciones. Para el extenso campo de la intervención administrativa consistente en la sujeción de actos o actividades a previa autorización, la apuntada insuficiencia de la suspensión ha sido puesta de relieve por el Auto de la Sala 3ª de la Audiencia Territorial de Madrid el 18 de noviembre de 1982 (tomando pie en un Auto de la Sala 4ª del Tribunal Supremo de 16 de febrero de 1978) al señalar:

> Que la petición... (de suspensión) debe ser desestimada por una razón fundamental, cual es la de que la Sala estima que en el presente caso, *y al ser los actos impugnados actos negativos, no es aplicable el artículo 122 de la Ley Jurisdiccional. En*

efecto, el mecanismo de la suspensión está *dirigido contra aquellos efectos de un acto administrativo que vienen a producir una alteración material en la situación existente...; si el acto administrativo no viene a alterar nada, entonces parece claro que nada hay que suspender; y esto es lo que ocurre con los actos negativos, que se limitan a denegar una solución sin producir la alteración material que antes nos referíamos,* y que no cambia nada en la situación existente...

Nótese el radical desenfoque que produce en estos casos la técnica de la suspensión: como no hay efecto positivo alguno susceptible de ser suspendido, no existe necesidad de medida tutelar cautelar. Que ello no es así, justamente en un estadio avanzado del Estado social por la progresión de la intervención social de la Administración, no precisa mayor demostración. Justamente el acto de denegación (amén de la inactividad) puede producir daños y perjuicios tanto o más graves. Basta pensar en las denegaciones de despacho en aduanas de bienes perecederos, las denegaciones de autorización de elevaciones de precios en el régimen de productos con precios intervenidos, las desestimaciones de revisiones de precios (para el restablecimiento del equilibrio económico) en el curso del cumplimiento de contratos administrativos, las desestimaciones del acceso o disfrute de prestaciones de servicios públicos, las denegaciones de reconocimiento de derechos económicos (en particular, de prestaciones sociales por jubilación, invalidez, viudedad, etc...) y, en el inmenso campo de la gestión urbanística, las denegaciones de aprobación de instrumentos de actuaciones urbanísticas o de autorización de edificaciones, así como de recepción de servicios urbanísticos realizados por particulares.

La ausencia, pues, de cualquier otro mecanismo distinto de la suspensión en manos del Juez en orden al otorgamiento de la tutela cautelar o preventiva en el ámbito del contencioso-administrativo merece, desde luego, la calificación de verdadera deficiencia en este punto del contencioso-administrativo (con infracción, por defecto, del orden constitucional). Esta deficiencia no puede justificarse en un supuesto condicionamiento por los principios del sistema administrativo, pues el Derecho francés, de cuyos principios trae causa el español, conoce pacíficamente el apoderamiento al Juez con facultades más amplias en vía de *constat d'ungence* o de *réferé.* Y en Alemania Federal, el sistema de tutela judicial preventiva se compone, con fundamento en el derecho a la tutela judicial efectiva consagrado en el artículo 19,4, de la Ley Fundamental de Bonn, de la técnica de suspensión complementada por la posibilidad de la adopción de medidas provisionales. La relación entre estas dos piezas se articula calificando a la primera de *lex specialis* (que, por tanto, prevalece, tiene primacía) y reservando la segunda para el campo no cubierto por aquélla. Las medidas se instrumentan, a través de un procedimiento contradictorio y sumario, mediante la llamada *Einstweilige Anordnung* u orden provisional regulada en el § 123 de la *Verwaltungsgerichtsordnung* de 21 de enero de 1960.

El ejemplo francés (modelo básico del sistema español) demuestra sin más, que el apoderamiento al Juez con facultades de disposición preventiva sobre la situación de los bienes objeto de contencioso no contradice ni cuestiona los fundamentos del sistema administrativo, y el alemán occidental –en el que las medidas provisionales judiciales se constituyen como una consecuencia obligada del derecho fundamental a una tutela judicial efectiva; derecho consagrado en términos en todo equivalentes a los de nuestra Constitución- descubre, además, su condición de exigencia para la conformidad al orden constitucional y la complitud de dicho sistema en el caso español. Esta aseveración puede hacerse de forma tanto más concluyente, cuanto que:

1. A nuestro Derecho no le es desconocida la técnica. Junto a otras figuras cautelares que pueden actuarse en el proceso civil, conoce el aseguramiento judicial de los bienes litigiosos (Art. 1.419 y sigs. de la Ley de Enjuiciamiento Civil) y, dentro de la misma y además de la intervención judicial de los mismos, la de adopción por el Juez de las medidas necesarias, según las circunstancias, para asegurar en todo caso la efectividad de la sentencia que en el juicio correspondiente recayere.

   La unidad del poder judicial y, por tanto, de su contenido; la plenitud del sometimiento de la Administración a la Ley y al Derecho, es decir, de su justiciabilidad; y finalmente, el mayor riesgo que, en su integridad, pendiente el proceso, corren los bienes litigiosos en el ámbito administrativo por la dinamicidad propia de su materia y las prerrogativas que puede actuar una de las partes en la relación jurídico-administrativa, abogan claramente en favor de la extensión de esta técnica al control judicial de la Administración.

2. Al propio Derecho administrativo no le es totalmente ajena la idea de la protección cautelar. El artículo 72 de la Ley de Procedimiento Administrativo contiene, ya desde 1958, aunque ciertamente desde otra perspectiva, una habilitación en favor de la Administración para adoptar las medidas que estime oportunas a fin de "asegurar la eficacia de la resolución que pudiera recaer" en el correspondiente procedimiento; medidas que, como se ha precisado doctrinalmente (J. González Pérez: *Comentarios a la Ley de Procedimiento Administrativo*, Ed. Civitas, Madrid, 1977, comentario al artículo indicado; Vivances: *Comentarios a la Ley de Procedimiento Administrativo*, Barcelona, 1959), a falta de expresa previsión por el propio precepto, pueden establecerse tanto de oficio como a instancia de parte. Su régimen jurídico es ciertamente flexible, estando determinado exclusivamente por dos reglas básicas: su adopción requiere la existencia de elementos de juicio suficientes (elementos que posibiliten evaluar debidamente la pertinencia y el alcance de las medidas) y su contenido es libremente configurable (al no estar positivamente predeterminado), sin otro límite que la prohibición de producción de perjuicios irreparables a los interesados y de violación de derechos amparados por la Ley (la Sentencia del Tribunal Constitucional de 17 de febrero de 1984 ha concretado que, tras la Constitución, la acción ejecutiva de la Administración debe respetar, desde luego, los derechos fundamentales; el artículo 108 de la Ley de Procedimiento Administrativo contiene similar precisión para el supuesto de la ejecución administrativa de obligaciones personalísimas).

   Curiosamente, se trata de una regulación de escasa, si no nula, vigencia práctica. La razón, aparte la perspectiva específica a la que obedece (el aseguramiento de la actividad administrativa y no la protección provisional de los bienes jurídicos en presencia), no es, sin embargo, difícil de establecer. En los procedimientos dirigidos a un primer pronunciamiento sobre la cuestión de fondo no existe, hasta la resolución definitiva, intervención administrativa (por acción u omisión) sobre la que puedan articular los interesados una petición de medidas provisionales, sin que -de otro lado- la Administración tenga de ordinario precisión de adoptar de oficio las mismas y siendo, en otro caso, innecesario acudir a su regulación general, por la disciplina específica que de tales medidas suele contener el ordenamiento sectorial de la materia en que resulten desde luego pertinentes la suspensión provisional del funcionario en el caso del Derecho disciplinario, por ejemplo). Y en los procedimientos incoados por razón de la impugnación de actos (recursos), tales medidas quedan ya circunscritas *ex lege* -como se ha visto ya- a la suspensión de la ejecución de dichos actos.

En verdad, pues, en el ordenamiento positivo preconstitucional español se daban ya los elementos precisos para el desarrollo de una tutela judicial plena, comprensiva de facultades provisionales operativas; elementos que podían haberse actualizado con relativa facilidad sobre la base del carácter revisor de la Jurisdicción Contencioso-Administrativa. Dando por supuesta la comprensión en el artículo 72 de la Ley de Procedimiento Administrativo de la finalidad protectora de los bienes implicados, la tutela provisoria de los mismos por la Administración habría conducido por sí sola a su reconocimiento (vía revisión) en favor de los Tribunales. De ahí a la afirmación del apoderamiento de éstos con facultades de tutela cautelar habría mediado sólo un paso. La dificultad insalvable para semejante desarrollo ha radicado, sin duda, en que en el control judicial de la Administración española, no obstante serlo para el amparo de los derechos e intereses legítimos de los ciudadanos por un orden judicial especializado, pesa aún sobremanera la idea sobre la que reposa el sistema francés: la finalidad básica es la del aseguramiento del respeto de la legalidad por la Administración y, por tanto, la concepción objetiva del contencioso-administrativo; concepción ésta que, sumada a la construcción de dicho contencioso sobre el principio impugnatorio, lleva a centrar el control judicial en la figura del acto administrativo y, más concretamente, del acto imperativo y ejecutorio, con la consecuencia de la reducción de la tutela cautelar a la técnica de la suspensión.

No parece, pues, cuestionable que la acomodación al orden constitucional (y, específicamente, a los Arts. 24.1 y 17.3, del texto fundamental) del actual régimen del control judicial de la Administración pública deba consistir, en punto a la protección jurídica preventiva, en la incorporación al sistema de las llamadas medidas provisionales, así como, tampoco, que esa acomodación pueda cumplirse perfectamente sobre el modelo del orden judicial civil y la extensión al contencioso-administrativo de los dispuestos en el artículo 72 de la Ley de Procedimiento Administrativo (entendido ya como regulación de la protección jurídica provisional de los bienes jurídicos afectados por la actuación administrativa). En esta línea se sitúa ya el anteproyecto de Ley reguladora del proceso contencioso-administrativo hecho público por el Ministerio de Justicia en 1986.

La regla de la indispensabilidad de la existencia de elementos de juicio bastantes, de la que este último precepto legal hace depender la posibilidad misma de la válida adopción de las medidas provisionales, arroja luz sobre un rasgo esencial de la tutela cautelar (su condición de instrumento de protección sustantiva, aunque provisional, de los bienes jurídicos objeto de contencioso) y, por tanto, de un riesgo cierto que acecha a la institución: el de distorsión del carácter revisor del control judicial de la Administración y, consecuentemente, del principio de no sustitución de ésta por el Juez. Porque en la tutela cautelar, como en la definitiva, este último tiene que pronunciarse sobre las exigencias legítimas del interés público, valorando -en lo que ahora importa- esas exigencias, en relación con los derechos o intereses privados en conflicto, conforme a la legislación aplicable, manejada e interpretada y aplicada, a su vez, a tenor del orden constitucional. Por su posición institucional, separación radical de la Administración, vinculación al proceso y función dirigida a la justicia del caso concreto, el Juez carece por sí mismo del conocimiento adecuado y suficiente de las circunstancias, los problemas y los requerimientos de los distintos servicios públicos, por lo que precisa -para su correcta valoración- de la aportación de los pertinentes elementos de juicio al proceso para su enjuiciamiento independiente y singularizado (que es lo que caracteriza su cometido). Mientras en el juicio definitivo su sustanciación tras la instrucción acabada de un entero procedimiento administrativo asegura dicha aportación (o, al menos, su posibilidad), no sucede otro tanto necesariamente en el cautelar. Así, pues, cuando la Administración no ha tenido ocasión (que será lo normal) de pronunciarse sobre la procedencia de medidas provisionales, los solos mecanismos procesales (audiencia del Letrado del Estado o de quien ostente la representación y defensa de la Administración) no proporcionan un sustitutivo adecuado por razones obvias. De ahí que, para tal supuesto, el otorgamiento de una protección judicial cautelar deba hacerse depender de una audiencia directa -en plazo perentorio- de la Administración titular del servicio o gestora del interés público afectado, como única vía adecuada para una inserción coherente de dicha protección en el sistema del control judicial de la Administración pública (así sucede ya, sólo que para la aplicación de la medida de suspensión, en la regulación establecida por el artículo 7º de la Ley 62/1978, de 26 de diciembre, de protección jurisdiccional de los derechos fundamentales de la persona: de la solicitud de suspensión no sólo ha de darse traslado al Ministerio Fiscal y al Letrado del Estado, sino que también "... se requerirá al órgano de que dimane el acto impugnado para que en el plazo de cinco días pueda(n) informar acerca de la solicitud de suspensión").

La actual regulación procesal civil (así como la administrativa) del ámbito de la tutela cautelar se acomoda perfectamente a los requerimientos de esta última en lo contencioso-administrativo: las medidas provisionales necesarias, según las circunstancias, a la efectividad de la sentencia. Permite, en efecto, por su flexibilidad una configuración de la tutela concreta, adaptada a las características de cada caso. La mejor técnica para acotar el ámbito de dicha tutela consiste en la fijación por vía negativa de sus límites, tal cual sucede en Derecho comparado. Tales límites, perfectamente identificados ya, por ejemplo, en el Derecho germano-occidental, se reconducen, en definitiva, a la prohibición del otorgamiento por vía cautelar y, por tanto, con carácter provisional de lo que en ningún caso podría ser concedido con carácter definitivo y en vía principal. El límite específico ya identificado en Derecho español tanto por la ley de Procedimiento Administrativo (Art. 72) como por la jurisprudencia constitucional, de interdicción de toda violación de derechos subjetivos, especialmente los fundamentales, debe desde luego asumirse, pero con matizaciones. No es inusual, en efecto, que en una operación administrativa concurran dos o más derechos o intereses privados en situación de conflicto o contradicción (así sucede en el caso de las funciones administrativas llamadas arbitrales y de los actos administrativos con doble efecto o *Doppelwirkung).* Las medidas provisionales, para ser operativas, tienen, pues, forzosamente una incidencia en los derechos o intereses en presencia. La clave de su legitimidad no está, así, en la regla indiscriminada de la interdicción de la violación de los mismos, cuanto en que sean traducción fiel de una correcta ponderación en el doble plano del interés general interés privado, de un lado, y de los derechos e intereses privados en conflicto, de otro, sobre la base en último término del sistema constitucional de valores.

En último término y siendo así que el apoderamiento al Juez Contencioso-administrativo para la adopción de medidas provisionales no desnaturaliza el sistema y, antes al contrario, *completa en sentido constitucional* el esquema de la tutela cautelar específica del mismo (técnica de la suspensión), puede y debe sostener que dicho apoderamiento es hoy una realidad no sólo posible, sino incluso exigible vía aplicación supletoria de la Ley de Enjuiciamiento Civil; aplicación contemplada expresamente en la disposición adicional sexta de la Ley reguladora de la Jurisdicción Contencioso-Administrativa de 1956 actualmente vigente. En consecuencia, la plenitud y la eficacia de la tutela judicial cautelar estarían así aseguradas ya en nuestro ordenamiento, sin necesidad de esperar a la reforma o actualización de esta última Ley.

III

Las consecuencias de la separación entre administración y juez para las relaciones de aquella con la jurisdicción penal

1. *Consideraciones generales*

El principio de separación entre Administración y Juez, tal como lo perfila en su evolución el régimen administrativo, no detiene sus consecuencias en la Jurisdicción civil (privando a ésta del conocimiento de los asuntos en que está implicado el estatuto propio del poder público administrativo), alcanzando asimismo a la Jurisdicción penal.

Aun cuando la aludida separación es objetiva, es decir, se refiere y sirve a la autonomía de las funciones ejecutiva y judicial, iba a resultar inevitable (la Administración no es un ente abstracto, opera y se manifiesta gracias a sus agentes: las autoridades y los funcionarios) su perversión en fundamento de toda una panoplia de mecanismos de protección privilegiada de dichos agentes frente a la acción de la jurisdicción penal. La necesaria garantía del funcionamiento correcto y desembarazado de las obras y los servicios públicos sirve de gran coartada para la implantación de verdaderos privilegios en favor de autoridades y funcionarios; fueros especiales, autorización administrativa para el procesamiento, objetivación de la responsabilidad. Para su establecimiento y conservación, la Administración utiliza todas las armas, en especial las derivadas justamente del principio de separación: cuestiones previas y prejudiciales y sistema de conflictos. La historia llega hasta hoy y dista de haberse resuelto satisfactoriamente. Quizás donde la evolución ha sido más espectacular, en la medida en que las conquistas obtenidas del lado administrativo han acabado consolidándose gracias, incluso, al aura de progreso de que han acabado rodeándose, es en el terreno de la responsabilidad civil. Del principio jurídico-civil de la responsabilidad patrimonial personal por culpa o negligencia -excepcionado sólo en los casos tasados en que deba responderse legalmente de los actos u omisiones de otros: los padres respecto de los hijos que estén bajo su guarda, los tutores respecto de los menores o incapacitados colocados bajo su autoridad, los dueños o directores de empresas o establecimientos respecto de sus dependientes, los maestros o directores de artes u oficios respecto de sus alumnos o aprendices y el Estado sólo cuando obre por medio de agente especial, pero no así a través de sus funcionarios ordinarios (Arts. 1.902 y 1.903 del Código Civil)- se ha pasado en nuestro Derecho, primero en la Ley de Expropiación Forzosa de 16 de diciembre de 1954 (Arts. 120 y 121), y luego definitivamente en la Ley de Régimen Jurídico de la Administración del Estado de 26 de julio de 1957 (Arts. 40 y ss.), a la responsabilidad objetiva por el funcionamiento tanto anormal como normal de los servicios públicos. Ello significa que el ciudadano afectado ya no tiene que preocuparse por acreditar la culpa o la negligencia del agente, ni tampoco por la solvencia de éste, pues le basta con demostrar que se le ha causado un daño o un perjuicio en sentido técnico (individualizable, efectivo, evaluable económicamente) imputable a un servicio público en amplio sentido (a una actividad de que sea titular la Administración) para obtener directamente de ésta la reparación o indemnización, sin perjuicio de que la misma pueda luego repercutir sobre el funcionario o agente responsable. El resultado no es otro que una socialización de los riesgos de los servicios públicos, de la acción de la Administración pública; socialización que, desde la perspectiva del ciudadano afectado (quizás no tanto desde la de la ciudadanía en general), constituye obviamente un progreso, razón por la que el sistema ha acabado recibiendo en 1978 nada menos que consagración constitucional (Art. 106.2 de la Constitución). Gracias a esta consagración y a la *vis expansiva* que le presta su carácter progresivo, el sistema tiende a cubrir todas las manifestaciones posibles de la actividad administrativa, incluso aquellas de carácter técnico hasta ahora al margen del mismo: así sucede con la asistencia sanitaria, incluso hospitalaria, respecto de la que se está comenzando desde luego a reclamar, por los profesionales sanitarios (sujetos a responsabilidad personal), pero también a considerar por la Administración sanitaria, la aplicación del sistema objetivo. La positiva valoración que éste indudablemente merece no debe, sin embargo, ocultar su vertiente negativa, al menos en el plano de su aplicación real. Porque lo cierto es que –como la experiencia acredita– la Administración no repercute prácticamente en ningún caso sobre la autoridad o el funcionario culposo o negligente. Las consecuencias que de esta práctica generalizada (en realidad una regla no escrita) se siguen, no son difíciles de adivinar: pérdida de la calidad y del rigor exigibles en la actividad profesional de los agentes al servicio de la Administración; degradación de la misma sobre la base de una cierta conciencia de irresponsabilidad personal. Se dirá que la corrección de esta disfunción incumbe a la propia administración y es cierto, pero no lo es menos que –simultáneamente– los instrumentos que ésta puede utilizar al respecto no dejan de ser objeto de reservas, cautelas y garantías que, en la realidad de las cosas, las hacen de muy difícil manejo. No es esta una reflexión que aquí pueda ser desarrollada; baste con llamar la atención sobre el problema y la imperiosa necesidad de la recuperación, también en este campo, de la defensa de los intereses generales, que son de todos y no implica el abandono de los legítimos intereses particulares.

La pertenencia de la Administración a un poder ejecutivo autosuficiente en su función, gracias a las potestades de autotutela de que está investido y que asumió como propia, desde los inicios mismos del constitucionalismo, una cierta potestad normativa reglamentaria, ha supuesto, además, una congelación de la función represiva propia de la Jurisdicción penal en el ámbito de las conductas del ilícito criminal codificadas, gracias al enorme desarrollo del Derecho sancionador administrativo, que en España presenta dimensiones mayores que en los países de su inmediato entorno geográfico, incluyendo Francia, modelo confesado de nuestro propio régimen administrativo. Si bien tiene una clara justificación de la potestad sancionadora de la Administración en el ámbito doméstico de autodefensa, es decir, en la disciplina de las conductas de sus propios agentes en el seno de la organización para el cumplimiento de los servicios públicos y de aquellas que afecten al dominio público y, en general, a los bienes vinculados a la satisfacción del interés general, así como, por extensión, de las personas colocadas en una relación de supremacía especial o específica (concesionarios, contratistas), resulta difícil encontrarla en el plano de los principios para el ámbito de las relaciones de supremacía general, para dar cuenta satisfactoriamente de la razón por la que la Administración puede sancionar simples ciudadanos. Y justamente este último campo, teóricamente el propio del sistema penal, y, en todo caso, disputable por el mismo, ha sido objeto de una vasta e imparable colonización por el Derecho sancionador administrativo. Las dimensiones en todos los órdenes del fenómeno han llegado a ser tales (el profesor Parada, en el trabajo sobre el poder sancionador de la Administración que se recoge en este volumen, advierte, de entrada, que la cuestión de las infracciones administrativas es quizá de las más graves que tiene planteadas el ordenamiento, presentando perfiles que la colocan incluso en el terreno del dramatismo), que la tipificación de ilícitos administrativos y la consiguiente potestad sancionadora de la Administración han pasado a conceptuarse como ingredientes "naturales" o, en todo caso, no cuestionados de toda regulación de un sector de la realidad social que incluya o incorpore un régimen de intervención administrativa. Es más, con ocasión de los problemas que ha planteado la distribución territorial de competencias en el seno del Estado de las Autonomías, articulado por la Constitución la solución al interrogante acerca de la competencia para el establecimiento de infracciones y sanciones administrativas en cada una de las materias (sobre lo que nada dice el texto fundamental) parece ser, asimismo sin grandes dificultades, la de que dicha competencia es accesoria o está implícita en la disposición global sobre la correspondiente materia que constitucionalmente se confiere en cada caso. De esta manera, en el ordenamiento español conviven no demasiado armoniosamente dos sistemas represivos de conductas ilícitas, independientes o autónomos entre sí: el propiamente penal, basado en la tipificación de conductas criminales y actuado por el poder judicial a través de la Jurisdicción penal; y el administrativo, articulado sobre la tipificación de infracciones administrativas y aplicado por la Administración, de suerte que la intervención judicial se ciñe a la propia del control de ésta, es decir, a la de carácter contencioso-administrativo.

De estos básicos problemas dan cuenta los dos estudios del Profesor Parada Vázquez -pioneros y fundamentales en la materia-, incluidos en este libro bajo el rótulo "Administración y Jurisdicción penal" desde la perspectiva crítica que caracteriza a dicho autor, anclada en su postura de defensa de los derechos y libertades de los ciudadanos y, por tanto, de la posición central que en la materia debe reconocerse al poder judicial. En las dos se realiza una excelente exposición de la evolución histórica (con abundante aparato comparatista, además, en el segundo sobre el poder sancionador de la Administración) hasta prácticamente la década de los años setenta, es decir, la antesala misma de la promulgación de la Constitución de 1978; circunstancia, que excusa aquí de toda referencia a la situación preconstitucional, permitiendo comenzar nuestro análisis justo con la incidencia del texto fundamental hoy vigente.

2. *La Constitución y el sistema de represión de las conductas ilícitas*

La Constitución, a pesar de la rotunda atribución en exclusiva al poder judicial de la potestad de juzgar y hacer ejecutar lo juzgado (Art. 117.3) y de la rigurosidad de las garantías de defensa reconocidas a los acusados: derecho al Juez ordinario predeterminado por la Ley, a la defensa y la asistencia de Letrado, a ser informado de la acusación, a un proceso público sin dilaciones indebidas y con todas las garantías, a la utilización de los medios de prueba pertinentes a la defensa, a no declarar contra sí mismo, a no confesarse culpable y a la presunción de inocencia (Art. 24.2; precepto redactado en función de la justicia penal), no ha acabado con el sistema de doble mecanismo represivo. En efecto:

- Al establecer el principio *nullum crimen nulla poena sine previa lege* remite la tipificación previa a las figuras de delito, falta o *infracción administrativa* (Art. 25.1).
- Establece inmediatamente (Art. 25.3) una tajante interdicción de la imposición por la Administración civil de sanciones que, directa o subsidiariamente, impliquen privación de libertad. La interdicción afecta sólo a la Administración civil, por lo que la militar puede continuar poseyendo constitucionalmente poder para imponer sanciones privativas de libertad. En cualquier caso *y a contrario sensu,* el precepto supone la constitucionalidad de la subsistencia de la restante potestad sancionadora de la Administración civil.
- La prohibición expresa (Art. 26) de los Tribunales de Honor en el ámbito de la Administración civil y de las organizaciones profesionales corrobora las conclusiones que se deducen del precepto antes examinado. De un lado, nada se opone constitucionalmente a la subsistencia de Tribunales de Honor en el seno de la Administración militar (con lo que el régimen peculiar de ésta, en punto a poder sancionador, se lleva hasta sus últimas consecuencias). De otro, la referida prohibición es estricta, no alcanzando el poder sancionador ordinario de la Administración civil, ni siquiera el de disciplina de las conductas de los propios miembros tradicionalmente reconocido (en régimen de autoadministración) a las Corporaciones profesionales.
- Para un campo específico, pero en clara progresión tanto en importancia como en extensión, concretamente el medio ambiente (incluyendo la ordenación territorial y urbanística), contempla el establecimiento de "sanciones penales o, en su caso *administrativas*" (Art. 45.3), quedando, así, definitivamente clara la constitucionalidad de un sistema de represión administrativa independiente del penal.

Aunque, como queda visto (la temprana Sentencia del Tribunal Constitucional de 8 de junio de 1981 así lo reconoce, señalando que el orden penal y el sancionador administrativo "son manifestaciones del ordenamiento punitivo del Estado... hasta el punto de que un mismo bien jurídico puede ser protegido por técnicas administrativas o penales, si bien en el primer caso con el límite que establece el (propio) artículo 25 en su número 3, al señalar que la Administración civil no podrá imponer penas que directa o subsidiariamente impliquen privación de libertad", y la posterior de 3 de octubre de 1983 señala ya directamente que la Constitución no sólo no ha excluido la existencia de una potestad sancionadora de la Administración sino que la ha admitido en el expresado artículo), la Constitución no ha suprimido la duplicidad existente en el sistema punitivo, no por ello ha dejado de introducir notables correcciones en el mismo.

Estas correcciones se reconducen a la superación de la tosquedad técnica del Derecho sancionador administrativo, que venía siendo denunciada por la mejor doctrina y corregida en parte por una progresiva jurisprudencia del Tribunal Supremo (claramente delineada cuando menos desde comienzo de los años setenta), vía aplicación a dicho Derecho de las técnicas y los principios generales elaborados y perfilados en el seno del Derecho Penal. La redacción imperativa y, sobre todo general, del número 1 del artículo 25 de la Constitución es la que sostiene por entero tal extensión: el Tribunal Constitucional, en la Sentencia antes citada de 8 de junio de 1981, toma pie en dicho precepto para afirmar que "los principios inspiradores del orden penal son de aplicación, con ciertos matices, al Derecho administrativo sancionador". De esta suerte, el heterogéneo, disperso y pragmático orden sancionador administrativo pasa a quedar enmadrado, reducido a sistema, gracias a un preciso cuadro de principios generales, sin perjuicio de conservar -en lo que sea menester- la flexibilidad que requieran sus características específicas (el Tribunal Constitucional advierte, por ello, que la aplicación de aquellos principios a este campo se realiza "con ciertos matices"). El salto cualitativo así operado tiene como consecuencia necesaria, además, la recuperación por el orden penal y, por ello, de la jurisdicción criminal, del papel principal que institucionalmente le es propio y en cuya defensa se ha significado, desde el campo dogmático, el Profesor Parada Vázquez. Difícilmente podía ser de otra forma, una vez que se sienta la regla capital de que es este último orden el que proporciona al sistema punitivo entero su estructura básica. Este recibe, así, una específica vertebración no obstante su complejidad, en la que el orden administrativo, aun conservando su autonomía propia, asume una posición de subordinación al penal en los principios fundamentales y de complementariedad en la función institucional represiva del sistema en su conjunto.

En concreto, el impacto de esta construcción sobre el Derecho sancionador administrativo se traduce en los siguientes extremos:

- La efectividad plena del principio de legalidad, en el sentido de reserva a la Ley formal de la atribución de la potestad sancionadora y de una regulación, en lo sustancial, de las infracciones y sanciones administrativas.

  En cualquier caso, la exigencia de tipificación previa por la Ley de las infracciones no puede manejarse aquí con la misma rigurosidad que en el orden penal (aparte de que éste conoce también la técnica de definición de ilícitos por relación al quebrantamiento de regulaciones administrativas). Cierto que no parecen admisibles las cláusulas generales, abiertas y carentes de contenido sustantivo, pero de ello no se sigue la prohibición de una cierta flexibilidad y, por lo tanto, de cualquier colaboración de la norma reglamentaria con la Ley en la determinación de las infracciones (si bien con la precisión de la excepcionalidad del acceso del poder ejecutivo a este campo). En este sentido, la Sentencia del Tribunal Constitucional 77/1983, de 3 de octubre.

- La incorporación del principio de culpabilidad, con erradicación, pues, de la figura de la responsabilidad objetiva. No obstante, también en este campo se manifiesta la peculiaridad del orden administrativo, en el que es normal la imputabilidad de personas jurídicas; peculiaridad que tampoco puede reputarse inconstitucional.
- La homologación de la prescripción de las infracciones administrativas con la de las faltas penales. La posición central en el sistema punitivo del orden penal demanda, en efecto, la erección de los plazos de prescripción de dichas faltas en límite máximo para la regulación de los correspondientes a las infracciones administrativas.
- La preferencia de la represión penal sobre la administrativa en caso de concurrencia o, en palabras del Tribunal Constitucional (S. 77/1983 de 3 de octubre), la subordinación de la actividad sancionadora de la Administración a la autoridad judicial; subordinación de la que derivan las siguientes consecuencias: a) La necesidad de un control judicial *a posteriori* de la sanción administrativa; b) la imposibilidad de que la Administración realice actuaciones sancionadoras, en el supuesto en que los hechos sean constitutivos de falta o delito según la legislación penal, mientras la autoridad judicial no se haya pronunciado sobre los mismos, y c) la necesidad de respetar la cosa juzgada. Se trata de una regla que va calando en la legislación postconstitucional en términos de suspensión de las actuaciones propias de la Administración hasta la conclusión de las correspondientes a la jurisdicción penal. El efecto de vinculación sobre la Administración de la cosa juzgada es doble (según la misma Sentencia citada): positivo, porque lo declarado por la jurisdicción penal pasa a ser la *verdad jurídica;* negativo, porque determina un impedimento a todo nuevo pronunciamiento. Ahora bien, este último impedimento opera sólo en el plano de los hechos y no enerva, por lo tanto, la posibilidad de enjuiciamiento y calificación jurídicos distintos en el ámbito administrativo, si en éste la legislación aplicable realiza un tratamiento normativo diferente.
- El respeto necesario en el procedimiento administrativo sancionador de los derechos de defensa reconocidos en el artículo 24 de la Constitución para el caso de la acusación y el proceso penales (Sentencia 77/1983, de 3 de octubre).
- Finalmente, la incompatibilidad, como regla general, de la aplicación concurrente de los dos esquemas represivos a unos mismos hechos o principio de *non bis in idem,* salvo, en todo caso, el supuesto de la potestad disciplinaria de autotutela administrativa. El Tribunal Constitucional, en su Sentencia de 30 de enero de 1981, ha dejado establecido que "el principio general del Derecho conocido por *non bis in idem,* si bien no se encuentra recogido expresamente en los artículos 14 a 30 de la Constitución, que reconocen los derechos y libertades susceptibles de amparo (artículo 53, número 2 de la Constitución y 41 de la Ley Orgánica del Tribunal Constitucional), no por ello cabe silenciar que, como entendieron los parlamentarios en la Comisión de Asuntos Constitucionales y Libertades Públicas del Congreso al prescindir de él en la redacción del artículo 9 del Anteproyecto de Constitución, va íntimamente

unido a los principios de legalidad y tipicidad de las infracciones recogidas principalmente en el artículo 25 de la Constitución". En el mismo sentido, la Sentencia también del Tribunal Constitucional 77/1983, de 3 de octubre. La Sentencia posterior 159/1985, de 27 de noviembre, ha venido a relativizar el principio, afirmando que éste no siempre imposibilita la sanción de irnos mismos hechos por autoridades del distinto orden, siempre que los contemplan desde perspectivas diferentes.

A pesar de la claridad y difícil cuestionabilidad del principio, no siempre ha sido observado de forma estricta por la legislación postconstitucional.

3. *Los artículos de previo pronunciamiento: declinatoria de jurisdicción y autorización administrativa para el procesamiento de autoridades y funcionarios*

Tras la Constitución y conforme a la construcción tradicional, la Ley Orgánica 6/1985, de 1 de julio, del Poder Judicial, ha ratificado la posición preferente de la Jurisdicción penal en los solapes que en el ejercicio de la función de juzgar pueden producirse entre las diferentes Jurisdicciones por razón de la involucración de un problema perteneciente a otra en la cuestión que deba resolverse; solapes, resueltos a través de la técnica de las cuestiones prejudiciales. El artículo 10.2 de dicha Ley establece, en efecto y después de sentar la regla general de que "a los solos efectos judiciales cada orden jurisdiccional podrá conocer de asuntos que no le estén atribuidos privativamente", que -no obstante lo anterior- "la existencia de una *cuestión prejudicial penal* de la que no pueda prescindirse para la debida decisión o que condicione directamente el contenido de ésta, determinará la suspensión del procedimiento mientras aquella no sea resuelta por los órganos penales a quienes corresponda, salvo las excepciones que la Ley establezca". El Anteproyecto de Ley reguladora del proceso contencioso-administrativo hecho público en 1986 por el Ministerio de Justicia excepciona, por ello, en su artículo 4.1 las cuestiones prejudiciales penales (junto a las constituciones) de la extensión de la jurisdicción de los Tribunales de dicho orden a tales cuestiones.

Por tanto, en principio nada obsta a que la Jurisdicción penal pueda conocer, a título prejudicial, de las cuestiones administrativas imbricadas en los procesos seguidos contra autoridades y funcionarios. No obstante, es claro que ello no impide el intento de erigir dichas cuestiones administrativas, es decir, la legalidad de la actuación o actuaciones correspondientes (a enjuiciar conforme al Derecho administrativo) en elemento determinante del problema y, por tanto, de la posibilidad misma de la calificación penal. Tal intento puede instrumentarse a través de la declinatoria de jurisdicción, regulada en el artículo 666 de la Ley de Enjuiciamiento Criminal con el carácter de cuestión dilatoria. En tal hipótesis, se desemboca en un conflicto jurisdiccional a resolver conforme al sistema establecido al efecto, por lo que procede remitir al estudio que más adelante se hará de éste. Aquí sólo resta dejar apuntado que poco se ha avanzado respecto de la situación denunciada y criticada por el Profesor Parada Vázquez al iniciarse la década de los años setenta.

Tampoco cabe apuntar mayor avance en lo que respecta a la técnica de protección de autoridades y funcionarios frente al procesamiento (necesidad de otorgamiento de autorización administrativa para proceder al mismo). La razón es bien sencilla. Aunque la Ley de Enjuiciamiento Civil contenga aún, en su artículo 666, mención a la falta de autorización administrativa para procesar (en los casos en que sea necesaria, con arreglo a la Constitución y a las Leyes especiales) entre las cuestiones o excepciones esgrimibles para plantear un artículo de previo pronunciamiento ante la Jurisdicción penal, lo cierto es que desde la Ley de Régimen Jurídico de la Administración del Estado de 26 de julio de 1957, dicho requisito del consentimiento administrativo para proceder contra autoridades y funcionarios está suprimido, no habiendo vuelto a restablecerse. La Constitución ha establecido un orden material contrario a esta clase de privilegios, por lo que -bajo la misma- difícilmente podrían subsistir cualesquiera otros distintos de los previstos expresamente por el texto fundamental, estrictamente limitados a la autorización previa (otorgada por la Cámara correspondiente) para la inculpación y el procedimiento de Diputados y Senadores y fundados en los principios de inviolabilidad (por las opiniones manifestadas en el ejercicio de la función parlamentaria) y la inmunidad de los mismos (Art. 71 de la Constitución).

4. *El fuero de las autoridades y los funcionarios*

En este orden de cosas sí que se han producido cambios tras la Constitución; cambios, cuya valoración como "progresos" es controvertible a la luz de los acontecimientos, como inmediatamente precisaremos.

La situación anterior al texto fundamental era la siguiente:

a) Autoridades y funcionarios de la Administración del Estado: Conforme al artículo 46 de la Ley de Régimen Jurídico de la Administración del Estado, el enjuiciamiento penal de los Ministros estaba reservado al Tribunal Supremo en Pleno y el de los Subsecretarios, Directores Generales, Gobernadores Civiles y autoridades y funcionarios con categoría de Jefes Superiores de Administración a la Sala competente del propio Tribunal Supremo. A partir de la promulgación de la Ley de Funcionarios Civiles del Estado de 7 de febrero de 1964, el supuesto "autoridades y funcionarios con categoría de Jefes Superiores de Administración" resultó de más que difícil aplicación, al haber quedado suprimidas las categorías en la función pública.

b) Autoridades y funcionarios de la Administración Local: A tenor de los artículos 415 y 416 del Texto Articulado y Refundido de la Ley de Régimen Local, aprobado por Decreto de 24 de junio de 1955, la responsabilidad de orden penal de las Autoridades o miembros de las Corporaciones Locales había de exigirse ante los competentes Tribunales de Justicia, si bien en el caso de los Alcaldes y Concejales de Ayuntamientos y los Presidentes de Diputación y Diputados provinciales el procesamiento por delitos cometidos en el ejercicio de sus funciones, había de ser acordado por la Audiencia Provincial correspondiente.

En este punto, la Constitución sólo contempla expresamente la responsabilidad penal del Gobierno de la Nación, disponiendo en su artículo 102 que dicha responsabilidad será exigible -tanto en el caso del Presidente del Gobierno, como en el de los restantes miembros del Gobierno (que actualmente son el Vicepresidente del Gobierno y los Ministros, pero que -de acuerdo con el artículo 98.1 del texto constitucional- pueden llegar a ser más si la Ley contempla una composición más amplia y distinta a la actual)- ante la Sala de lo Penal del Tribunal Supremo, rebajando, por tanto, el fuero privilegiado anterior (recuérdese que el enjuiciamiento estaba reservado al Pleno de dicho Tribunal). Nada dispone la Constitución sobre los miembros de los Gobiernos o Consejos de Gobierno de las Comunidades Autónomas (instancias territoriales que emergen con el propio texto constitucional), así como los miembros electos de las Administraciones Locales, lo que es explicable por la parquedad de la regulación que dedica a éstas otras instancias del poder público.

La Constitución no se interpretó ni desarrolló restrictivamente en este punto, al menos en un principio y por lo que hace a la Administración del Estado y a los miembros de los Ejecutivos de las Comunidades Autónomas:

- El Estatuto de Gobernadores Civiles provinciales aprobados dos años después por Real Decreto de 22 de diciembre de 1980, mantuvo para los mismos el fuero de la Sala de lo Penal del Tribunal Supremo. Y la Ley 17/1983, de 16 de noviembre, asignó ese mismo fuero penal a la figura novedosa de los Delegados del Gobierno en las Comunidades Autónomas.
- Por su parte, aquellos Estatutos de Autonomía (la mayoría) de las Comunidades Autónomas que se iban constituyendo que abordaron la cuestión, lo hicieron estableciendo fueros privilegiados conforme a un quíntuple modelo:

  a) El fijado por los dos primeros, correspondientes a las llamadas "nacionalidades históricas" (Estatutos vasco y catalán, aprobados por Leyes Orgánicas 3 y 4 de 1979, ambas de 1979). El Presidente del Gobierno y los miembros de éste (Consejeros) -durante su mandato y por actos delictivos cometidos en el ámbito de la Comunidad Autónoma- no pueden ser detenidos o retenidos sino por flagrante delito, correspondiendo decidir sobre su inculpación, prisión, procesamiento y juicio al Tribunal Superior de Justicia de la Comunidad Autónoma. Fuera del ámbito de esta última, la responsabilidad penal es exigible en los mismos términos ante la Sala de lo Penal del Tribunal Supremo (Arts. 32.2 del Estatuto vasco y 38 del Estatuto catalán).

     Este modelo fue seguido luego por la tercera "nacionalidad", Galicia (Estatuto aprobado por Ley Orgánica 1/1981, de 6 de abril; Art. 18), y también por las Comunidades Autónomas de Cantabria (Estatuto aprobado por Ley Orgánica 8/1981, de 30 de diciembre; Art. 20), Murcia (Estatuto aprobado por Ley Orgánica 4/1982, de 9 de junio, Art. 33.7), Aragón (Estatuto aprobado por Ley Orgánica 8/1982, de 10 de agosto; Art. 25), Castilla-La Mancha (Estatuto aprobado por Ley Orgánica 9/1982, dé 10 de agosto; Art. 17) y Canarias (Estatuto aprobado por Ley Orgánica 10/1982, de 10 de agosto; Art. 18).

     En la misma línea, pero estableciendo una subvariedad, se sitúa Baleares (Estatuto aprobado por Ley Orgánica 2/1983, de 25 de febrero), que llega a la misma solución de fondo por la vía de equiparar el fuero penal del

Presidente de la Comunidad y los Consejeros al de los miembros del Parlamento balear (Arts. 32.6 y 53.5, en relación con el 23).

b) El establecido por el Estatuto de Andalucía (aprobado por Ley Orgánica 6/1981, de 30 de diciembre; Art. 40). Aquí la responsabilidad penal tanto del Presidente como de los Consejeros, es decir, de los miembros del Consejo de Gobierno es exigible, como regla general, ante la Sala de lo Penal del Tribunal Supremo. Como excepción, la de los Consejeros y para los delitos cometidos en el ámbito de la Comunidad Autónoma se residencia en el Tribunal Superior de Justicia de la Comunidad Autónoma.

   Sigue este modelo la Comunidad Autónoma de Madrid (Estatuto aprobado por Ley Orgánica 3/1983, de 25 de febrero; Art. 24.1).

c) El concretado por el Estatuto de Valencia (Ley Orgánica 5/1982, de 1 de julio, Art. 19), pero no seguido por ningún otro. En este caso, la responsabilidad del Presidente y restantes miembros del Consejo de Gobierno se exige, a propuesta de las Cortes valencianas, ante el Tribunal de Justicia valenciano.

d) El cuarto, peculiar a Navarra (Ley Orgánica 13/1982, de 10 de agosto, de Reintegración y Amejoramiento del Régimen Foral) remite la responsabilidad penal del Presidente y restantes miembros de la Diputación Foral a la Sala Penal del Tribunal Supremo en todos los casos.

e) Finalmente, en el caso de Extremadura (Estatuto aprobado por Ley Orgánica 1/1983, de 25 de febrero; Art. 51) se remite sin más a lo que establezca la legislación del Estado pertinente.

Como se ve, los Estatutos de Autonomía han partido -indudablemente sobre la base de la condición política y de la trascendencia de las Comunidades Autónomas para la realización del Estado constitucional en la dimensión de su organización territorial- de la *extensión* a su ámbito de la previsión constitucional sobre el Gobierno de la Nación. De esta suerte se ha acabado consolidando -para las *Autoridades*- una interpretación constitucional que es, al mismo tiempo, amplia y estricta. Es amplia, por la indicada razón de equiparación analógica del gobierno autonómico al de la Nación en punto a fuero penal. Y es estricta, porque -como inmediatamente comprobaremos- da lugar a la restricción del fuero especial a los miembros de los correspondientes gobiernos, nacional o autonómicos, perdiéndolo (o no llegando a adquirirlo) no ya sólo las autoridades inferiores que antes gozaban de él (Subsecretarios, Directores Generales, Delegados del Gobierno y Gobernadores Civiles) y los equivalentes autonómicos (asimismo por extensión), sino también los miembros electos del gobierno local (Alcaldes y Presidentes de Diputación, Consejo o Cabildo, Concejales y Diputados o Consejeros Insulares).

La Ley Orgánica del Poder Judicial en efecto, determina en 1985 los fueros especiales con ocasión de la regulación de los distintos Tribunales:

- Reserva (Art. 57) a la Sala de lo Penal del Tribunal Supremo la instrucción y el enjuiciamiento de las causas, entre otras, contra el Presidente del Gobierno y miembros del Gobierno, así como aquellas que "determinen los Estatutos de Autonomía" (consagrando, así, los fueros por éstos establecidos).

- Asigna (Art. 73) a la Sala de lo Penal del Tribunal Superior de Justicia en cada Comunidad Autónoma el conocimiento de las causas penales que los Estatutos de Autonomía reservan a dicho Tribunal (ratificando los fueros especiales que éstos contemplan).

Ninguna otra previsión contiene la Ley respecto a fuero especial de autoridades del poder ejecutivo o de carácter administrativo, por lo que la regulación a que acaba de hacerse referencia se entiende que es taxativa, es decir, exclusiva de otros supuestos. Justamente sobre la base de esta interpretación, el texto refundido de las disposiciones legales vigentes en materia de régimen local, aprobado por Real Decreto Legislativo 781/1986, de 18 de abril, ha suprimido las disposiciones que en esta materia contenían los artículos 415 y 416 de la Ley de Régimen Local de 1955, quedando, así, los miembros de los gobiernos de los entes locales desprovistos de toda protección privilegiada en el orden penal. Es claro que esta solución -negadora del alcance al plano del gobierno local de la aplicación extensiva al plano autonómico de la lógica del artículo 102 de la Constitución, relativo a la responsabilidad penal de los miembros del Gobierno de la Nación- responde a una minusvaloración (indebida), política y jurídico-constitucional, del referido gobierno local.

Por lo que respecta a los funcionarios, el legislador postconstitucional tampoco ha entendido contrario en cualquier caso al orden constitucional, el reconocimiento en favor de los mismos de un fuero especial, siquiera sea para la inculpación y el procesamiento. Así, la Ley Orgánica 2/1986 de 13 de marzo, de Fuerzas y Cuerpos de Seguridad del Estado (Art. 8.1), atribuye la instrucción de las actuaciones y el procesamiento de los funcionarios de los servicios de policía de seguridad (incluidos los autonómicos y locales) a las Audiencias Provinciales.

La regulación así resultante del fuero especial de autoridades y funcionarios cuenta ciertamente en cada caso con un fundamento razonable (titularidad de la función superior de gobierno o ejecutiva en el caso de las autoridades; especialidad del cometido en el caso de los funcionarios) y toda ella responde a un criterio estricto o de restricción del privilegio que representa el fuero especial (no extensión a todos los órganos superiores o altos cargos de las Administraciones estatal o autonómicas: piénsese que carecen ahora de aquel fuero los Secretarios de Estado, los Subsecretarios y los Directores Generales en la primera y los cargos equivalentes en las segundas; concesión del fuero especial a los funcionarios no por categorías sino en razón de las características del cometido que tienen a su cargo). Pero no por ello deja de presentar contradicciones internas difícilmente justificables: si el criterio para las autoridades es el de la reserva del privilegio a aquellos que ostenten la responsabilidad máxima de la función de gobierno, debería haberse aplicado incluso al escalón local, en el que no sólo se cumple la existencia de un verdadero gobierno (de los asuntos locales en régimen de autonomía), sino que -además- los máximos responsables del mismo son directamente elegidos por el pueblo; de otro lado, si el criterio para los funcionarios no es orgánico sino funcional (se trata de proteger la función pública concreta y su eficaz desempeño), no se entiende bien cómo los titulares de los órganos directivos (altos cargos) a los que está atribuida la jefatura de los servicios que cumplen la función protegida con fuero especial carecen de éste (así los altos cargos del Ministerio del Interior y sus equivalentes de las Consejerías de Interior del País

Vasco y Cataluña -que tienen policía propia-, los Delegados del Gobierno, los Gobernadores Civiles y los Alcaldes). En el caso de los Alcaldes, la contradicción llega al máximo por confluencia del error en el planteamiento de las dos perspectivas examinadas: carecen de fuero especial a pesar de que son la cabeza del gobierno municipal y ostentan la jefatura de la policía local.

Si bien la filosofía que inspira la legislación postconstitucional, claramente restrictiva y objetivadora en materia de fuero especial, no puede ser en sí misma puesta en cuestión -en tanto que es la que mejor responde a los principios de igualdad y de Juez ordinario predeterminado por la Ley, consagrados por la Constitución-, no por ello queda exenta de la crítica de una cierta ingenuidad democrática en su concreta aplicación. Porque el fuero especial sólo es privilegio en sentido peyorativo y, por tanto, previsión excepcional repugnante al orden constitucional, cuando carece de una razón objetiva que no sólo autorice, sino que obligue incluso a discriminar el tratamiento de la persecución penal de las conductas. Las consecuencias de la excesiva simplicidad en las soluciones ya están viéndose en la práctica. Donde ésta ha conducido hasta ahora a situaciones más delicadas y comprometidas es en el plano local, en el que procesamientos de algún Concejal responsable de área en el gobierno de un gran Municipio y algún Alcalde han puesto sobre el tapete la cuestión de si dicha decisión puede continuar quedando entregada a los Juzgados de Instrucción.

IV

Los conflictos entre la Administración y los Tribunales

1. *El sistema hasta la Constitución de 1978*

El principio de separación entre poder ejecutivo o, si se quiere, Administración y poder judicial o Jueces y Tribunales conduce inevitablemente a conflictos entre uno y otro. Estos conflictos, como bien señala el Profesor Parada Vázquez en el estudio que del sistema ordenador de los mismos se incluye en este libro, adoptan la forma de conflictos entre poderes y, por tanto, de conflictos de carácter constitucional, si bien se diferencian de los que enfrentan a los órganos representativos de los diferentes poderes entre sí, cuya resolución está encomendada al Tribunal Constitucional. El sistema español de conflictos, aunque influido por el modelo francés, presenta características específicas, que traen causa de nuestra propia historia política y constitucional.

Estas características específicas del sistema de conflictos (cuando menos hasta la implantación del vigente) se cifran en las tres siguientes:

a) Igualdad (relativa) de la Administración y Jueces para el desencadenamiento del conflicto;

b) Desigualdad en favor de la Administración en la sustanciación del conflicto (el asesoramiento y la preparación de la decisión incumbe a órganos de naturaleza administrativa); y

c) Atribución de la resolución del conflicto al Rey (o, en su caso, al Jefe del Estado).

Conviene decir, como bien ha apuntado B. Lozano ("El sistema de conflictos jurisdiccionales entre la Administración y los Jueces en el marco de las reacciones entre el poder ejecutivo y el poder judicial: su evolución histórica y su situación actual", trabajo inédito presentado al I Encuentro Iberoamericano de Juristas celebrado en Cuenca, octubre de 1987), que entre nosotros el acceso al régimen constitucional en 1812 no suscita, al igual que en Francia, la necesidad perentoria de resolver los conflictos entre poder ejecutivo y judicial. En el país vecino los Parlamentos judiciales se habían destacado del poder encabezado por el Monarca y desarrollado una posición propia de considerable consistencia y fuerza, por lo que tras la Revolución la preocupación reside (ante el recelo histórico que suscitaba la acción judicial) en defender a la Administración de esta última. De ahí el pronto establecimiento de un sistema de conflictos y su construcción sobre la regla de que *la elevación del conflicto es unilateral* (por parte de la Administración). En España, la experiencia que suministraba el Antiguo Régimen era de distinto signo: las Audiencias y los Consejos nunca llegaron a adquirir, en sus funciones judiciales, una posición equivalente a la de los Parlamentos franceses, lo que se debió sin duda a la ausencia de deslinde y de diferenciación netos, funcionales y orgánicos, entre lo administrativo o gubernativo y lo judicial, dándose más bien una confusión entre ambos y una proliferación de fueros y jurisdicciones. Esta es la razón de que el planteamiento de la Constitución de Cádiz sea distinto, creyendo resolver el problema con la supresión de fueros y la atribución de la función de juzgar, es decir, de la aplicación contenciosa de la Ley a los Jueces. Cierto que la adopción decidida de esta solución judicialista implicaba en el terreno de los principios la sumisión de la Administración a los Jueces ordinarios (con paralizantes consecuencias en el funcionamiento de aquélla, dado que su tradición era muy otra, debiendo procederse bien pronto a la reconsideración de aquella solución por el liberalismo postgaditano: véase, sobre este punto, J. A. Santamaría, *Sobre la génesis del Derecho Administrativo español en el siglo XIX,* 1812-1845 (Ed. Instituto García Oviedo, Universidad de Sevilla 1973), pero no puede perderse de vista que, como advierte el Profesor Parada Vázquez, en nuestro constitucionalismo decimonónico -comenzando en Cádiz y con la salvedad de la Constitución de 1869- las funciones ejecutiva y judicial no se consideran poderes independientes, sino ramas u órdenes diferentes de un mismo poder, el de ejecución (voluntaria y contenciosa) de la Ley, encabezado por el Rey y ejercido bajo su superior jefatura.

La primera regulación de los conflictos (llamados "competencias de jurisdicción"), establecida por Real Decreto de 4 de junio de 1847, sólo puede explicarse, así, por un puro mimetismo respecto del sistema francés (el Profesor Parada Vázquez señala que se trata, prácticamente, de una copia de la Ordenanza francesa de 1 de junio de 1828). En síntesis, el procedimiento previsto es el siguiente:

- El planteamiento y, por tanto, la iniciativa corresponden a la Administración. El Ministerio fiscal debe velar por el respeto de los límites de la función judicial, correspondiéndole deducir de oficio, siempre que estime que un Juez o Tribunal está conociendo de un asunto que incumbe o pertenece a la Administración, la pertinente declinatoria ante el órgano judicial. Si éste no la estima, debe advertir al Jefe Político (actual Gobernador Civil), asegurándose así el conocimiento por la Administración de cualquier invasión judicial en campo administrativo. Si el Jefe Político estima que efectivamente es así, queda facultado para requerir de inhibición al Juez o Tribunal de que se trate (el requerimiento produce sin más la suspensión de las actuaciones que este último tuviera en curso y la apertura del pertinente *artículo de competencia).* Recaída en este artículo Sentencia firme (del propio requerido o en apelación contra la resolución de éste) manteniendo la competencia y dirigido el oportuno exhorto al Jefe Político, si éste -oído el Consejo Provincial- insiste en la propia competencia, queda trabado el conflicto, debiendo remitir ambas partes las actuaciones al Ministro de la Gobernación. La resolución corresponde al Rey, previo dictamen del Consejo de Estado y a propuesta de aquel Ministro o, en su caso, es decir, si algún Ministro disintiera del dictamen, a propuesta del Consejo de Ministros.

La desigualdad de trato de que es objeto el poder judicial es patente tanto por lo que respecta al planteamiento, como por lo que hace a la sustanciación y resolución. Para lo primero no existía justificación real en nuestro Derecho, obedeciendo -como se dejó apuntado- a un puro mimetismo en relación con el Derecho francés. No puede sorprender, pues, que inmediatamente se produzca una evolución dirigida a corregir la incapacidad judicial para suscitar el conflicto. Tiene lugar, al margen del sistema de conflictos y en el contexto de la reforma operada en el Consejo de Estado por la Ley de 17 de agosto de 1860, mediante la previsión de un recurso de abuso de poder o incompetencia deducible por los Tribunales ante el Gobierno contra los actos administrativos. Mediante este recurso (cuya resolución corresponde al Gobierno, previa audiencia del órgano administrativo afectado y dictamen del Consejo de Estado) se restablece la igualdad en el planteamiento de cuestiones de competencia entre la Administración y el poder judicial, sin que el reequilibrio alcance a la fase de sustanciación y decisión.

La regulación establecida por el Real Decreto de 1847 acaba recogiéndose en el Reglamento de 25 de septiembre de 1863, que desarrolla la Ley sobre gobierno y administración de las Provincias. La continuidad del sistema de conflictos que de ello resultaba no se compadecía con los cambios que entre tanto habían experimentado no sólo la Administración (en su organización) sino especialmente los Tribunales, en virtud de la promulgación de las Leyes de Enjuiciamiento Civil y Criminal y, sobre todo, la Ley Orgánica del Poder Judicial en 1870. El Real Decreto de 8 de septiembre de 1877, por el que se dictan reglas para la resolución de las competencias de atribuciones y de jurisdicción que ocurran entre las Autoridades administrativas y los Tribunales ordinarios, es resultado, así, de la necesidad de armonización de las disposiciones vigentes en la materia. En realidad, nada sustancial del sistema de conflictos se cambia o modifica (la recuperación de la igualdad de los contendientes en el planteamiento de las cuestiones prosigue produciéndose al margen, por la vía ya señalada), pues la norma de 1887 persigue únicamente armonizar aquel sistema con la que su preámbulo califica de "situación legal respectiva de las Autoridades a quienes afecta". Las precisiones más interesantes que se introducen son las siguientes:

- Se establece la regla de que *sólo* los Gobernadores de Provincia pueden promover las cuestiones de competencia (para ello ha de oír ahora a la "Comisión Provincial"). A su vez, se les prohíbe promoverlas: a) en los juicios criminales, salvo que el castigo del delito o falta esté reservado por Ley a la Administración o se suscite cuestión previa (de la que dependa el fallo penal) que deba decidirse según Ley por la misma (queda clara en esta excepción la utilización en su favor por la Administración de los conflictos, denunciada por el Profesor Parada Vázquez); b) en los juicios fenecidos por Sentencia firme o en los que sólo pendan de recurso de casación o revisión ante el Tribunal Supremo (aquí ya se sienta la limitación tradicional de nuestro sistema de conflictos a cuestiones sobre competencia de ejercicio no consumado; limitación sobre la que también ha llamado la atención el Profesor Parada Vázquez); c) en los casos de falta de autorización administrativa para la persecución penal, cuando su concesión corresponda al propio Gobernador, y d) en los pleitos en que litiguen los pueblos o establecimientos públicos y por falta de autorización administrativa correspondiente al Gobernador.

- Se impone en todo caso a los Jueces y Tribunales el deber de apreciar de oficio, previa audiencia al Ministerio Fiscal, la propia incompetencia, así como a dicho Ministerio Fiscal el de deducir de oficio declinatoria de jurisdicción y de comunicar al Gobernador el resultado negativo de la misma (su no estimación).
- Se mantiene la posibilidad de apelación contra la resolución judicial que ponga fin al artículo de competencia y se regulan con mayor detalle los supuestos y el procedimiento de dicha apelación.
- Trabado el conflicto, las actuaciones se remiten por ambos contendientes al Presidente del Consejo de Ministros.

  La regulación del procedimiento a seguir en esta fase es más minuciosa: las actuaciones se envían al Consejo de Estado, que evacúa la consulta oyendo a su Sección de Estado y Gracia y Justicia; el dictamen se refiere tanto al Presidente del Consejo de Ministros como al Ministro de la Gobernación y al Ministro o Ministros de quienes dependan los Jueces y las Autoridades con las que se haya seguido la competencia; los Ministros indicados tienen derecho a reclamar el expediente y los autos originales para formar opinión; en caso de no conformidad de alguno de ellos con el dictamen del Consejo de Estado, la cuestión debe someterse a resolución del Consejo de Ministros.
- La decisión final del Rey, adoptada a propuesta del Consejo de Ministros o de su Presidente, es irrevocable y se extiende bajo la forma de Real Decreto.

El sistema recibe una tercera -esta vez claramente reformadora y actualizadora- regulación con la Ley de 17 de julio de 1948, sobre conflictos jurisdiccionales; Ley, que va a estar en vigor hasta que, con la entrada en vigor de la Constitución de 1978, se haga necesaria una completa revisión, efectivamente realizada por la Ley Orgánica 2/1987, de 18 de mayo, también sobre conflictos jurisdiccionales.

La Ley de 1948 tiene un planteamiento mucho más amplio, distinguiendo entre los siguientes supuestos (Arts. 1 y 2).

- *Cuestiones de competencia.:* son las que se suscitan entre la Administración, de un lado, y los Jueces y Tribunales, tanto ordinarios, como especiales, de otro. Diferenciando entre cuestiones positivas y negativas, está aludida aquí la materia tradicional del sistema de conflictos, conservando la terminología acuñada en el mismo.

  De las cuestiones de competencia propiamente dichas, reguladas por el texto legal, se diferencian aquellas -asimismo la competencia- que se susciten en el seno del poder judicial entre Jueces y Tribunales ordinarios, de una parte, y especiales, de otra; competencias (excepcionando, a su vez, tanto las que se entablen entre los Jueces y Tribunales ordinarios o especiales y los militares, como las que se traben entre los militares entre sí), cuya resolución queda remitida a una Sala del Tribunal Supremo (con composición dependiente de la índole del asunto). Las contiendas entre Jueces y Tribunales ordinarios o especiales no militares y los militares se encomiendan a una Sala especial compuesta por el Presidente y un Magistrado de la Sala Segunda del Tribunal

Supremo y un Consejo Togado del Consejo Supremo de Justicia Militar. Finalmente, las planteadas entre Jueces y Tribunales militares se asignan a este último Consejo.

- *Conflictos de atribuciones:* son los que se suscitan, en el seno de la Administración, entre distintos órganos de la misma.

Los elementos esenciales de la regulación de las cuestiones de competencia, que son las que aquí interesan, pueden resumirse así:

a) Consagración (superando el mecanismo sustitutorio e insuficiente del recurso de abuso de poder o de incompetencia) del principio de igualdad de capacidad en la promoción de las cuestiones de competencia.

   Como contrapartida y regla de orden, limitación de dicha capacidad a unas precisas autoridades y órganos judiciales:

   - Del lado de la Administración sólo pueden promover las cuestiones los Gobernadores Oviles (como representantes de la Administración pública en su respectiva Provincia), los Capitanes Generales del Ejército de Tierra, el Director General de la Guardia Civil, Jefes militares con mando autónomo, Almirante Secretario General del Ministerio de Marina, Capitanes y Comandantes Generales de Departamentos Marítimos y Bases Navales, Comandante General de la Escuadra y Jefes de Regiones y Zonas Aéreas (en su concepto de Autoridades administrativas y como representantes de los diversos ramos de la Administración militar) y, finalmente, los Delegados de Hacienda de las Provincias (en las materias atinentes a dicho ramo (Art. 7).
   - Del lado del poder judicial sólo tienen facultad de promoción la Sala de Gobierno del Tribunal Supremo y las de la misma clase de las Audiencias Territoriales (en la Jurisdicción ordinaria), los Capitanes Generales del Ejército de Tierra, Capitanes y Comandantes Generales de Departamentos Marítimos y Bases Navales, Almirante Jefe de la Jurisdicción Central de Marina, General Jefe de la Jurisdicción del Aire, Generales en Jefe del Ejército, Comandante General de la Escuadra y los Generales o Jefes de Tropa con mando independiente a quienes se haya atribuido la jurisdicción en su concepto de Autoridades Judiciales, así como los Tribunales Provinciales de lo Contencioso-Administrativo (luego Salas del mismo orden de las Audiencias Territoriales), las Magistraturas Provinciales de Trabajo, los Tribunales Tutelares de Menores y cualesquiera otros Tribunales u Órganos judiciales siempre que tengan jurisdicción provincial o más extensa (Art. 8).

   La limitación de los órganos que de una y otra parte pueden poner en marcha el conflicto determina la regla de que tanto los superiores como los inferiores a los mismos deben dirigirse a ellos a dicho efecto.

b) Ratificación de la cuestión de competencia como técnica resolutoria de conflictos sobre el ejercicio (aún no consumado) de competencias y, por tanto, de carácter restrictivo del sistema, que no comprende, ni la prevención de contiendas competenciales, ni la resolución de conflictos sobre decisiones ya tomadas (al contrario de lo que sucede en otros Derechos, como el francés, que evolucionó para incorporar también estos tipos de cuestiones). De ahí, las prohibiciones establecidas para las dos posibles partes:

- A la Administración le queda vedado suscitar cuestiones de competencia en los asuntos judiciales en los que hubiere recaído ya Sentencia (salvo que la cuestión previa a plantear verse sobre la ejecución del fallo), en los que pendan sólo de recurso de casación o revisión ante el Tribunal Supremo y en los recursos contra fallos de los Consejos de Guerra (Art. 13).
- A los Tribunales, simétricamente, se les impide plantear dichas cuestiones en los asuntos en que la Administración haya dictado ya resolución firme y en aquellos en que únicamente esté pendiente recurso de nulidad, revisión o cualquiera otro extraordinario (Art. 14).

c) Mantenimiento de las cuestiones previas como fundamento de las inhibitorias dirigidas a los Tribunales precisamente en el orden penal (Art. 15).

d) Establecimiento del principio del previo asesoramiento (dictamen del Ministerio Fiscal en el caso de los Tribunales; informe del Abogado del Estado en el caso de los Gobernadores Civiles y Delegados de Hacienda o del Auditor o Asesor en el de las Autoridades militares) para la formulación del requerimiento de inhibición (Art. 16).

e) Enfatización del deber de examen -de oficio- de la propia competencia. Justamente esta perspectiva da pie a las cuestiones de competencia negativas, toda vez que los órganos judiciales como los administrativos tienen la obligación de declarar, si así procede, su propia incompetencia (Art. 38). Al Ministerio fiscal se le impone el deber de deducir declinatoria siempre que estime que el asunto de que esté conociendo un órgano judicial corresponde a la Administración, así como de comunicar al órgano administrativo que considere competente la no estimación de dicha declinatoria (Art. 18).

f) Ratificación, para las cuestiones de competencia positivas, del efecto suspensivo de la formulación del requerimiento de inhibición (Arts. 20 y 21). En este punto, es decir, cuando ya se entra en la fase de sustanciación de la cuestión de competencia, comienza a hacerse sentir el trato más favorable a la Administración. Mientras el requerimiento de ésta produce siempre el efecto suspensivo (sólo se excepciona la posibilidad, para el Juez de Instrucción, de practicar las diligencias que fueran urgentes y necesarias para la comprobación de los hechos), no sucede lo mismo cuando se trata de requerimiento judicial: el Ministro a cuyo Departamento corresponda el asunto por razón de la materia puede alzar la suspensión, si considera que ésta puede causar grave perjuicio al interés general (la contrapartida reside en que si la cuestión se decide luego en favor de los Tribunales, la Administración queda obligada a indemnizar los daños y perjuicios que el alzamiento de la suspensión hubiera podido irrogar a los particulares interesados).

g) Tratamiento idéntico en lo administrativo y lo judicial de la impugnabilidad de las decisiones iniciales sobre los requerimientos (Arts. 23 a 29).

Es una lógica consecuencia del establecimiento de la igualdad en la promoción de los conflictos. Así, en los casos previstos expresamente, cabe la formulación de recursos de alzada (contra las decisiones administrativas de estimación o no del requerimiento) o de recurso de apelación (contra las decisiones judiciales correlativas).

h) Imposición a los particulares interesados de la carga de realización de las actuaciones precisas para que la cuestión de competencia pueda quedar trabada, en el caso de que dicha cuestión revista la forma de conflicto negativo (Arts. 39 a 46).

La posibilidad de cuestiones de competencia negativa deriva del deber de examen, incluso de oficio, de la propia competencia. Apreciada la falta de competencia por el órgano administrativo o judicial que esté conociendo de un asunto, la Ley no opta por obligar al mismo a remitir las actuaciones al que entienda sea el competente, limitándose a establecer la comunicación de la resolución al interesado. Es éste, así, el que queda colocado en una posición que le obliga a un duro peregrinaje por los diferentes órganos que pudieran ser competentes, hasta que se logre alcanzar la situación en que tanto el administrativo como el judicial han afirmado, por resolución firme, ser incompetentes, momento en que los mismos quedan obligados a remitir las actuaciones a la Presidencia del Gobierno.

i) Mantenimiento, en lo esencial, del procedimiento para la resolución del conflicto una vez trabado: remisión de las actuaciones por ambas partes a la Presidencia del Gobierno, dictamen del Consejo de Estado, remisión del dictamen a la Presidencia del Gobierno y a los Ministros de quienes dependen los contendientes, intervención preceptiva del Consejo de Ministros en caso de discrepancia por alguno de los Ministros con el dictamen, resolución definitiva, motivada e irrevocable, por el Jefe del Estado (Arts. 30 a 37).

Consecuentemente, se ratifica el carácter administrativo de la cuestión de competencia y la consiguiente posición de superioridad de la Administración en la fase resolutoria de la misma.

Como ya advertimos, el sistema regulado por la Ley de Conflictos Jurisdiccionales de 1948 llega hasta la época constitucional que se abre a finales de 1978. En el momento constituyente de discusión y preparación del proyecto de Constitución, el Profesor Parada Vázquez deja señalados ya –a la vista de dicho proyecto– los aspectos del mismo bien insuficientes o defectuosos, bien de difícil conciliación con el nuevo orden constitucional en ciernes. Y se centra fundamentalmente en los siguientes:

- La restricción del sistema a competencias en ejercicio, marginando tanto la prevención de los conflictos, como la resolución de los problemas planteados por decisiones ya adoptadas.
- La desigualdad de trato, en detrimento de la parte judicial del conflicto, a lo largo de toda la fase resolutoria de las cuestiones de competencia.
- La duda acerca de la posibilidad de continuación de la atribución de la decisión final sobre dichas cuestiones al Rey, a la vista de la regulación constitucional de las funciones y atribuciones del mismo.

2. *La Constitución y su incidencia en la materia*

La articulación por la Constitución de 1978 de un Estado con división funcional del poder (de suerte que la función de juzgar y hacer ejecutar lo juzgado aparece considerada expresamente, en su Título VI, como un poder constitucional, cabalmente el poder judicial) y con distribución territorial del mismo (de forma que, salvo el judicial, los otros dos poderes y las potestades y competencias que les son propias resultan repartidos entre las distintas instancias en que se organiza territorialmente el Estado), sitúa inmediatamente el sistema de conflictos jurisdiccionales regulado en 1948 en una situación de dudosa constitucionalidad.

La Ley de 1948 pudo, con toda naturalidad, mantener el esquema tradicional en nuestro Derecho en esta materia, gracias a la concentración del poder en el Jefe del Estado (la Ley Orgánica del Estado de 10 de enero de 1967 racionalizará luego la situación, proclamando los principios de "unidad de poder" y "coordinación de funciones" -Art. 2.II), que permite seguir entendiendo -al igual que en el constitucionalismo decimonónico- la Administración y el Juez como dos ramas de un mismo poder estatal, capaz, por tanto, para dirimir los conflictos que se entablaran entre las mismas sobre sus competencias. La consagración efectiva de la división de poderes por la Constitución sitúa frente a frente al poder ejecutivo y al judicial y coloca a las cuestiones de competencia entre los mismos en el terreno del conflicto entre dos poderes que carecen de superior efectivo común. El Jefe del Estado, es decir, el Rey, en ' efecto, se define en el texto constitucional (Art. 56.1) como símbolo de la unidad del Estado y de su permanencia, correspondiéndole el arbitraje y la moderación del funcionamiento regular de las instituciones, la asunción de la más alta representación del Estado en las relaciones internacionales y el ejercicio de las funciones que le atribuyen expresamente la Constitución y las Leyes. Ciertamente, tal definición constitucional no arroja una imagen del Rey como órgano máximo dotado de poderes amplios efectivos: el arbitraje y la moderación aluden más a una función de ejercicio informal que a un título al que pudieran conectarse competencias aptas para ser actualizadas por cauces formalizados (como es el caso de los conflictos jurisdiccionales) y si bien el precepto citado se refiere a las funciones atribuidas por la Constitución y las Leyes (abriendo así aparentemente la posibilidad para el legislador ordinario de crear competencias reales), la enumeración taxativa de las que constitucionalmente se reserva al Rey (Art. 62), el carácter preferentemente formal de las mismas y la improcedencia de que la figura del Rey quede en la disposición de normas infraconstitucionales, cierra la puerta cuando menos a un desarrollo de aquella previsión que conduzco a una desnaturalización de la posición que del Rey ha querido claramente predeterminar la norma fundamental. Las dudas, pues, que en el momento constituyente expresaba el Profesor Parada Vázquez sobre la continuidad de la atribución de la decisión final de las cuestiones de competencia a la Jefatura del Estado, estaban más que fundadas.

Sobre ello, la cualidad, por igual, de poder constitucional del ejecutivo y el judicial (autónomos entre sí) pone también de suyo en entredicho el tradicional carácter administrativo de la fase resolutoria de las cuestiones de competencia, toda vez que deja sin fundamento la inferioridad de posición del poder judicial que de dicho carácter resulta. Tampoco el argumento histórico de la necesidad de defensa de la Administración frente a las intromisiones judiciales es ya de recibo, pues -bajo el orden constitucional- de lo único que puede tratarse es de la garantía del respecto por los poderes de la división funcional, es decir, del reparto de campos de que los mismos son consecuencia como requisito mismo del funcionamiento del Estado democrático de Derecho.

El sistema preconstitucional de conflictos jurisdiccionales quedaba, así, seriamente afectado, en cuanto cuestionado en dos de sus elementos básicos y determinantes. El impacto constitucional sobre el mismo va, sin embargo, más allá. La organización territorial del Estado, vertebrada sobre el principio de autonomía (en tensión específica con el de unidad), sustituye la articulación monolítica de la Administración (reconducida a unidad a través de técnicas eficaces de control y tutela) por la construcción plural de la misma. Y la pluralidad de Administraciones públicas territoriales autónomas entre sí rompe el esquema establecido en punto al planteamiento de las cuestiones de competencia. De otro lado, aun cuando el poder judicial no resulta afectado por la distribución territorial del poder público (el ser único), sí que inciden en su específica organización la general nueva del Estado: aparecen, en efecto, los Tribunales Superiores de Justicia de las Comunidades Autónomas, órganos en los que culmina la planta judicial en cada una de éstas. También, pues, alteraciones en la otra parte de la contienda competencial, con consecuencias en el esquema de la regulación de esta última.

Queda, no obstante, al margen y sin incidencia en dicha regulación la emergencia, por virtud de la Constitución, de nuevos conflictos: los suscitados entre órganos constitucionales, entre el poder central y las Comunidades Autónomas o entre éstos. Pues tales conflictos son de índole constitucional y quedan encomendados al Tribunal Constitucional.

En resumen, pues, la promulgación de la Constitución supone para el sistema de conflictos regulado por la Ley de 1948 el planteamiento de serias dudas sobre su constitucionalidad (al menos en algunos aspectos fundamentales) y, en todo caso, la necesidad de una completa reforma para su adecuación al orden constitucional.

3. *La actualización del sistema de conflictos; la regulación vigente*

En razón a lo dicho, en modo alguno puede sorprender que la primera modificación postconstitucional del sistema de conflictos -realizada por la Ley Orgánica 6/1985, de 1 de julio, del Poder Judicial- se refiere precisamente al órgano competente para la resolución de dichos conflictos. La Ley dedica al asunto su Título II.I (Arts. 38 a 52, ambos inclusive), bajo la rúbrica "De los conflictos de jurisdicción y de los conflictos y cuestiones de competencia", indicativa ya de una innovación importante en la terminología en la materia.

Las contiendas posibles se dividen, pues, en las tres siguientes categorías:

- *Conflictos de jurisdicción:* son aquellos suscitados entre los Juzgados y los Tribunales de un lado, y la Administración, de otro. Esta categoría se corresponde (sustituyéndola) con la tradicional de "cuestiones de competencia".
- *Conflictos de competencia:* son aquellos entablados entre Juzgados y Tribunales de distinto orden jurisdiccional, pero integrados en el poder judicial. Esta ca-

tegoría se corresponde (sustituyéndola) con la subvariedad tradicional de las "cuestiones de competencia".

- *Cuestiones de competencia:* son aquellas producidas entre Juzgados y Tribunales de un mismo orden jurisdiccional. La denominación de la categoría genérica "cuestiones de competencia" se reserva así ahora a una de sus subvariedades tradicionales.

Con independencia de la crítica que pueda hacerse a estos cambios terminológicos (crítica que no es de este lugar, bastando con señalar que lo importante en este terreno es la claridad y el rigor para el más fácil y preciso manejo de las instituciones), lo primero que importa señalar y sobre lo que llaman la atención justamente dichos cambios es que la nueva regulación se hace en el contexto precisamente de la ordenación del poder judicial y reservando para las contiendas competenciales con la Administración justamente la calificación de "conflictos de jurisdicción". El marco legal en que se inserta revela ya la nueva perspectiva desde la que se enfoca la cuestión, conducente -conforme al orden constitucional- a la total equiparación a lo largo de la contienda entre Juez y Administración. Y la calificación de dicha contienda expresa gráficamente su consideración como conflicto entre dos poderes autónomos, que disienten sobre el alcance de sus respectivas *jurisdicciones.*

La solución que se da al problema -el de más urgente actualización sin duda desde el punto de vista constitucional- del órgano competente para la resolución de los conflictos, es plenamente congruente con aquella nueva perspectiva. La decisión final corresponde a un órgano colegiado (cuya denominación no se concreta), renovable anualmente en su composición, constituido por el Presidente del Tribunal Supremo, que lo presidirá, y por cinco Vocales (dos Magistrados de la Sala de lo Contencioso-Administrativo del Tribunal Supremo, designados por el Pleno del Consejo General del Poder Judicial, y tres Consejeros Permanentes de Estado), actuando como Secretario el de Gobierno del Tribunal Supremo y contando el Presidente siempre con voto de calidad en caso de empate.

La reforma completa del sistema, para su definitiva acomodación a la Constitución, la lleva a cabo, tomando pie en la del Poder Judicial, la Ley Orgánica 2/1987, de 18 de mayo, de conflictos jurisdiccionales.

En esta nueva ordenación se lleva a sus últimas consecuencias el giro "judicialista" iniciado en 1985. No es, en efecto, que se procure la necesaria equiparación de las posiciones de la Administración y el Juez en el conflicto; la norma se vence incluso, ligeramente, del lado de este último. Este escoramiento a la parte tradicionalmente desfavorecida se manifiesta, además de en el funcionamiento del órgano resolutorio de los conflictos (aunque la composición del Tribunal de Conflictos de Jurisdicción -que así se denomina ya el órgano creado por la Ley Orgánica del Poder Judicial- es paritaria, su Presidente, que lo es el del Tribunal Supremo, posee siempre voto de calidad para dirimir los empates), en el aspecto menor -pero no por ello carente de significación- de la alteración en la denominación de los conflictos (desde 1887 se hacía referencia a los que se suscitaban entre la Administración y las Autoridades Judiciales, ahora el Capítulo Primero de la Ley de 1987 trata "De los conflictos de Jurisdicción entre los Juzgados o Tribunales y la Administración"), así como en el más sustantivo de la mayor amplitud de la legitimación otorgada a los primeros frente a la reconocida a los órganos de Administración.

Los aspectos más relevantes del sistema que se establece, son los siguientes:

a) ***Tipo de conflictos regulados***

El sistema abarca cinco clases de conflictos, según que éstos se susciten entre:

- La Administración y los Juzgados y Tribunales integrados en el poder judicial.
- Los Juzgados y Tribunales anteriores y la Jurisdicción militar (no integrada en el poder judicial).
- La Administración y la Jurisdicción militar.
- La Administración y la Jurisdicción contable (el Tribunal de Cuentas, previsto en el Art. 136 de la Constitución como supremo órgano fiscalizador de las cuentas y de la gestión económica del Estado y del sector público, depende *directamente* de las Cortes Generales y ejerce *propia jurisdicción).*
- La Jurisdicción contable y la Jurisdicción militar.

Aquí interesa el primer tipo, por más que la regulación propia del mismo se aplica íntegramente a los tres últimos.

b) ***Alcance de los conflictos; confirmación de la limitación tradicional del sistema a las contiendas sobre competencias cuyo ejercicio no ha sido consumado***

La formalización de un conflicto de jurisdicción no es posible ni -por parte de la Administración- respecto de asuntos judiciales *resueltos* por Auto o Sentencia firmes o pendientes sólo de recurso de casación o revisión (salvo cuando la cuestión se suscite justamente con ocasión de la ejecución de aquellas decisiones judiciales o verse sobre facultades de la Administración que deban ejercitarse en trámites de ejecución de las mismas-, ni -por parte de los Juzgados y Tribunales- respecto de asuntos ya *resueltos* por medio de acto que haya agotado la vía administrativa (salvo cuando se trate precisamente de la competencia para le ejecución de dicho acto) (arts. 7 y 8).

El ámbito de los conflictos se mantiene, pues, en los límites tradicionales en nuestro Derecho. El sistema no asume, así, funciones algunas de prevención de conflictos. Tampoco comprende contiendas algunas sobre decisiones ya adoptadas.

Innovación, sin embargo, supone la prohibición de conflictos con motivo de la iniciación o sustanciación de un procedimiento de *habeos Corpus* o de adopción en el mismo de las resoluciones de puesta en libertad o a disposición judicial. La justificación de este supuesto, que entronca con la posición del Juez (y, en especial, del penal) como garante de las libertades, se encuentra en las previsiones del artículo 17 de la Constitución (en concreto su número 4), relativo al derecho fundamental a la libertad y a la seguridad.

c) ***La legitimación para promover los conflictos***

La regla para los órganos judiciales es la de que *cualquier* Juzgado o Tribunal puede plantear conflictos jurisdiccionales a la Administración (Art. 2). Sólo se excepcionan los Juzgados de Paz, que deben tramitar la cuestión ante el Juez de Primera Instancia e Instrucción.

Por contra, en el caso de la Administración, la legitimación aparece tasada. Las previsiones correspondientes han sido acomodadas al cuadro plural de Administración territoriales resultante del Estado definido por la Constitución. Los órganos legitimados son los siguientes (Art. 3):

1. Administración del Estado:

 1.1 Los miembros del Gobierno (hoy: Presidente del Gobierno, Vicepresidente del Gobierno y Ministros).

 1.2 Los Delegados del Gobierno en las Comunidades Autónomas.

 1.3 Los Generales con mando en región militar o zona militar, los Almirantes con mando de zona marítima, el Almirante Jefe de la Jurisdicción Central, el Comandante General de la Flota y los Generales Jefes de región aérea o zona aérea.

 1.4 Los Gobernadores Civiles.

 1.5 Los Delegados de Hacienda.

2. Administración autonómica: el órgano que señale el correspondiente Estatuto de Autonomía (a falta de previsión estatutaria: el Consejo de Gobierno de la Comunidad Autónoma o cualquiera de sus miembros, por conducto de su Presidente).

3. Administración Local.

 3.1 Los Presidentes de las Diputaciones Provinciales u órganos de la Administración Local de ámbito provincial.

 3.2 Los Presidentes de los Cabildos y Consejos Insulares.

 3.3 Los Alcaldes Presidentes de los Ayuntamientos.

d) *El planteamiento de los conflictos: elementos principales*

En el nuevo sistema se ratifica el principio del *asesoramiento previo* imprescindible para la promoción del conflicto: directa y expresamente para los órganos judiciales (informe del Ministerio Fiscal; Art. 7.1) e indirectamente para los órganos gubernativos y administrativos (cumplimiento de los requisitos previstos por las disposiciones sobre procedimiento administrativo, Art. 10.2; excepción: las Corporaciones Locales, para las que se dispone un quórum de acuerdo -mayoría absoluta- y el informe previo del Secretario, Art. 10.3).

Para ambas partes impone la regla de *la audiencia previa de los interesados* (Arts. 9.2 y 10.1).

Mientras la resolución del órgano gubernativo o administrativo requerido de inhibición sobre aceptación o no de la inhibición *no es recurrible* (Art. 9-2), sí lo es -en apelación (salvo en el caso del Tribunal Supremo)- la del órgano judicial igualmente requerido (si bien sólo la decisión de declinar la jurisdicción y no la contraria; Art.

10'.5). En este distinto tratamiento, más que una manifestación del sesgo judicialista del sistema, debe verse una consecuencia de la distinta organización de las partes contendientes (la Administración, jerarquizada, actúa siempre, en cada caso, a través de los órganos máximos de cada ente administrativo; la Justicia, por contra, integrada por órganos funcionalmente no jerarquizados, sino independientes, opera a través de prácticamente la totalidad de los mismos; consecuentemente, la admisión de recurso constituye la única posibilidad de imponer una disciplina de criterio en esta última).

El requerimiento de inhibición (tanto sea administrativo como judicial) produce de suyo *la suspensión* de las actuaciones en curso en sede del requerido (Art. 11.1). Dos excepciones admite el nuevo sistema:

- Las actuaciones de *carácter cautelar* dirigidas a la adopción de las medidas imprescindibles para evitar que se aluda la acción de la justicia, se cause grave perjuicio al interés público o se originen daños graves e irreparables.

  Se trata de una previsión, exigida por el artículo 24.1 de la Constitución (tutela efectiva de los derechos e intereses legítimos, que es primariamente judicial, pero que debe entenderse extensiva al momento de la actuación administrativa, sobre todo en un caso como éste, en el que el conflicto puede retrasar aún más el acceso al control judicial), que supone un progreso merecedor de ser destacado. La acción cautelar de la Administración encuentra, además, fundamento suplementario en el artículo 72 de la Ley de Procedimiento Administrativo de 17 de julio de 1958.

- Las actuaciones judiciales penales y las tramitadas por el procedimiento preferente previsto para la tutela de los derechos fundamentales y las libertades públicas en el artículo 53.2 de la Constitución (Art. 11.2).

  En primer caso se está ante una manifestación de la preferencia de la jurisdicción penal (sumada a la inclinación judicialista del sistema de conflictos). En el segundo, ante una consecuencia lógica de la primacía de los derechos fundamentales y las libertades públicas en el ordenamiento establecido por la Constitución. En ambos, sin embargo, la continuación de las actuaciones sólo alcanza el momento inmediatamente anterior al que deba dictarse sentencia, momento en que opera la suspensión. Para compatibilizar esta última con la *preferencia* de que gozan los asuntos objeto de excepción, se establece *la regla de tramitación preferente* por el Tribunal de Conflictos de los correspondientes a los mismos.

Finalmente, el planteamiento del conflicto negativo se simplifica considerablemente: habiéndose declarado incompetente el órgano (administrativo o judicial) que estuviese conociendo de un asunto, el o los interesados sólo están obligados a dirigirse a la otra autoridad; si ésta se declara también incompetente, podrá someterse sin más la cuestión al Tribunal de Conflictos (Art. 13).

e) *La sustanciación y la decisión de los conflictos: radical simplificación*

El procedimiento relativo al conflicto en sí mismo considerado aparece notoriamente simplificado y agilizado. Consta únicamente de dos momentos (salvo el supuesto de apreciación de irregularidades formales en la sustanciación) (Art. 14.1).

- Vista de las actuaciones (por diez días comunes) tanto al Ministerio Fiscal (del lado judicial) como al órgano administrativo contendiente.
- Dictado de Sentencia (dentro de los diez días siguientes).

La Sentencia ha de limitarse a declarar a quien corresponde la jurisdicción controvertida, quedando prohibido rigurosamente que se extienda a cualesquiera otras cuestiones ajenas al conflicto. Contra ella no cabe recurso alguno (sólo puede deducirse petición de aclaración), salvo el de amparo ante el Tribunal Constitucional por lesión de un derecho fundamental (Arts. 17.1 y 20.1). Además de notificarse a las partes, la Sentencia debe publicarse en el Boletín Oficial del Estado, procediéndose a devolver las actuaciones a quien corresponda (Art. 19).

PRIMERA PARTE

ADMINISTRACIÓN Y JURISDICCIÓN CIVIL

1.
PRIVILEGIO DE LA DECISIÓN EJECUTORIA Y PROCESO CONTENCIOSO*

Pero, aun prescindiendo de esto, aun poniéndonos en el caso de que todas las decisiones de la Administración pudiesen ejecutarse sin perjuicio de tercero, con tal que a éste se le permita, reclamar ante los Tribunales, ¿no sería una cosa ridícula, monstruosa, que choca con el sentido común, el decir que la Administración, dirigiéndose al individuo, había de contestar a su reclamación y decirle: "Espera; yo sigo mi camino, porque creo que ese acto es útil al bien común; yo no lo entiendo muy bien, a la verdad, no estoy perfectamente convencida, pero ahí está un Tribunal que decidirá quién de los dos tiene justicié'? Para mí, esta es la idea más absurda que puede presentarse de la Administración de un país; esta idea la degradaría a los ojos de los administrados, dándole a entender que la Administración no conocía sus intereses ni los derechos de la sociedad.

(J. POSADA HERRERA, *Lecciones de Administración*, 1843).

SUMARIO: I. *Introducción*. II. *Inexistencia del privilegio de decisión ejecutoria en la Administración activa como premisa del sistema contencioso-administrativo originario-*. a) La función judicial como poder o facultad de resolver y decidir controversias en forma ejecutoria, b) La función judicial como subespecie de la función ejecutiva. c) El doble alcance de principio dé división de Poderes. Negación de competencia de los Tribunales civiles y penales sobre las controversias en que es parte la Administración Pública a los funcionarios y división de la Administración Pública en activa y contenciosa, d) La división de la Administración Pública en activa y contenciosa comportaba una incapacidad de la Administración activa para decidir ejecutoriamente controversias jurídicas, ni siquiera con carácter previo, e) Concepto y estructura formal de lo contencioso-administrativo. f) El procedimiento contencioso-administrativo como proceso de primer grado o instancia sin carácter revisor. III. *La teoría de los Jueces administrativos de excepción como,*

---

* Publicado en *Revista de Administración Pública*, N° 55. Madrid, enero-abril 1968. pp. 65-112.

origen del privilegio de decisión ejecutoria y de la conversión del proceso contencioso en proceso de apelación o revisor. IV. *El desarrollo de la teoría de los Jueces administrativos de excepción en la legislación y jurisprudencia administrativa posterior a 1843. La generalización del privilegio de decisión ejecutoria:* **a)** Anulación o revocación de actos declarativos dé derechos, b) Ejercicio por vía contenciosa de las facultades de tutela de la Administración Central sobre las Corporaciones Locales, c) El origen de los poderes decisorio-ejecutorios en materia de contratos, d) La potestad decisorio-ejecutoria en materia penal o sancionatoria. e) Ampliación por la legislación administrativa especial de los supuestos en que las *autoridades* administrativas obran como Jueces de excepción. La distinción entre lo gubernativo y lo contencioso-administrativo. V. *Las causas de la generalización de la facultad decisorio ejecutoria de la Administración activa y justificaciones doctrinales del abandono de la doctrina de los Jueces administrativos de excepción o del Ministro-Juez.* VI. *El -proceso contencioso como proceso de apelación o revisor de actos administrativos ejecutorios en la Ley Santamaría de Paredes. Origen del procedimiento administrativo.* VII. *Las excepciones actuales al privilegio de la decisión ejecutoria como supervivencias del proceso contencioso originario. El proceso de lesividad.* VIII. *Las líneas de progreso del proceso contencioso.*

I

En contraste con el proceso civil, el proceso contencioso-administrativo ofrece como característica más saliente el que la cuestión litigiosa llega al Tribunal decidida ejecutoriamente por la Administración, que actúa en la fase procesal con poderes incluso superiores a los de un órgano judicial civil de primer grado o instancia. Salvo detalles menores, el sistema suele presentarse por unos y otros, implícita o explícitamente, como el más racional y posible para la justicia administrativa. Tal es el peso de las ideas adquiridas y la forma actual de concebir el Derecho público y la acción del Estado, que propugna, aunque sólo fuera de *lege ferenda,* la reducción del privilegio de decisión ejecutoria de la Administración pública, y del carácter revisor de la Jurisdicción contencioso-administrativa, o insinuar la posibilidad de un proceso contencioso entre simples particulares, se aparecería como opiniones arriesgadas para la mentalidad media y, sin duda, además, serían motivo para una acusación de heterodoxia.

Sin embargo, todas esas posibilidades, que ahora se aparecerían como heréticas, *prima facie,* constituyen los elementos teóricos definitorios del sistema procesal administrativo que se instaura en nuestra patria por la legislación de 1845, copiada más o menos, aunque algo más que algo menos, del sistema francés. Se trata de un proceso contencioso al servicio directo de la resolución de cuestiones conflictivas y no de la apelación o revisión de actos administrativos ejecutorios. Los órganos de la Administración activa carecían del privilegio de decisión ejecutoria sobre situaciones conflictivas, supuesto éste en que únicamente tal privilegio tiene jurídicamente interés y relevancia. El proceso contencioso originario responde al modelo del proceso civil declarativo de primera instancia. Por ello no hay plazos de interposición del recurso, ni se impugna un acto previo, ni hay recursos o agotamientos de la vía gubernativa, ni la administración se instala siempre en la confortable posición procesal de demandada. Cabe, por último, un proceso contencioso entre simples particulares.[1]

Recordar todo esto puede ser útil para completar algunas investigaciones recientes sobre el origen de nuestro sistema contencioso que reducen toda su rica problemática a las relaciones competenciales entre la jurisdicción civil y la administrativa, o que presentan como cuestión básica y prácticamente única de ésta el de la alternativa organizatoria entre el sistema de justicia retenida frente al de la justicia delegada.[2] Pero, sobre todo, recordar el sistema originario, a nivel de sus técnicas procedimentales, puede servir para entrever o imaginar las líneas de progreso de nuestro actual sistema de Justicia administrativa, sistema cuya premisa esencial es que el oponente de la Administración ha de llegar al proceso en la posición de vencido en la primera instancia; vencido y ejecutariado, pues a diferencia de la apelación civil, la interposición del recurso contencioso no suspende la ejecución del acto administrativo recurrido.

Ni que decir tiene que este sistema que otorga a la Administración, a través del privilegio de la decisión ejecutoria y del requisito de la decisión previa un poder judicial superior al de un Juez civil de primer grado o instancia, y además sobre cuestiones litigiosas en que es parte la propia Administración, protege muy cómoda y eficazmente la actividad del Estado, la legal y la ilegal, la justa y la injusta. Pero no es solamente el interés y la protección de una parte lo que puede prevalecer como criterio central de un sistema judicial; al menos la preferencia y el privilegio no tienen por qué jugar general e indiscriminadamente en todos los supuestos. El proceso contencioso ni tiene por qué ser, como es prácticamente ahora, un proceso de apelación, ni tampoco tiene por qué volver a ser un proceso de primera instancia para las controversias de Derecho administrativo, como fue teórica y legalmente concebido en sus orígenes.

Pero de esto se trata aquí precisamente: de mostrar la faz primera del proceso contencioso y su evolución posterior. Ello lo haremos en torno al recuerdo de la vieja y olvidada teoría de los *Jueces administrativos de excepción,* doctrina, sin embargo, capital para la comprensión del sistema general contencioso-administrativo y del privilegio de decisión ejecutoria. De paso podremos comprobar, una vez más, que la historia constituye una parte integrante del análisis teórico, al que condiciona y sirve de fundamento; siempre, claro está, que el dato histórico se maneje con rigor metodológico y no, como desgraciadamente es tan frecuente, como puro antecedente, como preámbulo ornamental del libro o del tema, como detalle de elegante erudición en medio de

1 Como ya hizo notar García de Enterría en *La configuración del recurso de lesividad,* en el núm. 15 de esta Revista, pp. 111 y sigs. Advertimos, no obstante, que del presenté trabajo se desprenderá una opinión diferente a la de la tesis de este autor sobre el origen del proceso de lesividad.

2 Así, entre otros, González Pérez, *Derecho procesal administrativo,* I, 2ª ed., páginas 452 y sigs.; Martín-Retortillo, Lorenzo, *Unidad de jurisdicción para la Administración Pública,* en el núm. 49 de esta Revista, pp. 143 a 189; Nieto, Alejandro, *Los orígenes de lo Contencioso-Administrativo en España,* en esta misma Revista, núm. 50, pp. 27 a 50.

un conjunto de afirmaciones dogmáticas en todo dogmatizante, olvidando que no es la ocurrencia personal, sino la historia la que realmente nos dice y descubre los secretos del nuevo Derecho.[3]

La afirmación de que la Administración activa no tenía reconocido el privilegio de decisión ejecutoria en los orígenes del sistema contencioso se fundamenta en que tal poder es un poder y una función judicial. Nos referimos, por supuesto, al poder de decidir controversias, situaciones de conflicto en forma ejecutoria, por lo que no cabe con ello entender negado el principio general de ejecutividad o ejecutoriedad de los actos administrativos para aquella época; la Administración activa podía evidentemente resolver cuestiones, dictar actos ejecutorios, pero siempre y cuando dichos actos no resolviesen controversias jurídicas, cuestiones conflictivas, en otras palabras, cuestiones contenciosas.

a) La razón, como decíamos, de que se negase a los órganos de la Administración activa el poder de decidir ejecutoriamente controversias jurídicas, situaciones conflictivas, fuera o no parte interesada en las mismas, es que tal poder era un poder típicamente judicial, con el que se identificaba sustancialmente el concepto de función judicial. Henrion de Pensey, en un libro clásico *sobre la Autoridad judicial,* afirmaba que *la loi confere une jurisdiction, toutes les fois qu'elle donne le droit dapliquer les lois aux cas particuliers par des decisión dont el le regle la forme et qu'elle prend l'engagement de faire ejecuter.* A este concepto ha de referirse Macarel[4] en su obra sobre los Tribunales administrativos en 1828, y todavía superado el medio siglo se citará aquel concepto en los diccionarios de la legislación.[5]

En nuestra patria, esta es la función judicial que se impone: "Los Tribunales -decía el artículo 245 de la Constitución de Cádiz- no podrán ejercer otras funciones que las de *juzgar y hacer que se ejecute lo juzgado"*, concepto que reiteran todas las Constituciones posteriores y se recoge actualmente en el artículo 31 de la Ley Orgánica del Estado. No hay juicio cuando hay acuerdo; juzgar presupone la existencia de una controversia, de una oposición a una pretensión de otro sujeto, de un conflicto, en suma.

b) Decidir ejecutoriamente controversias según y de acuerdo con las Leyes no podía por menos de ser considerada como una especie de la función más general de

---

3 Mestre, citado por Sandevoir, *Etudes sur le recours de pleine jurisdiction,* Librairie Générale de Droit et de Jurisprudence, Paris, 1964, p. 15.

4 *Des Tribunaux administratif ou Introduction a l'étude de la Jurisprudence Administrative.* Paris, 1928, p. 28. A continuación precisa que esta jurisdicción se divide en voluntaria y contenciosa, y que esta última tiene lugar siempre que el Juez "se pronuncia sobre intereses opuestos, después de debates contradictorios entre dos partes".

5 Así Laferrière, en la voz "Jurisdiction Administrative", p. 1.026 del *Dictionnaire de l'Administration Française,* de Maurice Block, París, 1862.

Textualmente reproduce este concepto Oliván ("De la Administración Pública", recogida en Gallostra, *Colección Bibliográfica de lo Contencioso-administrativo,* Madrid, 1881, p. 316): "La Ley confiere jurisdicción siempre que da derecho de aplicar las Leyes a los casos particulares, por decisiones cuya forma determina y cuya ejecución autoriza".

ejecución de las Leyes. Lo que distingue y tipifica la función judicial en la ejecución de la Ley en los casos de controversia, mientras que otros órganos del Estado ejecutan la Ley en los restantes supuestos; ejecutar la Ley es también, por ello, desarrollar reglamentariamente la Ley y realizar actuaciones o emitir actos y ejecutarlos en casos y supuestos en que no existe conflicto u oposición formalizada de otro sujeto.

Hay, pues, una *ejecución contenciosa* de las Leyes que se identifica y se asigna al Poder judicial; una ejecución de las Leyes cuando no hay oposición, que se llama también *ejecución voluntaria;* y, por último, una *ejecución reglamentaria* de las Leyes. Estas dos últimas formas de ejecución se asignan a lo que orgánicamente se llama poder ejecutivo o Administración pública,[6] originando en ésta la que ha de llamarse, como veremos, potestad o poder discrecional.

c) Del principio de división de poderes suele destacarse el efecto de la exención de los litigios en que es parte la Administración pública de la competencia normal y general de los Tribunales civiles, y esto sobre toda clase de materias, a salvo las cuestiones de propiedad, por considerarse a los Tribunales guardianes y jueces naturales de aquel derecho.[7] También el de la defensa de los funcionarios administrativos frente a los Tribunales penales, defensa que se articula con la técnica de la llamada garantía administrativa, en virtud de la cual no es posible encausar o procesar a los funcionarios sin permiso o autorización de la Autoridad administrativa. Ambos efectos del principio de división de poderes los hemos estudiado detenidamente en otros lugares, a los que nos remitimos.[8]

Parece, sin embargo, obligado aclarar de una vez frente a tantas explicaciones superficiales del principio de división de poderes, que este principio fue objeto de dos interpretaciones y aplicaciones distintas, durante la Revolución francesa y en los períodos posteriores. Una primera interpretación, según ha puesto de relieve Sandevoir,[9] es la que tiene lugar ante la Asamblea Constituyente. El principio de división de poderes se entiende, según hemos expuesto en el apartado anterior, de tal forma que toda la *aplicación contenciosa de las Leyes* se asigna al Poder judicial, incluso cuando la Administración es parte en el conflicto. Ello explica que en el primer proyecto sobre organización judicial, presentado a la Asamblea el 22 de diciembre de 1789, se confíe lo contencioso-administrativo a los Tribunales de Administración, encuadrados, lo mismo que los Tribunales de Comercio y los Tribunales de Policía, dentro de la

6 Queda, no obstante, como es notorio y sabido, una parte de ejecución voluntaria de las Leyes en el poder judicial, relativa a la materia civil y mercantil. La afirmación del texto vale, pues, en cuanto afirmación de principios.

7 Sobre los criterios de reparto de competencias entre los Tribunales civiles y la Administración y la preponderancia en principio del criterio orgánico, salvo las cuestiones de propiedad, me remito a lo ya expuesto en mi libro *Los orígenes del contrato administrativo en el Derecho especial.* Instituto "García Oviedo", Sevilla, 1963, pp. 32 a 41; 51 a 56, y 93 a 104.

8 *Los orígenes del contrato, cit., La responsabilidad criminal de los funcionarios públicos y sus obstáculos; Autorización previa, prejudicialidad administrativa y cuestiones previas,* en el núm. 31 de esta Revista, pp. 95 a 153

9 *Etudes sur le recours de pleine jurisdiction.* Librairie general, París 1964.

organización judicial y absolutamente independientes de la Administración activa; el segundo proyecto que se presenta a la Asamblea sobre la organización judicial, de 5 de julio de 1790, insiste en esta solución, que es la única compatible con el principio de unidad del Poder judicial, salvando la especialización de las diversas materias contenciosas. Si la Asamblea rechaza esta fórmula, no es porque viese en ello un atentado al principio de la división de poderes, sino más elemental y prácticamente porque temía resaltase demasiado la similitud entre los Tribunales de la Administración y las *Cours des Aides* que se pretendían reprimir. Resultaban ya demasiados Jueces. *Vous allez établit quatre-vingt-trois cours des aides* –observaba el diputado Pezous– *couvrir la France de juges, acabler les peuples de frais et les tourmenter encore par des questions de compétence.* Por otra parte, con la atribución de algunas cuestiones contenciosas (contribuciones directas y obras públicas) a los Directorios de distrito y de departamento integrados por miembros elegidos directamente por el pueblo para corto período de tiempo, el Juez administrativo presentaba suficientes garantías de imparcialidad. Pero este sistema dejó en todo caso en manos de los Tribunales civiles y penales importantes materias contenciosas en que era parte la Administración, como las contravenciones de *grande voirie,* las contribuciones indirectas, la materia de aduanas y los contratos distintos del de obras públicas.

La segunda versión del principio de división de poderes, según la cual que el Poder judicial decida sobre las cuestiones contenciosas en que es parte la Administración, implica un atentado a la independencia del Poder ejecutivo, no es más que una interpretación *a posteriori* del sistema de justicia administrativa montado por Napoleón con la creación del Consejo de Estado y los Consejos de Prefectura formados por funcionarios integrados y dependientes del Poder ejecutivo. *J'ai besoin* –dirá Napoleón– *d'un tribunal especial pour le jugement des fonctionnaires publics, pour les appels des Conseils de Préfecture, pour les questions relatices a la fourniture des subsistences, pour certaines violations des lois de l'Etat, pour les cas, par exemple, ou le banque les a violés, pour les grandes affaires de comerce que peut avoir l'Etat de su qualité de domaine y d'administrateur,* reflexiones que ponen de relieve la añoranza en la Administración civil del poder jurisdiccional, que era y es todavía típico en la Administración militar, si bien ahora reducido a sólo las cuestiones penales. Nada más lógico, pues, que Napoleón, al fin y al cabo oficial de Artillería, organizara la Administración civil sobre la distinción entre potestad de mando y jurisdicción clásica y típica de la Administración militar, y que de la jurisdicción militar tomara asimismo otras nociones sobre la organización de los Tribunales administrativos como su carácter colegiado, y la atribución de la presidencia al órgano de mando (Prefecto y Ministro), o la misma organización del procedimiento, con notoria influencia del principio inquisitivo.

En España, la Constitución de Bayona, con su previsión de un Consejo de Estado de competencia para conocer de las *competencias de jurisdicción entre los Cuerpos administrativos y judiciales de la parte contenciosa de la Administración, y de la citación a juicio de los agentes o empleados de la Administración pública,* responde a la interpretación del principio de división de poderes y a la organización de la Justicia administrativa según el modelo napoleónico. Por el contrario, en la Constitución de Cádiz está recogido el principio de división de poderes en su versión judicialista racional y revolucionaria: el Poder judicial es el único competente para la aplicación contenciosa de las Leyes, y no hay más fueros privativos que el militar y el eclesiástico. La Administración civil y los funcionarios quedaban así sin jurisdicción propia, sometidos a la potestad judicial de los Tribunales ordinarios, previniéndose únicamente, *pero dentro del principio de unidad judicial,* siguiendo la idea de la Constituyente francesa, que pudiesen existir *Tribunales especiales* por la naturaleza de ciertos negocios, el método particular que conviene al fomento de algunos ramos de la industria, justamente con los Reglamentos y Ordenanzas que más que de Derecho privado pertenecen al público de las naciones. La *excepción* del sistema de los Tribunales sólo tenía lugar, insistimos, para la jurisdicción militar, la eclesiástica y *con carácter provisional* para la materia tributaria, pues, según se dice en el Preámbulo, el *"sistema de rentas, mientras no se reforme de raíz,* podrá requerir una excepción de la regla general de Tribunales". Esta *excepción provisional* para la materia tributaria constituía el único quebranto al dogma revolucionario, a la interpretación racionalista de la división de poderes, que postulaba la exclusiva competencia del sistema de Tribunales integrado en el Poder judicial, para decidir ejecutoriamente toda suerte de conflictos jurídicos, o lo que es igual, para la aplicación contenciosa de las Leyes.

Por último, se habrá de volver a la interpretación napoleónica del principio de separación entre Tribunales y Administración, cuando por la legislación de 1845 se instaure la jurisdicción administrativa, como un fuero de la Administración dependiente del Gobierno. Habrá, sin embargo, clara consciencia de que falta para ello un fundamento constitucional expreso, porque tanto la Constitución de 1837 (Arts. 63 a 68), como la de 1845 (Arts. 66 a 71), siguen la inspiración y adoptan la interpretación judicialista y racional sobre la atribución exclusiva al Poder judicial de la aplicación *contenciosa* de las Leyes. Contra su voluntad, así lo reconoce el propio Silvela en la proposición de ley presentada al Senado en 1838:

> El que suscribe, sin entrar en demostraciones y limitándose a manifestar su humilde pero meditada opinión, reconoce como un dogma constitucional que el supremo administrador del Estado debe ser, al propio tiempo, el Juez supremo de las contiendas administrativas bajo la responsabilidad de sus Ministros.
>
> A la verdad, *este principio no se halla explícito en nuestra Ley fundamental,* como no lo está en ninguna Constitución; mas no por eso deja de estar virtualmente comprendido en todas ellas. Nuestra Constitución quiso los fines; no puede menos de poner los medios. *Si el texto no lo expresa* a la letra, así resulta indudablemente de su espíritu.

Pero la verdad es muy otra. Sólo la Constitución de Bayona autorizó un sistema de Justicia administrativa dependiente del Gobierno. La Constitución de Cádiz y las posteriores no autorizaron excepciones a la exclusiva competencia de los Tribunales ordinarios respecto a los litigios en que la Administración era parte. En otras palabras, la Justicia administrativa que se instaura en 1845, respondiendo a la interpretación napoleónica del principio de separación rigurosa entre los Tribunales y la Administración y admitiendo en consecuencia para ésta un fuero privilegiado, era manifiestamente anticonstitucional. Esto explica los intentos, unas veces logrados y otras frustrados, de quienes a lo largo del siglo XIX pretendieron llevar al Tribunal Supremo y a los

Jueces ordinarios el conocimiento de los asuntos contencioso-administrativos, viendo en el sistema de 1845 un justificado fuero privativo.

Pues bien, *es en su versión llamada francesa o napoleónica* cuando el principio de división de poderes provoca el efecto de una independencia y separación entre Tribunales y la Administración, y asimismo, una separación de funciones, una especialización en el seno de la Administración pública en Administración activa y Administración contenciosa, separación con efectos orgánicos y materiales. La Jurisdicción administrativa o Administración contenciosa nace así como una respuesta o alternativa obligada frente a la incompetencia de los Tribunales para los litigios en que es parte la Administración, respondiendo a la idea y a la técnica de los fueros privativos.[10]

d) Pero la división Administración activa-Administración contenciosa suponía solamente un principio de especialización funcional dentro del complejo orgánico total de la Administración pública, de tal forma que unos órganos (Consejos de Prefectura y Consejos de Estado, en Francia; Consejos Provinciales y Consejo Real, en España), eran competentes para la ejecución de las Leyes **en** los casos conflictivos y otros órganos. Ministros, Prefectos o Gobernadores, Alcaldes, etc., aplicaban las Leyes, desarrollándolas reglamentariamente o ejecutándolas en casos concretos cuando no existía oposición de otro sujeto o situación conflictiva. Por ello debe advertirse que no hay la menor subordinación jerárquica, funcional o temporal de unos órganos a otros. *Los órganos contenciosos no fiscalizan ni revisan la actuación de la administración activa, porque ésta ni tiene competencia ni está procesalmente obligada a decidir previamente lo que es asunto contencioso.*

Ni que decir tiene que los órganos contenciosos son incompetentes para la ejecución o desarrollo reglamentario de las Leyes o para aplicarlas en supuestos de jurisdicción voluntaria, aunque sí tenían atribuidas funciones consultivas.[11]

---

10 Una supervivencia de la técnica de los Juzgados privativos está constituida actualmente por la jurisdicción militar, si bien reducida a la materia penal: Unos mismos funcionarios actúan a través de técnicas organizatorias diversas, como órganos de la Administración militar y como órganos judiciales. En todo caso, lo que queremos resaltar es que los Consejos de Guerra o Tribunales Militares no revisan o fiscalizan la actuación de las autoridades militares, sino que, como tales, ejercen una competencia propia (contencioso-penal) en forma exclusiva. Una exposición de los fueros privativos existente todavía a mediados del siglo XIX puede verse en De Vicente y Caravantes, *Tratado de los procedimientos judiciales en materia civil según la nueva Ley de Enjuiciamiento Civil,* Madrid, 1856, pp. 172 192.

Silvela, en el Preámbulo de su proposición de Ley al Congreso de Diputados en 1838, afirmará que "de muy antiguo, a la verdad, existen Juzgados privativos y privilegiados; pero el purgarlos del sinnúmero de imperfecciones por las que obedecen contrariamente a su objeto, el formar una sola y única jurisdicción de muchos de ellos, el convertir aquellos Juzgados pretorianos en solar de justicia administrativa, puede ser una feliz innovación de nuestros días".

11 Así Colmeiro (*Derecho administrativo español,* 1850, II, p. 247) afirma que "los Consejos Provinciales no pueden en ningún caso determinar nada por vía general, limi-

Por ello, mientras que en la actualidad la delimitación de lo contencioso-administrativo deriva todo su interés como concepto que permite precisar los límites de la Jurisdicción contencioso-administrativa frente a la Jurisdicción civil, y no frente a la Administración, supuesto que ésta tiene competencia y decide previamente todo lo que *a priori* ha de decidir el Tribunal, el concepto lo contencioso-administrativo en sus orígenes deriva su importancia precisamente como concepto de reparto de competencias dentro de la propia Administración entre sus órganos contenciosos y sus órganos activos. Estos últimos no pueden decidir controversias y dar a sus decisiones fuerza ejecutoria, lo que es función y competencia exclusiva de los órganos contenciosos.

e) Si el proceso contencioso-administrativo no era un proceso revisor de actos administrativos resolutorios de controversias jurídicas, ¿cuál es su verdadera naturaleza y funcionalidad para la garantía del derecho material cuestionado? La respuesta es muy simple: el proceso contencioso ante los Consejos Provinciales o de Prefectura o el Consejo Real o de Estado es al Derecho administrativo lo que el proceso civil es al Derecho material civil; es decir, un proceso en el que se resuelven *en primer grado* cuestiones contencioso-administrativas entendidas como situaciones conflictivas entre partes en posición de igualdad procesal. Ello impide a cualquiera de ellas alterar la situación de hecho o posesoria existente en el momento en que surge el conflicto, desplazando sobre la otra la carga de accionar y forzándola a acudir al proceso en situación de demandante y desposeído.

La Administración debía adoptar necesariamente la posición de demandante siempre que se encontrase con la oposición de otro sujeto, titular de derechos, que se resistiese a una actuación material o jurídica de la Administración. La posición de demandante la tenía que adoptar con carácter general en ese supuesto y no en casos excepcionales. Sin comprender el sentido de esa impotencia de la Administración activa para resolver por sí, ni siquiera provisionalmente, conflictos jurídicos, no se puede comprender el sentido del sistema procesal contencioso originario, proceso en el que la Administración no es una parte cualificada, ni parte necesaria en el proceso. El proceso contencioso-administrativo, insistimos, es en todo caso similar al proceso civil, con la trascendental consecuencia de que no se puede alterar la situación posesoria previa. La Administración, salvo en los casos que veremos de aplicación de la doctrina de los *Jueces administrativos de excepción,* no puede tomarse la justicia por su mano haciendo uso del privilegio de la decisión ejecutoria, y comparecer en el proceso en las cómodas posiciones respecto al derecho discutido de demandada y poseedora.[12]

---

tándose sus facultades a fallar en las cuestiones particulares sometidas a su decisión; de otro modo gozarían estos cuerpos de potestad reglamentaria, y participarían del poder discrecional reservado solamente a la Administración activa". Sobre la naturaleza y alcance de las funciones consultivas de los Consejos Provinciales y Consejo Real, pp. 210 y 189.

12 En tal forma estaba arraigada la idea de que decidir *ejecutoriamente* controversias es atribución exclusiva de los Tribunales ordinarios, que durante bastante tiempo los Consejos de Prefectura se negaban a la posibilidad de ejecutar por sí mismos sus propias decisiones. Como señalaba Laferriére (*Traité de la Jurisdiction Administrative,* París, 1896, 2ª ed., tomo I, p. 223), fueron necesarias varias Leyes, como la de 25 de Floreal del año X

En la doctrina está muy clara la comprensión de la función jurisdiccional contencioso-administrativa como función judicial resolutoria de situaciones de conflictos en primer grado o instancia y no estrictamente revisora de actos administrativos ejecutorios. El acto administrativo ejecutorio y ya ejecutado no es, como ahora, el protagonista y el objeto prácticamente único del proceso contencioso. Lo es, por el contrario, la situación conflictiva creada por la actuación administrativa presente o por venir. Lo contencioso-administrativo se define más por el primer término -lo contencioso- que por el segundo -lo administrativo-, lo que no podía menos de ser, supuesto que la Jurisdicción administrativa conoce de materias y supuestos típicamente civiles, como contratos y responsabilidad extracontractual, incluso entre simples particulares. Son asuntos contenciosos, dirá Colmeiro,[13] aquellos *en que hay oposición legítima entre el in-*

---

sobre contravenciones de *grande voirie,* y varias decisiones del Consejo de Estado, para resolver la cuestión. Todavía en 1814 se producen conflictos de competencia negativos con los Tribunales ordinarios sobre esta cuestión, pues muchos Consejos de Prefectura insistían en la tesis de que el poder de ejecución de sus decisiones correspondía únicamente a los Tribunales.

En la doctrina española se niega igualmente el poder decisorio ejecutivo a los órganos activos de la Administración. Silvela *(op. cit.)* afirma que "en vano se alega, como la principal entre otras objeciones, que para que la Administración no encontrase resistencias, bastaría que fueran ejecutivas sus decisiones; y que sólo después de cumplidas empezase el derecho de atacarlas ante los Tribunales de Justicia. Por descontado, no todo lo que se ejecuta se presta a un restablecimiento al ser y estado anterior". Este principio sólo lo admite en casos excepcionales (vid. *infra,* nota 19), como la invasión de una peste, incendios, crecidas extraordinarias de los ríos, etc. Por su parte, Posada Herrera afirmará que el privilegio de decisión ejecutoria *"es la idea más absurda que puede presentarse de la Administración de un país; la degradaría a los ojos de sus administrados, dándole a entender que la Administración no conocía de sus intereses ni los derechos de la sociedad" (Lecciones de Administración,* 1843, recogido por Gallostra, *op. cit.,* p. 205).

13 *Op. cit.,* tomo II, p. 223, y añade: "Si la reclamación del particular se funda en un derecho, porque éstos nacen de la Ley, que es superior al Gobierno, y así cuando existen, *señalan a la acción administrativa los límites de su competencia".* En otro lugar (tomo II, p. 219) dirán que "hay una jurisdicción administrativa o un derecho inherentes a la Administración de conocer y sentenciar los asuntos contenciosos de este orden, es decir, aquellos que admiten controversia y se ventilan con la solemnidad de los juicios".

En términos parecidos se expresa Gil de Zárate (*Administración de los Tribunales Contencioso-administrativos,* en "Revista Madrid", 1838, trabajo recogido en Gallostra, p. 151), al afirmar que el litigio "nace desde el momento en que la *acción administrativa se encuentra detenida por un derecho particular,* que le sale al encuentro, y escudándose con una Ley que le protege, resiste el ataque o exige reparación".

La expresión acto administrativo debe entenderse referida a "operación" o "hecho" de la Administración. No se trata de un concepto jurídico-formal de los términos actuales. Así, Posada-Herrera *(op. cit.,* en Gallostra, p. 167) afirmará que "todo juicio administrativo tiene que recaer sobre un *hecho* y un derecho: el hecho será el acto de la autoridad administrativa contra la que reclame el individuo. De manera que para que haya contencioso-administrativo ha de fundarse la parte que reclama en la existencia *de un hecho de la Administración* que ataca derechos preexistentes". También Oliván (en Gallostra,

terés público y el privado, entre el individuo y la sociedad. El conflicto contencioso nace, no de un acto administrativo tal y como ahora lo entendemos, sino de una actuación administrativa obstaculizada por la oposición de un tercero, titular de un derecho; no hay, pues, diferencias jurídico-formales entre cuestión contencioso-administrativa y cuestión civil. Oliván[14] hará una exacta y precisa descripción de lo que es la cuestión contenciosa al señalar que "la Administración funciona necesariamente en dos distintas esferas: o caminando directa e indirectamente al sujeto, consulta la utilidad pública, provee a los varios servicios y obra espontáneamente sin haberse visto provocada, o *bien encuentra en su marcha los intereses individuales con que roza y reclaman contra ella*". Es entonces cuando surge la cuestión contenciosa, que consiste en "resolver sobre las reclamaciones que se elevan contra sus propios actos. *Entonces el negocio se hace contencioso y tiene cierta analogía con los juicios de los Tribunales con materia civil.* Es entre un particular y el público". No se trata, pues, de que lo contencioso no suponga actuaciones o, si se quiere, actos de la Administración; se trata de que esos actos no son ejecutorios si se manifiesta la oposición de un particular; la continuación de la actividad administrativa, la ejecutoriedad del acto sólo podrá tener lugar después de pronunciada la sentencia judicial por el Consejo Provincial o Consejo de Estado. Por lo demás, como es obvio, el ejercicio de las acciones civiles presuponen también actos o actuaciones de los sujetos privados.

La analogía jurídico-formal de la cuestión contenciosa y la cuestión civil se muestra en el uso por la doctrina administrativa de los conceptos jurisdicción *voluntaria* y jurisdicción *contenciosa.* De Henrion de Pensey pasa a Macarel,[15]y de la doctrina francesa a la española, la idea, tomada de los procesos civiles, de que mientras no hay oposición se está en el caso de la jurisdicción voluntaria, y cuando se manifiesta la oposición se convierte automáticamente la actuación en contenciosa. La Administración activa sólo tendría, pues, jurisdicción voluntaria, sólo puede actuar y ejecutoriar válidamente sus decisiones si media el asentimiento de los sujetos afectados. Hay jurisdicción administrativa voluntaria, dice Henrion de Pensey, "todas las veces que la Administración actúa por la petición de una persona o de varias, *con acuerdo entre ellas y sin contradictor*". Macarel identifica a su vez jurisdicción voluntaria y discrecional. *La jurisdiction volontaire ou discrétionnaire de l'Administration est exercée, sous l'influence et les ordres du Roy, par les ministres et les agents d'execution qui leur sont subordonnes, tels que les directeurs généraux, les prefects, les sous-prefects, les maires.*

Y es que poder discrecional es también en la época algo opuesto a poder o jurisdicción contenciosa, en cuanto que no hay conflicto sobre derechos. En este sentido señala Çolmeiro[16] "que son actos de imperio las providencias dictadas por el poder

---

op. cit., p. 215) identifica acto y "operación": "Lo que en su origen no era más que una operación de la Administración activa, se transforma en contencioso con ocasión del perjuicio que experimenta o *pretende* experimentar el particular".

14 *La Administración con relación a España, edición 1954, pp. 187 y 192.*

15 *Op. cit.*, tomo I, p. 14. Estos conceptos se toman de Henneccerus (*Elementum iuris secundum ordtnem pandectarum,* libro II). La jurisdicción voluntaria es jurisdicción *inter volentes,* y la contenciosa, *ínter nolentes.*

16 *Op. cit.*, tomo II, p. 222.

administrativo en uso de su *facultad discrecional* para la ejecución de las Leyes. Mas al ejercer estas atribuciones de puro mando puede suscitar reclamaciones que debe causar y decidir. En tal caso cambia la naturaleza de sus actos, porque si antes de la oposición se manifestaba en forma de acción, después aparece en forma de juicio". En otro lugar dirá que la Administración "procura la ejecución de las Leyes, dicta Reglamentos, vela por su observancia, expide órdenes generales o particulares, y hace uso, en fin, de cualquier modo de su facultad de puro mando, o ya se reviste con el carácter de juez y decide soberanamente contra sus propios actos. En el primer caso, se derivan sus facultades de poder discrecional; en el segundo, ejerce una verdadera jurisdicción". Es claro, pues, que potestad discrecional o actuación discrecional constituyen un núcleo exento de la jurisdicción contenciosa, mientras no surge la oposición en base a un derecho. Lo discrecional es precisamente toda la actuación administrativa de *ejecución voluntaria de las Leyes,* que se manifiesta en actos reglamentarios o actuaciones singulares sin oposición jurídica, y de aquí su exención jurisdiccional.[17]

Otro rasgo definitorio de la cuestión contenciosa es su *carácter genérico,* es decir, que no hay una lista adecuada y exhaustiva de materias contenciosas. Siempre que "hay oposición legítima entre el interés privado y el público, entre el individuo y la sociedad -señala Colmeiro (tomo II, p. 223)- hay asunto contencioso", y tras enumerar los supuestos más frecuentes de cuestiones, señala que esta enumeración "aprovechará al lector para decidir *cuestiones analogas* de carácter contencioso-administrativo".

---

17 No obstante, el propio Colmeiro reconoce también la posibilidad de fiscalización del poder discrecional (tomo II, p. 223). "Lo contencioso-administrativo supone siempre lesión de un derecho perfecto y absoluto, un derecho de aquellos que la Administración está obligada a respetar. No basta que la reclamación se funde en un agravio causado al derecho del particular con ocasión de un acto administrativo, porque como el poder discrecional alcanza a todas las personas y a todas las cosas de la sociedad, puede modificar por medio de reglamentos o providencias la libertad y propiedad de los administrados". Se reconoce, sin embargo, contra estos actos el recurso contencioso: "Si pueden ser impugnados por la vía contenciosa los actos de potestad discrecional que fuesen viciosos por *incompetencia o por exceso de poder.* Entonces la Administración vulnera derechos dignos de respeto, ya conociendo las causas extrañas a su autoridad, ya violando las formas protectoras de un interés legítimo. El Consejo Real también declara esta directiva, decidiendo un litigio presentado con motivo de una expropiación intentada para facilitar ciertas mejoras urbanas, donde dice: "Considerando que en cuestiones administrativas no sólo los derechos perfectos y absolutos producen acción e indemnización a favor de tercero, sino también los *intereses legítimos* compatibles con el interés público e injustamente hollados a nombre de este interés, etc.". (Real Decreto. Sentencia de 30 de junio de 1847).

Por lo demás, al menos en Francia, el desarrollo de la potestad de los órganos activos de la Administración para decidir ejecutoriamente controversias, parece muy vinculado al desarrollo del recurso por exceso de poder o contencioso de anulación que presupone siempre la existencia de un acto de la Administración sin lesión de derechos, que es el objeto principal y único del proceso. Por el contrario, en el proceso de plena jurisdicción a lo que se reconduce inicialmente todo lo contencioso-administrativo, el objeto del pleito es la situación conflictiva. El sistema actual es, pues, una remodelación del sistema primitivo sobre la técnica procesal del recurso de anulación o exceso de poder.

Por lo demás, esta doctrina era consecuente con la descripción de competencias formulada en el artículo 9 de la Ley de 2 de abril de 1845 para los Consejos Provinciales, cuyo último párrafo, como definen, sometía a su conocimiento cualquier cuestión contenciosa, todo lo contencioso de las diferentes ramas de la Administración civil.

Por último, *la cuestión contencioso-administrativa no comportaba necesariamente la presencia en el conflicto de la Administración activa.* El conflicto podía existir entre simples particulares,[18] aparte de los supuestos más frecuentes de pleitos entre la Administración y un particular o entre la Administración Central y los entes locales, cuya naturaleza pública a primeros del siglo XIX era, al menos, discutida. Uno de los supuestos más típicos de cuestión contenciosa entre particulares lo constituían las indemnizaciones de daños debidas por el contratista de obras públicas a particulares ribereños de las obras. Si los particulares no se aquietaban o conformaban con la decisión de la autoridad administrativa, que ejerce una especie de jurisdicción voluntaria, se convierte en contenciosa la cuestión. "Las indemnizaciones y resarcimientos de daños y perjuicios ocasionados por las obras públicas sólo pueden solicitarse ante el Gobernador respectivo, ventilándose el asunto, en el caso de que se hiciese contencioso, por *no convenirse las partes,* ante el Consejo Provincial" (Real Orden de 28 de junio de 1852). Evidentemente, en el pleito no se impugnaba la decisión del Gobernador, que incluso no podía producirse si las posiciones de las partes se manifestaban, *ab initio,* inconciliables. Pero la cuestión contenciosa o el pleito contencioso no se da frente a la decisión provisional o arbitral de la Administración activa, sino directamente entre los particulares verdaderamente afectados. La Administración no es por ello, como veremos, parte en el proceso. No hay en el proceso revisión o apelación de un acto administrativo, sino conflicto entre dos pretensiones opuestas de particulares que actúan en él como partes principales.

f) Efectivamente, los procedimientos a que habían de ajustarse los Consejos Provinciales y el Consejo Real, regulados por los Decretos de 1 de octubre de 1845 y 30 de diciembre de 1846, son rigurosamente consecuentes con la naturaleza de la cuestión contenciosa, como situación puramente conflictiva.

Por de pronto ha de notarse que no hay en ellos la menor alusión al acto administrativo, que no cuenta sustancialmente en el proceso. El acto administrativo puede dar ocasión al proceso, pero no es el objeto del proceso. Colmeiro dirá[19] que los Consejos Provinciales "conocerán de las cuestiones que *con ocasión* de un acto administrativo se susciten *entre dos particulares* o establecimientos públicos y entre un particular y la Administración". De ahí se deriva la importante consecuencia de que el proceso contencioso, como ocurre en los procesos civiles de primera instancia, no está sujeto a

18 Gil de Zárate dirá (*Administración de los "Tribunales Contenciosos y Administración,* Madrid, 1831, recogido en Gallostra, 1881, p. 156), que es cuestión contenciosa: 1° *Toda cuestión entre particulares, o* entre éstos y la Administración, en que se trate de aplicar inmediatamente una Ley administrativa, o que esté fundada en un acto administrativo, o en que se trate de ventilar por vía contenciosa si el interés público ha de prevalecer sobre el privado, pertenece a los Tribunales administrativos.

19 *Op. cit.,* p. 211.

plazo de interposición que haya de descontarse a partir de la notificación de una decisión administrativa ejecutoria o ejecutoriada. Por la misma razón tampoco se plantea ningún problema en relación con la suspensión del acto administrativo, porque se respeta, como en el proceso civil, la situación posesoria previa. Asimismo se da una ausencia total de la técnica de la interposición. No existe tampoco vía administrativa previa, ni regulación, ni teorización doctrinal alguna sobre recursos administrativos, habiéndose establecido en la Real Orden de 1 de enero de 1847 que en los pleitos ante los Consejos Provinciales *no era ni siquiera necesario el juicio de conciliación.*

El proceso se inicia, como en los procesos civiles de primera instancia, con la demanda, cuya presentación no está sujeta a más plazo que el que pudiera derivarse del plazo de prescripción del derecho material discutido. En cualquier caso, la prescripción del derecho ejercitado no originaría una cuestión previa sobre admisibilidad de la acción procesal, sin que había de resolverse como cuestión de fondo por la sentencia.[20]

La posición de demandante corresponde indistintamente a la Administración y a los particulares. La única diferencia radica en que al escrito de iniciación, en el primer caso, se le llama memoria en vez de demanda, diferencia que se aparece como puramente terminológica, supuesto que no se establece un contenido diverso para una *y* otra, *y* tanto la demanda como la memoria han de ir acompañadas de los documentos en que el actor funda su derecho.

---

20 El procedimiento ante los Consejos Provinciales se ajustaba a los siguientes trámites: en los negocios que se entablaban a instancia de la Administración se iniciaba con un escrito o memoria documentada que el jefe político hacía pasar al Consejo, y en los negocios entablados a instancia de particulares o Corporaciones, con la demanda documentada del particular o Corporación (Arts. 21 y 22); emplazamiento para contestar a la demanda o a la Memoria documentada, no admitiéndose como excepciones dilatorias más que la incompetencia del Consejo o la falta de personalidad del demandante (Art. 33). Tras los escritos de demanda y contestación, el Consejo decidiría sobre la pertinencia de abrir un período probatorio (Art. 38); practicada la prueba en su caso, se celebraba la vista, para la cual el jefe político podía nombrar un defensor después de la vista y las diligencias para mejor proveer que el Consejo acordare se dictaba la sentencia a la mayor brevedad. Se regulaba asimismo la actuación en rebeldía y los recursos de interpretación, apelación y nulidad.

El procedimiento ante el Consejo Real se ajustaba a los trámites análogos, si bien la regulación era más prolija, sobre todo la regulación de la prueba. Resta advertir, por último, que el proceso ante los Consejos Provinciales y el Consejo Real se inspiraba en el proceso civil, sin los rasgos inquisitorios del proceso contencioso francés, en el cual el Juez tiene asignada una actitud positiva en la realización de la prueba y en la dirección del proceso, similar a la del Juez de instrucción en el proceso penal. Por el contrario, el proceso contencioso es en nuestra patria el que responde al modelo típico del procedimiento acusatorio, como el proceso civil, en el que la producción de la prueba o la marcha del proceso resultan de la iniciativa de las partes. Tal carácter persiste todavía en cuanto estime proceso de revisión o de apelación. Y los rasgos inquisitorios compatibles con otros contradictorios persisten en el actual proceso contencioso francés.

La regulación del emplazamiento del demandado no tiene las especialidades que ofrece la actual regulación. Con absoluta similitud respecto al proceso civil el emplazamiento del demandado es un emplazamiento personal mediante el traslado de demanda o memoria *y* de una relación de documentos. No hay, pues, como ahora, un emplazamiento implícito a la Administración por la reclamación del expediente administrativo, ni tampoco un emplazamiento a los particulares presunto o implícito por la publicación del anuncio de interposición del recurso en el *Boletín Oficial del Estado,* técnica esta última, dicho sea de paso, que parece partir del absurdo presupuesto de que todos los ciudadanos lean cotidianamente el *Boletín Oficial del Estado.*

La garantía del emplazamiento personal se completa con la de la regulación del procedimiento en rebeldía y la de un recurso de revisión contra la sentencia dictada, estando alguna de las partes en esta situación procesal.

Toda esta regulación denotaba no solamente que entre las partes imperaba un principio de igualdad procesal, sino, también, que el proceso mismo respondía a todas las características de los procesos civiles de primera instancia. Nada, pues, más opuesto al carácter de proceso revisor o de apelación que tiene el actual proceso contencioso.

Podía preguntarse a la vista de esta regulación sobre cuáles eran sus ventajas en relación con el proceso civil, ventajas que justificaran esa oposición en favor del sistema contencioso-administrativo. Había, sin duda, ventajas procedimentales derivadas de una mayor simplificación de los trámites, incluida la innecesariedad del juicio de conciliación y de reducción de plazos, aunque se respetase el esquema del proceso declarativo civil de primera instancia.[21] Pero además de estas ventajas no hay que olvidar que el sistema contencioso atiende sobre todo a la finalidad política de liberar a la Administración de los Tribunales civiles. Por otra parte, los órganos unipersonales de

21 La diferencia minuciosa con el proceso civil no tiene interés ni resulta fácil de determinar, dado que en el momento de instaurarse la justicia administrativa en 1845, la primera Ley de Enjuiciamiento Civil estaba en gestación. La Ley de Bases se aprobaría el 13 de mayo de 1855 y el texto articulado lleva fecha de 5 de octubre de 1855. Con anterioridad la regulación de los procedimientos civiles había sufrido las alteraciones propias de la Constitución de 1812, cuyo capítulo II del título V había establecido con bastante minuciosidad los principios a que deberán de ajustarse los procedimientos judiciales. Después de 1812 se aprueba la Ley de 9 de octubre de 1892 sobre Audiencias y Juzgados de Primera Instancia; el Decreto de 29 de abril de 1913 se plantea las competencias. Muchas disposiciones son derogadas y puestas en vigor según las propias vicisitudes de la Constitución de 1812. Posteriormente el Real Decreto de 24 de marzo de 1934 suprime Consejos de Castilla e Indias y crea el Tribunal Supremo. Un Decreto de 1834 organiza los Juzgados de Primera Instancia con Jueces-Letrados *y* dividen a esos efectos el territorio nacional. Un Real Decreto de 1835 aprueba un Reglamento Provincial de la Administración de Justicia. En 1836 se establece la Constitución de Cádiz y las disposiciones de los años 1812 y 1813. Por Ley de 30 de enero de 1838 se aprueba un procedimiento abreviado para los pleitos de menor cuantía. Y, por último, con fecha 30 de septiembre de 1835 se aprueba la Instrucción Provisional del Registro Civil.

la Administración activa (Gobernadores y Ministros) formaban parte de los órganos Contenciosos (Consejos Provinciales y Consejo Real), privilegio nada desdeñable que compensaba sobradamente la falta de aquéllos del poder de resolver controversias.[22] La Administración contenciosa era por ello, en cierto modo, la misma Administración activa decidiendo sus propios pleitos a través de fórmulas procesales.

III

La separación dentro de la Administración pública entre órganos activos y contenciosos y la distribución entre unos y otros de competencias de uno u otro carácter constituyó una regla, un principio general, al que se formularon excepciones, que confirman más que cualquier otro argumento la realidad del sistema tal y como lo acabamos de exponer.

Las excepciones consistían en que a los órganos activos de la Administración, por normas concretas y para supuestos singulares, se les reconoció la potestad de resolver ejecutoriamente controversias sobre derecho.[23] Ello rompía el esquema general de que el ejercicio de la jurisdicción contenciosa era atribución exclusiva de los Consejos y obligaba a reconocer que los órganos de la Administración activa tenían también poderes judiciales.

---

22 Los Consejos Provinciales presididos por el Gobernador estaban formados por tres o cuatro vocales nombrados por el Rey, y un número igual de supernumerarios para las suplencias. El Consejo Real se componía a su vez de los Ministros Secretarios de Estado y de Despacho, de treinta Consejeros ordinarios nombrados por el Rey a propuesta del Consejo de Ministros, y de dieciséis Consejeros natos ordinarios nombrados por el Rey entre los jefes principales de cada servicio administrativo. Estos últimos no formaban parte de la sesión de lo contencioso.

23 Las excepciones a la regla ya se expresan por Silvela (*Profusión de Ley presentada al Congreso de los Diputados en la sesión de 12 de noviembre de 1938, y tomada en consideración en la del 16 del mismo mes,* recogida por Gallostra, *op. cit.*, pp. 40 y 41), al afirmar: "Las Leyes irán indicando, cada día con mayor claridad, los casos en que corresponde conocer al jefe y aquellos en que debe conocer el Consejo. Mas entre tanto, y como reglas supletorias, pudieran adoptarse las siguientes: 1ª La jurisdicción voluntaria corresponde exclusivamente al jefe político. 2ª De la contenciosa sólo le corresponde conocer en aquellos casos en que las Leyes, por razones especiales, lo prevengan expresamente. 3ª Fuera de los casos de que trata la regla anterior, la jurisdicción contenciosa corresponde exclusivamente al Consejo.

A continuación precisa el alcance de esta jurisdicción contenciosa de los_ jefes políticos y su carácter rigurosamente excepcional: "Lo más sencillo parecía declarar, sin excepción, que lo contencioso perteneciese al Consejo y lo de jurisdicción voluntaria al jefe, pero no siempre es posible lo que más sencillo parece... En la *invasión de una peste,* por ejemplo, se hace indispensable comunicar a la Administración activa la mayor energía y rapidez sometiéndola al conocimiento de cuestiones que en otro caso decidirían los Tribunales administrativos. En un *incendio* podrá convenir el derribar una casa... En una *crecida extraordinaria* podrá la autoridad, para facilitar el desagüe, ordenar la destruc-

Los autores de la época no se llaman a engaño sobre la naturaleza de esos poderes de decidir controversias con fuerza ejecutoria que a los órganos activos de la Administración se les asignan: son poderes judiciales. Se reconoce por ello explícitamente en estos casos a las autoridades administrativas que las ejercen el carácter de *Jueces administrativos de excepción.*

En Francia, de donde nos llega la inspiración, se afirma el carácter de Jueces administrativos de los Alcaldes, de los Prefectos y Subprefectos y de los Ministros, lista que a primeros de siglo se extendía a la Universidad, la "Cour des Comtes", los Obispos, a las autoridades competentes en materia de presos marítimos y a determinadas Comisiones y Consejos.[24]

Del Alcalde se dice que es al mismo tiempo que jefe de la Administración municipal, agente del Gobierno oficial del Estado civil, oficial de la policía judicial, *Juez de policía y Juez administrativo.* El Alcalde, verdadero y auténtico Juez penal, es órgano de los Tribunales de simple policía, cuya competencia se extiende al conocimiento de las contravenciones, que definidas en el Código penal, se le señala una pena interior a 15 francos o inferior a cinco días de arresto. Las sentencias dictadas por el Alcalde a través del procedimiento señalado en el Código de instrucción criminal, eran recurribles en apelación ante los Tribunales, y en casación si se impone pena de arresto o si la multa y reparaciones civiles exceden de 5 francos. Pero el Alcalde es, como decíamos, *Juez administrativo* y decide controversias con fuerza ejecutoria en diversos supuestos.[25]

---

ción de una pared perteneciente a un vecino, sin su consentimiento. La aproximación o la *entrada de los enemigos en territorio nacional,* un terremoto, la crudeza extraordinaria de las estaciones, la efervescencia de las pasiones populares y otras mil causas físicas, morales y políticas, obligarán a la Administración activa a olvidar en muchas ocasiones, los derechos para ocuparse de los intereses; *a ejercer, con la velocidad del rayo una verdadera jurisdicción contenciosa.* Estos casos deben estar provistos en las Leyes y determinados en ellas, al menos por sus caracteres generales, y el reconocer su existencia, ya que no el enumerarlos, es precisamente el objeto de la regla 2ª.

24 Macarel, *op. cit.*, pp. 101 a 278. La doctrina se recoge en toda la bibliografía francesa del siglo XIX. Así todavía en E. Laferriére (*Traité de la Jurisdiction Administrative,* París, 1896, 2* edición, tomo I, pp. 394 a 962), parte de esas autoridades se denominaban jurisdicciones especiales (Cour des Comtes, Consejos de Instrucción Pública), también Ducrocq (*Cours de Droit Administratif,* París, 1881, páginas 391 a 402), aparte de las jurisdicciones especiales, expone la doctrina de los Jueces administrativos de excepción referida a los Ministros, prefectos, subprefectos y Alcaldes como Jueces en lo contencioso; en este siglo todavía Moreau (*Droit administratif,* París, 1909, p. 1.203) expone la teoría de la jurisdicción contenciosa ministerial y se pregunta si el prefecto, subprefecto y Alcaldes pueden ser considerados Jueces administrativos.

25 El Alcalde es *Juez* administrativo *y* decide controversias con fuerza ejecutoria en los siguientes casos: las cuestiones surgidas entre el particular adjudicatario de un servicio de barcas o balsas de paso y los usuarios del servicio acerca de la percepción y pago de las tasas debidas por el uso del servicio: las cuestiones surgidas entre patronos y obreros con motivo de las inscripciones que se deberían realizar por aquéllos en las cartillas o libretas de trabajo. Con la misma expresión se describen facultades municipales sobre prevención de daños con motivo de transporte de mercancías por circulación rodada

También entre las atribuciones del Prefecto se distingue la que éste tiene como representante del Estado, como representante del Departamento, como tutor de los Municipios, y, por último, las atribuciones del Prefecto como *Juez administrativo.*[26] Asimismo este carácter se predica de los Ministros cuando ejercen sus competencias al decidir las reclamaciones suscitadas por las decisiones de los Prefectos, o las cuestiones relativas a las deudas de los Municipios, al resolver sobre las deudas del Estado de todo tipo por incompetencia de los Tribunales ordinarios, sobre las cuestiones suscitadas por los contratos de suministros, reclamaciones de pensiones, etc. La importancia mucho más acusada, por razón de la materia y por razón de su posición jerárquica de sus poderes del Ministro, provocará que desde mediados de siglo comience a conocerse en Francia la teoría de los Jueces administrativos de excepción por su expresión más abreviada y característica de la teoría del *Ministro-Juez.*

En España las cosas ocurren de manera similar. Colmeiro,[27] dentro de la parte de su obra dedicada a la jurisdicción administrativa, distingue entre Tribunales administrativos (Consejos Provinciales y Consejo Real) y los *Jueces administrativos de excepción.* Pero merece la pena detenerse un tanto en la justificación que brinda acerca de la existencia de poderes judiciales en los órganos activos de la Administración:

Las autoridades activas mandan, no juzgan; administran, no ejercen jurisdicción, Y en verdad nada parece más contradictorio que el carácter de administrador y juez al mismo tiempo. La Administración pura requiere libertad en el pensamiento, acción rápida *y* reforma fácil *y* continua; mientras que todo juicio es lento en sus trámites...

Tales son los principios generales de que se desvía un tanto la Administración *al conceder a las autoridades activas un cierto grado de jurisdicción contenciosa.* Esta excepción

---

en los campos públicos y en materia de urbanismo. Esta enumeración la tomamos del *Dictionnaire, cit.,* p. 1.197.

26 Entre éstos se citan las competencias para decidir las controversias suscitadas entre los asistentes a carreras de caballos, la decisión de las reclamaciones contra las decisiones del subprefecto para asegurar con medidas provisionales la cesación de daños en materia de contravención de *grande voire;* su competencia sobre controversias originadas por las decisiones de los Alcaldes entre los empleados de la *Regie y* los *staneards,* los relativos a la exactitud de la declaración de precio de venta; la decisión de las cuestiones suscitadas entre los recaudadores de contribuciones en régimen de arrendamiento y los Municipios sobre la recaudación y percepción de las tasas y el sentido e interpretación de las cláusulas de adjudicación de los arriendos recaudatorios; en materia de venta de bienes nacionales, al declarar y dar fuerza ejecutoria a la liquidación de las cantidades debidas por las ventas y asimismo al decidir sobre las dificultades sobrevenidas relativas a la cifra o a la exigibilidad de la deuda. Del *subprefecto* a su vez se afirma su carácter de Juez al decidir, según el Código forestal, sobre las cuestiones suscitadas durante las operaciones de adjudicación de cortas de arbolado en bienes demaniales, y en la que conviene a la validez de dichas operaciones o a la soberanía de los que hubieran hecho las ofertas y sobre las fianzas (*Dictionnaire,* cit., p. 659).

27 *Op. cit., libro V, capítulo VI. De los Jueces administrativos de excepción.*

puede, sin embargo, justificarse, teniendo en cuenta que hay decisiones urgentes, porque hay necesidad de dirimir pronto ciertas controversias entre los intereses privados y el interés colectivo de la Administración; y *siendo dichos negocios de naturaleza contenciosa,* deben guardarse en su resolución las apariencias de un juicio.[28]

Pero no se crea que esa apariencia de juicio se refiere a aspecto puramente procesal o procedimental. No hay regulado un proceso contencioso-administrativo para estos supuestos y ni siquiera existe en la época que hoy denominamos un procedimiento administrativo. La exigencia de que se guarden las apariencias de un juicio se refiere al efecto posterior a la decisión ejecutoria emanada de estas autoridades. Se trata de que por respeto al derecho de los particulares "las providencias de estos Jueces excepcionales no causen daño irreparable a tercero, por cuyo motivo *casi nunca tienen fuerza de sentencia definitiva*".[29] De aquí la justificación de que frente a las decisiones o sentencias de estos Jueces administrativos de excepción proceda un *recurso de apelación,*[30] y de aquí también la explicación de que se considere a los Consejos Provinciales y al Consejo Real como Tribunal de segundo grado, al igual que en Francia al Consejo de Estado. Se trata, pues, de un supuesto de apelación contra una sentencia administrativa, no contra un acto administrativo. Con ello se están poniendo las bases para la posterior conversión del proceso administrativo en proceso de apelación o revisor de decisiones ejecutorias de la Administración activa.

Para la enumeración concreta de los supuestos en que se da en la Administración activa esa jurisdicción excepcional, Colmeiro realiza una labor de espigamiento a través de la legislación administrativa para detectar los supuestos en que las autoridades administrativas tenían reconocida la facultad de decidir controversias ejecutoriamente. He aquí su inventario en la edición de 1850 de su *Diccionario administrativo español:*

Los Alcaldes son Jueces administrativos de excepción cuando deciden bajo su responsabilidad las reclamaciones de los electores municipales, o cuando realizan los deslindes previos y amojonamientos de las carreteras, sus obras accesorias y terrenos adyacentes, previa citación de los propietarios colindantes. Hay que advertir que los Alcaldes tenían entonces el carácter de Jueces de lo penal, aplicando el libro 2° del Código relativo a las faltas, con arreglo a procedimiento penal y con apelación de sus sentencias ante los Jueces de primera instancia.[31]

---

28 *Op. cit.*, II, p. 248.

29 *Op. cit.*, II, p. 248.

30 Recurso que también se considera extraordinario y excepcional. Así Colmeiro *(op. cit.*, II, p. 247), con relación a los Consejos Provinciales, dice que "ejercen una jurisdicción excepcional admitiendo el recurso de apelación: I, contra las providencias de los Gobernadores de provincias... II, contra las providencias de los Ayuntamientos relativas a inclusión en él abiertamente... En ambos casos es verdaderamente excepcional esta jurisdicción, porque siendo *los Consejos Provinciales Tribunales de Primera Instancia, no pueden conocer de ningún asunto en grado de apelación,* que no sea en virtud de una delegación, como aquí sucede".

31 *Op. cit.*, II, p. 249.

Los Gobernadores de provincia se consideran Jueces administrativos[32] cuando resuelven las instancias sobre inclusión o exclusión de electores en las listas para el nombramiento de Diputados a Cortes y Diputados provinciales, al declarar de oficio o a solicitud de parte la caducidad de una concesión de aguas públicas, si hay oposición del concesionario, y al designar la parte con que cada pueblo ha de contribuir a la construcción de un camino vecinal. Con carácter general señala Colmeiro los supuestos en que, según las leyes, los Gobernadores son llamados a decidir alguna cuestión contenciosa previo dictamen favorable del Consejo Provincial, ya que sin el dictamen conforme del Consejo Provincial el acuerdo del Gobernador civil no tendría fuerza ejecutoria. Entre estos supuestos enumera Colmeiro los relativos a las cuestiones surgidas entre los Alcaldes y los Depositarios de fondos municipales sobre pagos de libramientos no ajustados a las partidas del presupuesto, examen y censura de cuentas de los mismos Ayuntamientos y verificación de las condiciones legales de los electores provinciales electos, la distribución entre los pueblos de la cantidad votada por la Diputación Provincial para la construcción de caminos vecinales y en materia de sorteos para el reemplazo del Ejército.

Los Ministros son Jueces administrativos de excepción al calificar los títulos de los partícipes legos y destituir al patrono de un establecimiento particular de beneficencia contradiciendo con ello la voluntad del fundador.[33]

Con los dichos no se agotan todos los supuestos de *Jueces administrativos de excepción.* Colmeiro[34] continúa su enumeración, afirmando que el Tribunal Mayor de Cuentas del Reino, los Juzgados privativos de Hacienda, Marina y otros privilegiados ejercen también una jurisdicción administrativa especial, y añade: *"Todavía hay ciertas Corporaciones administrativas que poseen, sin ser Tribunales, una parte de la jurisdicción administrativa especial,* como son los Ayuntamientos y las Diputaciones provinciales al decidir las instancias de los pueblos agraviados en el repartimiento de las contribuciones de sangre y dinero, cuyos negocios tienen todos los caracteres de lo contencioso-administrativo; si bien la Ley ha querido dejar expedita la acción de gobierno no sujetando su decisión a los mismos trámites y recursos que por regla general se observan en los demás de su índole".

Todos estos Jueces excepcionales se vertebran e integran en la jurisdicción administrativa en virtud de la consideración que se les reconoce de instancias jurisdiccionales de primer grado; por ello, como dijimos, contra sus decisiones siempre procede el recurso de *apelación* ante el Consejo Real, que actúa como segundo grado de jurisdicción, y en algunos casos, muy excepcionalmente, ante los Consejos Provinciales.[35]

32 *Op. cit.*, II, p. 249 y 250

33 *Op. cit.*, II, p. 250 y 251.

34 *Op. cit.*, II, p. 252.

35 Del carácter rigurosamente excepcional de la atribución de competencias decisorio ejecutorias a los órganos activos de la Administración, derivó la falsa previsión de un proceso al que se tuvieran que ajustar dichas autoridades u organismos para su ejercicio. Colmeiro dirá que "las Leyes no señalan trámites precisos para deducir el particular su derecho ante los Ministros, los Gobernadores de provincia o los Alcaldes de los pueblos cuando proceden como Jueces administrativos de excepción, pero sí prescriben reglas

IV

A partir de 1845 se advierte una pugna en el seno de la legislación administrativa entre las normas y las resoluciones jurisprudenciales que son consecuentes con el principio de negar a los órganos de la Administración activa la potestad de decidir controversias jurídicas y aquellas otras normas y pronunciamientos judiciales que le atribuyen esa potestad, aumentando los supuestos en que las autoridades de la Administración activa podían actuar como *Jueces administrativas de excepción*. Se llegará así a una generalización del privilegio de decisión ejecutoria que obliga a abandonar la doctrina del Ministro-Juez, y en último término, el montaje de un proceso contencioso revisor de actos administrativos ejecutorios, lo que tendrá lugar decididamente por la Ley de Santamaría de Paredes. Veámoslo en las materias más sobresalientes del Derecho administrativo.

a) Consecuentemente con el principio general de que la Administración activa no podría decidir ejecutoriamente sobre derechos ajenos, el Real Decreto de 21 de mayo de 1853 estableció en su artículo 1°, que en los "negocios en que vienen impresas obligaciones de la Hacienda y particulares causarán estado las resoluciones que en su nombre adopte el Ministro de Hacienda, y serán revocables por vía contenciosa, a que *podrán recurrir contra ellas tanto el Gobierno como los particulares si creyesen perjudicado su derecho*". El artículo 2° estableció asimismo la necesidad de que el Gobierno acudiese a la vía contenciosa para revocar las resoluciones de los Directores Generales cuando tuvieren "carácter de definitivas y causasen estado con arreglo a lo dispuesto en las Leyes y Reglamentos especiales". Se establece asimismo (Art. 3°) "un plazo de seis meses para la interposición del recurso, que para la Administración activa había de contarse desde el día en que la Administración activa entienda que una providencia anterior causó algún perjuicio y ordene que se provoque su revocación por vía contenciosa".

Este sistema se generaliza para todos los demás Ministerios por Real Decreto el 20 de junio de 1858, y todavía está presente en nuestro Ordenamiento en la regulación de la revocación de actos declaratorios de derechos en los artículos 109 y siguientes de la Ley de Procedimiento administrativo y en la regulación del proceso de la lesividad, verdadera reliquia y testimonio vivo de un sistema procesal ya fenecido.

---

de estricta observancia o con respecto a los juicios administrativos, cuando son los Tribunales a quien de ordinario compete la jurisdicción, los encargados de resolver las cuestiones contenciosas". Testimonia este punto de la inexistencia de un procedimiento administrativo y explicará su necesidad y su origen cuando en una etapa posterior ya sea insostenible la afirmación de que las autoridades de la Administración deciden controversias ejecutoriamente sólo en casos excepcionales.

En el Derecho español siempre se da un recurso de apelación ante los Consejos. Por el contrario, en el Derecho francés en determinados casos (recursos contra las decisiones del Tribunal de Cuentas de los Consejeros de la Revisión para el reclutamiento del Ejército y de la Guardia Nacional) sólo procede a un recurso por infracción de Ley o de procedimiento, es decir, un recurso de casación.

García de Enterría[36] ha señalado que un "caso típico de recurso interpuesto por la propia Administración en el sistema de las primitivas regulaciones de lo contencioso era del ejercicio la tutela sobre las Corporaciones locales. La Administración Central, con un respeto que sorprende desde las directrices de estricta centralización que domina la legislación local del XIX, debe acudir a los Tribunales contenciosos para obtener la anulación o reforma de las Administraciones locales". La necesidad de acudir a la vía contenciosa para anular los actos de las Corporaciones locales (que se establecía en los artículos 67 y 69 de la Ley de Ayuntamientos de 8 de enero de 1845 y en los artículos 62, 63, 64 y 65 de su Reglamento, y posteriormente en el Título IV de la Ley Municipal de 24 de junio de 1856) no constituye, sin embargo, a nuestro juicio, singularidad alguna ni puede por ello presentarse como un supuesto anómalo digno de ser resaltado; el sistema mismo de lo contencioso negaba con carácter general a la Administración activa esos exorbitantes poderes anulatorios y revocatorios y los había atribuido a la Administración *in sede* contenciosa.

c) En el Derecho francés a los Consejos de Prefectura se atribuye la competencia sobre los contratos de obra pública por la Ley de 28 de *pluviose* del año vía, mientras que sobre las cuestiones contenciosas relativas a los contratos de suministros previstos por el Decreto de 11 de junio de 1806 se atribuye la competencia a los Ministros, que actúan aquí como Jueces de excepción, como Jueces de primer grado, salvo recurso de apelación al Consejo de Estado.

En nuestra Patria, sin embargo, la legislación sobre los Consejos Provinciales y el Consejo Real atribuye directamente la competencia sobre todo tipo de contratos para obras y servicios públicos al Consejo Provincial y al Consejo Real. Nada, pues, de atribución a la Administración activa de funciones decisorio ejecutorias, como expresamente, además, lo reiteró el artículo 3 del Real Decreto de 23 de septiembre de 1846.[37]

Pero el Consejo Real había de saltar inmediatamente por encima de ese reparto de competencias, atribuyendo a los Ministros y al Gobierno potestades decisorio-ejecutorias. Como ya expresó más pormenorizadamente en otra ocasión,[38] el Consejo Real se pronuncia explícitamente sobre la cuestión en el Real Decreto-sentencia (asunto Eire) de 15 de noviembre de 1849. He aquí los términos de tan trascendental pronunciamiento:

> Considerando que el único fundamento de la demanda de Carlos Eire consiste en suponer que mi Gobierno no está facultado para rescindir por sí y ante sí el contrato celebrado directamente con el demandado, puesto que la rescisión de los contratos es por su naturaleza esencial y exclusivamente contenciosa, cuya doctrina es ilegal e incompetente, porque con arreglo al indicado párrafo 1°, artículo 1°, del Reglamento del Consejo Real, en concepto de Tribunal, puede conocer únicamente en primera instancia de las demandas, así como, según el citado artículo 8° de la Ley del 2 de abril de 1845, los Consejos Provinciales, en igual concepto, sólo pueden conocer de

36 *Op. cit.*, p. 114.

37 Así en mi libro Los *orígenes*, cit., pp. 97 a 103 y 157.

38 *Los orígenes*, cit., p. 177.

los asuntos contenciosos, todo lo cual supone la facultad que recide en la Administración activa para decidir previamente los mismos asuntos por vía gubernativa.

En virtud de esta doctrina, los Ministros vendrán a ser considerados Jueces administrativos de excepción en materia de contratos. Colmeiro ya recoge el supuesto en la edición de su libro en 1850.[39]

Pero además de este reconocimiento jurisprudencial, la atribución de poderes decisorio-ejecutorios en materia de contratos a la Administración activa había de ser pronto favorecida por el Real Decreto firmado por Bravo Murillo de 27 de febrero de 1852, primera regulación sistemática del procedimiento de selección de contratistas, cuyo artículo 9 transcribe un precepto similar a la Ordenanza francesa de 1836. El artículo citado no atribuye a la Administración activa facultades decisorio-ejecutivas, pero prevé que se pacte expresamente en el contrato su atribución a los órganos activos de la Administración:

> En los pliegos de condiciones deberán preverse los casos de falta, de cumplimiento por parte de los contratistas, determinando la acción que haya de ejercer la Administración sobre las garantías y demás medios por los que se hubiese de compeler a aquéllos a que cumplan sus obligaciones y a que resarzan los perjuicios irrogados por dicha causa. Cuando ocurriesen tales casos, las disposiciones gubernativas de la Administración *serán ejecutivas.*

De esta forma, apoyada en jurisprudencia del Consejo Real y en las reservas y cláusulas expresas de los contratos, se fue abriendo paso y generalizando la prerrogativa de acción unilateral de la Administración activa en materia de contratos. Esta técnica ha de producir importantes consecuencias en la posterior formulación de la teoría de los contratos administrativos, cuya singularidad se reduce, en último término, en predicar de la Administración activa, que es una parte en el contrato, la detentación de los poderes judiciales de anulación, rescisión e interpretación, y ello por la vía del reconocimiento de la potestad de decisión ejecutoria sobre las cuestiones controvertidas.[40]

d) Los franceses han tenido bastante suerte con su Derecho penal. En Francia todavía está vigente el Código penal napoleónico de 1810 y todavía se mantiene el principio de que la materia penal es atribución exclusiva de los Tribunales penales, negándose en consecuencia a la Administración activa la posibilidad de imponer sanciones.

Las infracciones a los Reglamentos de Administración pública se tipifican específica o genéricamente como delitos o contravenciones, y como tales son castigados por los Tribunales.

A mantener la fuerza de ese sistema ha ayudado no poco el que el Código napoleónico haya partido del principio establecido en 1810 en su artículo 484, y hoy vigente

---

39 *Op. cit.*, p. 251.

40 *Los orígenes*, cit., pp. 155 a 233

en el artículo 486 del Código penal francés, de que las infracciones tipificadas en el Código penal no agotaban la materia penal ni la competencia por ello de los Tribunales penales:

> *Dans toutes le matières qui n'ont pas été réglees par le present Code et qui sont regies par des lois et règlements particulières, les Cours et les Tribunaux continuaiont de les observer.*

De esta suerte, la materia penal no se subdivide en materia penal propiamente dicha y materia penal administrativa.

Pero este principio general tuvo y tiene alguna, aunque leves, excepciones: las contravenciones de *gran voire*, es decir, ciertos atentados o degradaciones, voluntarias o involuntarias, del dominio público, eran competencia de los Consejos de Prefectura, que imponían las multas pertinentes. Pero esta competencia de los Consejos de Prefectura no era una competencia de segundo grado o revisora de la multa impuesta previamente por la Administración activa, sino que la imponía este Tribunal directamente a través del procedimiento denominado contencioso de represión. A partir de 1926 solamente algunas de estas infracciones de *grande voire* siguen siendo competencia de la jurisdicción administrativa, habiendo pasado en su mayor parte a los Tribunales penales.

Otra excepción al principio de atribución completa al Juez penal de las competencias represivas está en la actualidad constituida por la llamada potestad disciplinaria, sobre funcionarios o sobre los miembros de los Colegios profesionales. Hay aquí, además, privilegio de decisión ejecutoria: la Administración activa impone la sanción a resultas de su impugnación y revisión posterior por la jurisdicción administrativa.

Como se ve, esta competencia represiva de la Administración pública francesa es mínima, aunque hay indicios y tendencias recientes de ampliación que han sido ya denunciadas como atentatorias al sistema de libertades públicas.[41]

---

41 Burdeau, Georges. *Les libertés publiques,* "Librairie Général de Droit et de Jurisprudence", Paris, 1966, pp. 39-41. Señala este autor que la sanción normal de la función de policía es la sanción penal prevista por una Ley especial o, en su defecto, la del artículo R. 26, 15, del Código penal, que castiga con multa a aquellos que hubiesen infringido los reglamentos legalmente hechos. Pero admite que, no (distante, "se puede comprobar que existe una tendencia a doblar la sanción normal resultante de la acción del Ministerio Fiscal, por sanciones propiamente administrativas. Esta es una actitud que crea graves problemas en la teoría jurídica, constituye un hecho de *nature a menacer gravement les libertés fondamentales de l'individu.*

"El atentado a las libertades por las sanciones administrativas —sigue diciendo— reside esencialmente en el hecho que los particulares son privados de las garantías tradicionales, especialmente de la protección que se deriva de la competencia de los Tribunales judiciales... «El control del Juez administrativo es menos protector que el de los Tribunales penales, porque de una parte no puede apreciar la oportunidad de la sanción y de otra no puede discutir la gravedad de la sanción en relación a los hechos que se imputaron al recurrente». Por último, la anulación de una sanción administrativa no

Esta situación contrasta con la del Derecho español, en donde el desarrollo del poder sancionatorio de la Administración activa es impresionante. Pero ya lo fue, desgraciadamente, en el origen del establecimiento del sistema administrativo. La legislación de 1845 atribuyó ya competencia sancionatoria, con posibilidad de usar el privilegio de decisión ejecutoria, a los órganos activos de la Administración. De esto fue en parte culpable el estado de desorganización de los Tribunales penales.[42]

A los Gobernadores de provincia, el artículo 4 de la Ley de 2 de abril de 1845 atribuyó competencia para "reprimir y castigar todo desacato a la religión, a la moral, a la decencia pública y cualquier falta de respeto a su autoridad, imponiendo las penas correccionales que en esta Ley se determinan, y sometiendo a la acción de los Tribunales de Justicia los excesos merecedores de mayor castigo". El artículo 5 de esta misma Ley permitía al Gobernador imponer correccionalmente *mullas hasta un máximo de mil reales e imponer en caso de insolvencia la pena de detención, sin que el término de ésta pueda nunca pasar de un mes.* Asimismo este precepto dejaba abierta para su desarrollo posterior la potestad punitiva de los Gobernadores al reconocer su facultad de "aplicar gubernativamente las penas determinadas en las Leyes y disposiciones de policía y buen gobierno".

Por otra parte, un apoyo para ese desarrollo de una potestad sancionadora autónoma en la administración activa, lo que implicaba y supondría un reconocimiento de funciones judiciales de índole penal, vendrá dado por el artículo 493 del Código penal de 1848, y que permitía el establecimiento por vía reglamentaria de sanciones con límite inferior al de las penas señaladas en el libro de faltas del Código penal, salvo lo dispuesto en Leyes especiales.

---

se produce más que bastante tardíamente, una vez que ha sido ejecutada, por lo que resulta platónica la decisión de anulación".

42 La potestad penal o sancionadora la justifica Silvela *(op. cit.,* p. 45) en los siguientes términos: "Los *Tribunales administrativos* no castigan precisamente por escarmentar; no obran con el fin único o preponderante de que la mala acción lleve tras de sí consecuencias capaces de arredrar a los atrevidos, aunque éste sea indudablemente uno de los efectos de la pena. Su principal objeto, el que verdaderamente se propone obtener, es la reparación del daño: remediar el mal producido, sacando lo necesario del bolsillo del causante. Más bien que un fin moral, tienen una tendencia económica. Explicada así la índole de la jurisdicción penal administrativa y demostrado, por tanto, que no afectándose con su ejercicio si no tiene intereses, no ha menester ofrecer a las partes las mismas garantías que la justicia ordinaria, fácil es dar a conocer también su necesidad, sobre todo no teniendo nosotros Jueces de paz, ni Tribunales como los llamados en Francia de *policía concesional,* instituidos con un fin de economía y celeridad, para juzgar, casi siempre, cuestiones de hecho".

Obsérvese, sin embargo, que Silvela no justifica ni atribuye en su proyecto potestad sancionadora a los órganos activos, sino a los contenciosos de la Administración. Por ello en su proyecto (Art. 19) atribuye a los Consejos *aplicar* la parte contenciosa y penal en los reglamentos y ordenanzas de caminos... en los reglamentos y ordenanzas para el uso de vías navegables, canales de navegación íntima, riego..., policía de tránsito..., ordenanzas de montes y plantías..., ordenanzas o Leyes de caza y pesca..., ordenanzas de correos.

Pero ante el Consejo Real se planteó la cuestión de si los Alcaldes podían imponer sanciones con independencia y al margen de los poderes judiciales que tenían atribuidos para el enjuiciamiento de las faltas previstas en el Código penal. Por Real Decreto-sentencia de 31 de octubre de 1849 se resuelve esta grave cuestión en términos rigurosamente favorables a la ampliación de poderes sancionadores de la Administración activa.[43] La doctrina sentada en este Real Decreto-sentencia había de ser el origen del segundo párrafo del artículo 505 del Código penal de 1850, antecedente directo del artículo 603 del Código vigente, que completa lo establecido en el artículo 493 del Código penal de 1848 en los siguientes términos:

> Conforme a este principio (el de que por vía reglamentaria no podían imponerse sanciones superiores a las previstas para las faltas), las disposiciones de este libro no excluyen ni limitan las atribuciones que por las Leyes de 8 de enero y 2 de abril de 1845 y cualquiera otras especiales competan a los agentes de la Administración para dictar bandos de policía y buen gobierno y para corregir *gubernativamente* las faltas en los casos en que su represión les esté encomendada por las mismas Leyes.

De esta forma se legitima la competencia penal de la Administración pública y, lo que es más grave, se declaró competencia *gubernativa,* es decir, de los órganos ac-

43 Considerando que al conferir el Código penal a los Alcaldes la atribución de juzgar en primera instancia y en juicio verbal las faltas que en él se mencionan, ha estado lejos de privarles de los demás caracteres, facultades y atribuciones que a dichos funcionarios competen como delegados del Gobierno y como administradores de los pueblos.

Que correspondiendo por las Leyes a los Alcaldes y otras autoridades administrativas superiores e inferiores la facultad de imponer multas gubernativamente como atribución necesaria para el desempeño de sus funciones, y habiéndose organizado sobre este fundamento toda la administración por Leyes recientemente publicadas, este fundamento desaparecería si el Código penal se extendiese en el concepto de que todos los hechos de esta clase han de ser calificados de faltas y todas las faltas juzgadas por los Alcaldes con la dependencia y bajo la subordinación de los Jueces de Primera Instancia.

Que esta interpretación acarrearía los graves inconvenientes: 1® De que se entendiese variada la forma actual de la Administración Pública en su parte más esencial que es el ejercicio de la autoridad, que debe ser libre y desembarazada, sin perjuicio de la responsabilidad de sus agentes. 2' De que esto sucediese con motivo de una Ley provisional, en la cual, ni en el Código para cuya observancia fue dictada, no se trató ni discutió de propósito un punto de tanta trascendencia, a fin de evitar los conflictos entre la Administración y la autoridad judicial. 3' De que con esta doctrina deberían ceñirse y concentrarse en el juicio de los Alcaldes y Tenientes de Alcalde la aplicación de los medios coercitivos y correccionales y los actos todos de autoridad que requiriesen la imposición de multas u otras represiones semejantes señaladas en las Leyes. 4' De que según esto estarían los agentes y empleados de la Administración, como tales, sometidos a los funcionarios del orden judicial y además sujetos a las reclamaciones de los particulares que se creyesen agraviados, por más temerarias que fuesen, con grave daño del servicio público y menoscabo de la independencia y responsabilidad de la Administración consignadas en la Constitución y en las Leyes...

tivos y no de los contenciosos de la Administración pública, lo que comportaba en la época de la imposición de sanciones con ausencia total de procedimiento.

e) Las grandes Leyes administrativas de nuestro siglo XIX habían de partir, también, de un criterio diverso al del sistema contencioso original, ampliando notablemente los casos en que la Administración activa disponía de poderes decisorio-ejecutorios. Lo *gubernativo,* término con que se designa esa potestad, se va ampliando y lo contencioso-administrativo va adquiriendo así su carácter revisor.

A este respecto casi todas las Leyes del siglo XIX contienen en sus últimos capítulos unas normas definiendo la competencia entre lo "gubernativo" y lo "contencioso-administrativo", lo contencioso-administrativo y la cuestión civil.

La Ley de Minas de 6 de julio de 1859, por ejemplo, en su capítulo 13, que se refiere a la autoridad y jurisdicción en minería, proclama ya que "todos los expedientes que se instruyan para obtener concesiones en minería son puramente gubernativos. Se resuelven en definitiva por Reales Ordenes que expide el Ministro de Fomento (Art. 86). Los *conflictos* entre particulares suscitados en los expedientes no se domicilian directamente en lo contencioso, sino que se resuelven gubernativamente, previa audiencia del Consejo de Estado, que actúa aquí como órgano consultivo y no judicial (Art. 87). La Administración activa decide ejecutoriamente sobre permisos o negativas de investigación, permisos para abrir socavones o galerías, sobre concesiones de propiedad de minas, escoriales, terreros y galerías generales, a salvo recurso posterior del Consejo de Estado (Art. 89). Es, sin embargo, materia contenciosa y conoce directamente el Consejo de Estado de las cuestiones que se promuevan entre la Administración y los concesionarios sobre la inteligencia y cumplimiento de las condiciones establecidas en la concesión".

La Ley de Aguas de 13 de junio de 1879 distingue también entre atribuciones de la Administración (cap. XIV) y competencia de los Tribunales (cap. XV), y llega al límite máximo en la atribución de competencias jurisdiccionales a la Administración activa. Todo lo contencioso-administrativo es previamente gubernativo, y por ello, en el artículo 248 se atribuye a la Administración activa la competencia de resolver definitivamente todas las cuestiones que se susciten en la aplicación de la Ley... y acordar y ejecutar la demarcación, apeo y deslinde de cuanto pertenezca al dominio público. El artículo 253 hace de la jurisdicción contencioso-administrativa una jurisdicción simplemente revisora de las providencias administrativas (Arts. 251 y 253).

Esta distinción entre lo gubernativo y lo contencioso-administrativo en la legislación del siglo XIX no tendría sentido ni el sistema de la jurisdicción contenciosa fuera, como es ahora, un proceso esencialmente revisor, en el cual todo lo contencioso es antes necesariamente gubernativo, y todo lo gubernativo puede ser cuestión contenciosa *a posteriori.*

Con anterioridad a la legislación que hemos citado, la Ley de Administración y Contabilidad de 20 de febrero de 1950 había deslindado perfectamente lo "administrativo" o "gubernativo" frente a lo contencioso-administrativo en forma, como era de esperar, muy favorable a la Administración activa y contraria a la Administración *in sede* contenciosa.

Por de pronto, toda la materia tributaria propiamente dicha se declara gubernativa y se levanta, además, contra su conversión en contencioso-administrativo el obstáculo del principio solve et repete. Se declara por ello que "corresponde a la Administración activa proceder contra los deudores de la Hacienda pública hasta conseguir la cobranza de los créditos liquidados a su favor, *cuyos procedimientos son puramente gubernativos, sin que puedan pasar a contenciosos mientras no se realice el pago o consignación de lo líquido en las Cajas del Tesoro"*. Asimismo se declararon puramente *gubernativos* los procedimientos para el reintegro de la Hacienda pública en los casos de "alcance, malversación de fondos o desfalcos, cualquiera que sea su naturaleza y se sigue por la vía de apremio, mientras sólo se dirijan contra los empleados alcanzados o sus bienes y contra los fiadores o personas responsables"...

Serias dificultades originaron las cuestiones conflictivas referentes a venta de bienes nacionales. En principio, por Real Orden de 14 de junio de 1848, como refiere García de Enterría,[44] dictada de conformidad con el Consejo de Estado en Pleno, se declaró *"contencioso-administrativo y* de la competencia de los Consejos Provinciales, y del Real en su caso, todo lo relativo a la validez o nulidad de las ventas de bienes nacionales, a la interpretación de sus cláusulas, a la designación de la cosa enajenada y declaración de la persona a quien se vendió y a la ejecución del contrato" Colmeiro[45] dirá que estas cuestiones son de la competencia de los Consejos si no hubieran podido terminarse mediante av*enencia por la vía gubernativa.* Lo cierto es, sin embargo, que inmediatamente la Administración activa comenzó a decidir estas cuestiones y los Tribunales contenciosos se limitaron a revisar los acuerdos y revisiones previas, justificando y admitiendo esa potestad decisorio-ejecutoria a la Administración activa.

Curiosa es la regulación de la materia relativa a daños y perjuicios. La citada Ley de Administración y Contabilidad de 1950 estableció, que "ninguna reclamación contra el Estado a título de daños y perjuicios o a título de equidad es admitida gubernativamente pasado un año desde el hecho en que se funda el reclamante, quedando a éste el recurso que corresponde por la vía contencioso-administrativa, el cual también prescribe por el transcurso de dos años a contar de la misma fecha". Es decir, si en el plazo de un año no se había sustanciado la reclamación en vía gubernativa, o con independencia de ella, cabía plantear directamente la cuestión ante los Consejos.

La tónica general, sin embargo, de la legislación especial, insistimos una vez más, es contraria y denegatoria del sistema contencioso como sistema de resolución de conflictos sin previa resolución de los órganos activos de la Administración. En todo caso, los acontecimientos habían desbordado el esquema inicial 'de separación de competencias entre los órganos activos y contenciosos de la Administración, y con ello el concepto mismo de lo contencioso-administrativo se iba desplazando hacia su actual configuración como proceso a un acto administrativo ejecutorio. Una drástica y dramática alternativa se ceñía sobre el sistema contencioso: o se derogaban y se dejaban sin efecto las facultades gubernativas de resolver controversias, o se respetaban, en cuyo caso era insostenible continuar con un proceso de primera instancia. Santama-

44 *Op. cit.*, p. 122.

45 *Op. cit.*, tomo II, p. 196.

ría de Paredes resolverá este nudo gordiano generalizando decididamente la potestad gubernativa de decisión ejecutoria y convirtiendo el proceso contencioso en proceso de apelación o revisor, como más adelante veremos, ratificando la necesidad de la decisión previa gubernativa que habían establecido ya la Real Cédula de 30 de enero de 1855 para la Justicia administrativa en Cuba (Art. 120) y el artículo 91 de la Ley de 25 de septiembre de 1863.[46]

V

Naturalmente que era más cómodo para la Administración activa decidir ejecutoriamente las controversias en los asuntos de su competencia que iniciar el correspondiente proceso ante la Administración contenciosa todas las veces que cualquier sujeto hiciera patente su oposición a una actuación administrativa. Las Leyes españolas promulgadas después de 1845, como vimos, fueron condescendientes con esta tendencia natural de ampliación de poder de la Administración activa ampliando "lo gubernativo", que era ampliar los casos en que las autoridades administrativas podían actuar como Jueces administrativos de excepción.

También era más cómodo para la Administración contenciosa, es decir, para los Consejos Provinciales y el Consejo Real, y en general, para los Tribunales administrativos, que todo tipo de asuntos les llegasen decididos en vía gubernativa o primera instancia. Siempre es más cómodo y fácil para cualquier Juez fallar en apelación. Pero, incluso, aunque los Consejos Provinciales y el Consejo Real hubiesen realmente pretendido negar a las autoridades administrativas y reservarse para sí el poder judicial de la decisión ejecutoria, se hubieran impuesto una tarea superior a sus propias fuerzas. No hay que olvidar que desde un punto de vista orgánico la Administración *in sede* contencioso en parte era la misma que la Administración activa; y en parte, estaba por ésta controlado. El Consejo Real lo preside el Presidente del Consejo de Ministros; formaban frente a él, como consejeros, todos los Ministros, y a propuesta del Gobierno el Rey nombraba a los consejeros ordinarios y extraordinarios, aunque éstos no intervenían en los asuntos contenciosos. Asimismo los Consejos Provinciales eran presididos por el Gobernador y formados además por tres a cinco vocales nombrados por el Rey, de los cuales dos, por lo menos, debían ser letrados.

Con esta organización, ¿cómo esperar que los Consejos Provinciales y el Consejo Real se opusieran a que las autoridades administrativas decidieran ejecutoriamente fuera de los casos o sólo en los casos en que por la doctrina de los Jueces ad-

46 Artículo 120 de la Real Cédula de 30 de enero de 1855: "Compete a las Reales Audiencias constituidas en acuerdo conocer en la vía contenciosa, después de agotada la gubernativa ante las autoridades gubernativas por su orden jerárquico, de los agravios que se causen a los particulares en la aplicación de las Leyes, Ordenanzas y Reglamentos administrativos, ofendiendo su verdadero derecho". Artículo 91 de la Ley de 25 de septiembre de 1863: "No podrá entablarse ninguna demanda ante los Consejos Provinciales sin que el Gobernador hubiese dictado providencia en el asunto que se ventile, salvo que otra cosa disponga una Ley especial".

ministrativos de excepción tenían reconocida esta facultad? Pero, además, aunque así lo hubieran pretendido, los Consejos Provinciales y el Consejo Real no hubieran tenido otro camino que la anulación, *a posteriori,* de la resolución que hubiera invadido su competencia decisorio-ejecutoria de primer grado,[47] supuesto que el sistema de conflictos regulado por el Real Decreto de 4 de junio de 1847 no había imaginado la posibilidad de cuestiones de competencia dentro de la propia Administración entre la Administración activa y la Administración contenciosa, y mucho menos

47 El peligro de que los órganos activos de la Administración decidieran ejecutoriamente controversias, había sido observado por Silvela (*op. cit.,* p. 40): "De dos modos —señala— puede errar el jefe público; o remitiendo al Consejo asuntos de la Administración activa, o juzgando él algunos de los contenciosos. En el primer caso, el Consejo está autorizado expresamente por un artículo para no juzgar, devolviendo el expediente... Si, por la inversa, el jefe político juzga algo de lo contencioso, el Tribunal superior reforma sus decisiones a petición de la parte interesada. Cualquiera de estos dos males es ciertamente menor que el que antes se ha señalado". Alude Silvela al riesgo, para él de mayor gravedad, de que el Consejo, al disponer de la iniciativa de resolver por sí mismo cuáles eran asuntos contenciosos y cuáles gubernativos, pudiera paralizar "cuando a bien tuviese, o sin quererlo, la acción del Gobierno; que, como tantas veces se ha repetido, debe quedar siempre libre".

De aquí que en el artículo 18 del proyecto Silvela y en los Reglamentos de los Consejos Provinciales y del Consejo Real se otorgase al jefe político o al Ministro la facultad de decidir a la vista de la demanda, si el asunto era gubernativo o contencioso. Así, en los artículos 24 y 25 del Reglamento de los Consejos Provinciales de 1 de octubre de 1845, se estableció que "si en vista de la demanda decidiere el jefe político que el asunto que la motiva es de su exclusiva competencia, lo resolverá gubernativamente por sí y comunicará su resolución al demandante. Cuando éste insista en que el asunto no es de la competencia del jefe político, sino de la del Consejo Provincial, podrá recurrir al Ministerio de la Gobernación de la Península, por el que, oído el Consejo Real se decidirá lo conveniente. Si el jefe político estimare el asunto de la competencia, mandará que se dé cuenta a éste de la demanda, por la Secretaría del mismo Consejo".

Una regulación similar se contiene en el artículo 52 del Reglamento del Consejo Real, aprobado por Real Decreto de 30 de diciembre de 1846: "Si en vista de la demanda estimara el Ministro de la Corona que procede la vía contenciosa, remitirá el expediente al Consejo para el curso correspondiente. Si el Ministro de la Corona no lo estimare así, desde luego, oirá gubernativamente al Consejo sobre esta' cuestión previa, y la resolverá, en vista de la consulta, sin ulterior recurso". A Posada Herrera no le satisfacía este sistema, que dejaba, en cierto modo, indefenso al particular: "Yo creo —afirma— *(op. cit.,* en Gallostra, p. 218) que no se debe cerrar al interés individual una puerta, cuando puede tener dos abiertas a la vez. Si el individuo desconfía de que el jefe político cumpla con su deber y remita pronto el negocio al Tribunal; si el individuo se queja tal vez de este mismo jefe, ¿por qué no se le ha de dar esta garantía, permitiéndole ir directamente al Tribunal contencioso-administrativo? Por otra parte, es necesario, en cualquier sistema que se adopte, conceder al individuo particular la facultad de acudir al Tribunal para quejarse del jefe político que no remitió pronto su solicitud. Y puesto que el jefe político no remita prontamente el expediente o no responda a la solicitud del interesado, se ha de permitir la necesidad que acuda al Tribunal, mejor es concedérselo desde luego y poner en su mano que elija cualquiera de los medios que tiene de obrar".

que por esta última se pudiese provocar un conflicto a las autoridades de la Administración activa, posibilidad negada incluso para los Jueces y Tribunales civiles y penales.[48]

Todo favorecía, pues, que la premisa capital del sistema contencioso de otorgar facultades decisorio-ejecutorias de primer grado al Consejo Real y a los Consejos Provinciales, comenzara a ser inmediatamente desbordada tan pronto como fue establecida.

Las cosas ocurrieron como, dadas todas estas condicionantes, tenían que ocurrir. Por lo que sorprende es que suceso tan importante como el nacimiento del poder general de decisión ejecutoria para todas las autoridades de la Administración, lo que suponía la alteración total del sistema contencioso, haya pasado inadvertido para la doctrina. Después de Colmeiro y Cos Gayón, que publica su diccionario *Manual de Derecho administrativo español* en 1860, no se vuelve a hablar de los Jueces administrativos de excepción, teoría que había que atacar y justificar expresamente su abandono para que la facultad de decisión ejecutoria generalizada fuese admisible.

En Francia, por el contrario, la teoría no se abandonó sin las debidas justificaciones. El primer ataque importante viene, al parecer, según cuenta Laferrière,[49] de M. Bouchene-Lefer, en un artículo publicado en la *Revue Pratique de Droit Français*, en 1863. Dentro del Consejo de Estado tampoco parecía satisfacer ya la teoría del Ministro-Juez. Aucoc, en unas conferencias que pronuncia en "l'Ecole de Ponts et Chausses", niega la teoría del Ministro-Juez en todos los casos en que hasta entonces se había admitido, salvo en los supuestos en que el Ministro resuelve por su potestad jerárquica contra las decisiones de sus subordinados. Antiguos expositores de la doctrina le abandonan posteriormente: así, Ducrocq, en la edición de 1874 de su *Cours de Droit Administratif.*

Las razones de este abandono de la teoría del Ministro-Juez las resume magistralmente Laferrière en la siguiente forma: Las autoridades administrativas y el Ministro pronuncian sus decisiones de oficio y no a petición de parte, como los Jueces; el Juez es sólo Juez y no parte en el asunto que él mismo decide como Ministro; el Juez, una vez pronunciada su sentencia, se desentiende de ella y no se persona como el Ministro en calidad de parte en el proceso de apelación; el Juez no puede volverse atrás de sus decisiones, mientras el Ministro puede revocarlas; los decisiones de los Ministros no tienen que ser motivadas y fundadas como las sentencias de los Jueces; por último, la circunstancia de que las decisiones de las autoridades administrativas tengan fuerza ejecutoria es algo natural en los poderes del Administrador, que es una parte de la autoridad ejecutiva del Estado.

---

48 En este sentido, el artículo 2º del Real Decreto de 4 de junio de 1847, citado en el texto, estableció que las cuestiones de atribuciones que se originen entre dichas autoridades (administrativas y los Tribunales civiles y especiales) sólo los Gobernadores pueden promover contienda de competencia; y éstas únicamente deben suscitarlas para reclamar los negocios cuyo conocimiento les corresponde o puede corresponder en sus respectivas provincias, o a la Administración civil en general.

49 *Op. cit.*, tomo I, p. 452.

Desde un punto de vista formal, este análisis diferenciador entre las sentencias de los Jueces y las decisiones de las autoridades administrativas es perfecto. Pero la simple consecuencia de este análisis acerca de que no hay similitud entre la función de un Juez y la de una autoridad administrativa es insatisfactoria, porque el razonamiento se para en su punto de más interés, sin sacar todas las consecuencias de ese análisis, que obligarían precisamente a sostener que los poderes de decisión ejecutoria de las autoridades administrativas no son similares a la de los Jueces, *por ser superiores a las de éstas.* En efecto, si el Ministro o la autoridad administrativa estatuye y decide de oficio, a lo que no llega el poder del Juez civil; si además decide ejecutoriamente sobre cuestiones en que es parte interesada; si puede sostener en el proceso de apelación la validez de su propia decisión de primera instancia, compareciendo en él como parte procesal; si puede revocar su propia decisión ejecutoria; si puede dictar la sentencia sin la carga de una motivación y fundamentación adecuada; si puede hacer todo esto, a lo que el Juez no puede llegar, es que el Ministro o, en general, la autoridad administrativa con competencias decisorio-ejecutorias, es más, tiene más poder judicial, que el propio Juez de primer grado o instancia.

Pero este ataque a la teoría del Ministro-Juez es posible no sólo porque se da de lado a este aspecto nada desdeñable de la cuestión de que la autoridad administrativa tiene poderes judiciales superiores al Juez, sino también porque se margina y se huye de analizar la cuestión desde la perspectiva del concepto de función judicial vigente en todo el siglo XIX, como función o poder de decidir controversias jurídicas y ejecutar la decisión.

Sólo ocultando estos dos datos era posible justificar la generalización de poderes decisorio-ejecutorios en las autoridades de la Administración activa, sin que se resistieran y quebraran los más elementales principios del liberalismo jurídico que habían tolerado esos poderes decisorios de la Administración activa sólo en casos excepcionales.

VI

Ni que decir tiene que cuando se aprueba la Ley Santamaría de Paredes, por declaraciones legales o pronunciamientos jurisprudenciales, todo lo contencioso-administrativo era ya previamente "gubernativo" por una extensión desmesurada, por una generalización, en suma, de los supuestos en que las autoridades de la Administración activa actuaban como *Jueces administrativos de excepción.* Hasta tal punto es esto evidente, que hasta la propia terminología de *Jueces administrativos de excepción* desaparece de la literatura jurídica española sin la menor resistencia, sin suscitar debate alguno.

Santamaría de Paredes liquidará definitivamente la cuestión. Tras su aparente y declarada neutralidad sobre el concepto de lo contencioso-administrativo, que proclama en su famoso Discurso ante la Cámara el 14 de diciembre de 1887, viene a defender un concepto del mismo precisamente de signo inverso al de la legislación de 1845; así justificará la no definición de lo contencioso-administrativo en la Ley, alegando que no era satisfactoria una enumeración casuística y porque tampoco era propio de una

Ley dar definiciones generales necesariamente científicas. Pero de las condiciones de admisibilidad del recurso y de lo que en otros lugares del mismo expone se deduce que su concepto de lo contencioso-administrativo apenas tenía nada que ver con las ideas de primeros y mediados de siglo. Lo contencioso se define ya por la revisión de decisiones administrativas previas y ejecutorias.

No hay, por otra parte, la menor alusión en su Discurso a la teoría de los Jueces administrativos de excepción. No hay tampoco la menor teorización y justificación sobre el privilegio de la decisión previa ejecutoria administrativa. Tal poder en la Administración activa se da por supuesto. No se discute. Todo el esfuerzo argumental de Santamaría de Paredes parte de que *la Administración ha obrado ya; ha vencido las resistencias que se presentaban para el cumplimiento de la Ley; la Administración ha resuelto todas las dificultades que coinciden en su aplicación; ya no se trata de impedir el cumplimiento de la Ley, sino de juzgar el acto administrativo*.[50] Partiendo de aquí, todo se reduce a determinar quién juzgará la actuación administrativa en una especie de segundo grado jurisdiccional, en ese proceso de apelación a que sustancialmente se reduce el proceso con-

50 El Discurso está publicado como apéndice a su libro *Curso de Derecho administrativo* (4ª edición, Madrid, 1884, pp. 839 a 874). La preocupación de asegurar el privilegio de decisión ejecutoria es lo que lleva a atribuir la competencia sobre contratos para obras y servicios públicos, aun reconociendo su naturaleza civil: "Creemos, pues, que en buenos principios, como cree el mismo partido conservador, o al menos algunos de sus dignísimos individuos, como el señor conde de Tejada de Valdosera, y como afirma la Comisión de Notables en el Preámbulo de su proyecto, que los contratos de servicio públicos son materia de la jurisdicción ordinaria, sin que por esto se entienda, debo añadir, que tales contratos pierdan su efectividad, y ni que por ello pueda privarse a la Administración de la facultad de obligar a su cumplimiento por la vía de apremio, ni de modificarlos, suspenderlos o rescindirlos, si lo exigiera el interés público".

Al margen de la cuestión central de este trabajo, aventuramos la opinión de que ni del discurso de Santamaría de Paredes, ni del sistema de la Ley de 1888, se deduce la imposibilidad de un recurso de simple anulación, además del recurso de plena jurisdicción. No se oponía en ello, en efecto, la consecución del recurso contencioso-administrativo a la fiscalización exclusiva de la potestad reglada, dado que el concepto de ésta, inspirado en Vivien, llega a incluir las condiciones establecidas sobre el fin, la competencia y el procedimiento y los requisitos de validez de los actos administrativos: "Es reglada la potestad —afirma— cuando *por no haber estas razones especiales que escapan a la previsión,* o por estimar conveniente encauzar la acción administrativa a fin de evitar el *abuso,* se la fijan límites, se la prescriben condiciones, ya obligando a oír a determinados Cuerpos, ya exigiendo la aprobación o el asentimiento de una autoridad superior, ya estableciendo ciertos requisitos, sin los cuales el acto administrativo no es válido; y desde el instante en que existen estas condiciones, estos requisitos, estos trámites, ya la Administración tiene que sujetarse indefectiblemente a ellos, quedando convertida su facultad discrecional en reglada". Según el Reglamento de la Ley de 1890 (Art. 4), correspondían a su vez a la potestad discrecional: 1º Las cuestiones pertenecientes al *orden público o de gobierno,* y las *disposiciones de carácter general* relativas a la salud e higiene públicas, al orden público y a la defensa del territorio, sin perjuicio de las indemnizaciones a que puedan dar lugar; 2º Las resoluciones denegatorias de concesiones de toda especie que se soliciten de la Administración, salvo lo dispuesto en contrario por Leyes especiales;

tencioso. Y entonces la discusión es puramente organizatoria. ¿Quién juzgará aquella decisión ejecutoria?; ¿será la misma Administración infractora (sistema administrativo puro) o un Tribunal contencioso-administrativo dentro del Consejo de Estado, con jurisdicción delegada (sistema administrativo ecléctico) ?; ¿se podrá admitir un proceso revisor por Jueces comunes, a lo que se opone el principio de división de poderes? (sistema judicial puro); ¿o debe, por el contrario, atribuirse la jurisdicción administrativa a un Tribunal especial que no pertenezca al orden administrativo ni al judicial? (sistema armónico). Esta es la solución que propone, que hace aprobar a la Cámara, y de la que en parte, a nivel de Tribunal Supremo, todavía vivimos.

Todo el discurso de Santamaría de Paredes girará en torno a la justificación de la conveniencia de ese Tribunal armónico, formado por lo más selecto de los Tribunales civiles, que representaría al interés privado, y lo más selecto de los funcionarios civiles, que representarían al interés público.

Pero apenas hay en el discurso unas palabras que justifiquen las innovaciones ciertamente trascendentales del procedimiento, pues nada menos que la regulación se hace ya, conforme al carácter revisor de la jurisdicción, siguiendo el modelo de los procesos civiles de apelación, frente al modelo procesal de la legislación de 1845, que se inspiraba en el proceso civil declarativo de primera instancia, como dijimos.

A semejanza de los procesos civiles de apelación, el recurso se generaliza sobre un simple escrito de interposición contra la sentencia. Se señala un plazo para la interposición, el de tres meses, plazo sólo operante en los procesos de impugnación y no en los de primera instancia. El Tribunal *a quo*, es decir, la Administración activa, remite

---

3º Las que niegan o regulan las gratificaciones o emolumentos, no prefijados por una Ley o un Reglamento, a los funcionarios públicos que presten servicios especiales.

Tampoco se oponía a la admisión de un recurso de anulación el requisito de que la "resolución administrativa vulnere un derecho de carácter administrativo", porque el término "derecho" no se emplea en sentido técnico como derecho subjetivo, opuesto al concepto de simple interés. Por el contrario, "derecho" es aquí sinónimo de regla o norma jurídica de carácter administrativo, opuesto a regla o norma de Derecho civil. En este sentido, afirma Santamaría de Paredes en el Discurso que se entenderá lesionado el derecho del particular cuando previamente la Ley o el Reglamento haya fijado ciertas condiciones para el ejercicio de la potestad administrativa, y la autoridad haya faltado a ellas en perjuicio del particular que haga la reclamación. Y para que no haya duda alguna, confirmamos por modo negativo la definición, excluyendo de lo contencioso-administrativo todos aquellos asuntos que se refieren a la potestad discrecional de la Administración, o en que haya obrado como persona jurídica, o en que, aun obrando como poder público, haya lastimado derechos civiles. Al comentar este mismo requisito en su obra (p. 791), no distingue entre derecho o interés, sino que únicamente aclara que por falta de este requisito "no cabe recurso contencioso-administrativo en las cuestiones de índole civil o criminal pertenecientes a la jurisdicción ordinaria u otras jurisdicciones".

Por último, y volviendo al tema de la decisión ejecutoria, Santamaría de Paredes (página 68) distingue dentro de la potestad jurisdiccional entre lo contencioso-administrativo y la jurisdicción en vía administrativa, o sea, la facultad que tiene la Administración de decidir sobre el derecho que debe aplicarse en un caso concreto, dentro de su función ejecutiva, y de obrar en consecuencia.

los autos, o lo que es igual, el expediente administrativo, al Tribunal *ad quem* (Arts. 387 y 391, Ley de Enjuiciamiento civil). Como en el proceso civil de apelación (Arts. 855 y 888, Ley de Enjuiciamiento civil), el expediente administrativo se traslada a las partes. A su vista se instruyen las partes o se redactan los escritos de demanda y contestación a la demanda, etcétera.

La segunda consecuencia de que el proceso contencioso se configure como un proceso revisor de decisiones ejecutorias y del reconocimiento generalizado de ese poder decisorio-ejecutorio en la Administración, es la necesidad, sentida inmediatamente, de establecer un procedimiento para que se acomode a él la Administración en esa su actuación pseudo o quasi-jurisdiccional de primera instancia. Un procedimiento administrativo general no era necesario cuando estaba en su apogeo la teoría de los *Jueces administrativos de excepción*, y la Administración activa no decide ejecutoriamente más que en contados y limitados supuestos. La generalización de la facultad decisorio-ejecutoria que la Ley de lo Contencioso de 13 de septiembre de 1888 presuponía obliga a pensar en ello. Así, sin que ello sea ninguna casualidad, se aprueba un año después, el 19 de octubre de 1889, una Ley de Bases sobre procedimiento administrativo, procedimiento cuya necesidad el propio Santamaría de Paredes se había encargado de defender, justificándolo en su discurso, en la existencia de procedimiento para los otros dos poderes, el legislativo y el judicial. Y asimismo en las dificultades con que tropieza el poder administrativo en su actuación, que unas veces consisten en la oscuridad de la Ley y en otras ocasiones *"en la oposición de los llamados a obedecerla"*, descubriendo así la naturaleza judicial o contenciosa de las cuestiones que han de decidirse a través del procedimiento administrativo.

La consecuencia inmediata del abandono de la doctrina del Ministro-Juez no es, por paradójico que parezca, negadora de las potestades judiciales en la Administración activa, sino todo lo contrario. La teoría del Ministro-Juez o de los Jueces administrativos de excepción proclamaba ante todo la *excepcionalidad* de los poderes *decisorio-ejecutorios* en la Administración activa. Su abandono supone sólo el abandono de ese carácter excepcional, y por ello la generalización del privilegio de decisión ejecutoria; ahora, la Administración es siempre Juez de *premier resort*, según la terminología y la concepción doctrinal de lo judicial en la primera mitad del siglo XIX, naciendo la teoría del acto administrativo de la *decisión executoire* y del requisito procesal de la *decisión prealable*.[51]

Puede decirse, por ello, que el precio que la Administración ha exigido para dejarse enjuiciar definitivamente por los Tribunales de justicia integrados en el Poder judicial e independientes del Gobierno, será precisamente este de hacerse reconocer a sí misma potestades judiciales. Sale de aquí una nueva versión del principio de decisión de poderes sobre la idea del reparto de las funciones jurisdiccionales entre la Administración y el Poder judicial, producto de una transacción o equilibrio entre la concepción racional y judicialista de la Constituyente francesa y de las Constituciones españolas,

---

51 La generalización del privilegio de decisión ejecutoria en la Administración provoca automáticamente la conversión del proceso contencioso, como vimos, en proceso de apelación o revisor. Esto, a su vez, comporta el nacimiento de otro de los requisitos procedimentales más típicos del sistema actual, el de la *decisión prealable*. Si la Administración no ha resuelto espontáneamente una cuestión, es preciso provocarla. No es ima-

y la versión de justicia administrativa dependiente del Gobierno, a modo de fuero privativo, que introduce Napoleón y que se consagra en nuestra Constitución de Bayona.

VII

Pero la generalización del privilegio de decisión ejecutoria no ha sido, por ventura, ni absoluta, ni absoluto es, felizmente, el carácter revisor de la jurisdicción contenciosa. Tres excepciones a ambos principios podemos encontrar en el Derecho español vigente; excepciones que no son otra cosa que pervivencias de aquel proceso contencioso originario en la Ley de la Jurisdicción contenciosa de 27 de diciembre de 1956.

El primero de ellos está constituido por el *proceso de lesividad,* reliquia y testimonio de una concepción de la Administración activa y del proceso contencioso, hoy completamente olvidada. Ninguna explicación válida puede darse del proceso de lesividad que no sea la de una muestra todavía viva de un sistema procesal en el que la Administración no podía, con carácter previo al proceso, resolver el conflicto o controversia jurídica, desconocer el derecho real o presunto de su oponente, y comparecer siempre en el proceso en las cómodas posiciones de demandada y poseedora.[52] Por el procedimiento de lesividad está ahora obligada la Administración a ejercitar la oportuna acción ante el Tribunal pidiendo la anulación del acto declarativo de derechos, asumiendo la posición procesal de demandante, supuesto absolutamente normal en el sistema contencioso-administrativo originario, como hemos visto.

Otra excepción está constituida por el procedimiento especial de suspensión de acuerdos de las Corporaciones locales por infracción manifiesta de las Leyes, regulado en los artículos 118 a 120 de la Ley de la Jurisdicción contenciosa. La Administración Central carece también del privilegio de anular los actos de las Corporaciones locales,

---

ginable llegar a un proceso de apelación ante el Tribunal contencioso sin que se haya sustanciado el primer grado o instancia de la jurisdicción. En Francia, como es sabido, el requisito de la decisión previa no se implanta con carácter general hasta la reforma de 1953 (Art. 3 del Decreto de 30 de septiembre). Evidentemente que esta regla no ofrece interés especial en el contencioso de anulación, que presupone siempre una decisión administrativa cuya anulación se pretende; pero sí lo tiene, y mucho, en el recurso de plena jurisdicción, porque impide el ejercicio pronto e inmediato de la acción ante los Tribunales administrativos.

52 De aquí que no podamos compartir la tesis de García de Enterría en su citado trabajo sobre la *Configuración del recurso de lesividad,* en base a la cual la Administración gozaba *ab initio* en nuestro sistema contencioso de una facultad revocatoria de sus actos declarativos de derechos. Este trabajo, que ha inspirado en buena parte este estudio y del que hemos tomado muchos de los datos en él manejados, no ha tenido en cuenta la teoría de *los Jueces administrativos de excepción,* negadora precisamente de dichas potestades, como afirmaron en la época los Decretos de 21 de mayo de 1853 y 20 de junio de 1858. La Administración no podía entonces revocar derechos adquiridos, porque ello implicaba por esencia una cuestión contenciosa, ya que constituye una elemental presunción

y ha de remitir al Tribunal contencioso el expediente para que éste resuelva sobre el fondo. No hay aquí tampoco decisión previa de anulación, sino únicamente suspensión del acuerdo presuntamente ilegal. En este procedimiento es el Abogado del Estado quien informa a la Sala en primer lugar, asumiendo por ello la Administración también aquí la posición de demandante.

Técnica similar parece ser, aunque no querida de propósito, la adoptada con respecto a la disolución de Asociaciones por la Ley de 24 de diciembre de 1964, de tal forma que la autoridad gubernativa no puede disolver por sí misma la Asociación, debiendo remitir el expediente en que se ha acordado la suspensión al Tribunal contencioso para que éste decida sobre la disolución.[53]

VIII

A la vista de lo expuesto cabe preguntarse si es posible seguir considerando -como enfáticamente lo afirma la Exposición de motivo la Ley jurisdiccional- el proceso contencioso-administrativo como una primera instancia jurisdiccional, supuesto el concepto de jurisdicción que se formula en el artículo 32 de la Ley Orgánica del Estado[54] [55], como

---

la de que cualquier persona se opone a ser desposeída de sus derechos en forma unilateral por otro sujeto.

53 De esta Ley lo que interesa destacar a nuestros efectos es que la disolución de una asociación es materia reservada a la competencia exclusiva de la autoridad judicial (párrafo V, Art. 10) y en principio a las tres jurisdicciones: penal, civil o contencioso-administrativa. La jurisdicción penal, cuando ello sea consecuencia de una condena por delito de los miembros responsables de la asociación; la jurisdicción civil, cuando un particular haya ejecutado esa pretensión de disolución de la asociación a través del correspondiente juicio declarativo, y la jurisdicción contenciosa en los demás supuestos y siempre que "sea parte de la Administración". Ahora bien, el artículo 10, apartado 5, respondiendo a la regulación tradicional, reserva siempre a los Tribunales la posibilidad de dictar *el decreto de disolución,* y en consecuencia parece que esta medida no puede ser tomada por el Gobernador haciendo uso de su privilegio de decisión ejecutoria. Lo que no resuelve la Ley es el problema relativo al procedimiento que ha de seguir el Tribunal contencioso una vez que la autoridad gubernativa le remita el expediente en que ha acordado la suspensión y pretende además que se decrete la disolución. El citado párrafo 5 del artículo 10 se limita a decir que a efectos de la competencia exclusiva del Tribunal sobre la disolución que *"los acuerdos de suspensión serán comunicados a la autoridad judicial competente dentro del término de tres días"*. Pero ¿qué procedimiento ha de seguir el Tribunal Contencioso? A falta de normas específicas parece que deberá seguirse el procedimiento antes aludido de los artículos 118 y siguientes de la Ley jurisdiccional.

54 *La Ley Orgánica del Estado de 10 de enero de 1967, fue derogada por la Constitución de 1978, "en tanto en cuanto no estuviera ya derogada por la Ley 1/1977, de 4 de enero, para la Reforma Política (disposición derogatoria primera CE).*

55 *En la Constitución, en su artículo 117.3 se formula, recogiendo nuestra tradición constitucional, el siguiente concepto de jurisdicción:*

facultad de juzgar y ejecutar lo juzgado y la compatibilidad del mismo con la generalización del privilegio de la decisión ejecutoria en manos de la Administración.

En segundo lugar, podría cuestionarse cara al futuro sobre la conveniencia de restringir los poderes decisorio-ejecutorios de la Administración y extender la técnica del proceso de lesividad a otros casos en que la importancia del derecho o conflicto aconseje que sea un Tribunal y no la Administración la que por sí y ante sí resuelva la controversia jurídica con fuerza ejecutoria.

Respecto a lo primero, es fácil demostrar que la Administración activa tiene poderes muy superiores a los de un órgano judicial, civil o penal, de primer grado o instancia, a través del privilegio de la decisión ejecutoria. La Administración decide la controversia jurídica entre los particulares o entre ella y otro sujeto, y puede ejecutar lo decidido; además, puede revocar lo hecho, puede defender su decisión ante el Tribunal, puede actuar de oficio. La decisión administrativa no se suspende como la judicial por la interposición del recurso [56] ni como en ésta el ejercicio mismo del derecho de recurso puede quedar en ocasiones enervado por el no cumplimiento voluntario de la decisión (principio *solve et repete)* [57].

Si, pues, función jurisdiccional es "juzgar" y ejecutar lo juzgado", conforme a nuestra tradición constitucional, la Administración tiene poderes judiciales superiores a los de los órganos judiciales de primera instancia. Resultan por ello de una gran pobreza argumental las razones de la Exposición de Motivos de la Ley de Jurisdicción contenciosa, en su intento de demostración de la tesis contraria:

> Pese a las fundadas objeciones de que ha sido objeto –la expresión recurso contencioso, se dice–es la tradicional y comúnmente admitida, al mismo tiempo que sirve para poner de manifiesto la necesidad de que antes de acudir a la jurisdicción contencioso-administrativa exista un acto administrativo. *Claro está que esto no significa que se haya querido concebir la jurisdicción contencioso-administrativa como una segunda instancia;* ante ella, por el contrario, se sigue un auténtico juicio o proceso entre partes, cuya misión es la de examinar las pretensiones que deduzca la activa por razón de un acto administrativo. La jurisdicción contencioso-administrativa es, por tanto, revisora en cuanto requiere la existencia previa de un acto de la Admi-

---

"El ejercicio de la potestad jurisdiccional en todo tipo de procesos, juzgando y haciendo ejecutar lo juzgado, corresponde exclusivamente a los Juzgados y Tribunales determinados por las leyes, según las normas de competencia y procedimiento que las mismas establezcan".

56 *Tras la aprobación de la Constitución, en la legislación postconstitucional se contienen algunos supuestos de suspensión automática de la ejecutividad del acto administrativo de resultas de la interposición de un recurso, p. e. en el ámbito de las sanciones pecuniarias de orden público (Art. 7.5 de la Ley 62/1978, de 26 de diciembre), Vid. nota VII.*

57 *La cláusula* solve et repete *debe entenderse derogada por inconstitucional. En la Constitución de 1978 se contiene el derecho fundamental de todos los ciudadanos a la tutela judicial efectiva de los jueces y Tribunales en el ejercicio de sus derechos e intereses, sin que en ningún caso pueda producirse indefensión, siendo así, condicionar el acceso a la tutela judicial en función de la capacidad económica, entra en conflicto flagrante con aquel derecho.*

nistración, pero sin que ello signifique que sea impertinente la prueba, ni que sea inadmisible aducir en vía contenciosa todo fundamento que no haya sido previamente expuesto ante la Administración. El proceso ante la jurisdicción contencioso-administrativa no es una casación, sino propiamente una primera instancia jurisdiccional.

Como puede observarse, la Exposición de Motivos de esta Ley huye de analizar el contenido y efectos del acto administrativo y huye asimismo de la comparación que es ciertamente peligrosa para la tesis que mantiene del proceso contencioso-administrativo con el proceso de apelación. Por lo demás, esa tesis, por lo que hemos expuesto, es históricamente falsa: los recursos ante los Consejos Provinciales y de Prefectura en Francia y ante el Consejo Real o de Estado en Francia, contra las decisiones de los Alcaldes, Gobernadores, Ministros, etc., es decir, los recursos frente a las decisiones ejecutorias de la Administración activa, se consideraban recursos de apelación.

Pero cara al futuro parece, por la trayectoria expuesta, que el aumento de las garantías de los particulares en la justicia administrativa poco puede esperar de la dialéctica justicia retenida justicia-delegada, como no sea la de independizar el nombramiento de Magistrados de las Salas de lo Contencioso de la influencia del Ejecutivo.[58] Tampoco puede esperarse una mejora de las garantías con la ampliación de los actos impugnables y de los motivos de impugnación, supuesto que es posible la impugnación de Reglamento, que está admitido el recurso de anulación, y que la discrecionalidad administrativa puede controlarse, entre otros motivos, por desviación de poder.[59]

No es por estos caminos, a nuestro juicio, donde es posible imaginar un mayor perfeccionamiento de la justicia administrativa. Es en la rotura o quiebra del privilegio de decisión ejecutoria y del' acto previo que obliga al administrado a llegar al proceso contencioso en la posición de vencido y *apelante,* donde la garantía puede encontrar algún desarrollo. Es forzoso para ello, si no con carácter general, sí, al menos, negar a la Administración el privilegio de decisión ejecutoria en más supuestos que en el de revocación de actos administrativos declaratorios de derecho, o anulación de actos de las Corporaciones locales. Si se niega en estos casos, ¿por qué ha de admitirse en supues-

---

58 *La competencia del Gobierno para nombrar Magistrados del Tribunal Supremo correspondientes a las Salas de lo contencioso-administrativo (Art. 19 de la Ley de 27 de diciembre de 1956, reguladora de la Jurisdicción contencioso-administrativa), ha sido derogada por la Ley orgánica 6/1985, de 1 de julio, del Poder Judicial, al establecerse que tal atribución corresponde al máximo órgano de gobierno del Poder Judicial, el Consejo General del Poder Judicial:*

"Art. 107: El Consejo General del Poder Judicial tendrá competencias en las siguientes materias:

...

5. Nombramiento mediante Orden de los Jueces y presentación a Real Decreto, refrendado por el Ministro de Justicia, de los nombramientos de Magistrados del Tribunal Supremo, Presidentes y Magistrados".

59 *Tras la constitucionalización del derecho de todas las personas a la tutela judicial efectiva en el ejercicio de sus derechos e intereses, sin que en ningún caso pueda producirse indefensión (Art. 24.1 CE) y el reconocimiento del pleno sometimiento de la Administración a la Ley y al Derecho (Art.103.1 CE) y su correlato, el control por los Tribunales de "la potestad reglamentaria y*

tos de mayor gravedad? Debería negarse también, a nuestro juicio, en todos aquellos en que la trascendencia de la medida a tomar o la importancia del conflicto planteado así lo aconsejen. Determinadas sanciones, especialmente graves por su cuantía o por la índole del derecho que extinguen, determinadas resoluciones que afectan a la propiedad más directamente vinculada a la persona, etc.[60].

La negación del privilegio de decisión ejecutoria en mayor número de supuestos podía ser compensada con la habilitación de un proceso contencioso más abreviado, en el que compareciendo la Administración como demandante y previa audiencia del interesado o interesados, la sentencia del Tribunal sirviera de título decisorio-ejecutorio. Ello pondría a los administrados a cubierto de múltiples abusos, derivados de la facilidad con que cualquier autoridad o funcionario puede hacer uso del poder netamente judicial de la decisión ejecutoria.

Si el sistema contencioso no se hiciera siempre dependiente del requisito de la *decisión prealable,* o acto previo, podría imaginarse la habilitación de un proceso sumario de tipo interdictal por el que los particulares tuvieron un acceso inmediato a la jurisdicción contenciosa, para protegerse de actuaciones administrativas que constituyan manifiestas vías de hecho o supusieran una grave de competencias de los Tribunales de cualquier orden, supliéndose así con ventaja la posibilidad actual del ejercicio de acciones interdictales ante los Jueces civiles de Primera Instancia. Y también para los supuestos de inactividad de la Administración debería administrarse un recurso directo, pues de otra forma la pasividad administrativa no puede ser nunca enjuiciada debidamente, como Nieto[61] ha demostrado con todo rigor.

Por último, debe admitirse la posibilidad de procesos contencioso-administrativos entre simples particulares, sin la necesaria presencia de la Administración como parte principal en el proceso, para aquellos supuestos en que el acto administrativo decide una controversia entre simples particulares, sin que exista o esté presente en la controversia un interés público, supuestos más frecuentes de los que se cree.

---

la legalidad de la actuación administrativa, así como el sometimiento de ésta a los fines que la justifican" (Art. 106.1 CE), puede afirmarse que tras la Constitución de 1978 no hay actividad administrativa que escape al control jurisdiccional, no hay sombras al derecho a la tutela judicial frente a la Administración, que supondría indefensión expresamente prohibida.

60 *La Ley 62/1978, de 26 de diciembre, de Protección Jurisdiccional de los Derechos Fundamentales de la Persona (LPJDP), en línea con la constitucionalización de una amplia tabla de derechos con el carácter de fundamentales en el Texto constitucional (sección primera del Capitulo segundo del Título I), arbitra un sistema de protección jurisdiccional de tales derechos basados en los principios de preferencia y sumariedad (Art. 53.2 CE). En coherencia con el plusvalor de los derechos fundamentales, fundamento del orden político y de la paz social (Art. 10.1 CE) y a cuyo respeto quedan vinculados los poderes públicos (Art. 53.1 CE), en la LPJDP, se altera la economía de la relación ejecutividad-suspensión, de tal modo que, o bien el recurso provoca la suspensión automática de aquélla, caso de las sanciones pecuniarias en materia de orden público (Art. 7.5), o bien, será acordada por el órgano jurisdiccional "salvo que se justifique la existencia o posibilidad de perjuicio grave para el interés general" (Art. 7.4).*

61 En *La inactividad de la Administración y el recurso contencioso-administrativo,* en el numeral 37 de esta Revista, año 1962, pp. 75 a 126. En este trabajo puede verse un estudio

Sirva de ejemplo el supuesto en que la Administración decide entre dos particulares sobre la procedencia del derecho de réplica[62] o sobre el resultante de justiprecio en las expropiaciones entre particulares por causas de interés social, sobre la procedencia o improcedencia de la inscripción de una marca en el Registro de la Propiedad Industrial, etc. En estos casos la presencia de la Administración en el proceso es a todas luces anómala: ¿qué le va ni le viene a la Administración el hecho de que un periódico sea o no obligado a insertar una nota de réplica a instancia y beneficio de otro particular?[63]; ¿qué le puede importar que el justiprecio que un particular haya de pagar a otro, sea éste o aquél, si se trata en ambos casos de aplicar unas normas objetivas y para la Administración no pueden derivarse ni derechos ni obligaciones, sea cualquiera el contenido de la sentencia? Entonces, ¿cómo puede justificarse su presencia en el proceso?

Todas esas posibilidades, proceso en el que fuere demandante la Administración, proceso sin acto previo, proceso contencioso entre particulares, estaban presentes en la primitiva concepción del sistema de Justicia administrativa. Se trata, pues, de desempolvar viejas técnicas y conceptos cara al futuro, sin olvidar las mejoras del sistema derivadas de la fiscalización del poder discrecional y reglamentario de la Administración y de la especialización de la Magistratura de los Tribunales contencioso-administrativos lo que se ha hecho compatible con el principio de unidad judicial.

---

prácticamente exhaustivo sobre la cuestión en el Derecho español y comparado. Particularmente interesante es la exposición del sistema de acciones en el Derecho alemán y suizo, que bien podían inspirar la reforma de nuestro sistema dentro de la orientación que propugnamos en el texto.

62 *La Ley orgánica 2/1984, de 26 de marzo, reguladora del derecho de rectificación, ha derogado los artículos 58 a 62 de la Ley 14/1966, de 18 de marzo, de prensa e imprenta, donde se regulaban los derechos de réplica y rectificación". En la nueva Ley desaparece cualquier intervención de la Administración de resolución de los conflictos derivados del ejercicio de tales derechos, configurándose un procedimiento estrictamente jurisdiccional (Art. 4).*

63 *Vid.*, nota VIII.

2.
SOBRE LA TESIS DE PARADA EN RELACIÓN CON LOS ORÍGENES DE LO CONTENCIOSO ADMINISTRATIVO*

Alejandro Nieto
Catedrático de Derecho Administrativo
Universidad de La Laguna

SUMARIO: I. *Introducción.* II. *La tesis de Parada.* III. *El acto administrativo presupuesto de la jurisdicción contencioso-administrativa*: 1. La jurisprudencia. 2. La doctrina. 3. La legislación. IV. *La Administración demandante-.* 1. La Administración como parte. 2. Administración activa y Administración contenciosa. 3. Una cita de Posada Herrera. V. *Derecho preexistente, interés legítimo y conveniencia pública-.* 1. Derecho preexistente del particular. 2. Interés legítimo. 3. Conveniencia pública. VI. *Legitimación constitucional.* VII. *Jueces de excepción. Conclusiones.* 1. Una hipótesis sobre el sistema. 2. Jueces administrativos de excepción. 3. Conclusión.

> Las cuestiones bien planteadas parece que ya están medio resueltas Y, sin embargo, la que precede se discute hace quince años, y cada día con más calor, entre los publicistas.
>
> SILVELA, *Estudios de Administración,* 1843, p. 286.

I. INTRODUCCIÓN

Hay cuestiones del Derecho Administrativo que, al igual que los cometas, aparecen un día en el horizonte científico de los autores y son objeto de un interés creciente que puede llegar a hacerse obsesivo. A veces esto sucede por razones de una alteración evidente e inmediata del trasfondo social, como puede ser hoy el caso del urbanismo; pero a veces las razones son más sutiles, y anuncian quizá una crisis profunda de instituciones cuya superficie se mantiene aún aparentemente sólida.

---

* Publicado en *Revista de Administración Pública,* N° 57, Madrid, septiembre-diciembre 1968, pp. 9-33.

Esto es lo que está ocurriendo actualmente en España con la jurisdicción contencioso-administrativa. Después de la gran realización que supuso la ley vigente, provocadora de una bibliografía de tipo glosístico, sin problemas dogmáticos esenciales, que se suponían resueltos definitivamente, he aquí que en los últimos meses la doctrina ha empezado a dar síntomas de intenso desasosiego, presididos por la exigencia de un replanteamiento total de la función de esta jurisdicción y por un afán de superar la cota, por lo demás muy elevada, de la ley de 1956. Siendo de recordar que tales preocupaciones han cristalizado en una serie de trabajos, casi simultáneos, dedicados a aclarar los orígenes de lo contencioso-administrativo en España en varios de sus más importantes matices.[1]

De entre todas estas monografías la debida a Parada destaca por la enorme originalidad de su tesis, así como por la brillantísima y concienzuda argumentación en que se apoya. Evidentemente, si es que hay que replantearse de veras todo el sistema contencioso-administrativo español, habrá que hacerlo en el sentido indicado por este autor. Tal observación bastaría ya para justificar los presentes comentarios, pero es que hay más: la propia originalidad de la tesis y el enorme poder seductor de su autor han arrastrado de inmediato a un sector doctrinal, dispuesto a extraer las últimas consecuencias de las ideas básicas de Parada.[2] Lo cual supone un motivo de alarma, porque, antes de aceptar como definitivas las tesis indicadas, debe someterse a un riguroso análisis cada una de sus afirmaciones, con objeto de no convertir en dogma lo que es una simple hipótesis de trabajo, ni de considerar como clave lo que sólo debe considerarse como argumento dialéctico.

Quiere esto decir que, aunque entiendo que *Privilegio de decisión ejecutoria y proceso contencioso* es, sin duda, el trabajo más importante que se ha publicado en España sobre lo contencioso-administrativo desde la guerra civil y que su autor ha puesto agudamente de manifiesto la llaga de todo el sistema, aún así, y precisamente por la trascendencia que la tesis puede y debe tener, es necesario aclarar y completar –e incluso corregir– alguno de sus aspectos, para evitar que se desorbiten afirmaciones parciales que sólo han sido invocadas a efectos dialécticos, como simples *obiter dicta*. En este sentido, los presentes comentarios abandonarán en alguna ocasión el modesto papel de glosa para alcanzar el más audaz de la polémica, aun a riesgo de ser pronto desarzonado por la eficaz dialéctica de mi interlocutor. Sé de sobra que este tipo de monografías dedicadas a la polémica son poco menos que inéditas en la Ciencia española del Derecho Administrativo, donde los autores sólo acostumbran a revisar la opinión de sus colegas de forma muy marginal y al hilo de sus propias doctrinas; pero creo que éste es un género

---

1 Por referirse sólo a los de carácter monográfico publicados en esta Revista: Martín Retortillo, Lorenzo, Unidad de la jurisdicción para la Administración Pública, número 49, p. 143 y ss.; Nieto, Los orígenes de lo contencioso-administrativo en España, en el núm. 50, pp. 27 y ss., y antes La inactividad de la Administración y el recurso contencioso-administrativo, núm. 37, pp. 75 y ss.; Garrido, La evolución del recurso contencioso-administrativo en España, núm. 55, pp. 9 y ss.; y Parada, Privilegio de decisión ejecutoria y proceso contencioso-administrativo, núm. 55, pp. 65 y ss.

2 Así Tomás R. Fernández, en el núm. 56 de esta *Revista, La doctrina de los vicios de orden público en el contencioso-administrativo: origen y evolución*, pp. 223 y ss.

bibliográfico extraordinariamente fecundo, en cuanto, aparte de estimular la generosidad y el recíproco conocimiento de los autores (virtudes no demasiado abundantes entre nosotros), es el método más adecuado para hacer madurar las nuevas ideas y, en último término, para conseguir un auténtico progreso científico.

II. LAS TESIS DE PARADA

Los rasgos esenciales, novedosos y polémicos, del trabajo citado de Parada pueden resumirse así: En 1845, al introducirse en España el sistema de la jurisdicción contencioso-administrativa,

- aparecen doctrinalmente separadas la llamada Administración activa y la Administración contenciosa;
- la Administración activa, salvo excepciones, sólo puede actuar cuando no encuentra oposición por parte de los particulares;
- apareciendo tal oposición, la Administración activa queda paralizada, el asunto se convierte automáticamente en contencioso, y su conocimiento (si no corresponde a la jurisdicción ordinaria) se traspasa a los Tribunales administrativos o Administración contenciosa;
- las excepciones están constituidas por los llamados "Jueces administrativos de excepción", únicos casos en los que se permite que sea la propia Administración activa la que decida y resuelva, incluso con oposición de los particulares.

En definitiva, y a nuestros efectos, las consecuencias del sistema son: *Primero: Habiendo oposición de los particulares, la Administración carece de privilegio de dictar actos ejecutorios. Segundo: Surgida la oposición, o sea, convertido el asunto en contencioso, es la Administración (activa) la que tiene que acudir a los Tribunales administrativos solicitando que se dicte por ellos la resolución. Tercero: No se trata, por tanto, de un recurso contra un acto administrativo, sino de un pleito "inter partes" similar al civil.*

Por expresarnos con la terminología de Parada, según este autor y en el lugar indicado: "Los órganos contenciosos no fiscalizan ni revisan la actuación de la Administración activa, porque ésta no tiene competencia ni está procesalmente obligada a decidir previamente lo que es asunto contencioso" (p. 74). Lo que supone que "el proceso contencioso-administrativo no era un proceso revisor de los actos administrativos... (sino) que en él se resuelven en primer grado cuestiones contencioso-administrativas, entendidas como situaciones conflictivas entre partes en posición de igualdad procesal" (p. 75).

Contractando las diferencias de este sistema con el actual, afirma Parada que ello es debido a una corrupción del modelo inicial -que tiene lugar ya en los primeros años de su establecimiento-, provocada fundamentalmente por dos factores concurrentes: la mala inteligencia del modelo francés, inspirador del sistema de 1845, causa luego de una diferente evolución en ambos países,[3] y, en segundo lugar, la tendencia de la

3 Tesis que se desarrollará luego minuciosamente en alguno de sus aspectos. T. R. Fernández, en el trabajo citado en la nota anterior.

Administración activa a abandonar esta incómoda posición de demandante para colocarse en la mucho más fácil de autora de actos ejecutorios, que obliguen al particular a convertirse en recurrente de los mismos.

Pues bien, frente a tales tesis, el objeto del presente trabajo es demostrar que las cosas nunca han sucedido de una manera tan sencilla, y que la jurisdicción contencioso-administrativa, no ya por corruptela, sino en sus mismos orígenes, *ha sido siempre revisora de los actos administrativos, es decir, que la Administración activa no quedaba paralizada por la oposición del particular, sino que, en cualquier caso, dictaba el acto.*

En este sentido los presentes comentarios son un trabajo ortodoxo y parcial. Parcial, porque sólo se refieren a algunos de los aspectos de la monografía comentada, respetando otros, fundamentales, que suscribo totalmente. Ortodoxo, porque con ellos se pretende mantener una postura tradicional que ha vivido pacíficamente durante más de un siglo. Desde hace más de cien años, en efecto, se viene enseñando acríticamente que el acto administrativo constituye la clave del Derecho Administrativo del Estado de Derecho, en cuanto a través de él se articula el control jurisdiccional de la actividad administrativa. Dicho con otras palabras: el acto administrativo es el producto concreto de la actividad administrativa sobre el que los Tribunales ejercen su control. De esta manera resulta evidente la vinculación e interdependencia funcional entre el acto administrativo y lo contencioso administrativo. Esta doctrina es tan venerable y tan pacífica que parece inútil insistir sobre ella. Valga, por todas, una cita de Fernández de Velasco:[4]

> La institución matriz productora del acto administrativo es el concurso contencioso-administrativo, así como, a su vez, el recurso contencioso-administrativo es una consecuencia de la separación de poderes. El recurso contencioso-administrativo y las llamadas cuestiones de competencia obligan a inducir y descubrir el acto administrativo: y el acto administrativo, como expresión de una autónoma y substantiva institución administrativa, nace, forzosamente, de la existencia de un recurso contencioso y de un procedimiento para dirimir los conflictos de competencia.

Así puede comprenderse la importancia de la tesis de Parada, quien pone ahora literalmente del revés el origen y significado de la pared maestra del Derecho Administrativo, afirmando que lo que hasta ahora se venía considerando como causa, no es más que una consecuencia, e históricamente muy posterior a como venía suponiéndose. Lo que significa que las posibles repercusiones de esta tesis sean sencillamente incalculables. El trabajo de T. R. Fernández es el primer fruto manifiesto, y hay que suponer que vendrán otros muchos detrás.

Por otro lado, la metodología seguida por Parada, con textos de primera mano anteriores a 1850, me obliga a trabajar con los mismos materiales, ya que, en otro caso, los argumentos no serían homogéneos, y, además, porque él mismo advierte que la postura tradicional es válida a partir del deterioro de las leyes de 1845, digamos unos diez años después. Lo cual explicará la ausencia en este artículo de citas de autores modernos bien conocidos.

---

4 *El acto administrativo,* Madrid, 1921, p. 70. Subrayado en el original

III. El acto administrativo presupuesto de la jurisdicción contencioso-administrativa

Frente a las indicadas tesis de Parada me atrevo a sostener aquí las siguientes antítesis:

- La Administración activa no quedaba paralizada por la oposición del particular, sino que, aún así, dictaba actos administrativos normalmente ejecutorios.
- Al particular oponente no le quedaba otro camino que la impugnación del acto en cuestión ante los tribunales.

Es decir, que *la jurisdicción contencioso-administrativa era, en principio, una jurisdicción revisor a de actos administrativos,* en la que el particular[5] adoptaba la posición de impugnador del acto administrativo dictado. Antítesis que se fundan en una serie muy variada de argumentos.

1. *La jurisprudencia*

Parece ocioso advertir que los argumentos extraídos de la jurisprudencia han de ser en este caso lo más poderoso, no ya por su valor dogmático, sino por la circunstancia de que constituyen el índice más expresivo de cómo se entendía *entonces* el sentido de la legislación. Los años transcurridos y las deformaciones dogmáticas pueden dificultarnos hoy a nosotros la interpretación de los textos legales de la época, mientras que la práctica y la, doctrina jurisprudencial, que van a citarse, estaban libres de estas perturbaciones subjetivas. Lo que viene a continuación es, pues, *Derecho vivido.*

El material manejado, está constituido por la jurisprudencia del Consejo Real durante los tres primeros años de su funcionamiento, concretamente desde el 14-7-1847 al 25-11-1849. Estas (Reales Decretos) sentencias son las noventa y cinco primeras que se han publicado de nuestro más alto Tribunal", habiéndose tomado del volumen *Jurisprudencia administrativa* (primera época), tomo IV, Sentencias. Imprenta de la Revista de Legislación. Madrid, 1859. De esta manera se pretende obviar el inconveniente de utilizar sentencias de una época en que ya se hubiera corrompido el sistema. Como se ve, lo que se trata de demostrar es que el sistema *ya nació así.*

Pues bien, del análisis de tal jurisprudencia se deduce, sin margen para la menor duda, que *es absolutamente normal y predominante la presencia de un acoto administrativo,* cuya impugnación constituye precisamente el objeto del recurso. Y aún hay más: no sólo sucedían así de hecho las cosas, sino que el propio Consejo Real reitera machaconamente la necesidad dogmática de que medie un acto administrativo previo, sin cuyo requisito es imposible el recurso contencioso-administrativo:

---

5 Debiendo entenderse aquí, como es lógico, no sólo a los ciudadanos, sino también a las Corporaciones públicas, no autoras de acto, puesto que era perfectamente normal que un Ayuntamiento impugnara un acto de la Administración del Estado. Pero aquí el Ayuntamiento actúa como una comunidad, es decir, como un particular. Cfr. por ejemplo, Alcalá Galiano, *Lecciones de Derecho Político Constitucional,* Madrid, 1843, p. 313: "Asómase el interés individual (que tal viene a ser el de la ciudad si se le pone en cotejo con él del Estado".

- 18-8-1847 (devolución de partidas de granos procedentes de un secuestro): "... Consejo Provincial, éste no ha debido conocer en el estado que tiene el pleito, porque no habiendo resuelto la Diputación sobre el informe de sus Comisionados, falta el auto *(sic)* administrativo que había de dar origen al contencioso".
- 15-9-1847 (deslinde de términos municipales): "Oído el Consejo Real, vengo en confirmar la sentencia dictada en este pleito por el Consejo Provincial de Valencia, sobre los derechos de las partes en el juicio competente, y prevéngase al Jefe político de la provincia que en adelante apruebe o desapruebe explícita y terminantemente las disposiciones propuestas o adoptadas por sus encargados que necesitan de la intervención de su autoridad para que puedan y deban considerarse actos administrativos".
- 27-10-1847 (pago de arbitrios para la apertura de caminos): "el Consejo Provincial no pudo conocer de este asunto cuando se principió el pleito, porque no habiendo decidido la Administración activa sobre el pago, no había acto administrativo que diera lugar a la vía contenciosa".
- 17-4-1848 (mancomunidad de pastos): (la decisión) "corresponde a la Administración activa, y al Consejo Provincial luego que el asunto ha tomado el carácter de contencioso".
- 5-7-1848 (toma de aguas y construcción de un molino): "considerando que no existe acto administrativo que haya dado origen al pleito, la demanda tiene por objeto que se le autorice por vía contenciosa para construir un molino"; "por lo expuesto faltan en este litigio dos circunstancias esenciales para que proceda la vía contenciosa, cuales son el acto administrativo y el derecho perjudicado".
- 10-8-1848 (pago de atrasos correspondientes a la dotación de un cirujano titular): "considerando que en este pleito se entabló desde luego el procedimiento contencioso sin haber reclamado previamente ante la Administración activa el pago de la cantidad adeudada y que por consiguiente ni estaba preparado el recurso ante el Consejo Provincial ni éste ha sido competente para conocer en el estado que ha tenido y tiene este litigio".
- 18-10-1848 (traslado de una presa para riesgo): "por no haber dictado el Jefe político resolución gubernativa no existe el acto administrativo, que en el presente caso había de dar lugar a la cuestión contenciosa".
- 18-10-1848 (construcción de una cañería subterránea): "antes de principiarse este pleito el Jefe político debió conceder o negar el permiso para continuar las obras, según las estimase perjudiciales o no a los intereses públicos, con vista de las reclamaciones del Ayuntamiento y de la empresa"; "sólo en el caso de que la resolución de dicha autoridad lastimase los derechos de alguna de las partes procedía el recurso ante el Consejo Provincial o ante los Tribunales civiles, según la naturaleza de la cuestión a que diera aquélla origen".
- 15-10-1849 (reclamación de cantidad por importe de suministro): "no existiendo disposición alguna de la Administración activa sobre la inclusión en el presupuesto municipal de la villa de A. del importe de las raciones reclamadas

ante el Consejo Provincial, no es llegado el caso de que este Tribunal pueda conocer del negocio por la falta en él de resolución gubernativa que prepare la vía contenciosa".

- 15-10-1849 (deslinde y amojonamiento): "para pasar a ser contenciosa y en este concepto poder conocer de ella el Consejo Provincial era necesario que procediese de una disposición administrativa"; "en el presente caso falta este indispensable requisito, por cuanto el Jefe político sin dictar resolución alguna no hizo sino mandar que lo actuado pasase a informe de la Diputación provincial y después... se remitiese al Consejo Provincial bajo el concepto equivocado de que le competía según la ley el conocimiento y decisión de este negocio".

2. *La doctrina*

El artículo de Parada se basa fundamentalmente en argumentos extraídos de los autores de la época. Después de lo que antecede parece ya claro que *en la práctica nunca llegó a aplicarse el sistema por él descrito*. Ahora bien, como pudiera entenderse que el problema no se encuentra en las realizaciones del Derecho positivo ni en la práctica administrativa y forense, sino en la tendencia doctrinal, pretendidamente clara, pero que fue malograda al no encontrar su adecuada expresión en los otros planos indicados, a continuación va a examinarse la opinión de los autores de 1845, para comprobar si efectivamente ellos tuvieron en su mente y en su pluma la idea que ahora se les atribuye. A estos efectos, se distingue entre quienes escriben antes y después del establecimiento de la legislación contenciosa, limitándonos, además, en este último grupo a los rigurosamente contemporáneos a 1845, es decir, que no se rebasa la fecha de 1850 —dos años después de empezar a publicarse, las primeras resoluciones del Consejo Real—, con objeto de evitar el testimonio de autores ya influenciados por la corrupción del sistema.

a) *Autores inmediatamente anteriores a 1845*

Alejandro Oliván escribe, como es sabido, en 1842,[6] y su autorizado testimonio no deja la menor duda sobre el espíritu de quienes en la cumbre de la política y de la ciencia planeaban la introducción en España de un sistema contencioso-administrativo. Según él, esta jurisdicción había de ser fiscalizadora o revisora de los actos administrativos dictados por la Administración activa:

> Consistiendo la jurisdicción contenciosa en la intervención y reforma de los *actos de la administración pública* o activa es necesario que la misma administración tenga la fuerza de superar los obstáculos que se opongan a su marcha (p. 70).
>
> La administración contenciosa es el complemento de la administración activa: arreglada de modo que comprenda todos o la mayor parte de los ra-

6 Se cita de la siguiente edición: *De la Administración Pública con relación a España* (nueva edición. Madrid, agosto de 1843).

mos administrativos, y compuesta de personas diferentes y diferentemente colocadas que aquellas cuyos *actos* debe apreciar (p. 72).

Cuando la administración tiene que pronunciar sobre los intereses que se le oponen, o que chocan entre sí en asuntos públicos, puede dar cuatro géneros de decisiones: 3. Resolver sobre *las reclamaciones que se elevan contra sus propios, actos*. Entonces el negocio se hace contencioso y tiene cierta analogía con los juicios de los tribunales en materia civil (páginas 115-116).

En lo contencioso-administrativo, el litigio supone la existencia anterior de un acto de administración, y nace de la reclamación a que este acto ha dado lugar. Lo que en su origen no era más que una operación de la administración activa, se transforma en contencioso con ocasión del perjuicio que experimenta o pretende experimentar el que reclama. A los litigios administrativos puede únicamente dar origen... en general todo acto administrativo que, habiendo creado entre el Estado y una comunidad o individuo derechos recíprocos no fundados en el derecho común, promueve contestaciones que no pueden resolverse sino por la interpretación de aquél acto (p. 117).

Y muy pocos años después Posada Herrera[7] escribe:

Todo juicio administrativo tiene que recaer sobre un hecho y un derecho: el hecho será el *acto de la autoridad administrativa,* y el derecho será el que el particular pide ante la misma autoridad administrativa se le conserve. De manera que para que haya contencioso-administrativo ha de fundarse la parte que reclama en la existencia de un hecho de la Administración que ataca derechos preexistentes.

Por último, Juan Miguel de los Ríos escribe en 1845, pero antes de la publicación de la Ley de Consejos provinciales, a la que no hace la menor referencia al estudiar el sistema de lo contencioso-administrativo, que, a su juicio, debe ser introducido en España en los siguientes términos:

La buena organización administrativa exige... que se establezca en el seno de la Administración una jurisdicción especial, a fin de determinar por vía de juicio sobre todos los litigios a que den lugar *los actos de la Administración,* y que ofrezca a un mismo tiempo garantías a la sociedad y a los ciudadanos.[8]

b) *Autores inmediatamente posteriores a 1845*

En 1848 aparece el tomo primero de la popular Enciclopedia de Arrazola, que dedica al tema unos párrafos inequívocos en las voces "Actos administrativos" y "Admi-

7 *Lecciones de Administración,* I, Madrid, 1843, p. 161.

8 *Derecho político general, español y europeo,* I, Madrid, 1845, pp. 270-271. El subrayado de estas citas es mío.

nistración Pública". La cita quizá va a resultar un poco larga, pero es tan contundente que no puede evitarse su transcripción:[9]

La materia de los actos administrativos es importante bajo muchos aspectos en el vasto cuadro de la Administración pública, singularmente por la relación que tiene con el ejercicio de la jurisdicción contencioso-administrativa, de que son la raíz y fundamento.

De aquí se infiere que sólo administrativo puede dar origen a una contienda entre el interés público y el privado, porque sólo un acto administrativo es el que, perjudicando al particular que goza de ciertos derechos preexistentes, puede dar lugar a la reclamación del agravio, cuyo derecho arranca y no puede nacer sino del acto mismo que lo ha producido. De otra suerte no se podría concebir la acción judicial en el individuo, faltando el fundamento que la ocasiona, como Laferrière y otros han demostrado. La competencia, pues, de los Tribunales contencioso-administrativos, que son entre nosotros los Consejos provinciales y el Consejo real, trae su origen de los actos administrativos, que ofendiendo o dañando un derecho legítimo, previamente adquirido, dan también derechos y lugar por la ley a una reclamación del agravio infringido o del daño causado (p. 442).

Cuando éstas (las reclamaciones) son claras y patentes, y claro y patente el derecho ofendido y reclamado, la administración activa tiene en su mano la facultad y los medios de enmendar sus resoluciones y disposiciones, reponiendo las cosas al estado en que se encontraban antes de la ejecución del acto que ha producido el agravio. Por ello el particular ofendido recurre inmediatamente al funcionario que lo ejecutó, al superior inmediato, o bien al supremo gobierno, que no sólo es el motor de la administración general, sino también el juez de todos sus funcionarios y dependientes. Este es el orden, porque mientras la administración activa no declara terminantemente injusto o precipitado el procedimiento gubernativo que dio margen a la reclamación, será ocioso acudir a la vía contenciosa y de seguro perjudicial y dispendioso (voz «administración pública», p. 542).

Peláez del Pozo es el primer gran comentarista del sistema contencioso-administrativo recién introducido, y en su obra[10] las referencias al acto administrativo previo son constantes; por ejemplo:

> La misión (del Estado) entonces como poder (frente a su personalidad privada) es obrar: sus actos con actos, no del individuo, sino del gobierno, administrativos, y con ellos obrando en su respectiva esfera no siempre obedece al derecho, sino que lo constituye... Tales son también *los actos que producen lo que verdaderamente se llama contencioso-administrativo.* Cuando el Estado, pues, administra, no está en el caso de contratar, no caben, pues sus *actos* en la esfera del derecho civil, pero siempre que *por ellos* se ataquen algunos derechos preexistentes, *nace lo contencioso- administrativo* (pp. 13-14).

9 *Enciclopedia de Derecho y Administración*, I, Madrid, 1848.

10 *Tratado teórico-práctico de la organización, competencia y procedimiento en materias contencioso-administrativas*. Madrid, 1849, pp. 13 y 14. Cfr., además, otras referencias similares en la página 17.

Y, en fin, Colmeiro es un autor a quien Parada conoce bien, y cita perfectamente, como ha demostrado en varios de sus trabajos. Pues bien, el propio Colmeiro[11] sostiene inequívocamente que la jurisdicción contencioso-administrativa es revisora de actos administrativos previos:

> (La administración) manifiesta su poder en forma de acción... o ya se reviste con el carácter de juez y decide soberanamente las reclamaciones contra sus propios actos (p. 222).
>
> Pueden ser causa de litigios administrativos... en general todo *acto administrativo* que, habiendo creado entre el Estado y una corporación o individuo derechos recíprocos fundados en el derecho común, promueve contestación que no puede resolverse por la interpretación de aquel acto (p. 223).
>
> Los Consejos Provinciales no pueden conocer sino de las cuestiones que *con ocasión de un acto administrativo* se susciten entre dos particulares o establecimientos públicos y entre un particular y la Administración (p. 241). El recurso ante los Consejos provinciales no es admisible sino después de otorgada la autorización necesaria por la autoridad competente, pues *sólo después de aquel acto* puede la oposición de tercero provocar una cuestión administrativa (p. 244).

3. *La legislación*

La unanimidad de los autores y de los Tribunales, que acaba de exponerse, se encuentra justificada, además, por una inequívoca redacción de los textos legales, que traemos aquí como último y definitivo argumento. El artículo 1,2 del Reglamento del Consejo Real de 30-12-1846 declara que corresponde conocer al mismo en primera y única instancia "de las demandas contenciosas a que den lugar las *resoluciones de los ministros*". Presupuesto que se reitera obviamente a lo largo del articulado. Así en el artículo 51, donde se dispone que "las demandas contra la Administración se remitirán por el vicepresidente del Consejo al *Ministro de donde dimane la revolución que la produjere*".

IV. La administración demandante

1. *La Administración como parte*

La apreciación inicial de Parada de que la jurisdicción contencioso-administrativa no tiene como presupuesto un acto administrativo, le induce a hacer otra afirmación, completamente lógica con su punto de partida, y de carácter no menos heterodoxo, a saber: que "la Administración debía adoptar necesariamente la posición de demandante siempre que se encontrase con la oposición de otro sujeto, titular de derechos, que se resistiese a una actuación material o jurídica de la Administración. La posición de demandante la tenía que adoptar con carácter general en ese supuesto y no en casos excepcionales" (p. 75).

---

11 Se cita por su *Derecho Administrativo español*, 1ª ed., II, Madrid y Santiago, 1850.

Por lo que a este punto se refiere, es claro que negada la premisa en que se apoya, también debe rechazarse la consecuencia, y en el supuesto de que los razonamientos desarrollados en las páginas anteriores hubieran sido convincentes, ya no habría necesidad de corregir este extremo. Pero en cualquier caso conviene aportar aquí *ad cautelam* nuevos argumentos:

a) Por lo pronto es ya aplastante la circunstancia de que, en contra de las afirmaciones de Parada, las demandas presentadas por la Administración no sean normales, sino todo lo contrario, más que excepcionales, puesto que hasta 1850 sólo en *dos casos* fue puesta en marcha la actividad jurisdiccional por iniciativa de la Administración, mediante la correspondiente Memoria prevista en el artículo 216 del Reglamento de 1-10-1845; lo que ni siquiera significa que en tales supuestos la Administración tuviera la condición de parte, pues ello sólo sucede en *uno de esos dos casos*.[12]

b) por si esto fuera poco —y abundando en lo que ya queda dicho y en lo que se insistirá más adelante— hay una sentencia, cuyo tenor literal es tan contundente y tan ajustado al problema debatido, que no puede resistirse a su transcripción.

> S. 27-7-1848: "Considerando que si bien dicha autoridad, para negar o conceder el permiso solicitado, debía tener en cuenta la oposición de Vidal, no por esto procedía pasar el asunto sin previa decisión suya como contencioso al Consejo Provincial, pues aquélla ni variaba la naturaleza de la pretensión, ni por consiguiente su competencia para resolver". "Considerando que el recurso contencioso... no habría procedido hasta después que el Jefe político hubiera decidido". "Considerando que por haberse prescindido de este principio se entabló el pleito sin que hubiera acto administrativo que le diera origen, se ha convertido en procedimiento contencioso lo que debió ser expediente instructivo para preparar la resolución de la administración activa".

Siendo de lamentar, por último, el no poder hacer aquí más precisiones en torno al procedimiento propio de la Administración demandante; pero es que los autores sólo dedican unas líneas al tema, glosando más que sumariamente los artículos citados.[13] Lo

---

12 Encabezamiento de la sentencia de 16-2-1848: "En el pleito que en el Consejo Real pende en grado de apelación entre partes, de la una don Ramón Gómez Cornejo, vecino de Valdepeñas... y de la otra, el Ayuntamiento de dicha Villa, apelado, al que representa mi Fiscal, sobre que se declare absolutamente nula por injusta o en otro caso se revoque la sentencia pronunciada por el Consejo Provincial de Ciudad Real, en la que se condena a Cornejo al pago de 31.339 reales de vellón". —Encabezamiento de la sentencia de 9-5-1849: "En el pleito que en el Consejo Real pende en grado de apelación y entre partes, de la una don Tomás González, vecino de Féliz, en la provincia de Almería..., apelante, y de la otra el Jefe político de dicha provincia, representado por mi Fiscal, sobre que se declare nulo, o cuando no rescindido, el contrato de arrendamiento otorgado a González por la Administración de minas en 6-3-1846 para el aprovechamiento de las plazas, hornos y escombros de las fábricas del Estado del presidio de Andarat".

13 Que, por cierto, no hablan de Administración demandante, sino de "negocios que se establecen a Instancia de la Administración". Cfr. Peláez del Pozo, *ob. cit.*, pp. 186 y 310, hablando de "Administración demandante".

que, por cierto, bien podría valer como prueba de la poca importancia real que tales supuestos habían de tener.

2. *Administración activa y Administración contenciosa*

Corresponde ahora aclarar el verdadero significado de los términos Administración activa y Administración contenciosa, cuyo juego dentro del proceso es hoy casi completamente desconocido.

De acuerdo con los textos recogidos por Parada se tiene la impresión de que la Administración activa es un poder debilísimo, cuya actividad queda paralizada en cuanto surge la oposición del particular, y que a partir de ese momento lo único que le corresponde hacer es, sin llegar a dictar el acto administrativo, pasar la competencia a la Administración contenciosa. Sin embargo, con las páginas anteriores ya ha quedado sobradamente demostrado que esto no era así.

Ahora bien, ¿cómo compaginar la realidad, que ha sido ya descrita, con los textos citados por Parada, aparentemente rotundos? Para comprobar su funcionamiento basta examinar un par de casos decididos por el Consejo Real.

a) En la sentencia de 18-10-1848 se trata de una comunidad (el Ayuntamiento de Corella) que solicita del Jefe político de Navarra autorización para trasladar una presa de riego. El Jefe político, vista la oposición del Ayuntamiento de Cientruénigo, en vez de resolver directamente, traslada la petición al Consejo Real, quien procede a conceder la autorización solicitada. Apelada la sentencia, el Consejo Real anula todo lo actuado ante la jurisdicción contenciosa por entender que "en la esfera gubernativa compete exclusivamente a la Administración activa el conceder o negar autorización para hacer obras en los cauces de los ríos" y que "la demanda deducida ante el inferior tenía meramente por objeto el obtener una autorización de esta clase, y que por lo mismo no competía de su conocimiento al Consejo Provincial sino al Jefe político".

He aquí, pues, planteada la cuestión en términos de un modelo, tal como la habían descrito los autores recogidos por Parada. ¿Significará esto entonces que, tal como afirma este último, el Jefe político (Administración activa) obró correctamente al abstenerse de resolver y, considerando que el asuntó se había hecho contencioso, al enviarlo para su resolución al Consejo Real? De ninguna manera. El Consejo Real declara que el Jefe político no obró correctamente y que lo que le correspondía era haber dictado él directamente la resolución. Por tal razón es anulada la sentencia inferior: "por no haber dictado el Jefe político resolución gubernativa no existe el acto administrativo, que en el presente caso había de dar lugar a la vía contenciosa".

Dicho con otras palabras: la competencia exclusiva de la Administración activa significa aquí que la vía contenciosa no procede *sino después de que la Administración activa ha resuelto, y* que el acto administrativo sólo puede ser dictado por la Administración activa y no por la contenciosa. Esto es lo que quieren decir —y lo que dicen literalmente— los autores de la época.

b) En la sentencia de 10-5-1848 se trata de un alcalde que, cumpliendo un acuerdo de su Ayuntamiento sobre limpia de arroyos, destruye obras y plantaciones de un particular. El Consejo provincial desestima el recurso de éste, quien recurre ante el Consejo Real solicitando, en primer término, la nulidad de la sentencia inferior por entender que no es competente la jurisdicción contencioso-administrativa, sino la ordinaria. El Consejo Real desestima tal recurso de nulidad porque "la destrucción de obras y plantaciones... fue un acto de policía rural, y de consiguiente administrativa, cuya calificación, como la de todos los de su género, corresponde a la Administración exclusivamente".

Ahora, con otra perspectiva, he aquí que vuelve a planteársenos el problema en términos similares a los de la sentencia anterior. ¿Qué significa "a la Administración exclusivamente": que los tribunales contencioso-administrativos son incompetentes, como pretende Parada? De ninguna manera. La exclusividad se refiere a la incompetencia de otras jurisdicciones antes de que la Administración activa haya resuelto. Por eso, el Consejo Real afirma la competencia municipal hasta el momento de dictar el acuerdo (y en su ejecución), y la competencia de la jurisdicción contencioso-administrativa después de dictado el acuerdo. Y por eso desestima el recurso de anulación por la pretendida "incompetencia de jurisdicción".

Los ejemplos podrían repetirse; pero creo que con lo que antecede queda ya suficientemente aclarada la aparente antinomia de los textos de los autores de la época.

3. *Una cita de Posada Herrera*

En esta misma línea hay que situar el problema que parece plantear una cita de don José Posada Herrera,[14] que Parada coloca como lema inicial de su artículo, cuya aparente contundencia se desvanece, sin embargo, cuando la integramos en el contexto del que ha sido tomada, ya que *la cuestión a que ella hace referencia no es a la antinomia Administración activa* versus *Administración contenciosa (objeto de todo el artículo de Parada), sino a la antinomia Administración* versus *jurisdicción ordinaria, lo que es completamente diferente*.

En efecto, el contexto de la cita es el siguiente: en la página 269 se "pregunta Posada Herrera cuál será el órgano más idóneo para residenciar las materias contencioso-administrativas y, dado que en el Derecho positivo español aún no existe ningún sistema concreto, imagina las siguientes hipótesis: el ministro, los Tribunales ordinarios y, en fin, los Tribunales administrativos dependientes; pasando a continuación al examen pormenorizado de cada una de estas hipótesis. En las páginas 269-270 analiza la fórmula ministerial, que rechaza por no aconsejable. Las páginas 270-271 van luego dedicadas a la valoración de la hipótesis de que sean los Tribunales ordinarios los que conozcan de las materias contencioso-administrativas, lo que también rechaza por dos argumentos: uno, el que reproduce Parada, y otro, el que se transcribe a continuación:

> ¿Quién por otra parte, aseguraba a este poder del Estado que el poder judicial no abusaría de sus atribuciones? ¿Quién aseguraba que las medidas más convenientes de la Administración, aquellas que por su utilidad e interés había creído provechosas al país, no habían de ser calificadas por el po-

14 Concretamente de sus *Lecciones...*, cit., I, p. 271.

der judicial como atentatorias de los derechos de terceros y como perjudiciales para la sociedad? ¿Cómo, por otra parte, el poder judicial, separado de los negocios administrativos, sin los datos que la Administración tiene a la vista, sin los medios de enterarse de los hechos y conocer las necesidades de la sociedad, había de poder fallar sobre estas necesidades mismas y resolver todas las dificultades que para hacerlo era necesario tener en cuenta? Claro es, señores, que no sería provechoso el conceder estas atribuciones al poder judicial, y sí muy peligroso que abusase de ellas; y aun cuando no abusase, no siempre tendría el tino y conocimiento necesarios para ejercerlas en utilidad común.

Como puede comprenderse, todo esto está muy bien, pero no viene al caso, puesto que la ironía retórica del autor sólo se refiere —y sólo puede referirse— lógicamente a los órganos de la jurisdicción ordinaria y no a los órganos contenciosos de la Administración. La mejor prueba de ello es que cuando en las páginas siguientes se dedica al análisis de la hipótesis de los Tribunales administrativos dependientes no utiliza estos argumentos, que considera inaplicables, y precisamente por ello termina declarándose partidario de los Tribunales administrativos (pp. 272 y ss.).

V. DERECHO PREEXISTENTE, INTERÉS LEGITIMO Y CONVENIENCIA PUBLICA

Los actos administrativos pueden entrar en relación con un derecho preexistente de los particulares, o con un interés legítimo de los mismos o, en fin, con intereses y conveniencias públicos. Conviene examinar separadamente las consecuencias de sus posibles relaciones.

1. *Derecho preexistente del particular*

Sobre este punto no vale la pena insistir, puesto que ha sido analizado constantemente por la doctrina y es pacífica la tesis de que la lesión de un derecho preexistente hace visible, con otros requisitos, el acceso a la jurisdicción contencioso-administrativa.

2. *Interés legítimo*

Menos trascendencia se ha dado a esta otra circunstancia, puesto que se ha discutido siempre si bastaba un interés legítimo violado para hacer viable el recurso contencioso o, si por el contrario, se exigía la lesión de un derecho preexistente perfecto. Limitándonos, conforme a lo indicado, al examen de la situación inmediatamente posterior a 1845, puede afirmarse rotundamente que el Consejo Real acogió sin la menor vacilación la tesis de que también los intereses legítimos estaban protegidos por los Tribunales contenciosos. Dos claras sentencias existen al respecto:

La primera, de fecha 30-6-1847, es precisamente la que inicia los repertorios jurisdiccionales, y por la modernidad de su factura y progresivo de su doctrina, hay que reconocer que auguraba inmejorables destinos al Consejo Real, puesto que resuelve la cuestión litigiosa con una generosidad y una limpieza que, al cabo de más de un siglo, no ha podido ser superada. Se trataba de unas obras municipales que, alterando el nivel de una calle, habían producido perjuicios a una vivienda, en cuanto sus puertas también habían sido afectadas. El Consejo Real, en su sentencia, condena al Ayuntamiento a indemnizar al recurrente los "gastos que hayan de invertirse en las obras necesarias a efectos de habilitar para el uso que antes tenían las puertas de las casas mencionadas". Resolución que se basa en los siguientes considerandos: "que la facultad del Ayuntamiento (de realizar obras) está limitada por las leyes, usos, costumbres y reglamentos, y por el derecho o interés legítimo de tercero" y *"que en cuestiones administrativas no sólo los derechos perfectos y absolutos, una vez desconocidos y heridos, producen acción e indemnización a favor de los que afecta, sino también los intereses legítimos compatibles con el interés público, e injustamente hollados a nombre de este interés".*

La segunda sentencia, de fecha 5-7-1848, aunque menos expresiva, no deja de tener interés, puesto que matiza la distinción entre "interés legítimo preexistente" (que habilita el recurso) y simple "conveniencia particular inmediata" (que no da acceso a la jurisdicción contencioso-administrativa): considerando "que esta reclamación no había debido deducirse ante el Consejo provincial, porque no alegando derecho o interés legítimo preexistente que hubiese sido vulnerado, no existía fundamento para entablar la demanda"; "que así en la demanda como en todo procedimiento G. M., sólo ha alegado en apoyo de su pretensión motivos de conveniencia particular inmediata", lo que provoca la no procedencia de la vía contenciosa.

3. *Conveniencia pública*

Durante los años estudiados, el Consejo Real se enfrenta en seis ocasiones con actos administrativos que no lesionan derechos ni intereses legítimos preexistentes, sino que son dictados por razones de conveniencia pública.[15] En estos casos la jurisprudencia Redara la improcedencia de la vía contencioso-administrativa, precisamente por la ausencia del requisito del derecho o interés lesionado, y concretando más todavía:

> Considerando que no puede la Administración proceder en ello (una fijación de límites municipales) de otro modo, porque creada exclusivamente en el interés público la jurisdicción municipal, no pueden tales cuestiones examinarse ni resolverse sino bajo el aspecto de la conveniencia, cuya apreciación, variable como las circunstancias de que depende, no es susceptible de la irrevocabilidad de las ejecutorias; no pudiendo en consecuencia semejante cuestión ser materia de un litigio propiamente dicho, ni pasar por lo mismo a ser en ningún caso contenciosas (S. 22-8-1848). Considerando que es exclusivamente propia de los jefes políticos en sus respectivas provincias, y de mi gobierno en lo general del Reino, la designación de límites jurisdiccionales de los pueblos por envolver peculiarmente cuestiones de orden público los negocios de esta clase y deberse resolver teniendo presente tan sólo razones de conveniencia (S. 23-5-1849).

15 Se trata de división de límites jurisdiccionales entre pueblos (ss. 29-12-1847, 22-8-1848, 13-9-1848, 8-11-1848 y 23-5-1849) y separación y sueldo de un maestro de escuela (s. 24-5-1848).

Planteamiento que, como es sabido, termina desembocando dogmáticamente en el complicado tema de las facultades discrecionales de la Administración:

> Considerando que en consecuencia de lo dicho corresponden privativamente las cuestiones de este género a la Administración activa, única que en uso de sus facultades discrecionales las puede convenientemente resolver, habiendo por lo mismo conocido sin jurisdicción el Consejo provincial (S. 22-8-1848).

Tal como dice la sentencia de 24-5-1848, en relación con un maestro separado de su cargo:

> Considerando que las varias disposiciones citadas por N. I. (el recurrente) en apoyo de su derecho no pueden en ningún caso servir de fundamento para reclamar por la vía contenciosa, pues ni crean derechos ni modifican los existentes, ni tienen otro objeto que el arreglo de un servicio público confiado exclusivamente a la Administración activa, la cual fija reglas y concede garantías a los agentes subalternos, pero conservando siempre el carácter discrecional y la absoluta libertad para aplicarles; libertad que no puede ni debe prescindir en actos de esta naturaleza..., libertad que no conociendo otro límite que la conveniencia pública, de que sólo la administración activa es juez, excluye todo recurso que no sea ante la misma.

Estudiar ahora el candente problema de la discrecionalidad nos llevaría demasiado lejos,[16] a nuestros efectos basta con lo transcrito, donde queda claro que aquí nos encontramos con un concepto —el de conveniencias públicas— que políticamente sólo puede ser valorado por la Administración activa, y técnicamente es separable de los derechos e intereses legítimos, únicos que habilitan la vía contenciosa. Con el resultado de que los Tribunales de este orden han de declararse incompetentes.

VI. Legitimación constitucional

También es sorprendente y novedosa la interpretación que hace Parada del principio de la separación de poderes en relación con el tema que estamos tratando.[17] Para este autor, la opinión recibida y consagrada peca de superficial y, basándose en la moderna tesis de Sandevoir de la distinción entre la teoría de la Asamblea constituyente y del régimen napoleónico, entiende que las Constituciones españolas de 1812, 1837 y 1845, no siguen el modelo napoleónico, sino el constituyente, o sea el judicialista, *con* la consecuencia de que el sistema de lo contencioso-administrativo introducido en 1845 era "manifiestamente anticonstitucional" (*sic*). No quiero ahora entrar en la crítica

---

16 Remitiéndome al excelente trabajo de T. R. Fernández, citado en la nota segunda, tan agudo como minucioso, y que suscribo casi totalmente. En él se echa de menos, sin embargo, un manejo metódico de la jurisprudencia de los años 1847 a 1877, cuyo conocimiento habría de impulsar al autor, quizá, a matizar algunas de sus afirmaciones, excesivamente rotundas y apriorísticas.

17 *Ob. cit.*, pp. 70-73.

de las audaces teorías de Sandevoir —que tanta influencia han ejercido en Parada y más aún en T. R. Fernández—, puesto que es preciso esperar a la acogida que en los especialistas del país vecino encuentre; pero sí puede acotarse la afirmación de Parada de que en España, en 1845, "habrá clara conciencia de que (para la instauración de la jurisdicción contencioso-administrativa) falta un fundamento constitucional expreso". A este respecto, mi antítesis, por el contrario, dice así: al margen de que todos los autores de la época pudieran estar equivocados en su interpretación, es lo cierto que se deba por obvia la legitimación constitucional del nuevo sistema.

Para comprobarlo, basta examinar la cita que de Silvela hace Parada en la página 73 de su artículo, y además, entre otro, los siguientes testimonios:

a) Decisión del Consejo Real de 14-9-1849: "los actos administrativos no pueden ser anulados, reformados ni interpretados, sino por la administración gubernativa o contenciosa, siendo contrario al artículo 66 de la constitución, y a la independencia de aquélla, la intervención de los tribunales civiles para decidir acerca de su validez o nulidad".[18]

b) Según Posada Herrera,[19] "la primera separación radical que se hizo en España del poder judicial y administrativo, la debemos a los autores de la Constitución de 1812, la cual marca los límites en que debe encerrarse el poder judicial, al mismo tiempo que se separa completamente del poder administrativo todas las atribuciones pertenecientes a los Tribunales. Conforme con este principio, la de 1837, en su artículo 63, dice que a los Tribunales y Juzgados pertenece exclusivamente la potestad de aplicar las leyes en los juicios civiles y criminales, sin que puedan ejercer otras funciones que las de juzgar y hacer que se ejecute lo juzgado. Este artículo era una necesidad en la época actual para la buena organización de la sociedad y para la recta administración de la justicia, porque el poder administrativo y el judicial son dos poderes cuyo carácter es completamente opuesto".

c) Y unos años después de la Constitución de 1845, según Colmeiro,[20] "en estos principios constitucionales se funda la facultad inherente a la Corona... y el derecho a juzgar definitivamente, y en último grado todas las cuestiones contenciosas de la administración".

VII. JUECES DE EXCEPCIÓN. CONCLUSIONES

1. *Una hipótesis sobre el sistema*

De acuerdo con lo que antecede, parece claro que en 1845 —y no sólo años después— el funcionamiento de la jurisdicción contencioso-administrativa responde en España a un esquema algo distinto del descrito por Parada:

---

18 *Apud* Lorenzo Arcos Orodea, "Estudios sobre las competencias", en *La Escuela del Derecho,* Revista Jurídica, II, Madrid, 1863, p. 226, donde se desarrolla minuciosamente esta teoría de la legitimación constitucional de lo contencioso-administrativo (aunque con fecha posterior al período objeto del presente trabajo).

19 *Ob. cit.*, I, p. 82.

20 *Ob. cit.*, II, p. 219.

a) Hay, en efecto, una línea de separación entre la Administración activa y la Administración contenciosa,[21] pero su significado es el siguiente: cada una de estas esferas tiene competencias propias en las que recíprocamente no pueden interferirse, y que se articulan en un orden cronológico o sucesivo, es decir, que la Administración contenciosa sólo entra en juego *después* de haber dictado un acto administrativo la Administración activa y, por su parte, la Administración activa, a partir de ese momento, ya no puede actuar. Dicho con otras palabras: se trata de competencias exclusivas, y la determinación de sus círculos es importante no sólo porque establece una separación entre ellas, sino respecto de la jurisdicción ordinaria. Hay, pues, un acto administrativo previo a la jurisdicción contencioso-administrativa, lo cual es muy lógico, puesto que la violación de normas objetivas o de derechos subjetivos que realice la Administración ha de ser normalmente causada por una actuación administrativa inmediata y concreta (o sea, un acto administrativo), y no por la vaga impresión de que va a actuarse algún día en tal sentido. En definitiva, es la oposición del particular *al acto* lo que convierte una materia en contenciosa, y lo que no puede hacer la Administración activa es decidir sobre tal oposición, de la misma manera que la Administración contenciosa no puede intervenir antes de haber sido dictado el acto administrativo. En una palabra: la jurisdicción contencioso-administrativa es, en principio, revisora de actos administrativos.

b) La existencia de un acto administrativo, previo es condición necesaria, pero no suficiente para integrar la competencia de la jurisdicción-administrativa. Además de ello es preciso que el acto en cuestión haya infringido un derecho (administrativo) preexistente del particular. Si cualquiera de éstas dos condiciones no aparece, los Tribunales contencioso-administrativos deben declarar su propia incompetencia, absteniéndose de entrar en el fondo del asunto.[22] A estos efectos, la jurisprudencia equipara los intereses legítimos a los derechos perfectos. Pero cuando no aparecen ni unos ni otros, porque la Administración sólo ha actuado por reglas de conveniencia pública, se entiende que el requisito queda incumplido y que la jurisdicción contencioso-administrativa es incompetente. Técnicamente suele hablarse en tales casos de potestades discrecionales de la Administración. Esta situación suele explicarse también con la afirmación de que no todos los actos administrativos dan lugar a la competencia de los Tribunales contencioso-administrativos: los actos discrecionales no la integran porque no cuentan con el segundo requisito (la violación de un derecho).

2. *Jueces administrativos de excepción*

El esquema indicado sufre una alteración cuando intervienen los llamados Jueces administrativos de *excepción*. En tales supuestos la oposición del particular al acto administrativo no convierte el asunto contencioso, atrayendo la competencia de los Tribunales, como es lo normal, sino que la Administración retiene la competencia decidiendo sobre el litigio. De aquí deduce Parada, sin embargo, unas consecuencias que

---

21 Cfr. ya en Nieto, *Los orígenes...*, cit., pp. 37-39.

22 Cfr. art. 73 del Reglamento de 1-10-1845. Lo cual explica que más de la tercera parte de las sentencias del Consejo Real se limiten a anular lo actuado en la jurisdicción contencioso-administrativa declarando la incompetencia de la misma.

no comparto; para este autor, la competencia de los Tribunales contencioso-administrativos no es sino una generalización de la competencia excepcional de los Tribunales administrativos de excepción, que tiene lugar en un proceso que se consuma en las decisiones posteriores a 1845.

A mi modo de ver, esto no es así, sino casi lo contrario. Por lo pronto, los Tribunales administrativos de excepción no son el germen del posterior sistema de lo contencioso-administrativo, sino la reliquia del sistema anterior, donde el fenómeno no era excepcional, sino absolutamente normal. Y en segundo lugar —y esto es lo más importante— la competencia de los Tribunales contenciosos no puede considerarse como generalización de las competencias de los Tribunales administrativos por la sencilla razón de que se trata de competencias de naturaleza distinta: la de los Tribunales contencioso-administrativos es auténticamente jurisdiccional —en el sentido defendido de Parada en uno de sus luminosos trabajos—[23] mientras que los Tribunales Administrativos de excepción son una segunda instancia administrativa, como se prueba por la circunstancia de que sus decisiones son impugnables ante el Consejo Real.[24] Lo que significa que, incluso cuando ellos intervienen, el sistema jurisdiccional sigue siendo el mismo, salvo la interpolación de una nueva instancia administrativa. De la misma manera que ahora sucede con los Tribunales contencioso-administrativos.

Por otro lado, el desinterés que tiene la doctrina decimonónica por esta figura —y que tanto extraña a Parada—[25] queda explicado por la circunstancia de que tales jueces son considerados siempre como variedades homogéneas de los Juzgados privativos de Hacienda, Guerra, Marina y demás privilegiados.[26] Lo que refuerza la inaceptabilidad de la teoría de este autor sobre la evolución anormal de lo contencioso-administrativo (en cuanto ensanche o generalización de los otros Tribunales de excepción), dado que éstos ya habían sido previstos por la Ley inicial de 1845 y articulada su actuación con los Tribunales de lo contencioso-administrativo.

3. *Conclusión*

En las páginas que anteceden se han desarrollado algunos de los puntos —graves y menos graves— en que me permito disentir de Parada. Ahora bien: dado lo insólito que es en nuestro país una polémica científica de este género, tengo especial empeño en subrayar que estas páginas mías deben considerarse como un tributo a la importancia del trabajo de este tratadista. Como es obvio, casi nunca está el lector en total acuerdo con el autor; pero sólo cuando la personalidad de éste y el interés de sus tesis son excepcionales, vale la pena el salir a la arena para manifestar el desacuerdo.

---

23 *Derecho Administrativo, Derecho privado y Derecho garantizador,* en el núm. 52 de esta Revista, pp. 59 y ss.

24 Art. 9 de la Ley de 2-4-1845 y Art. 2 del Reglamento de 30-12-1846, considerándolos como una "primera instancia en negocios contencioso-administrativos".

25 *Privilegio de decisión...*, cit., p. 101.

26 *Tal como aparece en el mismo Colmeiro, recogido incluso por Parada, en el capítulo VIII del libro 5°, donde se agrupan* TODAS *estas figuras bajo un mismo título y concepto.*

Y tal es el caso de Parada, la mayor parte de cuyos artículos vienen suponiendo aportaciones capitales al Derecho Administrativo español.

Además, el desacuerdo en algunos de los argumentos utilizados no implica disensión en la tesis fundamental, a saber: que lo contencioso-administrativo ha evolucionado en un sentido regresivo y formalista en orden a la conceptuación de la jurisdicción como puramente revisora de los actos de la Administración, o al menos que el transcurso de los años y el cambio de las circunstancias sociales y jurídicas no ha sido aprovechado para matizar también este criterio inicial, absolutamente inaceptable en las necesidades de la vida jurídica actual; máxime cuando con tanta frecuencia se utiliza como un pretexto para justificar la inhibición del Tribunal Supremo, incluso a costa de la indefensión de los particulares y de una auténtica denegación de justicia.

Resumiendo: No debe pretenderse el abandono total de este principio, pero sí su matización o flexibilidad, cuando su aplicación resulte injusta. Y eso puede pretenderse, tanto por razones de dogmática moderna[27] como por razones de interpretación histórica.[28] En tal sentido, la aportación de Parada es sencillamente decisiva. Por ello puede asegurarse que durante muchos años los detalles de su argumentación podrán, y deberán, ser corregidos; pero la tesis central se mantendrá y será utilizada inevitablemente como punto de partida para nuevas investigaciones.

27 Como está desarrollado en Nieto, *La inactividad...*, cit.

28 Como pretende Parada, y también ya Nieto en *Los orígenes...*, que, por cierto, se cierra en las siguientes palabras (p. 50, con subrayado en el original): "La tarea más urgente que se impone a la doctrina actual es la de tomar conciencia de la transformación, aparentemente sencilla, que tuvo lugar en 1904 y extraer consecuencias de la misma, liberándose definitivamente de los principios inspiradores de la jurisprudencia del siglo pasado (siendo el más perturbador de ellos el llamado *carácter revisor* de los Tribunales), que ilógicamente aún siguen siendo los que inspiran, por inercia y por desconocimiento de la Historia, el Derecho vigente.

3.
REPLICA A NIETO
SOBRE EL PRIVILEGIO DE DECISIÓN EJECUTORIA Y EL SISTEMA CONTENCIOSO ADMINISTRATIVO*

I. INTRODUCCIÓN

Un trabajo mío sobre *El privilegia de decisión ejecutoria y el proceso contencioso-administrativo,* publicado en el número 56 de esta Revista, ha merecido ser objeto de una especial atención por el profesor Nieto, que ha dedicado al mismo un estudio muy detenido en un trabajo monográfico publicado en el número siguiente.[1]

Con la claridad expositiva y el rigor científico que es en él habitual, sale Nieto al paso de las tesis por mí mantenidas, que quedan, al menos en apariencia, muy desvirtuadas. Ello no es óbice para que antes de nada exprese mi reconocimiento a quien, como en este caso Nieto, ha asumido el trabajo, el deber y el riesgo de la crítica, de la que, en cualquier caso como sujeto pasivo de la misma, ha de ser el principal beneficiario, pues me ha de permitir, bien rectificar o corregir, bien aclarar o apuntalar mis modestas observaciones sobre el tema. Con ello hago explícito, siguiendo a Nieto,

---

* Publicado en *Revista de Administración Pública,* N° 59, Madrid, mayo-agosto de 1969, pp. 41-70.

1 *Sobre la tesis de Parada en relación con los orígenes de lo contencioso-administrativo,* en el núm. 57 de esta Revista, pp. 9 a 33.

mi pesar por la infrecuencia del contraste polémico en la elaboración doctrinal del Derecho, lo que es, a mi juicio, la causa profunda de otros vicios metodológicos que permiten dudar muy seriamente de la actual producción bibliográfica, cuantitativamente importante, suponga un parejo progreso científico; de la misma forma que es lícito dudar de que el exceso de legislación con que hoy se nos asfixia comporte una mayor justicia en las relaciones humanas y tantas veces ni siquiera una mayor claridad en ellas. En una época como la nuestra, de dirigismo y papanatismo cultural, a la que no se sustrae la ciencia jurídica, las actitudes críticas tienen valor por sí mismas, con independencia, incluso, de sus resultados.

Mis coincidencias con Nieto terminan allí donde comienza su versión sobre el privilegio de decisión ejecutoria y el sistema contencioso-administrativo. El desacuerdo arranca ya de la forma en que presenta mis tesis sobre ese extremo, la influencia que cree en ellas haya podido tener la obra de Sandevoir,[2] el valor que reconoce y las consecuencias que extrae de las primeras decisiones del Consejo de Estado y, sobre todo, de su escasa atención al tema de la constitucionalidad del sistema contencioso de 1845 y del privilegio de decisión ejecutoria.

Este último punto es, a mi juicio, el más importante y a él todo se reduce, porque de lo que se trata en último término es de averiguar, nada más y nada menos, que de dónde le viene y en dónde se ampara y justifica ese poder de la Administración de decidir y ejecutar sus decisiones, violentando la libertad y la propiedad de los ciudadanos, ese privilegio, de hacerse justicia a sí misma, que repugna abiertamente con la condición de sujeto de derecho, de persona jurídica, que se predica de la Administración; privilegio que contradice también la atribución exclusiva que desde Cádiz hasta la Ley orgánica del Estado, nuestros textos constitucionales han hecho en favor de los Jueces y Tribunales de la potestad de decidir ejecutoriamente los conflictos jurídicos. Si las fórmulas constitucionales sobre el concepto de jurisdicción son las mismas de 1812 que las vigentes en 1969,[3] es obvio que la investigación histórica sobre su alcance y significado adquiere un valor decisivo para entender la situación presente y dictar un veredicto de constitucionalidad o inconstitucionalidad sobre los actuales poderes judiciales de la Administración y de la configuración de la Jurisdicción contencioso-administrativa como una jurisdicción revisora, eufemismo que encubre su verdadero carácter de órgano judicial de apelación o segunda instan-

---

2 *Etudes sur les recours de pleine jurisdiction.* "Librairie Générale de Droit et de Jurisprudence", París, 1964. De este autor he tomado el simple dato histórico de que en el primer precepto sobre organización judicial presentado a la Asamblea francesa el 22 de diciembre de 1789, se confió lo contencioso-administrativo a los tribunales de Administración encuadrados, lo mismo que los Tribunales de Comercio y los Tribunales de Policía, en la organización judicial común y absolutamente independientes de la administración activa; así como de las razones por las que se rebasa esta fórmula. Por lo demás el libro de Sandevoir, poco o nada tiene que ver con el privilegio de decisión ejecutoria que es el objeto y tema fundamental de mi trabajo.

3 La Ley orgánica del Estado sigue definiendo la función judicial como la potestad de juzgar y ejecutar lo juzgado (Art. 31), lo mismo que la Constitución de Cádiz y las Constituciones posteriores.

cia, y el reconocimiento de poderes judiciales de primer grado a la Administración Pública.

Quizá la posibilidad de ofrecer nuevos datos en torno al punto central de la articulación entre el poder judicial y la Administración en el momento del paso del Antiguo Régimen al Estado Constitucional, pueda justificarme de alguna manera ante el paciente paciente lector del hecho de la tramitación de esta polémica con Nieto por los cauces del proceso ordinario de mayor cuantía y de la insistencia en mis puntos de vista a través del trámite de réplica.

II. LAS TESIS EN DISCUSIÓN

Nieto reduce a cuatro puntos las tesis centrales de mi trabajo, reducción que no ha escapado en este caso al conocido peligro de todas las simplificaciones de ofrecer una versión algo alterada, resultado del que muy posiblemente sea yo mismo culpable por no haber aclarado convenientemente el alcance de los conceptos de decisión ejecutoria, actos ejecutivos y actos previos, aclaración que juzgo ahora indispensable y previa al examen de cualquier otro extremo.

Se trata, ante todo, de tomar conciencia de que la singularidad del proceso contencioso-administrativo frente al proceso civil no ha consistido ahora ni nunca en la exigencia o no de una denegación previa del demandado a la pretensión del actor. Esa exigencia de un acto denegatorio de la pretensión es requisito tanto del proceso administrativo como del civil, ya que este último no puede iniciarse sin previa denegación del demandado manifestada, expresa o tácitamente, en el juicio de conciliación. En este sentido también el proceso civil es revisor.

Pero la diferencia actual en este punto entre el actor desestimatorio previo del proceso civil y el acto administrativo previo al proceso administrativo consiste únicamente, en que el primero no llega nunca a convertirse en acto *consentido y firme* por el transcurso de un plazo perentorio fijado para la interposición de la acción judicial. Esa diferencia con el proceso civil he sostenido y mantengo que no se daba en los orígenes del proceso contencioso-administrativo, según su legislación de 1845, y que por ello, según veremos, la identidad entre uno y otro proceso era absoluta en este punto.

En segundo lugar, aclaro el alcance de los términos ejecución forzosa y acto ejecutorio, pues es frecuente incluir como efectos de lo uno y de lo otro simples consecuencias de una posición de hecho dominante en el seno de la relación jurídica, de lo que se benefician por igual los actos de los particulares y los actos de la Administración.[4] Así, por ejemplo, un simple particular lleva a efecto su decisión de impedir la entrada en el inmueble que posee a un tercero o el acreedor prendiario hace suyo el objeto de la prenda, o lleva a efecto la resolución de un contrato al no

4 Es cierto que a nivel de legislación ordinaria, la ejecución forzosa de los actos administrativos por la propia Administración, está reconocida y regulada en los artículos 102 y siguientes de la Ley de Procedimiento Administrativo con carácter general, lo constituye una singularidad del Derecho español respecto de otras legislaciones. (Laubadère, *Traité elementaire de Droit administratif.* 3ª edición, tomo I, pp. 267 a 270; Lefebure, *Le pouvoir d'action unilaterale de l'administration en Droit français en anglais.*

cumplir su prestación, o un empresario ejecuta su decisión de despido al dejar de pagar al trabajador.

Las organizaciones privadas (asociaciones, comunidades, sociedades) dictan actos cuya inmediata eficacia material deriva precisamente de la situación de preeminencias o posesoria que detentan respecto de la organización y sus miembros. Así, el acuerdo de exclusión de un socio, el de no pago de beneficios sociales al propietario de una acción, etc., se llevan inmediatamente a efecto, sin necesidad de impedir auxilio judicial alguno, sin necesidad de ejecución forzosa.[5]

Lo dicho permite explicar similares comportamientos de la Administración cuando lleva a efecto buena parte de sus decisiones, en razón de su posición de hecho dominante sobre el dominio público y los servicios públicos y su propia organización. No hay necesidad alguna de recurrir al concepto de la decisión ejecutoria o a los medios de la ejecución forzosa para explicar o para conseguir llevar a efecto decisiones como la expulsión de un funcionario o cualquier sanción sobre el mismo, o bien sobre la organización de los servicios o sobre los derechos de los administrados a las prestaciones administrativas.

La ejecución forzosa opera sólo en los casos en que es necesario el uso de la fuerza física violentando la libertad, la propiedad, el domicilio, los derechos fundamentales en suma del obligado o destinatario del acto. La ejecución forzosa de los actos jurídicos es, pues, una cuestión límite porque implica el reconocimiento a un sujeto de derecho de la posibilidad del uso de la fuerza para alterar situaciones posesorias sobre derechos fundamentales que, por principio, están bajo la salvaguardia y protección del Juez.[6]

---

5 El artículo 62 de la Ley de sociedades anónimas preceptúa que el acta de la junta general de accionistas tendrá fuerza ejecutoria a partir de la fecha de su aprobación; la regla 4ª del artículo 16 de la Ley de propiedad horizontal de 21 de julio de 1960, establece que son impugnables ante la autoridad judicial, los acuerdos de la comunidad de propietarios, precisando que los acuerdos serán provisionalmente ejecutivos, salvo que el juez ordene su suspensión; lo mismo viene a decir respecto de los acuerdos de las asociaciones el artículo 6 de su Ley básica.

6 Idea claramente expuesta por Vedel *(Droit administratif)*, "Presses Universitaires de France", 1964, p. 169): "En efecto, es necesario comprender que el efecto primero y desde un punto de vista jurídico esencial de una decisión ejecutoria es de modificar unilateralmente el ordenamiento jurídico. Pero este efecto, que es uno de los aspectos de la ejecución de la decisión, no supone por sí mismo el empleo de la fuerza: el nombramiento de un funcionario, un reglamento de policía, producen primeramente el efecto de crear derechos y obligaciones y este efecto es producido con independencia del problema de la ejecución forzosa. Aún más, en ciertos casos, las decisiones no produce otro efecto que la modificación del ordenamiento jurídico: por ejemplo, *la collation de l'honorariat* a un funcionario. De otra parte, por numerosos actos, la ejecución material es posible sin recurso a la fuerza. La revocación de un funcionario es materialmente ejecutada por el simple hecho de su desinvestidura y la suspensión de pago de una indemnización...

"La Administración ¿tiene el derecho de usar de la fuerza pública que detenta para ejecutar sus decisiones en relación con los administrados recalcitrantes? La respuesta

Tras esta larga aclaración he aquí las obligadas precisiones en relación con la cuestión discutida: he querido decir, y esto es la conclusión que elevo a definitiva, que a diferencia de la situación actual en que se admite pacíficamente que la Administración pública en el Derecho español tiene con carácter general reconocido el privilegio de la ejecutoriedad de sus actos sin recurso al Juez, tal privilegio no le tenía atribuido en 1845, porque la ejecución forzosa era una función exclusivamente judicial y porque el sistema contencioso-administrativo que se inaugura en esa fecha obligaba a la Administración activa a respetar las situaciones posesorias que sólo podía remover mediante el ejercicio de la oportuna acción ante su propia jurisdicción (Consejos Provinciales, Consejo Real), tomando la iniciativa procesal; únicamente ese privilegio estaba reconocido en casos muy especiales que son precisamente los que en la época se conocen y agrupan en la doctrina de los *Jueces administrativos de excepción.* Dicho en otras palabras: cuando el particular desde una situación posesoria se oponía a la actividad de la Administración, ésta no podía recurrir al cómodo expediente actual de alterar a través de una ejecución forzosa ese estado posesorio y trasladar al particular la carga de accionar ante la jurisdicción administrativa, sino que era ella misma la que tenía que adoptar la función de demandante y obtener el título ejecutorio que no era otro que la sentencia judicial.

En resumen, la situación de las partes en el proceso contencioso de 1845 era la misma que la que se da en el proceso civil: el demandante o accionante debe antes de accionar formular una reclamación previa al demandado (juicio de conciliación o reclamación o recurso gubernativa), sin que la negativa del demandado tenga otra significación que el de un simple requisito procesal que puede ser reiterado cuantas veces se quiera, pues la desestimación no adquiere por el transcurso de un plazo el valor de acto firme y consentido y por ello no se convierte nunca en judicialmente inatacable; en segundo lugar, la carga de accionar responde a aquel que pretende una alteración de la situación posesoria cuando la otra parte se opone a su remoción.

III. EL SIGNIFICADO DEL ACTO ADMINISTRATIVO

Dentro del sistema anteriormente descrito el acto administrativo, el acto de la Administración, no tiene respecto del proceso virtualidades superiores a la de los actos privados y por ello la afirmación de Nieto de que la jurisdicción contencioso-administrativa nace en 1845 como revisora de actos administrativos, sólo la

---

a esta cuestión depende de dos órdenes de cuestiones contradictorias. De una parte, la ejecución forzosa supone con frecuencia un atentado a derechos fundamentales (libertad individual, propiedad, inviolabilidad de domicilio, etc.); pero es un principio en una sociedad civilizada que esos atentados no puedan ser realizados sin el control y la autorización del juez. Esta idea es, en principio, válida, incluso cuando se trata de ejecutar una decisión administrativa, porque ésta, aunque se presuma legal, no tiene por esto fuerza plena de verdad legal y la acción de la Administración por ser depositaría de la fuerza pública corre el riesgo de emplearle con facilidad en su beneficio. Este primer orden de consideraciones conduciría a decidir que la Administración no puede recurrir a la ejecución forzosa que después de haber conseguido una condena del administrado recalcitrante ante un juez".

admito y entiendo con el sentido y alcance que podría darse a la pareja afirmación de que la jurisdicción civil es revisora de actos privados y de comportamientos de los particulares.

Hubiera preferido que en el orden de exposición de los argumentos contrarios a mi tesis, Nieto hubiera seguido el orden por mí iniciado y en consecuencia hubiese arrancado de los principios ordenadores de la división de poderes, del concepto constitucional de función jurisdiccional para seguir con las regulaciones de las Leyes y Reglamentos reguladores de la composición y procedimiento de la jurisdicción contencioso-administrativa, es decir, del Consejo Real (Ley de 6 de julio de 1945 y Real Decreto de 30 de diciembre de 1846) y de los Consejos Provinciales (Ley de 2 de abril y Reglamento de 1 de octubre de 1845), para terminar, por último, exponiendo la doctrina jurisprudencial aplicativa de esos principios y normas.

Parece que ese orden era obligado en función de la aparición cronológica de los datos relevantes en esta discusión y sobre todo de la superior jerarquía de los principios y normas constitucionales sobre las Leyes ordinarias, y de éstas sobre las decisiones judiciales que por principio han de acomodarse a aquéllas. Era obligado también seguir ese orden porque a él se ajustaba el trabajo inicial de la polémica.

Nieto, sin embargo, comienza por el análisis de la jurisprudencia del Consejo Real, sigue con la exposición de la doctrina científica y, en último lugar, alude a la legislación ordinaria y a los principios constitucionales, aspectos éstos a los que dedica escasa atención.

Esta habilidad dialéctica de mi interlocutor, que sinceramente pienso no ha sido buscado de propósito, me fuerza en aras de la mayor claridad de esta polémica a jugar este nuevo *round* en su terreno, renunciando a las ventajas del propio campo.

Analicemos, pues, los argumentos de Nieto, según su propio orden expositivo:

1. *La jurisprudencia*

Del análisis de las primeras decisiones del Consejo Real en los tres primeros años de su funcionamiento deduce Nieto, que la presencia de un *acto administrativo* constituye precisamente el objeto del proceso y a este efecto transcribe diez Reales Decretos sentencias en las que el Consejo Real declara que no puede conocer de la pretensión del particular demandante por no haberse planteado previamente la cuestión ante la administración activa que es la demandada.

Nada tengo que objetar a esa doctrina jurisprudencial cuya elementalidad lógica deriva de la circunstancia ya advertida de que no puede haber proceso ni civil ni administrativo sin acreditar que el demandado se opone, en trámite de conciliación o en reclamación previa, a la pretensión del actor, pues es absurdo pedir a un Juez lo que quizá el demandado está dispuesto a conceder.

Me interesa insistir, sin embargo, en que de la jurisprudencia citada por Nieto no se deduce que el acto administrativo desestimatorio, que se exige con carácter previo cuando el proceso es iniciado por un particular, pueda llegar a convertirse en *acto firme y consentido* o que tenga la virtualidad ejecutoria que son precisamente las características del acto de la Administración frente a los actos privados, características que justifican en la actualidad la diferenciación dogmática de los actos administrativos frente a los actos privados.

En todo caso, cualquier argumento distinto del jurisprudencial era válido frente a las tesis por mí expuestas, ya que con bastante reiteración he señalado en el trabajo inicial, que es la propia jurisdicción administrativa la que, contrariamente a lo establecido en principios constitucionales, leyes ordinarias y normas reglamentarias, comienza a desvirtuar desde el primer momento de su establecimiento en 1845 el sistema legal y a reconocer frente a los postulados básicos del mismo efectos judiciales (firmeza y ejecutoriedad) a los actos de la Administración. He explicado también detenidamente los motivos sociológicos y políticos de esa jurisprudencia *contra legem y* he citado las primeras resoluciones en que se manifiesta. De aquí mi sorpresa de que Nieto lo haya pasado por alto y que piense haber encontrado en una jurisprudencia anodina, perfectamente trasladable a un proceso civil, un argumento decisivo en favor de su equiparación del sistema contencioso-administrativo de 1845 y el actual.

Ainda mais: de la jurisprudencia citada por Nieto se desprende, un dato de suma importancia a los efectos discutidos y que es el de la forma en que la Administración activa entendió el sistema procesal de 1845. Parece que los jefes políticos y otras autoridades gubernativas entendieron la división entre lo gubernativo y lo judicial, de tal forma que se consideraban incapaces e incompetentes para resolver sobre cuestiones conflictivas ni siquiera con carácter previo y provisional, y por ello remitían los expedientes a la Administración contenciosa, es decir, a los Consejos Provinciales y al Consejo Real. En la época este comportamiento estaba dentro de la lógica del sistema y respondía a los hábitos heredados del Antiguo Régimen en donde lo gubernativo no es necesariamente una fase previa de lo judicial, como tendremos ocasión de demostrar. En la actualidad, un comportamiento similar de las autoridades administrativas remitiendo expedientes sin resolver para su decisión por los Tribunales contenciosos sería inconcebible porque se parte de la premisa de que lo judicial es siempre una segunda instancia revisora que presupone necesariamente una fase gubernativa previa.

La jurisdicción administrativa de 1845 responde, sin embargo, a los criterios del siglo XVIII de especialización dentro de una misma organización, de órganos gubernativos y judiciales, sistemas dentro del que la distinción entre lo que es gubernativo y lo que es judicial no puede decidirse con el simplicismo criterio actual de la prioridad de las decisiones gubernativas, ya que un asunto puede ser *ab initio* de carácter contencioso.

2. *La doctrina*

Nieto transcribe literalmente una serie muy completa de opiniones doctrinales de autores anteriores y posteriores a 1845, en las que aparece que los actos de la Administración, los actos administrativos son la ocasión o raíz o fundamento de lo contencioso-administrativo.

Efectivamente así era y yo mismo he citado en el trabajo inicial opiniones doctrinales y textos legales en que se contienen afirmaciones similares.

Pero mis diferencias con Nieto siguen siendo importantes, pues a él le basta con encontrar el término acto administrativo para creer que se daban los efectos autoritarios que la dogmática y el derecho positivo actual le asignan, y yo sigo sin encontrar en esas referencias al acto administrativo los efectos de firmeza y ejecutoriedad que hoy le distinguen imperiosamente de los actos de los particulares, y que prestan toda su singularidad al proceso contencioso con relación al proceso civil, y al acto de la Administración con relación a los actos de los particulares.

Insisto por ello en que las alusiones en la época al acto administrativo como fundamento de la jurisdicción contenciosa hacen referencia únicamente al concepto de competencia de la misma forma que los actos de los eclesiásticos o de la Iglesia originan y son fundamento de su jurisdicción eclesiástica o los actos de los militares de la jurisdicción militar, o los de los empresarios y trabajadores de la jurisdicción laboral, y el acto de comercio puede serlo de la jurisdicción comercial, etc.

El término acto administrativo no es usado en la época en sentido jurídico formal en los términos actuales, sino como sinónimo de "operación" o "hecho" de la Administración, y siempre referido a la competencia jurisdiccional.

Así Posada Herrera[7] identifica acto administrativo y hecho:

> Todo juicio administrativo tiene que recaer sobre un *hecho* y un *derecho*: el hecho será el acto de autoridad administrativa contra la que reclama el individuo... De manera que para que haya contencioso-administrativo ha de fundarse la parte que reclama en la existencia de un *hecho de la Administración.*

Gil de Zárate identifica acto administrativo y acción administrativa al afirmar que el litigio:

> ...nace desde el momento en que la *acción administrativa* se *encuentra detenida* por el derecho de un particular.
>
> Por último, Oliván[8] identifica acto administrativo y operación administrativa: Lo que en su origen no era más que una *operación* de la Administración activa, se transforma en contencioso con ocasión del perjuicio que experimenta o pretende experimentar el particular.

3. *La legislación*

Como argumento que cree definitivo Nieto cita el artículo 1-2 del Reglamento del Consejo Real, que atribuye competencia a este organismo para decidir en primera instancia de las demandas contenciosas *a que den lugar las resoluciones de los Ministros,* lo que no demuestra nada en relación con la posibilidad de que esas resoluciones pudieran adquirir el carácter de actos firmes ni mucho menos que tuvieran virtualidad ejecutoria.

---

7 "Lecciones de Administración", 1843, recogida en Gallostra. *Colección bibliográfica de lo contencioso-administrativo,* p. 167.

8 "Administración de los Tribunales contencioso-administrativos", en *Revista Madrid,* 1838, en Gallostra, *op. cit.,* p. 151.

Se trata, como es elemental, de una simple declaración de competencia que por cierto no es única, puesto que el párrafo 1 de ese mismo artículo, párrafo que Nieto silencia, atribuye también competencia al Consejo Real sin la menor referencia al acto previo *sobre* las demandas contenciosas relativas al cumplimiento, inteligencia, recisión y efectos de los remates y contratos celebrados directamente por el Gobierno y las Direcciones Generales de los diferentes ramos de la Administración civil.

IV. LA ADMINISTRACIÓN DEMANDANTE

1. *La Administración corno parte*

Bajo los epígrafes que anteceden me atribuye Nieto dos afirmaciones que juzga heterodoxas.

La primera de ellas, relativa a que el proceso contencioso no tiene como presupuesto un acto administrativo, ya ha sido explicada.

La segunda es la que plantea el tema de fondo sobre el privilegio de división ejecutoria, que he negado y sigo negando fuese reconocido a la Administración con carácter general y en consecuencia que aquélla tenía que adaptar la posición de demandante siempre que viese impedida su actuación por la oposición de otro sujeto que resistiese desde una situación posesoria. En estos casos la Administración, según el sistema de 1845, no podía legítimamente alterar la situación fáctica pre-procesal y trasladar, como ahora hace todos los días, la carga de recurrir al particular. El contencioso se debía iniciar entonces, tal y como estaba previsto en la regulación procesal, por memoria o demanda de la Administración activa ante el Consejo Provincial o el Consejo de Estado, de la misma forma que ahora se inicia en el llamado proceso de lesividad, que no es más que un residuo de aquel sistema.

En estos casos la cuestión contenciosa nacía, como expresa Gil de Zárate,[9] "desde el momento en que *la acción administrativa se encuentra detenida por un derecho particular,* que le sale al encuentro y escudándose con una Ley que le protege *resiste al ataque*". La resistencia del particular sólo podía ser vencida por la sentencia del Consejo Provincial o del Consejo Real.

En contra dice Nieto que hasta 1850 sólo en dos ocasiones fue puesta en marcha la actividad de la jurisdiccional por iniciativa de la Administración mediante la correspondiente Memoria, limitación a dos casos que no pudo admitir, ya que se trata de dos pleitos en que después de la sentencia del Consejo Provincial conoció el Consejo Real por apelación, siendo imposible saber el número de pleitos iniciados por memoria de la Administración activa ante los Consejos Provinciales que no fueron recurridos ante el Consejo Real por conformarse las partes con las sentencias de primera instancia. En todo caso los ejemplos citados por Nieto, que sin duda no fueron los únicos, demuestran que el proceso contencioso se inicia también a instancia de la Administración.

Nieto cree ver en el Real Decreto sentencia de 27 de julio de 1848, otro argumento decisivo, aunque ese Real Decreto no decide sobre ningún supuesto en que está en juego el privilegio de ejecución forzosa de la Administración frente a la situación po-

9 En Gallostra, *op. cit.*, p. 215.

sesoria de un particular; por el contrario, dicho Real Decreto resuelve que la concesión de un permiso a un particular frente a la oposición de otro particular es competencia del Gobernador contra la opinión de éste, que estimó que era competencia del Consejo Real, siendo evidente que entonces, como ahora, la concesión de un permiso a un particular no implica poner en marcha la ejecución forzosa administrativa. Lo que sí se desprende inequívocamente de esa sentencia es que en la época los Gobernadores entendieron que los conflictos entre particulares con motivo de la aplicación de Leyes administrativas, debían ser resueltos en Consejo Provincial, por supuesto bajo la presidencia del Gobernador, y no únicamente por ellos, por sí y ante sí. En cualquier caso, en el supuesto referido al no existir una pretensión de la Administración frente a un particular mal puede verse en él un supuesto de administración demandante.

2. *Administración activa y administración contenciosa*

Insiste Nieto en el argumento jurisprudencial para intentar demostrar que la relación Administración activa-administración contenciosa implicaba simple y necesariamente el pronunciamiento de la primera citando al efecto dos Reales Decretos sentencias del mismo año de 1848.

El primero de ellos, de 18 de octubre de 1848, no plantea ningún supuesto de Administración demandante frente a un particular, ya que se trata simplemente de una controversia entre dos Ayuntamientos de Navarra sobre si procedía o no conceder a uno de ellos autorización para el traslado de una presa de riego. Tanto el jefe político como el Consejo Provincial de Navarra entendieron que la cuestión debía ser resuelta, y así se resolvió directamente, en Consejo Provincial. Por su parte, el Consejo Real estimó que esta concreta cuestión de conceder o negar una autorización era en principio gubernativa y que el jefe político debió de haber decidido previamente.

El Consejo Real, sin embargo, no se pronuncia en absoluto sobre el privilegio de decisión ejecutoria y ni siquiera decide que siempre y con carácter general sea necesario el acto previo del jefe político para acceder a la vía contenciosa. Por el contrario, precisa con claridad que en unos casos como el presente debe resolver primero el jefe político y en otros directamente el Consejo, sin acto previo de aquél. Así se desprende de los siguientes párrafos que transcribimos:

> Vistos los artículos 8° y 9° de la Ley de Organización y atribuciones de los Consejos Provinciales que determinan los negocios de que deban conocer judicialmente estos cuerpos.
>
> Vistos los artículos 24 y 25 del Reglamento de 1 de octubre de 1845, los cuales prescriben que cuando el jefe político estime de su competencia la demanda, la resuelva gubernativamente por sí, y *que cuando la estime de competencia del Consejo Provincial la remita al conocimiento y decisión de éste.*

Admite, pues, el Consejo Real con toda claridad que en unos casos la Administración activa debe resolver previamente, pero que en otros el asunto es directamente contencioso y por ello de la competencia del Consejo sin decisión previa del jefe político. La exigencia de esta decisión previa gubernativa se exige en el caso concreto, pero no se afirma como doctrina de carácter general.

El otro Real Decreto Sentencia que cita Nieto, de 10 de mayo de 1848, contempla el caso de un Alcalde que cumpliendo un acuerdo sobre limpia de terrenos de un Ayuntamiento, destruye obras y plantaciones de un particular. Efectivamente, en este caso, como señala mi ilustre contradictor, el Consejo Real calificó el acto como "de policía rural y de consiguiente administrativo, cuya calificación, como las de su género, corresponde a la Administración exclusivamente".

Esta calificación, como indica Nieto, estaba orientada a excluir la competencia de los Tribunales civiles, lo que no prejuzgaba que la competencia en ese supuesto y en todos de la materia correspondiera a la Administración activa y no a la Administración contenciosa.

Se habla en ella simplemente de Administración y precisamente para condenar el privilegio de decisión ejecutoria de la Administración activa en los términos más absolutos, que no me resisto a transcribir, mostrando mi extrañeza de que Nieto haya creído en este pronunciamiento un argumento favorable a sus puntos de vista, que por el contrario son expresamente rechazados. Veámoslo:

> Considerando que al ejecutar este mismo acto prescindió el expresado Alcalde de la cuestión que nace de afirmar el que las obras y plantaciones que mandó construir estaban en terrenos de dominio público; esto es, en el cauce o suelo de un río y negarlo Legar apoyado en la posesión no interrumpida por espacio de considerable número de años, y en títulos de pertenencia del terreno.
>
> Considerando que esta cuestión, sin cuya resolución previa y conforme a derecho no cabría decretar la destrucción de dichas obras y plantaciones, sólo era dado al Alcalde decidirla, apareciendo a la simple vista, sin género de duda, el verdadero límite del río por aquella parte, *porque en otro caso era preciso recurrir a un deslinde formal para lo que no está facultado la Administración,* a la cual sólo autoriza la Ley también citada de 2 de abril de 1845 para los de términos de pueblos y de montes públicos. Considerando que por lo dicho el acto de policía rural de que se trata fue desde este punto de vista arbitrario y abusivo.
>
> Considerando, en fin..., que es indispensable *restituir las cosas al ser y estado que tenían cuando se ejecutaron los actos, porque de lo contrario se obligaría a dicho Legar a litigar despojado contra toda justicia.*
>
> Oído el Consejo Real, vengo en decidir que no ha lugar a la nulidad reclamada por parte de Legar (por incompetencia de jurisdicción) y sí a revocar la sentencia apelada condenando al Alcalde de Libilla a la reposición a su costa de la Fuente del Molinico, obras y plantaciones objeto de este pleito al ser y estado que tenían cuando ejecutó en ellas los actos que la motivaron, y juntamente, al resarcimiento de los perjuicios que con las mismas irrogó a Legar.

La reacción del Consejo Real contra este uso del privilegio de decisión ejecutoria no puede ser más enérgica: La Administración activa no puede desconocer un estado posesorio, pues ni siquiera tiene reconocida con carácter general la acción de deslinde en los bienes de dominio público, afirmando que en cualquier caso es procesalmente inadmisible obligar a otro *a litigar despojada contra toda justicia.* Se parte, pues, del más absoluto respeto por las situaciones posesorias.

3. *Una cita de Posada Herrera*

La cita que sirvió de lema a mi artículo[10] venía precisamente a demostrar que la doctrina, lo mismo que acabamos de ver en la jurisprudencia, condenaba con toda energía la ejecutoriedad forzosa como privilegio de carácter general de la Administración activa y lo condenaba incluso en el caso extremo y más favorable de que la Administración fuese justificable ante los Tribunales comunes.

Parece de toda lógica suponer que con mayor razón debía ser repudiado ese privilegio en un sistema que, con merma de las garantías fundamentales, creaba una jurisdicción privativa servida por funcionarios y cuyos órganos (Consejos Provinciales y Consejo Real) eran presididos por los propios miembros de la Administración activa.

En otras palabras, Posada Herrera repudiaba y condenaba hace un siglo un sistema contencioso como el que en la actualidad está vigente, que presupone la ejecutoriedad y forzosa de los actos administrativos y su revisión posterior por Tribunales especializados servidos por Jueces de carrera independientes e integrados en el poder judicial. ¿No lo repudiaría igualmente frente a la opinión de Nieto, si la jurisdicción contencioso-administrativa actual estuviese a cargo de órganos servidos por funcionarios y presididos por los Gobernadores y los Ministros?

Por lo demás, no se trata de una opinión aislada. Silvela,[11] en el Preámbulo de su famosa proposición de Ley sobre la jurisdicción contenciosa, presentado ante el Senado en 1838, condena y repudia igualmente el privilegio de decisión ejecutoria en términos radicales:

> En vano se alega, como la principal entre otras alegaciones, que para que la Administración no encontrase resistencias bastaría que fueran ejecutivas sus decisiones; y que sólo después de cumplidas empezase el derecho a atacarlas ante los Tribunales de Justicia. Por descontado no todo lo que se ejecuta se presta a un restablecimiento a su ser y estado anterior; y con sólo

---

10 "Pero aun prescindiendo de esto, aun poniéndonos en el caso de que todas las decisiones de la Administración puedan ejecutarse sin perjuicio de tercero, con tal que a éste se le permita reclamar ante los tribunales, ¿no será una cosa ridícula, monstruosa, que choca con el sentido común que la Administración, dirigiéndose al individuo habría de contestar a su reclamación y decirle: «Espera, yo sigo mi camino, porque creo que ese acto es útil al bien común; yo no lo entiendo muy bien, a la verdad no estoy perfectamente convencida, pero ahí está un Tribunal que decidirá quién de los dos tiene justicia». Para mí esta es la idea más absurda que puede tenerse de la Administración de un país; esta idea la degradaría a los ojos de los administrados, dándole a entender que la Administración no conocía sus intereses ni los derechos de la sociedad"? (J. Posada Herrera, *Lecciones de Administración,* 1843).

11 *Op. cit.,* p. 151,

> esto, *por conceder demasiado, pierde gran* parte de fuerza el argumento. Y el ir a buscar su validez definitiva los actos administrativos en un *poder extraño,* ¿dejaría de debilitar hasta el extremo su prestigio y su fuerza moral?; ¡y quien sin prestigio y sin fuerza moral se atrevería a mandar! ¿Estaría seguro de hacerse obedecer el Gobierno que sólo pudiera decir al súbdito: "cumple por hoy, no porque yo tenga razón, que de eso ni tú ni yo nada sabemos; pero mañana podrás burlarte de mí si nuestro Juez común decide en tu favor"?

En el pensamiento de Silvela está también claro que el privilegio de decisión ejecutoria de la Administración activa es un *poder extraño* y que admitirlo sería concederle *demasiado,* aunque tuviese como contrapartida la sumisión posterior de la Administración ante los Tribunales civiles, o a unos Tribunales administrativos especiales servidos por Jueces.

> En cuanto a crear Tribunales administrativos independientes, ¿quién duda de que a pesar de su título, más bien pertenecerían al poder judicial que al administrativo? Por más que se intentase abreviar sus trámites y simplificar los procedimientos, el espíritu de cuerpo y la natural propensión a hacer sentir su poder darían a estos Tribunales la misma rigidez que advierte en los Juzgados ordinarios y al cabo opondría al Gobierno las mismas trabas y embarazos.

Silvela y Posada Herrera, como todos los administrativistas de la época, condenando un sistema como el actualmente vigente, pretenden y consiguen que la Administración no se encuentre sometida a verdaderos Jueces, pero sí a una jurisdicción servida por funcionarios (Consejos Provinciales y Consejo Real), jurisdicción llamada Administración contenciosa, y ante la cual a la Administración activa le resulte fácil y cómodo obtener sentencias ejecutorias y dejar por ello a salvo el principio de que juzgar y ejecutar lo juzgado es una función judicial y como tal extraña y excesiva para simples órganos de la Administración activa.

V. DERECHO PREEXISTENTE, INTERÉS LEGITIMO Y CONVENIENCIA PUBLICA

Analiza Nieto una serie de Reales Decretos sentencias en que se plantea el tema de si en los procesos iniciados por los particulares era necesario, como requisito de legitimación, la titularidad de un derecho de un interés legítimo o simples razones de conveniencia pública. Nada tengo que objetar en principio, a la conclusión sentada por Nieto, relativa a que "la conveniencia pública sólo podrá ser valorada por la Administración activa y que técnicamente es separable de los derechos e intereses legítimos únicos que legitiman la vía contenciosa", conclusión que poco o nada tiene que ver con el trabajo origen de nuestra polémica.

VI. LEGITIMACIÓN CONSTITUCIONAL

Se trata ahora de saber si el sistema de práctica administrativa, que se implanta en España en 1845 (Consejos Provinciales y Consejo Real), siguiendo el modelo napoleónico, era o no constitucional, lo que no parece ofrecer dudas para mi ilustre contradictor.

He mantenido que tal sistema hubiera estado plenamente justificado en aplicación de la Constitución de Bayona, que había previsto un Consejo de Estado con funciones jurisdiccionales propias para entender de las contiendas en que fuera parte la Administración. Esta Constitución, siguiendo a la napoleónica del año XIII, entendió el principio de separación de poderes no sólo como separación de autoridades, sino también como separación de jurisdicciones, de tal forma que la jurisdicción administrativa no tiene la menor conexión orgánica con los Jueces y Tribunales de otra índole, en suma con el poder judicial, y de aquí que no sea una jurisdicción independiente.

También he dicho, y no veo en ello ninguna audacia doctrinal sino simple constatación de elementales datos históricos, que la Constitución de Cádiz, más liberal, más doctrinaria, antítesis de Bayona, responde a ideas sustancialmente diversas, a saber: el Consejo de Estado no tiene la menor función jurisdiccional que resta íntegra en los Jueces y Tribunales ordinarios, a los que se somete la Administración en las contiendas en que es parte; el principio de división de poderes se entiende ahora como simple reparación de autoridades; prevalece el principio de unidad judicial que no es incompatible con el de especialidad de los Jueces, pero sí incompatible con la existencia de una jurisdicción administrativa formada por órganos, insistimos, integrados por funcionarios y presididos por autoridades políticas; como excepciones al principio de unidad judicial la jurisdicción militar y la canónica son las únicas admitidas.

Como argumento nuevo y creo que definitivo de que los legisladores de Cádiz sometieron a la Administración a los Tribunales comunes, me permito invocar el Decreto constitucional de 13 de septiembre de 1813, dictado por las propias Cortes, cuya importancia, pareja con su desconocimiento y olvido por la doctrina justifican sobradamente la transcripción literal de sus preceptos más relevantes:

> Las Cortes generales y extraordinarias, debiendo fijar las reglas oportunas para que en los negocios contenciosos de la Hacienda Pública se administre la justicia *con arreglo a los preceptos constitucionales sancionados en la Constitución política de la Monarquía* y teniendo presente que conforme a ella, por Decreto de 17 de abril del año próximo pasado, se suprimió el Consejo de Hacienda, han venido en decretar y decretan:
>
> I. Todos los negocios contenciosos de la Hacienda Pública sobre contribuciones, pertenencia de derechos, reversión e inoperación, amortización, generalidades, correos, patrimonio real, contrabando, débitos de los empleados en el ejercicio de sus funciones y las demás causas y pleitos de que han conocido hasta ahora los intendentes y subdelegados de Rentas y el Consejo suprimido de Hacienda, se proveerán en las provincias conforme al artículo 262 de la Constitución, sustanciándose y determinándose por Jueces letrados y en segunda y tercera instancia por las Audiencias respectivas así de la península como de ultramar.
>
> II. Sin embargo, de esto, los asuntos contenciosos que ocurran sobre liquidación de cuentas por la Contaduría mayor, o sobre las que practique la Junta Nacional del Crédito Publico, se determinarán en vista y revis-

ta por la Audiencia de la capital donde reside la Corte, como radicadas en ésta, asistiendo con voto consultivo un individuo de la Contaduría mayor, o de la Junta Nacional en los respectivos casos.

III. Las causas y pleitos sobre contratos generales y particulares se ventilarán en sus respectivas instancias ante los Jueces de letras y las Audiencias que se hubiesen asignado en los contratos, y a falta de este señalamiento ante los Juzgados y Tribunales del territorio a que correspondan por las reglas general de derecho.

Siguen después de estos preceptos unas reglas (IV a VIII) sobre el número de Jueces en las diversas provincias, y sobre la adscripción a los Juzgados de un Abogado fiscal y un escribano para las causas y pleitos de la Hacienda.

Los artículos IX y X señalan que en los partidos en donde existan dos Jueces letrados conocerán de los pleitos de la Administración el que designe el Gobierno, pleitos que en todo caso se despacharán con preferencia a las demás causas civiles.

Precepto fundamental es el artículo XII, que establece la regla del *solve et repete* solamente para las apelaciones de las sentencias de los jueces de Primera Instancia, de donde se infiere que la Hacienda no tenía frente a los deudores Fiscales que negaban la procedencia de la exacción o se oponían al pago, otra alternativa que promover la oportuna acción ante el Juez de Primera Instancia. El privilegio de *solve et repete* juzgaba únicamente respecto a la apelación de una primera sentencia de un Juez civil favorable a la pretensión de la Hacienda. He aquí los términos literales de este fundamental precepto:

> *En las causas sobre cobranzas de créditos de contribuciones no se admitirá la aplicación de la sentencia condenatoria sino después de hecho el pago.*

Por último, se niegan todo tipo de funciones judiciales o de competencias contenciosas a los órganos de la Hacienda en el artículo XIV:

> Los intendentes no ejercerán funciones judiciales, ni conocerán de negocios contenciosos de Hacienda, ni podrán llamar las causas pendientes en justicia, pero podrán pedir acerca de ellas a las autoridades y Jueces de Primera Instancia cuantas noticias estimen para dar cuenta al Gobierno de las dilaciones y defectos que advierten y ejercerán toda la autoridad gubernativa y económica que les concedan las Leyes e instrucciones para cuidar de la recaudación y dirección de las rentas, cobranzas de créditos, buen desempeño de ello y promover por todos los medios los intereses de la Hacienda Pública.

Este y no otro ha sido nuestro primer sistema moderno de justicia administrativa. Un sistema donde sólo opera la ventaja del fuero territorial del órgano administrativo, la preferencia del despacho en los pleitos de la Administración, y una modestísima versión del privilegio del previo pago; un sistema que respondía al principio constitucional de unidad judicial, y al concepto de jurisdicción como poder y facultad de decidir controversias y ejecutar en el más amplio y contundente sentido, las decisiones; un sistema, en último término, que entendía las relaciones del poder ejecutivo y del poder judicial, el principio de la división de poderes, como simple separación de autoridades, pero no como separación y diversidad de jurisdicciones.

Nada de particular tiene que un sistema tan liberal y respetuoso con principios y preceptos constitucionales no fuera acompañado por el éxito en el punto clave, en el talón de Aquiles de todo sistema de Administración y justicia administrativa, que es la recaudación de los Tributos. La generosidad de garantías, excesivas quizás para los contribuyentes españoles, máxime los de aquel tiempo turbulento, originaron sin duda un colapso de tal importancia en el sistema recaudatorio que obligaron a las propias Cortes a establecer una grave excepción para la materia tributaria, hasta el punto de trasladar todos los poderes judiciales a los órganos de la Administración, suprimiendo toda garantía jurisdiccional. Esto tiene lugar en el segundo período constitucional en el que las Cortes aprueban el Decreto de 12 de mayo de 1821. Su justificación no se encontrará en los principios constitucionales, que el propio Decreto vulneraba, sino en razones de eficacia.

> Las Cortes, habiendo examinado la propuesta de S. M. acerca de adoptar ciertas medidas para la más pronta y fácil exacción y recaudación de las contribuciones y toda clase de impuestos a los pueblos de la Península han aprobado:
>
> 1° Que por ahora, y hasta tanto se establezca el arreglo general de Hacienda se autorice provisionalmente a los Intendentes para que en materia de contribuciones y toda clase de impuestos, en cuanto a su cobranza, puedan obrar por sí y sin necesidad de implorar el auxilio del poder judicial ni otra autoridad.
>
> 2° Que con inhibición de las Audiencias, Jueces y demás Magistrados puedan los mismos intendentes decretar y llevar a efecto los apremios que consideren indispensables en los casos precisos, y con entero arreglo a lo prevenido en la Instrucción de 1725, menos en la parte que dispone la distinción de individual del Ayuntamiento en la cabeza de partido, porque es poco conforme a las nuevas instituciones.

Este desapoderamiento provisional de los poderes de decisión y ejecución en materia de contribuciones que detentaban los Jueces y Tribunales comunes va a elevarse a definitivo por otro Decreto que dictan las mismas Cortes al mes siguiente, el 25 de junio de 1921, y por el que se aprueba el *Sistema Administrativo de la Hacienda Pública,* que contiene ya los principios básicos de lo que ha de ser definitivamente el sistema tributario en los aspectos que consideramos. Sus puntos fundamentales son los siguientes:

—Creación de órganos colegiados administrativos para entender de las reclamaciones con exclusión de los Tribunales civiles:

> El juicio de las reclamaciones de cualquiera especie que sean, en materia de contribuciones, pertenece a la Autoridad administrativa: los Tribunales

> ordinarios no pueden conocer de ellas ni de las cobranzas (Art. 199). Para decidir los agravios que reclamen los individuos en el repartimiento de contribuciones directas, si no estuviesen resueltas por los Ayuntamientos, se establecerá una Junta dé agravios en cada provincia, compuesta del Intendente, un individuo de la Diputación provincial nombrado por ella misma, el Director de Provincia de Contribuciones directas, el de las indirectas y el Tesorero (Art. 201).

—La cobranza de las contribuciones se desvía del sistema de juicio y reclamaciones y se configura como potestad autónoma, dotada de ejecutoriedad en favor de órganos no colegiados.

> Los contribuyentes que el día 10 del mes no hubieran satisfecho sus cuotas serán apremiados de pago. A este fin se establecerán portadores de apremios en cada uno de los territorios de los Depositarios de rentas, a quienes se encajará exclusivamente la ejecución de los que ordenare el depositario (Arts. 232 y 233).

—El sistema descrito se declara aplicable a los impuestos indirectos.

> La Junta de agravios y los portadores de apremios se aplicará igualmente a los impuestos indirectos que a los directos (Art. 288).

Resumiendo, en el sistema de Cádiz priva el principio de unidad judicial que quiebra en materia tributaria, lo cual estaba en cierto modo previsto en el Preámbulo de la propia Constitución de 1812 con una expresa referencia: *"el sistema de rentas, mientras no se reforme de raíz, podrá requerir una excepción al sistema de Tribunales.* Esta excepción, *prevista como provisional* pero articulada definitivamente, fue la única admitida al dogma revolucionario de la división de poderes, que postulaba la exclusiva competencia de los Tribunales integrados en el poder judicial para decidir ejecutoriamente toda suerte de conflictos jurídicos".

En conclusión, pues, una jurisdicción para la Administración servida por funcionarios, no por Jueces, al estilo francés de los Consejos de prefectura y Consejo de Estado no se implanta durante la vigencia de la Constitución de Cádiz porque hubiere constituido, no una especialización, sino algo más sustancial, una excepción al sistema de Tribunales, excepción no prevista y por ello anticonstitucional.

Esta conclusión es válida para el desarrollo constitucional posterior, porque si prescindimos del Estatuto Real de 1834, que nada dice sobre el poder judicial, las Constituciones posteriores, de 1837 y 1845, recogen el principio de la Constitución de Cádiz de que a los Tribunales y Juzgados corresponde exclusivamente la potestad de aplicar las Leyes en los juicios civiles y criminales, juzgando y haciendo efectuar lo juzgado (Art. 63 de la Constitución de 1837 y Art. 66 de la Constitución de 1845).

Se alude únicamente en ambas constituciones a los Tribunales civiles y criminales; no se prevén ni otras especialidades ni excepción alguna al sistema de Jueces y Tribunales. Tampoco hay en ellas la menor regulación ni alusión a un Consejo real o de

Estado. Los pleitos en que fuera parte la Administración sólo podían ser juzgados por los Tribunales civiles en la forma que había establecido el Decreto de 13 de septiembre de 1813.

Ocurrió, sin embargo, que los administrativistas de la época estaban dispuestos a toda costa a importar a nuestra patria el sistema napoleónico de la justicia administrativa, sistema ya previsto en la Constitución de Bayona, pero repudiado en las posteriores. El primer obstáculo con que primero tropiezan es el constitucional, resolviéndolo en forma muy poco correcta por no decir arbitraria. Silvela dice que es un dogma constitucional el que "el Estado debe ser al propio tiempo Juez supremo de las contiendas administrativas *bajo la responsabilidad de los Ministros"*; pero no puede por menos de reconocer que *"este principio no está explícito en nuestra Ley fundamental, como no lo está en ninguna Constitución"*, y agrega, "mas no por eso deja de estar virtualmente comprendido en todas ellas", afirmación esta última desmentida y expresamente negada, como hemos visto, en la Constitución de Cádiz.

VII. Jueces administrativos de excepción

El sistema de Consejos Provinciales y Consejo Real o de Estado que al fin se establece en 1845 no suponía otra cosa, frente a la contraria opinión de Nieto, que a estos órganos administrativos se atribuía la función de juzgar y ejecutar las controversias en que fuera parte la Administración, asumiendo en estas contiendas el mismo papel y función que los jueces civiles asumen en los conflictos entre particulares, lo que implicaba que ningún otro órgano de la misma, salvo casos excepcionales, tenía poderes decisorio-ejecutorios. Cuando en casos excepcionales las Leyes reconocían esos poderes ejecutorios-decisorios a órganos diversos de los Consejos, se habla de que el órgano en cuestión obra como verdadero juez. Tal doctrina está formulada por Silvela con absoluta precisión:

> Las Leyes irán indicando, cada día con mayor claridad, los casos en que corresponde conocer al Jefe y aquellos en que debe conocer el Consejo. Mas entre tanto, y como reglas supletorias, pudieran adoptarse las siguientes: 1ª La jurisdicción voluntaria corresponde exclusivamente al jefe político. 2ª De la contenciosa sólo le corresponde conocer en aquellos casos en que las Leyes, *por razones especiales,* lo prevengan expresamente. 3ª Fuera de los casos de que trata la regla anterior, la jurisdicción contenciosa corresponde al Consejo.

A continuación precisa el alcance de esta jurisdicción contenciosa de los Jefes Políticos y su carácter rigurosamente excepcional:

> Lo más sencillo parece declarar sin excepción que lo contencioso perteneciese al Consejo, y lo de Jurisdicción voluntaria, al Jefe, pero no siempre es posible lo que más sencillo parece.
>
> En la invasión de una peste, por ejemplo, se hace indispensable comunicar a la Administración activa la máxima energía y rapidez sometiéndola al conocimiento de *cuestiones que, en otro caso, decidirían los Tribunales Admi-*

> *nistrativos.* En un *incendio* podrá convenir derribar una casa. En *una crecida extraordinaria* podrá la autoridad, para facilitar el desagüe, ordenar la destrucción de una pared perteneciente a un vecino, sin su consentimiento. La aproximación o *la entrada de los enemigos en territorio nacional,* un terremoto, la crudeza extraordinaria de las estaciones, la efervescencia de las pasiones populares y otras mil causas físicas, morales y políticas, obligarán a la Administración activa a olvidar en muchas ocasiones los derechos para ocuparse de los intereses; *a ejercer, con la velocidad del rayo, una verdadera jurisdicción contenciosa. Estos casos deben estar previstos en las Leyes y determinados en ellas.*

Parece claro, a la vista de esta opinión de Silvela, que la doctrina de los Jueces de excepción o de los Tribunales Administrativos especiales se liga al concepto de jurisdicción, de tal forma que se dan aquellos supuestos allí donde a una autoridad se le reconoce, por las razones que sean, el poder de decidir situaciones conflictivas y el poder ejecutar las decisiones adoptadas. Nieto, sin negar abiertamente esta conclusión, afirma que "los Tribunales Administrativos de excepción son *una segunda instancia administrativa...,* lo que significa que incluso cuando ellos intervienen, el sistema sigue siendo el mismo, salvo la interpelación de una segunda instancia administrativa".

Me atrevo a pensar que, para Nieto, estos Jueces o Tribunales de excepción son, a modo de los Tribunales Económico-Administrativo actuales, unos órganos de revisión interna de la propia Administración activa, cuya actuación presupone siempre un acto administrativo previo, interpretación, sobre todo, en cuanto a esta exigencia del acto previo, que no se compagina en absoluto con los casos citados por Silvela como casos típicos (peste, incendios, inundaciones, etc.), criterio interpretativo, por último, que aparece a mi juicio desmentido también por Colmeiro, al afirmar que:

> Tales son los principios (las Autoridades *activas* mandan, no juzgan; administran, no ejercen jurisdicción) de que se desvía un tanto la Administración al conceder a las Autoridades activas un cierto grado de jurisdicción contencioso. Esta excepción puede, sin embargo, justificarse, teniendo en cuenta que hay *decisiones urgentes,* porque hay necesidad de dirimir pronto ciertas controversias entre los intereses privados y el interés colectivo de la Administración, y *siendo dichos negocios de naturaleza contenciosa,* deben observarse en su resolución las apariencias de un juicio.

La urgencia en que también Colmeiro justifica, y a la que reconduce los casos más típicos de Jueces Administrativos de Excepción, era incompatible, insisto, con la exigencia de un acto previo. Por otra parte, si el Juez Excepcional es el propio Jefe Político o Gobernador o el Alcalde, ¿cómo exigir un acto previo de los mismos que, en estos casos, los más típicos actuaban de oficio, sin petición de parte? Por último, el hecho mismo, admitido por Nieto de que las resoluciones de estos Jueces Administrativos de excepción fuesen recurribles ante los Consejos Provinciales o el Consejo real, *y precisamente a través de un recurso de apelación,* prueba que sus resoluciones constituían decisiones judiciales de primer grado o instancia. Colmeiro lo reconoce en términos inequívocos.

El respeto de los derechos de los particulares exigen que las providencias de estos Jueces excepcionales no causen daño irreparable a tercero, por cuyo motivo casi nunca tienen fuerza de *sentencia* definitiva, pues en toda cuestión grave *procede el recurso de apelación ante Tribunales del mismo orden,* de donde la parte ofendida puede deducir su derecho y obtener la revocación o la reforma de aquel *acto de jurisdicción extraordinaria.*

En resumen, los supuestos típicos de actuación de los Jueces o Tribunales Administrativos de excepción constituyen casos de actuación judicial, y sus resoluciones verdaderas sentencias, sujetas a un recurso de apelación, como es normal en las de primer grado o instancia.

VIII. Lo gubernativo y lo judicial en el antiguo régimen

A propósito de los Jueces Administrativos de Excepción, afirma también Nieto que "construyen la reliquia del sistema anterior, donde el fenómeno no era excepcional, sino absolutamente normal". Esta afirmación da a entender que en el Antiguo Régimen los múltiples órganos y Autoridades en que, por razón de la materia aparecía diversificada la Administración, tenían atribuido el poder de decidir y ejecutar controversias sobre derechos, sin perjuicio de ulteriores revisiones. En otras palabras, se insinúa que el concepto de lo gubernativo en el Antiguo Régimen se caracteriza como fase previa de lo judicial y que lo judicial, en materias administrativas, presupone siempre una fase previa, con poderes absolutos de decisión y ejecución.

Ese planteamiento es, a mi juicio, erróneo, error que proviene de haber llevado demasiado lejos la tópica afirmación de que, en el Antiguo Régimen, se hallaban confundidas las funciones judiciales y las administrativas o gubernativas, lo que sólo es una verdad a medias.

Ciertamente que el Estado se aparece y presenta como una gran constelación de magistraturas y que, junto a los órganos de la justicia común u ordinaria (Alcaldes Mayores, Alcaldes Ordinarios, Corregidores, Alcaldes de Crimen, Salas Civiles y del Crimen, de Chancillerías, Audiencias y Sala de Gobierno y de Justicia del Consejo de Castilla), aparece una nueva multitud de magistrados, privilegiada por razón de las personas, de las cosas, de los delitos y por razón de las causas.

1. *El concepto de lo gubernativo*

Pero frente a lo que de una consideración superficial pudiera inferirse, no hay confusión entre lo judicial y lo gubernativo. En el Antiguo Régimen están claros los poderes que la Autoridad tiene en un campo, y en otro, cuando un mismos órgano estatal debe actuar como Juez a través del proceso y cuando sin proceso o gubernativamente y, a lo que a nuestro efecto interesa, cuando tiene facultad o cuando no la tiene para llevar a cabo la ejecución forzosa de sus decisiones, supuesto este último que viene a coincidir también en términos generales con las hipótesis de actuación judicial.

Lo gubernativo se aparece como aquella parte del ejercicio de las Competencias del Magistrado o Autoridad en que no hay disputa o controversia sobre derechos y en la que, por consiguiente, tampoco hay necesidad de ejecución forzosa o, lo que es lo mismo, de ejercer violencia sobre la libertad o patrimonio de una persona. Al comienzo de su libro, Dou y Bassol se preocupa de fijar el par de conceptos a que nos referimos, y cita para ello la opinión del autor a las Notas al *Apéndice de Educación Popular*, quien se expresa en los siguientes términos:

> Cuando se trata de dominio, de *posesión,* de conservación de honores, de imposición de penas, en una palabra, de derecho de tercero, para causarle perjuicio con la sentencia, es necesaria la Audiencia Ordinaria y Sustanciación de los autos. La razón es clara, porque cada parte ha de probar los hechos en que funda su intención; ésta no se puede liquidar sin trámites contenciosos. Pero si se trata de favorecer la labranza, *dejando a los dueños y cultivadores de las tierras todo aquel arbitrio* que cada uno tiene para sacar de su terreno todo el mejor partido posible, cercando y plantando, aprovechando, etc., son reglas necesarias y comunes, que penden tan sólo de la instrucción de los que mandan, y *no necesitan, si saben su oficio, más que insinuación o representación u oportunidad que dé impulso a las providencias.*

Por el párrafo transcrito bien se ve que lo gubernativo está desprovisto de coerción de ejecución forzosa y que las providencias de esta índole sólo pueden llevarse a efecto con asenso de los destinatarios, conseguido por el convencimiento de que la razón jurídica o material está del lado del que manda.

Tras citar ejemplos relativos a la legislación de propios y arbitrios y al funcionamiento de la Sala de Gobierno y de Justicia del Consejo de Castilla, en las que la fase contenciosa o judicial *"se produce en cualquier momento en que se atraviese el derecho de tercero reclamando el interesado"*.

De aquí, pues, que la decisión gubernativa pueda variarse en cualquier momento y que en cualquier momento también pueda ser parcialmente revisada. No hay plazo para trabar el proceso judicial, ni efecto de cosa juzgada, ni siquiera de acto consentido e inimpugnable, que viene a ser lo mismo. Por último, la fase gubernativa es esencialmente previa a la judicial, pues cualquier asunto puede ser *ab initio* asunto contencioso.

2. *La protección contra la ejecución sin proceso. El juicio de despojo y restitución*

Viejas reglas de nuestro Derecho Histórico, recogida en la Novísima Recopilación, vinculan la ejecución forzosa al haz de atribuciones judiciales a través de la exigencia del proceso como requisito previo a toda ejecución. Sin juicio, sin actividad judicial, el apoderamiento es ilegítimo y origina el proceso primario de despojo, así denominado en la Novísima Recopilación, con base en una Ley dada por Enrique II en Toro, el año 1371, recogida como Ley II, del título XXXIV, del Libro X.I, de la Novísima Recopilación en que se prescribe:

> Que ningún Alcalde, ni Juez, ni persona privada sea osado de despejar de su posesión a persona alguna, *sin primeramente ser llamado y oído y vencido por Derecho;* y si paresciere carta nuestra, por lo que demandáramos dar

> la posesión que uno tenga a otro, y la tal carta fuera sin audiencia, que sea obedecida y no cumplida; y *si por tales cartas o albalaes algunos fuesen despojados de sus bienes* por un Alcalde, que los otros Alcaldes *de la ciudad, o de donde acaeciese, restituyan a la parte despojada hasta tercero día, y pasado el tercero día, que lo restituyan los oficiales del Concejo.*

La fórmula de que se obedezcan, pero que no se cumplan, se emplea asimismo en viejas Leyes de Valladolid de los años 1325, 1442 y 1448, recogidas en el hecho III de la Novísima Recopilación, en relación con órdenes de las Cancillerías, Alcaldes o Jueces o de Reales cartas en las que se atente a la libertad o la posesión, sin previo vencimiento en juicio.

3. *Los órganos judiciales y los gubernativos en las administraciones especializadas*

La actuación a través de proceso es exigencia que también actúa en los que se denominan Magistrados especiales por razón de las personas, de las cosas y de las causas, y que vienen a coincidir con las actuales ramas de la Administración. Estos funcionarios son, a la vez, Magistrados o Jueces, en cuanto que conocen de la materia contenciosa que su actividad administrativa origina.

En algunos casos, y son típicos lo de la Administración Militar y los de los Reales Sitios, como el de Aranjuez, la actuación de la competencia gubernativa y la judicial no sólo viene diferenciada por razón de procedimiento, sino además por una forma especial de organización que ha de servir después como modelo a la jurisdicción administrativa napoleónica del Consejo de Estado y de los Consejos de Prefectura y de nuestro Consejo Real y Consejos Provinciales, a mediados del siglo XIX. Se trata de que la Autoridad Militar o el Gobernador de un Real Sitio no puede actuar por sí mismo la jurisdicción contenciosa, ni aun siguiendo el procedimiento judicial, sino que ha de compartirla con un técnico en Derecho, el asesor o el auditor, o bien en Consejo de Guerra ordinario o de Oficiales Generales en el que aquella autoridad tiene la Presidencia o la facultad de aprobación de la sentencia de los Consejos (Tratado 8 de las Ordenanzas Militares de Carlos III). Nada hay en esta Administración que se asemeje a una fase previa gubernativa ejecutoria revisable *a posteriori* por un órgano judicial; tanto en las causas civiles como penales, en términos generales en cualquier asunto contencioso, la Autoridad unipersonal es impotente, aun en campaña, para tomar decisiones ejecutorias. La ejecución es atributo de esta Administración, en cuanto adopta la organización judicial.

Muy claramente se desprende que lo gubernativo no es en la época una fase previa de lo contencioso, en la regulación contenida en la Ley X, título X, del Libro I.II de la Novísima Recopilación sobre las facultades respecto del Gobernador y del Letrado Gobernador del Real Sitio de Aranjuez. El Gobernador "dirigirá por sí mismo, instruyendo el expediente con los informes que estime necesarios, si los asuntos fuesen de los ordinarios o extraordinarios de su oficio, y de la clase económica o gubernativa que no exijan pericia legal o acuerdo de la Junta ... Si los tales negocios, aunque de la clase económica o gubernativa exigieren pericia en Derecho, lo pasarán al dictamen de su Teniente, que como Letrado se la dará, para que le sirva de guía y norte en estos casos, aunque no tendrá obligación de conformarse con lo que proponga, si le pareciese injusto, y *podrá mandar otra cosa, si examinado el asunto en Junta de Oficiales Reales, tuviese en abono de su opinión la mayor parte de sus vocales,* que entonces quedarán responsables de las resultas".

En cualquier caso:

> *Si los negocios fueran, por su naturaleza o circunstancia, contenciosos, o llegaren a serlo en su curso, al instante se desprenderá de ellos* y los remitirá a su Teniente para que administre justicia con total dependencia.

4. *Lo judicial y lo gubernativo en la Administración colegiada*

En los órganos colegiados que suelen ser los órganos máximos y superiores en la Administración del Antiguo Régimen, la diferencia entre lo judicial y lo gubernativo origina una diferencia orgánica peculiar, de la que todavía hay algún vestigio, si bien desnaturalizado, en la actual Administración.

La diferenciación orgánica a que aludimos es la distinción entre Salas de Gobierno y Salas de Justicia, que se da en el Consejo de Castilla, en el Consejo Supremo de Guerra y en el Consejo de Hacienda como más típico y representativos.

En líneas generales ha de admitirse que las Salas de Gobierno conocen de lo gubernativo y las de Justicia de lo contencioso, bien entendido que contencioso no supone tampoco aquí ninguna fase previa de la contienda judicial que puede originarse *ab initio* sin que haya actuado la Sala de Gobierno, o producirse la contienda en cualquier momento de la fase gubernativa, lo que obliga a esta Sala de Gobierno, no a una decisión previa, sino a una remisión del asunto a la Sala de Justicia. Buena prueba de ello es que el Consejo en Pleno resuelve con miembros de ambas Salas las cuestiones de competencia entre aquellos cuestiones de competencia que no tendrían sentido si lo gubernativo fuese siempre previo a lo judicial como ahora.

En relación con esa diferenciación se produce también una distinción entre funcionarios técnicos y letrados, con predominio de los técnicos en las Salas de Gobierno y de los letrados en las Salas de Justicia. Los auditores, oidores o Ministros togados, son mayoría en las Salas de Justicia, y los Ministros de capa y espada son mayoría en las Salas de Gobierno.

IX. CONCLUSIONES

Este excurso por el Antiguo Régimen refuerza la tesis adelantada en el trabajo inicial sobre los antecedentes del sistema contencioso de 1845, que pueden resumirse en la siguiente forma:

- El sistema responde al modelo napoleónico del Consejo de Estado y Consejos de Prefectura, entendido como jurisdicción privativa al margen del sistema de Tribunales ordinarios, fuero privilegiado, por consiguiente, y excepción al principio de unidad judicial.
- Esta jurisdicción administrativa parece directamente inspirada en la Administración Militar, en la que el órgano unipersonal de mando, la autoridad militar, ejerce solamente la función gubernativa o jurisdicción voluntaria, Co-

rrespondiendo la contenciosa a un órgano colegiado (Consejo de Guerra) que aquella autoridad preside o cuya sentencia le corresponde aprobar.

- La ejecución forzosa, en cuanto en último término implica el uso de la fuerza física sobre la libertad y la propiedad, derechos fundamentales y, al mismo tiempo, derechos civiles de los que otro sujeto está en posesión, es potestad típica del poder judicial o de órganos jurisdiccionales, y por ello ajena al núcleo de poder, salvo casos de necesidad o urgencia, de funcionarios o autoridades de otro orden.
- Históricamente, el par de conceptos gubernativo-contencioso guarda semejanza sustancial con la dualidad jurisdicción contenciosa, jurisdicción voluntaria, presentes hoy en nuestra Ley Procesal Civil y diferenciadas por la inexistencia o la consecuencia de una oposición formalizada.
- El sistema contencioso de 1845 quebrantó el principio constitucional de unidad del poder judicial al atribuir carácter judicial a determinados órganos de la Administración (Consejos Provinciales y Consejo Real); pero una vez configurados estos órganos como órganos judiciales, el sistema fue respetuoso con el otro principio constitucional de que la función de juzgar y ejecutar lo juzgado sólo reside en órganos jurisdiccionales, y que esa función excede las posibilidades de la Administración activa.

4.

INFORME SOBRE LA ADMINISTRACIÓN Y LA JURISDICCIÓN CONTENCIOSO-ADMINISTRATIVA EN EL ANTEPROYECTO DE BASES PARA UNA LEY ORGÁNICA DE LA JUSTICIA* **

SUMARIO: I. *Introducción.* II. *Delimitación de competencias entre los órdenes jurisdiccionales*: A) Jurisdicción civil y laboral. Jurisdicción contencioso-administrativa. B) Jurisdicción penal y jurisdicción contencioso-administrativa. III. *La jurisdicción contencioso-administrativa.* A) La naturaleza de la jurisdicción contencioso-administrativa y las actuales limitaciones al control judicial de la Administración Pública. B) Distribución de competencias e instancias jurisdiccionales. C) La segunda instancia y la revisión. IV *La jurisdicción contencioso-administrativa laboral.* V. *Procesos sumarios en lo contencioso-administrativo. Juicios de despojo y amparo.* VI. *La ampliación del concepto de Administración Publica a efectos de la delimitación del Ámbito de lo contencioso.* VII. *La reforma del sistema contencioso-administrativo como exigencia del concepto constitucional de jurisdicción.* VIII. *La responsabilidad civil de los funcionarios.* IX. *El sometimiento de los jueces a la Ley.* X. *El Ministerio Fiscal.* XI. *Conflictos jurisdiccionales y prejudicialidad.*

---

* Este informe fue preparado por el Seminario de la Cátedra del Profesor García de Enterría de la Facultad de Derecho de la Universidad de Madrid, siendo ponente don José Ramón Parada Vázquez, Profesor adjunto de Derecho administrativo.

** *El anteproyecto objeto del informe del Profesor Parada no culmina en Ley alguna. posteriormente se propuso y aprobó la Ley 62/1974 de 28 de noviembre, de Base orgánica de la Justicia que difería del Anteproyecto de 1967. Esta sería desarrollada parcialmente a través de un Texto articulado parcial de la Ley orgánica de la Justicia, sobre Juzgados de Distrito y otros extremos, contenido en el RD de 23 de julio de 1977. Y definitivamente sería derogada por la Ley 11/1978, de 20 de febrero.*

Ciertamente, la anterior constatación y el paso del tiempo (casi veinte años), no son obstáculos a la plena vigencia de las reflexiones generales del profesor Parada, contenidas en este artículo, como lo confirma el haber sido recogidas, algunas de ellas, en el Derecho positivo. En efecto, desde la publicación del artículo del Profesor Parada, se han producido importantes modificaciones normativas relativas a los temas en él tratados, particularmente aquellas derivadas de la Constitución de 1978 y de la Ley Orgánica 6/1985, de 1 de julio, del Poder Judicial (LOPJ). No obstante, es igualmente notable las coincidencias entre las reflexiones apuntadas en el Informe, con la evolución subsiguiente. Por otro lado, también algunas críticas conservan su plena actualidad, al mantenerse en las normas posteriores, soluciones inadecuadas rechazadas por el Profesor Parada. A unas y a otras haremos puntual mención a lo largo del Informe.

I. INTRODUCCIÓN

El Ministerio de Justicia, a través de la Sección 3ª de la Comisión General de Codificación, ha elaborado y sometido a información pública un anteproyecto de Bases para una Ley Orgánica de la Justicia, que pretende sustituya a la vieja Ley provisional sobre organización del poder judicial, de 15 de septiembre de 1870.

El Anteproyecto consta de un corto y escueto título preliminar y de 82 bases, más una Base alternativa de carácter general, distribuidas en los siguientes títulos:

Título primero: De la función jurisdiccional. *Título segundo*: De la planta y organización de los Juzgados y Tribunales. *Título tercero*: Del gobierno y administración de la Justicia. *Título cuarto:* Del personal al servicio de la Justicia. *Título quinto*: Del Ministerio Fiscal. *Título sexto:* De los Abogados y Procuradores. *Título séptimo:* De la actividad judicial.

Por la amplitud de cuestiones que esta Ley aborda afecta a todos los sectores especializados en que se encuentra actualmente dividida para bien o para mal de la ciencia del Derecho y todos ellos están llamados a opinar.

Esa amplitud y la realidad de las especializaciones, han llevado a los autores del presente informe a limitar sus observaciones a aquellos puntos en que la reforma proyectada afecta más directamente a la Administración y a su derecho específico, el Derecho administrativo, sin que ello suponga asentimiento o conformidad con las restantes bases del Anteproyecto que no son objeto de comentario. Expresamente se consigna esa salvedad sobre la regulación de la carrera judicial y fiscal: de forma especial sobre las condiciones de acceso a la misma, de las competencias que a la Administración Pública se reconocen sobre nombramiento para determinados cargos judiciales, y de la ausencia de un mínimo principio de antigobierno sobre base representativa de los propios miembros de la carrera judicial, y de participación de Corporaciones profesionales de juristas, Academias y Universidades.

II. DELIMITACIÓN DE COMPETENCIAS ENTRE LOS ORDENES JURISDICCIONALES (Base 4, apartado 7)

A) *Jurisdicción civil y laboral. Jurisdicción contencioso-administrativa*

El Anteproyecto reparte las competencias de las diversas manifestaciones del orden jurisdiccional, salvo la civil, en virtud del criterio de atribución *ex lege*, que establezcan las respectivas Leyes procesales. La jurisdicción civil se configura en cualquier caso como jurisdicción común y residual[1].

Tal sistema de reparto de competencias ofrece un gravísimo riesgo si se mantienen los criterios actuales en lo que atañe a la delimitación del orden civil y contencioso-administrativo, riesgo que consiste en una constante y progresiva reducción de las competencias de los Tribunales civiles y un correlativo aumento de las competencias

1 *Igualmente así es configurado el orden civil en la LOPJ, en su artículo 9.2:*
"Los Tribunales y Juzgados del orden civil conocerán, además de las materias que les son propias, de todas aquellas que no están atribuidas a otro orden jurisdiccional".

de la Jurisdicción contencioso-administrativa. Ello es posible porque la descripción de las competencias de ésta se hace en base a un simple criterio formal, los actos de la Administración Pública[2], con lo que basta la concurrencia del acto de la Administración, aunque resuelva conflictos entre particulares, para que su anulación haya de pedirse por la vía contenciosa. El acto administrativo tiene una especie de virtualidad taumatúrgica con fuerza suficiente para convertir la naturaleza del asunto de privado en administrativa.

Si se piensa, además, que todo acto administrativo es ejecutorio y adquiere firmeza como las sentencias judiciales firmes se comprenderá que, aunque resuelva cuestiones privadas, civiles o laborales, es obligado impugnarlo ante la jurisdicción contencioso-administrativa para destruir sus efectos con lo que se obliga a esta jurisdicción a un examen sobre el fondo.

Ocurre, además, que mientras la competencia de la jurisdicción contencioso-administrativa tiene una base firme de asentamiento, el acto administrativo, cualquiera que sea la mercancía que encubra, en ninguna parte se define lo que es una cuestión civil o los negocios civiles, definición o concepto necesario para operar como frontera frente a las actividades de la Administración y sucesivamente de límite a la jurisdicción contencioso-administrativa.

Está sucediendo, además, y cada vez con más frecuencia, que, cubierta por una legislación específica, la Administración está siendo apoderada de competencias resolutorias de conflictos entre particulares en que se ventilan intereses sustancialmente privados y en los que no existe en causa un interés directo de la Administración. Sirvan de ejemplo de estas anormales atribuciones de competencia las que tiene la Administración para resolver el derecho de réplica en materia de prensa[3], los conflictos sobre presas marítimas, para acordar desahucios de viviendas y obligar a los propietarios a reparaciones en favor de inquilinos, conflictos en materia de seguros a través del Tribunal arbitral, para resolver conflictos sobre cuestiones de propiedad industrial, expropiaciones entre particulares, etc.; indirectamente se resuelven también conflictos entre particulares con motivo del ejercicio de la potestad sancionadora de la Administración en aumento creciente por la gravedad de las sanciones y las materias que comprende.

En los casos citados y otros similares no hay una prohibición de que la jurisdicción civil conozca del conflicto, sino un apoderamiento expreso de competencias a la Administración que prácticamente implica un desapoderamiento de aquélla.

---

2 *Criterio formal a partir del cual se continúa montando la competencia de la jurisdicción contencioso-administrativa, al afirmarse en el artículo 9.4° de la LOPJ que "Los [Tribunales y Juzgados] del orden contencioso-administrativo conocerán de las pretensiones que se deduzcan en relación con los actos de la Administración Pública sujetos al Derecho administrativo y con las disposiciones reglamentarias". Precepto éste que reproduce, con mínimas variaciones, aquel otro del artículo 1.1 de la LJCA de 1956.*

3 *La Ley Orgánica 2/1984, de 26 de marzo, reguladora del derecho de rectificación ha derogado los artículos 58 a 62 de la Ley 14/1966, de 18 de marzo, de prensa e imprenta donde se regulaban los "derechos de réplica y rectificación". En la nueva Ley desaparece cualquier intervención de la Administración de resolución de los conflictos derivados del ejercicio de tales derechos, configurándose un procedimiento estrictamente jurisdiccional (Art. 4).*

Bien, pues, a través de actos dictados con incompetencia, bien en uso de competencias legales, la Administración resuelve conflictos entre particulares sobre intereses privados en número creciente con riesgo de hacer periclitar la normal competencia de los Jueces Civiles.

Se cree, por ello, que esta base ofrece la oportunidad de salir al paso de este vaciamiento de las competencias de los Jueces civiles, para lo que se estima imprescindible definir el contenido de la jurisdicción civil de una forma positiva, formal y a la vez residual. Asimismo se advierte de la necesidad de declarar ésta competencia absolutamente prioritaria respecto a la de la Administración Publica y a la de la Jurisdicción contencioso-administrativa.

Para una y otra finalidad se propone la inclusión de un párrafo dentro de esta base del siguiente tenor:

> "La jurisdicción civil será competente en los negocios sobre la aplicación del Derecho privado, las controversias entre simples particulares y todos aquellos litigios que no estén atribuidos a otro orden jurisdiccional.
>
> "La existencia de un acto de la Administración Pública decidiendo o prejuzgando una controversia entre particulares no impedirá en cualquier momento el pronunciamiento definitivo sobre la misma de la jurisdicción civil".

Precepto similar se estima debe consignarse para precisar los límites entre la jurisdicción laboral y la contencioso-administrativa sin la referencia genérica a los conflictos entre particulares ni al carácter residual, criterios propios de atribución de competencias de la jurisdicción civil[4].

B) *Jurisdicción penal y jurisdicción contencioso-administrativa*

Sin duda que el hecho más grave del estado actual de las relaciones entre la Administración y los Tribunales de Justicia, consiste en el extraordinario desarrollo de la potestad punitiva o sancionadora de la Administración en todos los órdenes de su actividad, y la congelación de la competencia represiva de los Tribunales penales a las figuras del Código penal.

Supuesto que ese reparto de las competencias punitivas parece que en el futuro ha de seguir desarrollándose en forma favorable a la Administración, se estima conveniente aprovechar la oportunidad de esta Ley para ponerle límite de alguna manera[5].

---

4 *La LOPJ, que pasa a denominar la tradicional jurisdicción laboral como jurisdicción social, define su competencia en el artículo 9.5°:*

"Los [Tribunales y Juzgados] del orden social conocerán de las pretensiones que se promuevan dentro de la rama social del Derecho, tanto en conflictos individuales como colectivos, así como las reclamaciones en materia de Seguridad Social o contra el Estado cuando le atribuya responsabilidad la legislación laboral".

5 *La potestad sancionadora de la Administración, tras la aprobación de la Constitución, puede afirmarse que ha sufrido importantísimas modificaciones, fundamentalmente su estrecho some-*

Para ello debería, en principio, reforzarse la declaración de principio contenida en el artículo 603 del Código penal de que las penas que pueden imponer las autoridades de la Administración no podrán ser superiores a las establecidas en el propio Código penal, límite hoy quebrantado por diversas Leyes especiales que permiten la imposición por vía administrativa de multas de carácter superior a las del Código, y que además permiten su conversión en penas privativas de libertad por la técnica de los arrestos sustitutorios[6]. Asimismo, deben revisarse las sanciones administrativas que suponen pérdidas de derechos íntimamente ligados a la propiedad y libertades fundamentales (cierre de establecimientos, suspensión de periódicos, etc.)[7].

La solución óptima y más acorde con las exigencias de la garantía de un Estado de Derecho sería, sin duda, trasladar lisa y llanamente la competencia de estas sanciones a los órganos de la justicia penal[8], lo que habría de hacerse previa una mayor

---

timiento a límites precisos que impidan, por un lado, su expansión (principio de legalidad y tipicidad), y por otro, su ejercicio arbitrario y discrecional lesivo a los derechos de los ciudadanos (derecho a la tutela judicial efectiva y derecho a la defensa en el seno del procedimiento sancionador). La sentencia del Tribunal Constitucional (STC) 77/1983, de 3 de octubre, es paradigmática en esta línea, en su fundamento jurídico 3°, se afirma:

"...los límites que la potestad sancionadora de la Administración encuentra en el artículo 23.1 de la Constitución, son; a) la legalidad, que determina la necesaria cobertura de la potestad sancionadora en una norma de rango legal, con la consecuencia de carácter excepcional que los poderes sancionatorios en manos de la Administración presentan; b) la interdicción de las penas de privación de libertad, a las que puede llegarse de modo directo o indirecto a partir de las infracciones sancionadas; c) el respeto de los derechos de defensa, reconocidos en el artículo 24 de la Constitución, que son de aplicación a los procedimientos que la Administración siga para imposición de sanciones, y d) finalmente, la subordinación a la autoridad judicial".

6 *La Constitución de 1978, en su artículo 23.3, establece la interdicción de la imposición por la Administración civil de sanciones privativas de la libertad:*

"La Administración civil no podrá imponer sanciones que, directa o subsidiariamente, impliquen privación de libertad".

7 *La sanción administrativa de suspensión de periódicos se contenía en el artículo 69, b), tercero de la Ley 14/1966, de 18 de marzo, de prensa a imprenta. Fue derogada expresamente por el Real Decreto-Ley 24/1977, de 1 de abril, al disponer su artículo 2, apartado 2: "Quedan suprimidas las facultades de suspensión atribuidas a la Administración por el artículo 69 de la Ley de Prensa e Imprenta". Posteriormente el referido Real Decreto-Ley, fue derogado por la Ley 62/1978, de 26 de diciembre, de protección jurisdiccional de los derechos fundamentales de la persona.*

8 *La Constitución de 1978 ha sometido a la potestad sancionadora de la Administración, no obstante el reconocimiento de su legitimidad (Art. 23.3* a sensu contrario*), a importantes limites (principio de legalidad y tipicidad; interdicción de las penas privativas de libertad; respeto de los derechos de defensa en el seno del procedimiento sancionador; y la subordinación a la autoridad judicial). La legislación postconstitucional ha operado tales límites que, por lo que ahora nos interesa, se han traducido en la reconducción de las sanciones administrativas a las multas, salvo supuestos de especial gravedad, sancionables administrativamente con mayor energía (clausura de establecimiento o suspensión de la actividad), atribuyéndose, en consecuencia, con normalidad a la jurisdicción penal la adopción de las sanciones, de mayor entidad e incidencia sobre los derechos fundamentales. Asi p. e.... la Ley 26/1984, de 19 de julio, General para la defensa de*

agilización del Ministerio Fiscal y de su mayor vinculación y coordinación a estos efectos con los órganos de la Administración que tienen atribuidas estas competencias. Los expedientes administrativos sancionadores podrían servir de cuerpo procedimental a efectos probatorios, en base a los cuales el Ministerio Fiscal sostendría la acusación, lo que permitiría simplificar al máximo la fase sumarial del proceso penal, o incluso prescindir de ella, reduciendo la actuación del Juez penal a la que

---

los consumidores y usuarios. En su artículo 36 se determinan las sanciones administrativas de multa que se corresponden con la mayor o menor entidad de la infracción cometida. Igualmente se habilita al Consejo de Ministros a adoptar el cierre temporal (no superior a cinco años) del establecimiento, instalación o servicio, como consecuencia de la comisión de infracciones de especial gravedad (Art. 36.2).

Por otro lado, otra de las especiales repercusiones constitucionales sobre el régimen jurídico de la potestad sancionadora, es la subordinación de la Administración a la autoridad judicial en su ejercicio. El Tribunal Constitucional, en la sentencia 77/1983, de 3 de octubre, ha formulado las consecuencias que se derivan de tal subordinación:

> *"la subordinación de los actos de la Administración de imposición de sanciones a la autoridad judicial exige que la colisión entre una actuación jurisdiccional y una actuación administrativa haya de resolverse en favor de la primera. De esta premisa son necesarias consecuencias las siguientes: a) el necesario control* a posteriori *por la autoridad judicial de los actos administrativos mediante el oportuno recurso; b) la imposibilidad de que los órganos de la Administración lleven a cabo actuaciones o procedimientos sancionadores en aquellos casos en que los hechos puedan ser constitutivos de delito o falta según el Código Penal o las leyes penales especiales, mientras la autoridad judicial no se haya pronunciado sobre ellos; c) la necesidad de respetar la cosa juzgada".*

La legislación postconstitucional, en línea con la doctrina del TC, ha articulado los correspondientes mecanismos de conexión entre la potestad sancionadora y la Jurisdicción penal, a través del mandato de suspensión de la tramitación del expediente sancionados o, en su caso, de la eficacia de la sanción, en tanto la autoridad judicial no haya resuelto sobre la imposición de una sanción penal sobre los mismos hechos. Así, p. e.., la referida ley 26/1984 que en su artículo 32.2 se dispone:

> *"La instrucción de causa penal ante los Tribunales de Justicia suspenderá la tramitación del expediente administrativo sancionador que hubiere sido incoado por tos mismos hechos y, en su caso, la eficacia de los actos administrativos de imposición de sanción. Las medidas administrativas que hubieran sido adoptadas para salvaguardar la salud y seguridad de las personas que se mantendrán en tanto la autoridad judicial se pronuncia sobre las mismas".*

Más allá llega la ley 29/1985, de 2 de agosto, de aguas, al establecerse el principio non bis in idem *y el sometimiento de la autoridad sancionadora a los hechos que el Tribunal hubiera considerado aprobado ("santidad de la cosa juzgada"), en el supuesto de que no se apreciare la existencia de delito o falta. En su artículo 112 se puede leer:*

> *"En los supuestos en que las infracciones pudieran ser constitutivas de delito o falta, la Administración pasará el tanto de culpa a la jurisdicción competente y se abstendrá de proseguir el procedimiento sancionador mientras la autoridad judicial no se haya pronunciado. La sanción de la autoridad judicial excluirá la imposición de multa administrativa. De no haberse estimado la existencia de delito o falta, la Administración podrá continuar el expediente sancionador en base a los hechos que los Tribunales hayan considerado probados".*

se desarrolla a través del juicio oral. De esta forma se salvarían las garantías más importantes de la justicia penal, que son, sin duda, la intervención del Juez, el principio de audiencia previa y la correspondiente apertura de las vías del recurso ordinarias de la jurisdicción penal.

Otra solución alternativa para vincular y centrar la competencia sancionatoria del Estado en los Tribunales penales podrá consistir en admitir contra toda sanción administrativa que supere los límites de las penas consignadas en el Código penal, un recurso de apelación ante los órganos ordinarios de la justicia penal, precisando la competencia de éstos en razón del domicilio del sancionado.

Cualquiera de ambas soluciones se presentan como indudable exigencia de los principios tradicionales del Derecho penal y las declaraciones sobre el carácter independiente de la justicia que se contiene en la Ley Orgánica del Estado[9], [10].

Como remedios de índole menor, respetando el *statu quo,* se sugiere la derogación expresa del principio *solve et repete*[11] en virtud del cual las sanciones impuestas por la Administración son en algunos casos irrecurribles incluso ante la propia jurisdicción contencioso-administrativa, si, con carácter previo a la interposición del recurso, no se satisface el importe de la multa. De esta forma se condiciona el ejercicio del derecho a recurrir al nivel patrimonial del sancionado, lo que resulta, ciertamente inadmisible, y que es además innecesario disponiendo la Administración del privilegio de ejecución forzosa no precisa de esa coacción indirecta, que supone la privación de la garantía judicial para el cobro de la multa.

La Ley Orgánica de la Justicia ha de abordar frontalmente la cuestión de las jurisdicciones especiales penales integradas en la Administración Publica y en especial las de contrabando y defraudación y delitos monetarios, estimándose en todo caso preferible una diferenciación orgánica dentro de los órganos penales comunes que al

---

9 *La Ley Orgánica del Estado, de 10 de enero de 1987, fue derogada por la Constitución "en tanto en cuanto no estuviera ya derogada" por la Ley 1/1977, de 4 de enero, para la Reforma Política (disposición derogatoria primera C. E.).*

10 *La declaración sobre el carácter independiente de los Jueces y Magistrados integrantes del poder judicial hoy se contiene tanto en la Constitución (Art. 117.1: "La justicia emana del pueblo y se administra en nombre del Rey por Jueces y Magistrados integrantes del poder judicial, independientes, inamovibles, responsables y sometidos únicamente al imperio de la Ley"), como en la Ley Orgánica 6/1985, de 1 de julio, del Poder judicial [artículos l°, con igual tenor que el citado 12 ("1. En el ejercicio de la potestad jurisdiccional, los Jueces y Magistrados son independientes respecto a todos los órganos judiciales y de gobierno del Poder Judicial"). 13 ("Todos están obligados a respetar la independencia de los Jueces y Magistrados"), y 14 ("1. Los Jueces y Magistrados que se consideren inquietados o perturbados en su independencia lo pondrán en conocimiento del Consejo General del Poder Judicial, dando cuenta de los hechos al Juez o Tribunal competente para seguir el procedimiento adecuado, sin perjuicio de practicar por sí mismos diligencias estrictamente indispensables para asegurar la acción de la justicia y restaurar el orden jurídico")].*

11 *El principio* solve et repete *debe entenderse derogado tras la Constitución, por suponer un requisito de acceso a la justicia incompatible con el derecho a la tutela judicial efectiva, sin que en ningún caso pueda producirse indefensión, consagrado en su artículo 24-1.*

actual sistema de integración en la Administración Pública que ha llevado, en el caso de la jurisdicción de delitos monetarios, a que sus decisiones no puedan ser revisables ni por la jurisdicción penal ni por la contencioso-administrativa[12].

III. La jurisdicción contencioso-administrativa (Bases 21, 23 y 24)

El anteproyecto, en las bases que se citan en el epígrafe, respeta la naturaleza y especial carácter de la Jurisdicción contencioso-administrativa, reduciendo, en principio, la reforma a determinadas innovaciones sobre la planta orgánica y delimitación de competencia entre los Tribunales Contencioso-Administrativos.

Se estima, en contra de ese criterio restrictivo del Anteproyecto, que la Jurisdicción contencioso-administrativa debe ser reformada con una mayor ambición y no operar en ella simples retoques parciales estrictamente orgánicos. Asimismo, se cree conveniente que esta reforma en profundidad sea abordada en sus líneas maestras precisamente en la Ley Orgánica de la Justicia, por cuanto las innovaciones que se juzgan necesarias se relacionan íntimamente con el concepto mismo de Jurisdicción y con las condiciones de acceso a la justicia administrativa, contenidos típicos de aquella Ley.

A) *La naturaleza de la jurisdicción contencioso-administrativa y las actuales limitaciones al control judicial de la Administración Pública*

La singularidad de la jurisdicción contencioso-administrativa, cuya configuración actual deriva directamente no de la reforma operada en 1956, sino de la *Ley Santamaría de Paredes,* radica en lo que se ha llamado su carácter revisor de actos administrativos, lo que, a su vez, supone una asimilación en orden a las condiciones de acceso a la justicia entre el acto administrativo y las sentencias judiciales. En otras palabras, el proceso contencioso de primera instancia guarda una evidente similitud con los procesos civiles y penales de segunda instancia, con las consiguientes limitaciones que

12 *Las jurisdicciones especiales penales integradas en la Administración Pública, después de la Constitución de 1978 (Art. 117.3): "El ejercicio de la potestad jurisdiccional en todo tipo de procesos, juzgando y haciendo ejecutar lo juzgado, corresponde exclusivamente a los Juzgados y Tribunales..."), deben entenderse suprimidas y residenciado el conocimiento de los ilícitos que entendían, ante la jurisdicción penal ordinaria, como proponía el Profesor Parada, así las de contrabando y defraudación, y la de delitos monetarios. La Ley de contrabando aprobada por Decreto de 16 de julio de 1964, que regulaba la jurisdicción administrativa de contrabando, fue derogada por la Ley orgánica 7/1982, de 13 de julio. Esta Ley modifica el régimen jurídico de esta materia, suprimiendo la jurisdicción administrativa, estableciendo los delitos (título Primero) y las infracciones administrativas (título II) correspondientes, conocidos respectivamente por los Juzgados y Tribunales ordinarios (Art. 10) y por la Administración de Aduanas (Art. 16.1).*

Por lo que se refiere a la jurisdicción de delitos monetarios, la Ley Penal y Procesal de Delitos Monetarios de 24 de noviembre de 1938, fue derogada por la Ley 40/1979, de 10 de diciembre, sobre régimen jurídico de control de cambios, posteriormente modificada parcialmente por la Ley Orgánica 10/1983 de 16 de agosto, igualmente se tipifican los delitos monetarios (capítulo II) y las infracciones administrativas (capítulo III), cuyo conocimiento se residencia ante los Tribunales (Art. 9) y la Administración (Art. 12).

son propias de los procesos de impugnación. Pero ni es esencial a la actividad administrativa el otorgamiento a los actos de la Administración de un valor jurídico similar o superior al de las sentencias judiciales, ni esencial a la justicia administrativa su carácter de jurisdicción revisora o de apelación. Se trata, por el contrario, de una solución derivada de una conocida evolución histórica frente a la que existen otras alternativas que, sin perjuicio de respetar las peculiaridades del sistema administrativo, sean más conformes con el concepto mismo de jurisdicción y con el principio de libertad de acceso a la justicia para un control plenario de la actividad administrativa, lo que es ya exigencia inexcusable en un Estado de Derecho[13].

Como las limitaciones, que constituyen notorias imperfecciones de la jurisdicción contencioso-administrativa, vienen precisamente de ser su objeto único el recurso contra actos administrativos, vedándose la posibilidad, que es normal en el proceso civil, de competencia jurisdiccional a través de un sistema de acciones, es forzoso analizar las características de los actos administrativos en relación con su acceso al control judicial.

1. *El proceso contencioso-administrativo sólo se da contra actos administrativos previos*

Ciertamente todo proceso presupone en cierto modo un acto de otro sujeto, un acto previo. Así el proceso civil no es posible en términos generales sin la negativa del demandado manifestada en el juicio de conciliación, que sirve técnicamente a esa finalidad de que el enjuiciamiento recaiga sobre un acto o una actitud de oposición previamente manifestada.

La característica del proceso contencioso no consiste tanto en la exigencia del acto previo cuanto en la rigidez de esa exigencia por una parte, y en su onerosidad por otra. Rigidez porque la regla no tiene excepción alguna frente a las generosas excepciones que existen en el proceso civil en el que es posible el acceso jurisdiccional de una pretensión, el ejercicio de una acción, sin acto formal previo o, lo que es igual, sin juicio de conciliación (Arts. 460 y 461 de la Ley de Enjuiciamiento Civil). Estas excepciones se justifican bien por razones de urgencia (juicios interdictales, sobre alimentos, juicios universales, juicios en que están interesados los menores o incapacitados para la libre administración de sus bienes, desahucio, demandas de tanteo, retracto o cualquier otra que sea perentoria y urgente), bien por una manifiesta innecesariedad del acto de conciliación en relación con la índole de la acción ejercitada (juicios verbales, juicios

13 *Con la Constitución de 1978 puede afirmarse que tal objetivo se ha visto realizado. Por un lado la libertad de acceso a la justicia se deriva del derecho a la tutela judicial efectiva, sin que en ningún caso pueda producirse indefensión (Art. 24.1 CE). Por otro, la Administración está plenamente sometida a la Ley y su actividad no escapa al control jurisdiccional, como resulta de los artículos 103 y 106:*

"Art. 103.1: La Administración Pública sirve con objetividad los intereses generales y actúa de acuerdo con los principios de eficacia, jerarquía, descentralización, desconcentración y coordinación, con sometimiento pleno a la Ley y al Derecho".

"Art. 106.1: Los Tribunales controlan la potestad reglamentaria y la legalidad de la actuación administrativa, así como el sometimiento de ésta a los fines que la justifican".

declarativos que se promuevan como incidente o consecuencia de otro juicio), o de un acto de jurisdicción voluntaria, los que se promueven contra personas desconocidas inciertas o contra ausentes que no tengan residencia conocida, juicios declarativos que se promuevan, para reclamar la nulidad del cumplimiento de lo acordado en juicio de conciliación.

Por el contrario, en el proceso contencioso no se da ninguna excepción al requisito del acto formal previo. Ninguna actitud o actividad material de la Administración por muy injusta o lesiva que sea a los derechos de los administrados puede ser examinada por el órgano judicial sin una previa petición de reforma del interesado ante la propia Administración y sin una desestimación expresa o tácita de la Administración[14]. La base gubernativa fija definitivamente los términos de la pretensión prohibiendo a través de la regla de la prohibición del *novum* que lo allí no alegado, discutido o pretendido, puede ser objeto de recurso contencioso en forma similar a la imposibilidad de un proceso de apelación en que se pretenda algo no discutido en primera instancia.

La exigencia del acto previo administrativo está gravado además con una especial onerosidad en relación con el acto desestimatorio que se manifiesta en el juicio de conciliación. Esa especial onerosidad radica en que frente a la inmediatividad con que puede trabarse el proceso civil después del juicio de conciliación, la Administración, a través de la técnica del sistema administrativo, puede demorar el proceso contencioso por un plazo mínimo de seis meses. Más aún, si ha existido a*b initio* un acto formal expreso o se ha contestado expresamente a la reclamación del particular, ni aquel acto ni esta contestación cumplen por sí mismos la exigencia del requisito procesal del acto previo, debiendo agotarse entonces la vía administrativa a través de un recurso de alzada o reposición, según proceda, lo que implica la exigencia no ya de uno, sino de dos actos administrativos previos, el inicial y el desestimatorio del recurso administrativo.

De lo expuesto es fácil deducir que el proceso contencioso está condicionado a una espera mínima de seis meses o a un doble acto administrativo, el inicial y el resolutorio del recurso administrativo, lo que le hace rigurosamente inservible, en su configuración actual, para el ejercicio de pretensiones urgentes.

---

14 *La Constitución ha operado un cambio radical en esta materia, al constitucionalizar una tabla de derechos fundamentales a los que reviste de una protección jurisdiccional reforzada (aquellos contenidos en los artículos 14 a 29, más la objeción de conciencia del artículo 30.2), a través del amparo judicial y del amparo constitucional (Art. 53.2 CE). El acceso al amparo judicial en ningún caso queda condicionado a la previa desestimación de la Administración de la reclamación del particular contra el acto administrativo lesivo de sus derechos fundamentales. En efecto, la Ley 62/1978, de 26 de diciembre, de protección jurisdiccional de los derechos fundamentales de la persona, no establece como obligatoria la vía administrativa previa. En su artículo 7.1 se dispone:*

"Para la interposición de estos recursos [recurso contencioso-administrativo contra los actos de la Administración que afecten a los derechos fundamentales enunciados] no será necesaria la reposición ni la utilización de cualquier otro recurso previo administrativo".

2. *El proceso contencioso es un proceso de apelación sin efectos suspensivos*[15]

El injustificado privilegio de retrasar sin excepción alguna el acceso del administrado ante el Tribunal adquiere todavía mayor gravedad por consecuencia de la ejecutoriedad inmediata de cualquier acto administrativo antes y durante el proceso. De esta forma al acto administrativo, a efectos de su control judicial, se le otorga mayor confianza y mayor valor que a una sentencia judicial recaída en un proceso civil o penal en los que la regla general es que la interposición de un recurso suspende la ejecución de aquélla (Arts. 369, 383 y sigs., de la Ley de Enjuiciamiento Civil y Arts. 114 y 988 de la Ley de Enjuiciamiento Criminal). En otras palabras, el acto administrativo es generalmente acto firme a efectos de su ejecución, aunque se hayan interpuesto recursos administrativos o jurisdiccionales contra el mismo.

Pero no se trata tanto de postular la derogación del principio de ejecutoriedad de los actos administrativos con motivo de la interposición de un recurso, lo que podría suponer un peligro de paralización de la acción administrativa, cuanto de ampliar las facultades de los Tribunales contenciosos para decretar la suspensión, limitada ahora a los supuestos en que la ejecución pueda causar perjuicios de difícil o imposible reparación. Se trata también de hacer posible que el órgano judicial conozca de la pretensión de suspensión desde el mismo momento eh que se produce el acto administrativo o la actividad material, cuya suspensión se pretende, sin necesidad de, interponer recursos administrativos o agotar la vía administrativa, lo que permite a la Administración demorar el conocimiento de la pretensión de suspensión por un plazo de tres meses (si es susceptible de recurso de alzada) y de un mes (si es preceptivo el recurso de reposición).

---

15 *Respecto de los actos administrativos que afectan a derechos fundamentales, la economía de la relación ejecutoriedad-suspensión ha cambiado radicalmente. En efecto, en la Ley 62/1978, de 26 de diciembre, de protección jurisdiccional de los derechos fundamentales de la persona, la suspensión de la ejecutoriedad asume el carácter de regla, bien de manera absoluta o relativa, respecto de la excepción, la plena eficacia del acto.*

En el supuesto de interposición del recurso contencioso-administrativo contra sanciones administrativas pecuniarias reguladas en la Ley de Orden público, la suspensión es automática, "sin necesidad de afianzamiento o depósito alguno" (Art. 7.5), o sea, reviste un carácter absoluto.

En los demás casos, deberá ser instalada por el interesado, bien "en el mismo escrito de interposición del recurso contencioso-administrativo, o en cualquier momento posterior" (Art. 7.2), provocando un trámite de suspensión, de resultas del cual, "la Sala acordará la suspensión del cumplimiento del acto impugnado, salvo que se justifique la existencia o posibilidad de perjuicio grave para el interés general".

Esta novedosa articulación de la relación suspensión-eficacia del acto, sumada a la no obligatoriedad del agotamiento de la vía administrativa previa, posibilita que la protección de los derechos de los particulares constitucionalizados como fundamentales, adquiera la efectividad que la propia Constitución demanda en el artículo 24.1. ("Todas las personas tienen derecho a obtener la tutela efectiva de los Jueces y Tribunales en el ejercicio de sus derechos e intereses legítimos sin que, en ningún caso, pueda producirse indefensión").

No obstante, los importantes progresos realizados tras la Constitución, la tutela judicial cautelar, como expone el profesor Parejo en el prólogo de este libro, es insuficiente fuera del ámbito reseñado, manteniendo su plena actualidad las palabras del profesor Parada.

Dicho todo ello de otra forma: el privilegio de la Administración de ejecutar sus propias decisiones, no obstante la interposición de recursos, y asimismo el peligro derivado de la existencia de una actividad de ejecución sin previo acto, exigen que las facultades de suspensión de los Tribunales se ejerciten dentro de un proceso o procedimiento específico con esa finalidad, de corte interdictal, de planteamiento inmediato, y no en la forma actual como una incidencia dentro de él y una vez que el proceso sobre el fondo se ha trabado. Además, una vez que la primera instancia del recurso contencioso ha terminado con sentencia favorable al recurrente, todavía a efectos de la situación fáctica, y mientras se sustancia la apelación, el acto administrativo sigue prevaleciendo y produciendo todos sus efectos, a pesar de una primera instancia anulatoria.

3. *Los plazos de interposición del proceso contencioso sustituyen a los plazos de prescripción de los derechos materiales*

Sin duda la más grave consecuencia de la configuración del recurso contencioso como recurso de apelación, como un proceso a un acto sentencia y no como proceso de primera instancia, consiste en que la interposición está sujeta a plazo: quince días y un mes para la vía gubernativa y dos meses contra actos expresos y un año frente a actos presuntos en la contenciosa, provocando el transcurso de los mismos, sin la interposición del recurso, que el acto se convierta en inatacable con carácter definitivo, pasando a ser lo que en la terminología legal se denomina acto firme y consentido.

La gravedad de esta solución técnica radica en que esos plazos de interposición del recurso contencioso operan como únicos plazos de prescripción de los derechos materiales resueltos por el acto administrativo. Todos los derechos y acciones contra o frente al sujeto jurídico Administración, cualquiera que sea su naturaleza o su contenido económico, prescriben de hecho a los dos meses de promovida la decisión administrativa que los desconoce o conculca, aunque el derecho material aplicable tenga previstos, como es lógico, plazos más generosos.

Si, por el contrario, el proceso contencioso se configurase, como racionalmente parece aconsejable, como un proceso de primera instancia, la única consecuencia del transcurso de esos plazos, sin interponer el recurso, consistiría en la necesidad de cumplir de nuevo el requisito del acto previo —de la misma forma que en el proceso civil es precisa la reiteración del juicio de conciliación—. De esta forma la pretensión podría ser reiterada dentro de los plazos de prescripción del derecho material sin que la pérdida de la instancia procesal, por transcurso del plazo o por interposición defectuosa del recurso, lleve consigo la extinción definitiva del derecho.

4. *El proceso contencioso-administrativo no comprende la totalidad de los actos de la Administración. Actos exentos del control judicial*[16]

Una última limitación del proceso contencioso-administrativo español viene dada por su concreción a los actos administrativos no exentos, siguiéndose de aquí la jurisdicción contenciosa no es por razón de la materia plenamente revisora de la actividad administrativa propiamente tal.

---

16 *Con la promulgación de la Constitución, como ya hemos indicado, debe entenderse derogada toda exclusión al control judicial de la actividad administrativa. En efecto, el tenor literal de*

Tres órdenes de materias están excluidas del recurso contencioso-administrativo: los llamados actos políticos del Gobierno, los enumerados en el artículo 40, enumeración no exhaustiva y los que resulta vedada su impugnación en virtud del principio *solve et repete*. Unas y otras exclusiones obedecen a causas diversas.

La exclusión de los actos políticos del Gobierno[17], según la conceptuación que de los mismos se hace en el artículo 2° de la Ley jurisdiccional, está más o menos avalada por una tradición histórica y por la existencia de una exclusión similar en el proceso contencioso-administrativo de otros países europeos. La justificación de esta exención se ha visto en la necesidad de respetar una cierta actividad del órgano supremo de la Administración, del Consejo de Ministros, caracterizada como estrictamente política, sobre lo que, por lo demás, existe una cierta unanimidad doctrinal. Por otra parte, esta excepción no es plena, ya que los perjuicios económicos que se originen como consecuencia de esa actividad se declaran indemnizables bajo control judicial.

Difícil es, sin embargo, encontrar alguna justificación sustancial diversa de la simple conveniencia del ejecutivo, a alguna de las exenciones por razón de la materia previstas en el artículo 40 de la Ley de la Jurisdicción[18], expresamente referidas en el mis-

---

la Constitución no deja lugar a dudas. La Administración está sometida plenamente a la Ley y al Derecho (Art. 103A), y los Tribunales "controlan la potestad reglamentaria y la legalidad de la actuación administrativa, así como el sometimiento de ésta a los fines que la justifican" (Art. 106.1), de tal modo que la tutela judicial ha de ser efectiva, sin que en ningún caso pueda producirse indefensión (Art. 24.1). Siendo así, todos los actos administrativos son susceptibles de revisión jurisdiccional, sin que sea legítimo constitucionalmente, el establecimiento por el legislador ordinario (e incluso su interpretación por los Tribunales), de requisitos de acceso al control judicial irrazonables, inadecuados al fin que pretende o desmesurados, como ha señalado el Tribunal Constitucional. Así pues, los tres órdenes de materias excluidas del recurso contencioso-administrativo citados por el Profesor Parada, o han sido derogados o han sufrido una profunda mutación, como se indicará respecto de cada uno de ellos.

17 *La constitucionalización de una tabla de derechos como derechos fundamentales que gozan de una protección reforzada (Art. 53.2 CE), introduce importantes modificaciones con relación a los actos políticos del Gobierno de tal modo que ni tan siquiera éstos, reducto tradicional de la exclusión del control jurisdiccional, quedan exentos. El plus valor de los derechos fundamentales (Art. 10.1 con relación al art. 1.1 CE), determina como ha declarado el Tribunal Constitucional en la Sentencia de 20 de julio de 1983, que:*

"una actividad política [del Gobierno], productora en sí de una violación de derechos o libertades (...) estaría sujeta al amparo constitucional, y previamente, al control por la vía de la Ley 62/1978, atribuido también a la jurisdicción contencioso-administrativa".

Desde otra perspectiva, el derecho a la tutela judicial efectiva (Art. 24.1 CE), debe suponer, a juicio de la doctrina más cualificada, que incluso aquellos actos políticos del Ejecutivo que afectan a derechos e intereses, no pueden quedar excluidos del control judicial, por incompatibilidad con el tenor del referido precepto constitucional que garantiza a todas las personas, "la tutela efectiva de los jueces y tribunales en el ejercicio de sus derechos e intereses legítimos sin que, en ningún caso, pueda producirse indefensión".

18 *El artículo 40 de la Ley de la Jurisdicción contencioso-administrativa, por el que se fijaban los supuestos de inadmisión del recurso contencioso-administrativo, ha sido parcialmente derogado por la Constitución, como así lo ha declarado el Tribunal Constitucional:*

mo, bien remitida su previsión a la exclusión determinada por una Ley dictada al efecto [apartado *f)*]. Difícil y peligrosa esta exención no amparada en razones de alta política, porque su admisión en la forma actual es una tentación abierta al legislador ordinario para una constante ampliación de los supuestos de actividad administrativa exenta de control judicial, sin la contrapartida, que acabamos de referir en relación con los actos políticos del Gobierno, de procedencia y control judicial de los perjuicios que aquella actividad pueda causar. Los supuestos ya excepcionales o que en lo sucesivo se exceptúen del control contencioso-administrativo vienen a constituir sectores de actividad regulados por normas sin garantía, haciéndose notar que por esta vía podría el legislador ordinario llegar a vaciar de todo su contenido y competencia a la jurisdicción contencioso-administrativa, lo que sería, con toda evidencia, rigurosamente anticonstitucional.

Con bastante evidencia aparecen también como anticonstitucionales las exenciones parciales[19] actualmente existentes, ya que las mismas, además de no estar materialmente justificadas, contradicen abiertamente lo dispuesto en el artículo 42, apartado 2, de la Ley Orgánica del Estado[20], [21], en el que se declara con carácter general, sin

---

- *el supuesto contenido en el apartado a) ("los actos que sean reproducción de otros anteriores que sean definitivos y firmes y los confirmatorios de acuerdos consentidos por no haber sido recurrido en tiempo y forma"), el TC en su Sentencia 126/1984 de 26 de diciembre, no lo estima incompatible con el artículo 42.1, en consecuencia, no puede tacharse como derogado por la Constitución;*
- *el supuesto del apartado b) ("Los actos dictados en ejercicio de la función de policía sobre la prensa, radio, cinematografía y teatro"), ya con anterioridad a la Constitución, había sido derogado por la legislación sustantiva (prensa: Ley 14/1966, de 18 de marzo; teatro y cinematografía; Ley 46/1967, de 22 de julio);*
- *los apartados c) ("Las Ordenes ministeriales que se refieren a ascensos y recompensas de Jefes, Oficiales y Suboficiales de los Ejércitos de Tierra, Mar y Aire, por* merecimientos contraídos en campaña y hechos de guerra"), y e) ("Las resoluciones que pongan término a la vía gubernativa como previa a la judicial"), no están en contradicción con la Constitución;
- *por último, los supuestos contenidos en los apartados d) ("Las resoluciones dictadas como consecuencia de expedientes gubernativos, seguidos a Oficiales, Suboficiales y clases de Tropa o Marinería con arreglo al artículo 1.011 y siguientes del Código de Justicia Militar; las demás resoluciones que tengan origen en otros procedimientos, establecidos por el mismo Código, y las que se refieran a postergaciones impuestas reglamentariamente"), y f) ("Los actos que se dicten en virtud de una Ley que expresamente los excluya de la vía contencioso-administrativa") han sido declarados derogados por el Tribunal Constitucional, por Auto N° 60, de 22 de octubre, en el primer caso, y por la STC 39/1983, de 16 de mayo, en el segundo, por su incompatibilidad con el derecho a la tutela judicial efectiva (Art. 24-1) y el pleno sometimiento de la Administración a la Ley (Art. 103-1), controlado por los Tribunales (Art. 106.1).*

19 *Tras la Constitución, como ya hemos expuesto, no caben exenciones parciales al control judicial. El juego de los artículos 24.1, 103.1 y 106.1, así lo vedan.*

20 *Derogada por la Constitución "en tanto en cuanto no estuviera ya derogada" por la Ley 1/1977, de 4 de enero, para la Reforma Política (disposición derogatoria primera C. E.)*

21 *En la Constitución, se dispone el pleno control por los Tribunales de toda la actividad de la Administración (Art. 106.1), como mecanismo que hace efectiva la vinculación de la Administración a la Ley y al Derecho (Art. 103-1), por lo que sería tachable de inconstitucional cualquier exclusión del control judicial que el legislador pudiera establecer.*

excepciones, que contra los actos y acuerdos de la Administración podrán ejercitarse ante la jurisdicción competente las acciones y recursos que procedan. El derecho de recurso es además medida de la función y competencia del poder judicial, por lo que resulta, cuando menos, muy discutible que el legislador ordinario esté constitucionalmente facultado para cercenarlo en todo o en parte. Se trata pura y simplemente de un arcaísmo inimaginable en otras jurisdicciones.

Las consideraciones anteriores son aplicables también al famoso principio *solve et repete*[22], en virtud del cual el derecho de recurso se condiciona al cumplimiento voluntario por el recurrente del mandato o decisión administrativa en materia de multas, arbitrios, contribuciones, impuestos y demás créditos definitivamente liquidados en favor de Hacienda. La exigencia del previo pago como condición del ejercicio del derecho de recurso no encuentra otra causa explicativa que la comodidad de la Administración que, disponiendo de una facultad de ejecución, encuentra en esa exigencia una vía de coacción indirecta para forzar el pago y eximirse así de las molestias del procedimiento de apremio administrativo. La inconstitucionalidad de esta limitación del derecho de recurso, por esta razón precisamente declarado anticonstitucional por el Tribunal Constitucional italiano en fecha reciente, se hace aquí más manifiesta si se considera que la misma gane en intensidad en función de las limitaciones patrimoniales del recurrente —la limitación es mayor cuanto más económicamente débil es el recurrente—, y de otra en función de la cuantía pecuniaria del acto que se pretende recurrir —a mayor cuantía más posibilidades de exención del control judicial—. En materia de multas con previsión de prisión subsidiaria[23], las consecuencias del principio *solve et repete* llevan al aberrante resultado de permitir sanciones de privación de libertad sin posibilidad de ejercitar recurso alguno, facultad que pone al alcance de simples autoridades administrativas mayores funciones y poderes que los reconocidos a los Tribunales penales.

B) *Distribución de competencias e instancias jurisdiccionales*[24]

1. *Principios generales*

Una razonable distribución de competencia entre los Tribunales contencioso-administrativos no tiene por qué obedecer a criterios generales diversos de los que admiten como convenientes en otros órdenes judiciales. Al fin y al cabo de lo que se trata es de lograr que el servicio público de garantía funcione con las máximas garantías de acierto, eficacia y comodidad de los usuarios, interés que es también del propio Estado.

---

22 *Debe entenderse derogado, según estima la mejor doctrina, en virtud de lo dispuesto en el Art. 24.1 CE que garantiza el derecho de todas las personas, con independencia de su capacidad económica, a la tutela efectiva por Jueces y Tribunales, de sus derechos e intereses legítimos, "sin que en ningún caso pueda producirse indefensión".*

23 *Posibilidad derogada por el artículo 25.3 CE que establece la interdicción de la imposición por la Administración civil de "sanciones que, directa o subsidiariamente, impliquen privación de libertad".*

24 *La planta de la Jurisdicción contencioso-administrativa, tras la Constitución y la aprobación de la Ley Orgánica 6/1985, de 1 de julio, del Poder Judicial, ha sufrido importantes modificaciones.*

---

1. *La Constitución, en coherencia con la articulación de España como un Estado descentralizado (Estado de las autonomías o autonómico –en la terminología al uso–), a partir del reconocimiento y garantía, dentro de la "indisoluble unidad de la Nación Española", del "derecho a la autonomía de las nacionalidades y regiones que la integran" (Art. 2 CE), ha procedido a una distribución del poder político, entre los distintos ámbitos territoriales (Arts. 148 y 149 CE), que sólo ha efectuado a las clásicas funciones legislativas y ejecutivas. En efecto, el Poder Judicial ha quedado al margen, al reservarse el Estado como competencia exclusiva, la "Administración de Justicié, como corolario a la configuración del Poder judicial en virtud del principio de unidad (Art. 117.5 CE). En definitiva, como así lo ha reconocido el TC, con relación al Tribunal Superior de Justicia de las Comunidades Autónomas, "no es un órgano de la Generalidad, sino del Estado y de su organización judicial" (STC 38/1982, 22 de junio), siendo así, "la relación con la Comunidad Autónoma no es una relación orgánica, sino una relación territorial que deriva del lugar de su sede" (STC 25/1981, de 14 de julio).*

   No obstante, no puede afirmarse que la organización territorial del Estado en Comunidades Autónomas sea irrelevante a efectos de su configuración. No sólo no es así, sino que la propia Constitución demanda la adaptación de su estructura y funciones a la nueva realidad autonómica. En síntesis, el dato autonómico introduce en el Poder judicial, las siguientes exigencias, como afirma Muñoz Machado (Derecho Público de las Comunidades Autónomas, Ed. Civitas, Madrid, 1984, vol. 11, pp. 39-40);

   - *"La reordenación de la planta de la Administración de Justicia de manera que se acomode a los límites territoriales de las Comunidades Autónomas.*
   - *La creación de un órgano judicial nuevo, el Tribunal superior de Justicia, que culmina la organización judicial en el ámbito territorial de la Comunidad Autónoma.*
   - *Y la adaptación de las competencias de los órganos judiciales a la nueva distribución territorial del poder, de manera que culminen en las propias Comunidades Autónomas las instancias judiciales, salvo excepción".*

2. *La Ley Orgánica 6/1985, de 1 de julio, del Poder Judicial, dictada en desarrollo de lo dispuesto en el artículo 122 CE, ha operado tal adaptación.*

   Primero, acomoda la planta de la Administración de Justicia al disponer en su artículo 30:

   "El Estado se organiza territorialmente, a efectos judiciales, en municipios, partidos, provincias y Comunidades Autónomas".

   A tales efectos, da participación a las Comunidades Autónomas en la organización de la demarcación judicial de sus respectivos territorios (Art. 35.2).

   Segundo, determina, entre otros extremos, la composición y atribuciones del nuevo órgano judicial creado por la Constitución: Tribunal Superior de Justicia de la Comunidad Autónoma (cap. III, tit. IV).

   Por último, acomoda sus competencias al nuevo dato territorial, así el Tribunal Superior de Justicia de la Comunidad Autónoma "culminará la organización judicial en el ámbito territorial de aquélla, sin perjuicio de la jurisdicción que corresponde al Tribunal Supremo" (Art. 70).

3. *La planta de la jurisdicción contencioso-administrativa derivada de la promulgación de la Constitución y de la LOPJ, podemos sintetizar de la siguiente manera:*

   - ***Tribunal Supremo*** *("es el órgano jurisdiccional superior en todos los órdenes, salvo lo dispuesto en materia de garantías constitucionales. Tendrá jurisdicción en toda Espa-*

ña..."; Art. 53). integrado por cuatro Salas (Civil, Penal, de lo Contencioso-administrativo, y de lo Social), que podrán articularse en Secciones (Art. 54). La cuarta, "Sala de lo Contencioso-administrativo del Tribunal Supremo", conocerá, de los recursos contencioso-administrativos contra actos y disposiciones emanadas del Consejo de Ministros o de sus Comisiones Delegadas, o emanadas por órganos constitucionales no administrativos en materia de personal y actos de administración (Consejo General del Poder Judicial, órganos de gobierno del Congreso de los Diputados y del Senado, del Tribunal Constitucional, del Tribunal de Cuentas y del Defensor del Pueblo), de los recursos de casación contra las sentencias contencioso-administrativas dictadas por la Audiencia Nacional o, en determinados supuestos, por el Tribunal Superior de Justicia de la Comunidad Autónoma, y, cuando así lo establezca la Ley, de los recursos de revisión (Art. 58).

- ***Audiencia Nacional,*** *con jurisdicción en toda España, estará integrada por tres Salas (Penal, Contencioso-administrativo y de lo Social). "La Sala de lo Contencioso-administrativo de la Audiencia Nacional, conocerá en única instancia de los recursos contra disposiciones y actos emanados de los Ministros y de los Secretarios de Estado, salvo que confirmen en vía administrativa de recurso o en procedimiento de fiscalización o tutela los dictados por órganos o entidades distintos, cualquiera que sea su ámbito territorial". (Art. 66).*
- ***Tribunales Superiores de Justicia de las Comunidades Autónomas,*** *en los que culminará la organización judicial en el ámbito territorial de cada Comunidad Autónoma, sin perjuicio de la jurisdicción del TS (Art. 70), su jurisdicción se extenderá al ámbito territorial de la Comunidad Autónoma de la que toma el nombre (Art. 71). Está integrado por tres Salas (de lo Civil y Penal, de lo Contencioso-administrativo y de lo Social) (Art. 72). La Sala de lo Contencioso-administrativo conocerá, de los recursos contenciosos-administrativos contra actos y disposiciones de órganos de la Administración, salvo atribución por Ley a otro órgano jurisdiccional, contra actos y disposiciones administrativas del Consejo de Gobierno de la Comunidad Autónoma, de su Presidente y de los Consejeros, salvo que confirmen en vida administrativa de recurso o en procedimiento de fiscalización o tutela los dictados por órganos o entidades distintos, contra actos y disposiciones en materia de personal y actos de administración, procedentes de los órganos de gobierno de la Asamblea legislativa de la Comunidad Autónoma y de sus Comisionados, y del recurso contencioso-electoral. Por último, en segunda instancia, de los recursos contra las sentencias dictadas por los Juzgados de lo Contencioso-administrativo con sede en la Comunidad Autónoma, así como de las cuestiones de competencia que entre éstos pudieran surgir (Art. 74).*
- ***Juzgados de lo Contencioso-administrativo,*** *radicados en cada provincia y con jurisdicción en toda ella (Art. 90), que conocerán en primera o única instancia, de todos aquellos recursos contenciosos-administrativos cuyo conocimiento no lo tengan atribuido otros órganos jurisdiccionales de este orden jurisdiccional (Art. 91).*

4. *Como se observará, la planta resultante es notoriamente diferente a aquella de la LJCA, expresamente derogada por la LOPJ (disposición derogatoria 1°) "en los particulares que regulan aquella jurisdicción y la estructura de sus órganos", y cuyo objetivo, como se formula en la Exposición de Motivos de ésta, es "poner a disposición del pueblo español una red de órganos judicial que, junto a la mayor inmediación posible, garantice sobre todo la realización efectiva de los derechos fundamentales reconocidos en el artículo 24 de la Constitución española, entre ellos, destacadamente, el derecho a un juicio público sin dilaciones indebidas y con todas las garantías".*

En este sentido se estiman como criterios centrales que han de presidir su organización los de acercamiento de la justicia al justiciable y el principio de la doble instancia. El primero permite a los que son parte en un conflicto con la Administración una reacción más pronta y al mismo tiempo más económica, evitando una congestión de trabajo en los Tribunales Centrales. El principio de la doble instancia da una mayor garantía de acierto a las decisiones judiciales.

2. *El sistema vigente*[25]

En la actual Ley de la Jurisdicción los principios enunciados no han tenido un grado de desarrollo conveniente.

En cuanto al acercamiento del órgano judicial al recurrente sólo se manifiesta, y a nivel de Audiencias Territoriales, para los recursos contra los actos de las Corporaciones locales, pues aunque la competencia de aquéllas comprende también los recursos contra actos de organismos cuya competencia no se extiende a todo el territorio nacional, la exigencia legal de agotar la vía administrativa provoca que los

---

No obstante, su plena eficacia, por disposición de la Ley (disposición transitoria trigésima cuarta), queda condicionada a la aprobación de la Ley de planta de los Juzgados y Tribunales, de tal modo que, mientras no sea promulgada ésta "los órganos jurisdiccionales existentes Continuarán con la organización y competencias que tienen a la fecha de entrada en vigor de esta Ley". Por lo que, por ahora, la Jurisdicción contencioso-administrativa continúa organizada de la manera regulada en la LJCA, y por normas posteriores.

25 *El sistema de la Ley de 27 de diciembre de 1956, de la Jurisdicción Contencioso-administrativa, fue modificado por la Ley 10/1973, de 17 de marzo, que dio nueva redacción a los artículos 10 (ámbito competencial de las Salas de lo Contencioso-administrativo de las Audiencias territoriales), 11 (reglas para la determinación de la competencia de las Audiencias territoriales), 14 (ámbito competencial de las Salas de lo Contencioso-administrativo del Tribunal Supremo), 15 (habilitación al "Gobierno del Tribunal Supremo" para que distribuya los asuntos contencioso-administrativos entre las distintas Salas de lo contencioso), 16 (composición de las Salas; división en Secciones; quorum para la deliberación o vista y fallo), 94 [supuestos en que no cabe el recurso de apelación ante el TS contra las sentencias de las Audiencias Territoriales, no obstante, en determinados supuestos (desviación de poder e impugnación de los actos de aplicación de las disposiciones generales) siempre cabía interponer tal recurso], 102 (supuestos en que son admisibles el recurso extraordinario de revisión contra las sentencias firmes del Tribunal Supremo y de las Audiencias territoriales) y 132 (declaración de pobreza a los efectos de obtener la justicia gratuita) de la LJCA.*

Otra importante modificación que ha sufrido el sistema de la LJCA, fue la creación de un nuevo órgano jurisdiccional con jurisdicción en todo el territorio nacional; la Audiencia Nacional. Creada por Real Decreto-Ley 1/1977, de 14 de marzo, posteriormente modificado por la Ley orgánica 12/1983, de 16 de noviembre, de modificación de competencias de la Audiencia Nacional. La Audiencia Nacional, en el orden contencioso-administrativo, según dispone el artículo 6 del Real Decreto-Ley 12/1977, "conocerá de los recursos que se formulen en relación con los actos dictados por órganos de la Administración Pública, cuya competencia se extiende a todo el territorio nacional y cuyo nivel orgánico sea inferior al de las Comisiones Delegadas del Gobierno, cualquiera que fuere la materia, excepto los atribuidos a las Salas de lo Contencioso-administrativo de las Audiencias Territoriales" y al Tribunal Supremo (Art. 6.2).

actos de las autoridades de los órganos inferiores o periféricos de la Administración del Estado, a través de los obligados recursos de alzada, se convierten en actos de órganos de la Administración Central (Direcciones Generales o Ministro), con los que automáticamente sólo son recurribles ante el Tribunal Supremo. Ello ha provocado también una situación de congestión de asuntos ante las Salas de lo contencioso ciertamente grave[26].

La doble instancia está asimismo notablemente limitada al no admitirse más que contra determinadas sentencias de las Audiencias territoriales (Art. 94 de la Ley jurisdiccional), las que además, y por lo que acabamos de decir, no conocen prácticamente recursos contra actos de la Administración del Estado. En resumidas cuentas, la doble instancia judicial sólo resulta de hecho admitida contra algunos de los actos de las Corporaciones locales[27].

3. *Las soluciones del anteproyecto*

Las novedades de la nueva reglamentación pueden concretarse en los siguientes extremos:

- Creación como órgano intermedio entre las Audiencias y el Tribunal Supremo de un Tribunal Central al que se atribuye competencia en materia de personal de la Administración Central, incluidas clases pasivas, materia fiscal, expropiación forzosa, propiedad industrial y responsabilidad civil de los funcionarios de la Administración del Estado.
- Ampliación de la competencia de las Audiencias a los recursos que se formulen contra resoluciones o actos de órganos cuya competencia se extiende a todo el territorio nacional, cuando se refieran a resoluciones de recursos de alzada formulados contra autoridades u organismos provinciales o regiona-

26 *La nueva redacción dada por la Ley 10/1973, de 17 de marzo al artículo 10 de la LJCA, precisamente operó la reforma de la Ley en el sentido reseñado por el Profesor Parada, potenciando el acercamiento del órgano judicial al recurrente. En efecto, las Salas de lo Contencioso-administrativo de las Audiencias Territoriales mantienen su competencia no obstante la exigencia de agotamiento de la vía administrativa, al disponerse que las Salas de lo contencioso conocerán de los recursos que se formulen en relación:*

"c) Los actos, expresos o presuntos, de Ministros, autoridades y órganos centrales de inferior jerarquía, resolutorios de recursos administrativos, incluido el económico-administrativo, y los que se dicten en el ejercicio de la función fiscalizadora sobre órganos o Entidades cuya competencia no se extienda a todo el territorio nacional, cualquiera que sea la materia a que se refiera y el contenido de la decisión que se dicte. Se exceptúan las resoluciones de los Ministros que reformasen el acto del inferior".

27 *Igualmente, en línea con lo expresado por el Profesor Parada de reforzamiento del principio de la doble instancia, la reforma operada por la ley 10/1973 de 17 de marzo del artículo 94, reforzó considerablemente la doble instancia, al elevar a regla la admisibilidad del recurso de apelación ante el Tribunal Supremo contra las Sentencias de las Audiencias Territoriales, salvo en tres supuestos formulados en la propia Ley que, no obstante, podría admitirse el recurso de apelación, cuando la sentencia verse sobre desviación de poder, o aquellas que resuelven los recursos de impugnación de los actos aplicativos de los Reglamentos.*

les, y asimismo de la responsabilidad civil de los funcionarios administrativos cuando no corresponde al Tribunal Central.

- Reducción de las competencias en primera instancia del Tribunal Supremo, Sala 3ª, a los recursos contra disposiciones de carácter general de la Administración del Estado, suprimiendo las apelaciones actuales y sustituyéndolas por un recurso de casación ante esta Sala, a la que igualmente se atribuye el recurso de revisión.

La necesidad de descongestionar el Tribunal Supremo más que el principio de acercamiento de la justicia, al justiciable, parece haber informado la ampliación de la competencia de las Audiencias Territoriales relativa a las resoluciones de recursos de alzada contra órganos de la Administración periférica del Estado. Pero, por lo que después diremos, esta ampliación parece tímida.

A su vez, la creación de un Tribunal Central pretende reducir la actual congestión de asuntos del Tribunal Supremo, que de órgano judicial ordinario en única instancia de los actos de la Administración del Estado pasa a ser, con la excepción de la impugnación de las disposiciones generales, Tribunal de casación en lo contencioso-administrativo.

Esto último sí constituye una novedad, pues de esta forma todos los asuntos administrativos se sujetan al principio de doble instancia, con excepción de los recursos contra disposiciones generales de la Administración Central. Esta innovación es, sin embargo, aventurado valorarla, pues la sustitución de la actual apelación por una casación más generalizada constituirá o no un avance positivo, según sean las características de la casación que se diseñe en la correspondiente Ley procesal. Lo que sí puede decirse es que la reforma constituirá un verdadero retroceso si se estructura la casación contencioso-administrativa sobre el modelo de la actual casación civil.

Se advierte, por último, que en la descripción de las competencias de los órganos judiciales contenciosos-administrativos se ha padecido una grave omisión, puesto que los actos de la Administración Central del Estado, fuera de las disposiciones generales y de los que se refieren a materias sobre las que se declara expresamente la competencia del Tribunal Central, no aparece atribuida su conocimiento a ningún órgano judicial de los enunciados. El error proviene, sin duda, de que la descripción de las competencias del Tribunal Central se ha realizado a través de un sistema de lista de materias, siendo así que parece diseñado para conocer de todos los actos de la Administración Central, y por ello los actos de ésta no comprendidos en la lista, y son muchos y variados, quedan sin atribución jurisdiccional.

4. *Criterios y soluciones que deben incorporarse a la reforma*

Las finalidades de desconcentración y de acercamiento de la justicia al justiciable sólo pueden alcanzarse si se establecen las reglas de que las audiencias territoriales son los órganos judiciales contencioso-administrativos de Derecho común y se abandona la idea de creación de un Tribunal Central que presupone su radicación, y con ella de la mayor parte de los asuntos contenciosos, en la capital de la nación, llevando a efecto una reforma análoga a la realizada en Francia en 1953.

Pero la regla anterior parece que no debe llevarse al límite, ni es necesario. Algún tipo de asuntos por su trascendencia o por la especial cualificación del acto del que emanan deberán seguir siendo atribuidos al Tribunal Supremo.

5. *Las reglas de distribución de competencias entre Audiencias*

La desconcentración de asuntos de los órganos centrales y el acercamiento de la justicia administrativa a los administrados requiere abandonar el principio de que la competencia del órgano jurisdiccional de primera instancia viene determinada por el lugar de la sede del órgano del que emanan el acto recurrido o en razón de su ámbito de competencia territorial.

Si tal regla se mantuviera como regla principal *y* primaria, como es obvio, la congestión de asuntos se produciría en la Audiencia Territorial de Madrid, donde tienen su sede la mayor parte de los órganos de la Administración con competencia que abarca todo el territorio nacional.

Se propone, pues, que la regla según la cual la Audiencia territorialmente competente es aquella en cuya demarcación tiene su sede la autoridad, que en virtud de su propio poder o por delegación ha tomado la decisión impugnada, pase a ser una regla residual en defecto de otras más específicas y por ello primarias. En todo caso se debe hacer constar que al efecto de esa regla residual que la interposición de un recurso administrativo no supone alteración de competencia que se determina en razón del lugar de residencia del organismo que ha dictado el acto inicial, según patrocina el Anteproyecto.

Como reglas especiales y primarias, que priman sobre la anterior, se proponen las siguientes:

- Las cuestiones relativas al dominio público y en general en materia inmobiliaria comprendida, por consiguiente, lo relativo a deslindes, expropiaciones, urbanismo, se atribuirán a la Audiencia en cuyo territorio radican los terrenos.
- Las cuestiones relativas a la aplicación de la legislación reguladora de las actividades comerciales, agrícolas e industriales y profesionales de todo orden, así como las que deriven de la legislación de intervención administrativa en "materia laboral y la aplicación de sanciones administrativas en cualquiera de las materias aludidas, deben ser de la competencia del Tribunal en el que se encuentra el establecimiento o la explotación cuya actividad está en el origen del litigio o el lugar de ejercicio de la profesión.
- Las cuestiones relativas a contratos y concesiones deben ser de la competencia del Tribunal en cuyo territorio el contrato o la concesión sean ejecutadas, bien entendido que si la ejecución tiene o ha de tener lugar más allá del ámbito territorial de un solo Tribunal, la competencia debe declararse del Tribunal en cuyo ámbito territorial tiene su sede el organismo que ha firmado el contrato.
- Las cuestiones de orden individual relativas a funcionarios deben ser de la competencia del Tribunal en cuyo ámbito se encuentra el lugar de prestación de los servicios, incluso si el acto impugnado implica cualquier forma de separación o cesación en el servicio, salvo que la decisión suponga un cambio de destino, en cuyo caso éste será el lugar determinado de la competencia.

- En materia de responsabilidad civil de la Administración, si es imputable a una resolución administrativa, el Tribunal competente será el del que corresponde conocer de la anulación de dicho acto, y si el daño causado tiene su causa en una actividad no formal, sino material, el Tribunal competente debe ser aquel en el que se localice el hecho generador.
- Por último, en los litigios relativos a decisiones individuales tomadas en materia de policía que supongan limitación en las libertades o derechos o sanciones, el Tribunal competente será el del lugar de residencia de las personas pasivamente afectadas por los actos reclamados.

Las reglas anteriores deben ser completadas con otras sobre el carácter del orden público de las reglas expresadas y correlativa prohibición de sumisiones expresas, así como por otras en que se prescriba que la competencia viene determinada por el acto inicial, sin que resoluciones posteriores confirmatorias del acto inicial al resolver recursos administrativos la alteren y sobre conexidad por demandas accesorias y excepciones.

C) *La segunda instancia y la revisión*

Para todos los pleitos contenciosos de que conocen en primera instancia las Audiencias Territoriales debería abrirse una vía de impugnación, una segunda instancia ante el Tribunal Soportuno señalar que debe respetarse el actual recurso de revisión en sus términos actuales respecto de las causas que dan lugar al recurso si la segunda instancia continúa siendo una apelación, bien con reforma de aquéllas si la segunda instancia se diseña sobre el modelo de la casación, por cuanto en ellas se entremezclan motivos previos de una revisión con otros típicos de los recursos de casación, como es sabido.

IV. La jurisdicción contencioso-administrativa laboral[28] (Bases 22 y 23)

Constituye una de las más singulares innovaciones del Anteproyecto la de excluir de la competencia de la Jurisdicción contencioso-administrativa la fiscalización de los actos de la Administración laboral, atribuyéndola al Tribunal Central y a la Sala 4ª del Tribunal Supremo que en el Anteproyecto el órgano jurisdicción supremo en materia laboral y que sustituye a la actual Sala 6ª. En otras palabras, el control judicial

28 *La jurisdicción laboral, tras la Constitución y la LOPJ, ha sufrido una transformación importante. La constitucionalización de los derechos de libertad sindical (Art. 28.1), de huelga (Art. 28.2), de negociación colectiva laboral entre los representantes de los trabajadores y empresarios, así como la fuerza vinculante de los convenios (Art. 37.1), el derecho de los trabajadores y empresarios a adoptar medidas de conflicto colectivo (Art. 37.2), y su correlato, el reconocimiento constitucional [operado en el Título preliminar de la Constitución, y que, su consecuencia, goza de una especial fortaleza frente a la reforma constitucional (Art. 168), fiel reflejo de una significación constitucional cualificada'} de la importancia estructural de los sindicatos de trabajadores y las asociaciones empresariales (al afirmarse en el artículo 7 que: "Los sindicatos de trabajadores y las asociaciones empresariales contribuyen a la defensa y promoción de los intereses económicos y sociales que les son propios. Su creación y el ejercicio de su actividad son libres dentro del respeto a la Constitución y la Ley. Su estructura interna y funcionamiento deberán ser democráticos"), por lo que ahora nos interesa, ha operado una suerte de desregulación administrativa de las condiciones de trabajo, en favor de la autonormación por los sujetos interesados.*

de la actividad administrativa laboral no sigue las reglas y principios comunes al control judicial contencioso-administrativo, separándose de éste y convirtiéndose la actual jurisdicción laboral en jurisdicción *inter privatos* en relaciones laborales y además en jurisdicción contencioso-administrativa especial.

Sin duda los redactores del Anteproyecto han pretendido concentrar en la jurisdicción laboral todo lo relativo a la fiscalización judicial de las normas de Derecho laboral sean públicas o privadas, aprovechando el carácter especializado de aquélla.

Frente a esta presunta ventaja deben hacerse notar algunos graves inconvenientes a la solución del Anteproyecto. Por una parte ello supone una ruptura en el esquema tradicional de la jurisdicción contencioso-administrativa que viene comprendida en nuestra patria y en el Derecho comparado el control entero y total de la actividad de la Administración Pública, cualquiera que sea el sector administrativo que actúe, bien entendido que todos ellos constituyen sectores especializados (militar, agricultura, impuestos, comercio, etc.), y algunos de ellos actuando sobre un fondo de materias reguladas también por el Derecho privado (agricultura, comercio, propiedad industrial, intelectual, minas, montes, etc.).

Por otra parte, las normas que regulan el funcionamiento de la Administración laboral, actuando sobre un fondo de esta índole son normas de Derecho administrativo sujetas a unos principios y a una dinámica propia diversas de la que inspiran el Derecho laboral *inter privatos,* único en el que están especializados los actuales órganos judiciales del Derecho laboral, a los que no es posible reconocer ninguna especial preparación teórica ni práctica en Derecho administrativo que justifique esa atribución. Por el contrario, esa atribución supone restar a los actuales Tribunales contencioso-administrativos algo que ya constituye materia propia de su especialización.

Por último, ha de hacerse notar que esa pretendida atribución obligaría a estos Tribunales no sólo a manejar los Ordenamientos sustantivos diversos, el laboral y el administrativo, sino también dos tipos de proceso laboral y el contencioso-administrativo.

V. PROCESOS SUMARIOS EN LO CONTENCIOSO-ADMINISTRATIVO JUICIOS DE DESPOJO Y AMPARO[29]

Una laguna que cada vez se hace más evidente en el sistema judicial español es la carencia de mecanismos ágiles, directos y eficaces para la protección de los

---

Por otro lado, la LOPJ modifica la planta de la jurisdicción de lo social, competente para conocer de los conflictos laborales. El conocimiento de tales asuntos pasará a ser conocido por las Salas de lo Social del Tribunal Supremo (Art. 59), de la Audiencia Nacional (Art. 67), del Tribunal Superior de la Comunidad Autónoma (Art. 75) y por los Juzgados de lo Social (Art. 93). No obstante, aquellas disposiciones y actos de las autoridades administrativas con incidencia en este ámbito, no escapan de la jurisdicción contencioso-administrativa por cuanto su ámbito no queda excepcionado con relación a tales normas y actos.

29 *La Constitución, indudablemente, ha supuesto un giro copernicano respecto de la situación de nuestro ordenamiento jurídico descrita por el profesor Parada en aquellos años de 1968. Como corolario al reconocimiento de una importante tabla de derechos fundamentales (capítulo II del título I), y precisamente para hacerlos operativos, establece mecanismos ágiles, directos y eficaces, como reclamaba el Profesor Parada, de protección de los derechos fundamentales. En el artículo 33 se dispone:*

"1. Los derechos y libertades reconocidos en el Capítulo segundo del presente Título vinculan a todos los poderes públicos. Sólo por Ley, que en todo caso deberá respetar su contenido esencial, podrá regularse el ejercicio de tales derechos y libertades, que se tutelarán de acuerdo con lo previsto en el artículo 161.1 a) [recurso de inconstitucionalidad contra leyes y disposiciones normativas con fuerza de Ley, interpuesto ante el Tribunal Constitucional}.

2. Cualquier ciudadano podrá recabar la tutela de las libertades y derechos reconocidos en el artículo 14 y la Sección primera del Capítulo segundo ante los Tribunales ordinarios por un procedimiento de urgencia basado en los principios de preferencia y sumariedad y, en su caso, a través del recurso de amparo ante el Tribunal Constitucional. Este último recurso será aplicable a la objeción de conciencia reconocida en el artículo 30.

3. El reconocimiento, el respeto y la protección de los principios reconocidos en el Capítulo tercero informarán la legislación positiva, la práctica judicial y la actuación de los poderes públicos. Sólo podrán ser alegados ante la Jurisdicción ordinaria de acuerdo con lo que dispongan las leyes que los desarrollen".

Dos son las vías de protección de los derechos fundamentales, frente a cualquier violación imputable a un Poder Público; el amparo jurisdiccional y el amparo constitucional. No obstante, con carácter previo a la descripción de tales vías de amparo, debe precisarse que sólo son susceptibles de tutela a través de tales mecanismos, los derechos fundamentales de la sección primera del Capítulo II del Título I de la Constitución:

- *derecho a la vida y a la integridad física y moral (Art. 15);*
- *libertad ideológica, religiosa y de culto (Art. 16);*
- *derecho a la libertad y seguridad (Art. 17);*
- *derecho al honor, a la intimidad personal y familiar y a la propia imagen (Art. 18.1);*
- *inviolabilidad del domicilio (Art. 18.2);*
- *derecho a elegir libremente la residencia y a circular por el territorio nacional, y el derecho a entrar y salir libremente a España (Art. 19);*
- *libertad de expresión (Art. 20);*
- *derecho de reunión (Art. 21);*
- *derecho de asociación (Art. 22);*
- *derecho a participar en los asuntos públicos, directamente o por medio de representantes, libremente elegidos en elecciones periódicas por sufragio universal (Art. 23);*
- *derecho a obtener la tutela efectiva de los jueces y tribunales en el ejercicio por los ciudadanos de sus derechos e intereses legítimos (Art. 24);*
- *derecho a la legalidad penal (Art. 25);*
- *derecho a la educación y a la libertad de enseñanza (Art. 27);*
- *derecho a sindicarse (Art. 28.1);*
- *derecho de huelga (Art. 28.2); y*
- *el derecho de petición (Art. 29)*

Más el derecho a la igualdad (artículo 14) y la objeción de conciencia (artículo 30), aunque ésta sólo a través del amparo constitucional.

Los demás derechos, aquellos de la sección segunda y los del Capítulo 111 (cuando sean desarrollados por la correspondiente Ley), lo serán por los cauces ordinarios de tutela judicial.

1° El amparo jurisdiccional, operado por los Tribunales ordinarios que, por lo que se refiere a la garantía contencioso-administrativa, corresponde a la Jurisdicción contencioso-administrativa, en línea por lo apuntado por el Profesor Parada. Su procedimiento de urgencia se basa en los principios de preferencia y sumariedad, regulado por la Ley 62/1978, de 26 de diciembre, de protección jurisdiccional de los derechos fundamentales de la persona. Sus características las podemos sintetizar en los siguientes extremos:

- *el amparo jurisdiccional cabe contra los actos de la administración pública, sujetos al Derecho administrativo, que afecten al ejercicio de los derechos fundamentales de la persona (Art. 6);*
- *la interposición del recurso administrativo y la consiguiente exigencia del previo agotamiento de la vía administrativa es meramente potestativo (Art. 7.1);*
- *a instancias del demandante, el tribunal decretará la suspensión de la efectividad del acto administrativo impugnado, salvo que se justifique la existencia o posibilidad de perjuicio grave para el interés general. En todo caso, la interposición del recurso contra las sanciones pecuniarias reguladas en la Ley de Orden Público, quedan suspendidas automáticamente (Art. 7.4 y 5);*
- *el procedimiento, inspirado en los principios de preferencia y sumariedad, está regulado con una sensible reducción de plazos (Art. 8);*

2° *El amparo constitucional, operado por el Tribunal Constitucional, está regulado en el Título III de la Ley Orgánica 2/1979, de 3 de octubre. Sus características más importantes las podemos sintetizar en los siguientes extremos:*

- *el recurso de amparo constitucional protege a todos los ciudadanos frente a las violaciones de los derechos y libertades originadas por disposiciones, actos jurídicos o simple vía de hecho de los poderes públicos del Estado, las Comunidades Autónomas y demás entes públicos de carácter territorial, corporativo o institucional, así como de sus funcionarios o agentes (Art. 41.2). Incluso, cabe el recurso de amparo contra las decisiones o actos sin valor de Ley emanados de las Cortes o de cualquiera de sus órganos, o de las Asambleas legislativas de las Comunidades Autónomas, o de sus órganos (Art. 42), o contra los actos u omisiones de un órgano judicial (Art. 44). Por último, de resultas de la estimación de un recurso de amparo por estimar la Sala del TC que lo ha resuelto que la Ley aplicada viola los derechos fundamentales, se elevará la cuestión al Pleno, para que, en una nueva sentencia, se pronuncie sobre la constitucionalidad de la Ley (autorrecurso de inconstitucionalidad de resultas de la admisión de un recurso de amparo) (Art. 55.2);*
- *su admisión está condicionada al previo agotamiento de la vía judicial precedente, o sea, la contencioso-administrativa ordinaria o la de amparo jurisdiccional (Art. 43.1 y disposición transitoria segunda 2);*
- *"La Sala que conozca de un recurso de amparo suspenderá, de oficio o a instancia del recurrente, la ejecución del acto de los poderes público por razón del cual se reclame el amparo constitucional, cuando la ejecución hubiere de ocasionar un perjuicio que haría perder al amparo su finalidad. Podrá, no obstante, denegar la suspensión cuando de ésta pueda seguirse perturbación grave de los intereses generales, o de los derechos fundamentales o libertades públicas de un tercero" (Art. 56.1);*
- *la sentencia que estime el amparo deberá contener alguno o algunos de los pronunciamientos siguientes:*

  "a) Declaración de nulidad de la decisión, acto o resolución que hayan impedido el pleno ejercicio de los derechos o libertades protegidos, con determinación en su caso de la extensión de sus efectos.

  b) Reconocimiento del derecho o libertad pública, de conformidad con su contenido constitucionalmente declarado.

  c) Restablecimiento del recurrente en la integridad de su derecho o libertad con la adopción de las medidas apropiadas, en su caso, para su conservación" (Art. 55.1).

Derechos fundamentales, que enfáticamente enunciados en Leyes básicas, no tienen una cobertura procesal adecuada, lo que contrasta ciertamente con el diseño de procesos especiales en materias jurídicas secundarias.

No se trata, sin embargo, con la anterior denuncia de postular la vuelta al sistema del Tribunal de Garantías Constitucionales de la II República ante el cual y a través del recurso de amparo (Arts. 44 a 53 de la Constitución de 1931) se atendió a esa necesidad con un recurso constitucional que podía darse contra actos de la autoridad administrativa, judicial o de cualquier otro orden. No se trata de volver a aquel sistema, sino de ir más allá, de superarlo precisamente a través de las más modestas técnicas de Derecho sin creación de nuevos órganos judiciales, mucho menos de rango constitucional.

Pero antes de seguir adelante veamos los remedios judiciales actuales a los supuestos de vulneración fragante por la Administración de los Derechos fundamentales.

Una vía de reacción judicial contra las lesiones de derechos y libertades fundamentales suele ser vía penal, lo que supone que no es una reacción contra la Administración, sino contra el funcionario supuesto que buena parte de los atentados a aquellos derechos se tipifican en el Código penal como delitos de los funcionarios públicos. En cualquier caso, con ser un modo enérgico de reacción, la vía penal no supone un remedio sumario por cuanto los efectos del acto administrativo como tal no se enervan, hasta que por dictarse una sentencia penal y adquirir ésta el carácter de sentencia firme, pueda entenderse el acto administrativo como nulo de pleno derecho, al amparo del artículo 477 de la Ley de Procedimiento Administrativo.

El atentado al derecho de propiedad o, en general, a los derechos patrimoniales tiene aparentemente en los interdictos contra la Administración un remedio judicial rápido y eficaz. Pero se trata de una simple apariencia por cuanto la Administración goza de privilegios en todo proceso civil que aplicados al interdicto echan por tierra su carácter de proceso rápido y sumario. En primer lugar, en el artículo 138 de la Ley de Procedimiento Administrativo no se excluye formalmente la acción interdictal contra la Administración del requisito de la reclamación previa a la vía civil, como parecería lógico, pensando que el proceso interdictal está exento del trámite de la conciliación previa. Con la exigencia de este trámite la Administración puede retrasar el proceso durante tres meses, plazo de silencio previsto en el artículo 141 de la citada Ley de Procedimiento. Un nuevo retraso de tres meses, y ya son seis, puede procurarlo el Abogado del Estado usando de su privilegio de suspender el proceso interdictal para consulta a la Dirección General de lo Contencioso, según lo previsto en el Reglamento de aquel Cuerpo de funcionarios. Por último una paralización todavía superior puede sobrevenir si la Administración plantea al Juez una cuestión de competencia al amparo y con los efectos suspensivos prevista en la Ley de Conflictos Jurisdiccionales de 15 de julio de 1948[30]. Por último, condicionada la procedencia del interdicto contra la

30 *Derogada por la Ley Orgánica 2/1987, de 18 de mayo, de Conflictos Jurisdiccionales. Esta introduce una importante modulación de la suspensión en los casos de conflicto jurisdiccional, cuando el órgano jurisdiccional está conociendo de un asunto penal o de un amparo jurisdiccional de derechos fundamentales, en tal caso no suspenderá el procedimiento. En su artículo 11 se dispone:*

Administración a que ésta haya obrado fuera de su competencia y con irregularidad en el procedimiento, forzosamente se convierte el proceso interdictal en un proceso de cognición sobre cuestiones de Derecho, lo que ciertamente no responde a su regulación procesal, diseñada pensando en la discusión de simples cuestiones de hecho.

El medio ordinario de recurrir frente a los atentados a los derechos fundamentales es el recurso contencioso-administrativo que no supone, según se ha razonado en el lugar oportuno, un medio rápido y sumario, pues es necesario agotar la vía 'gubernativa previa sin que la interposición del recurso contencioso tenga efectos suspensivos, debiendo agitarse normalmente las instancias jurisdiccionales para poder encontrar la debida reparación.

Parece claro que ante las dificultades de protección de los derechos fundamentales que por su misma naturaleza merecen una protección judicial específica, la Ley Orgánica de la Justicia haga frente a esta cuestión sentando algún principio general que permita una posterior articulación procesal.

En la situación actual de nuestros Tribunales la Jurisdicción administrativa, por razones obvias, parece como la más idónea para rendir esa función de protección inmediata y urgente de los derechos fundamentales. Basta simplemente con diseñar ante la misma en proceso específico de amparo o despojo que permita la actuación de pretensiones urgentes contra actos o actividades directamente atentatorias a derechos fundamentales, y que de una forma u otra constituyen lo que en Derecho administrativo se denominan vías de hecho por grave irregularidad en el procedimiento o manifiesta falta de competencia.

El inicio de estos procesos deberá estar liberado de las fases gubernativas del recurso o reclamación previa y podría ser encomendada su tramitación o instrucción con amplias facultades suspensivas a un Magistrado de la Sala de lo Contencioso de las Audiencias, a modo de órgano unipersonal, sin perjuicio de la competencia de aquélla para la resolución definitiva del recurso.

La terminología apuntada de recursos de amparo y despojo puede encontrar justificación sobrada en la expresividad de los propios vocablos profundamente vinculados por una tradición de siglos al sentido técnico que se pretende encarnar de nuevo. Concretamente el juicio de despojo, que figura con este nombre en la Ley II, título XXXIV del libro XI de la Novísima Recopilación, data de una Ley dada en Toro por Enrique II de Castilla en 1371, y tenía por finalidad la restitución inmediata en la posesión de quienes fueran privados de ella por cualquier autoridad o incluso por órdenes del Rey sin audiencia previa y vencimiento por derecho. El amparo es asimismo término vinculado a las más viejas tradiciones del Derecho indiano y actualmente incorporado en protección precisamente de libertades fundamentales, al Derecho de

---

"Cuando el requerimiento [de inhibición, dirigido por el órgano administrativo o jurisdiccional que se considera competente, a aquel otro que estima que no lo es] se dirija a un órgano jurisdiccional del orden penal o que esté conociendo de un asunto tramitado por el procedimiento preferente para la tutela de los derechos y libertades fundamentales previsto en el artículo 53.2 de la Constitución no se suspenderá el procedimiento, sino, en su caso, hasta el momento de dictar sentencia".

los países Hispanoamericanos es, sin duda, una de las instituciones mundialmente más conocidas y respetadas.

VI. La ampliación del concepto de Administración publica a efectos de la delimitación del ámbito de lo contencioso-administrativo[31]

Una Ley Orgánica de la Justicia que ha de dictarse muy superada ya la mitad del siglo XIX no puede dejar sin solución, como uno de los problemas capitales de nuestro tiempo, el relativo al control judicial de la actividad de numerosos entes que caracterizado o no como entes públicos, con o sin personalidad, ejercitan de hecho y de derechos potestades públicas de las que se derivan actos y consecuencias de gran trascendencia económica y social, para cuya fiscalización resultan inadecuadas los procesos civiles y la jurisdicción de este orden.

Se trata en primer lugar de los Sindicatos Nacionales[32] definidos legalmente como Corporaciones de Derecho público con poderes públicos de control en lo social y económico cuya intensidad y alcance sería superfluo ponderar. Con fundamento en la falta de integración formal en la Administración del Estado el Tribunal Supremo viene rechazando los recursos contra los actos de la Organización Sindical en cualquiera de sus esferas, órganos y corporaciones. Resulta de aquí que sólo cuando estos órganos actúan a través de relaciones civiles pueden sus actos ser judicialmente discutidos.

---

31 *El ámbito de la jurisdicción de lo contencioso-administrativo, particularmente tras la LOPJ, ha sido considerablemente ampliado a costa de la superación de su vinculación a los estrechos límites de la Administración pública* strictu sensu, *lo que se ha verificado en dos planos.*

Primero, por lo que se refiere a órganos constitucionales, no reconducibles subjetivamente al estatuto de las Administraciones públicas. En efecto, son residenciables ante los Tribunales de lo contencioso-administrativo, no sólo los recursos con relación a actos de las Administraciones públicas, sino también aquellos materialmente administrativos imputables a otros sujetos constitucionales. Así, la Sala de lo contencioso-administrativo del Tribunal Supremo conocerá "de los recursos contra los actos y disposiciones procedentes del Consejo General del Poder Judicial y contra los actos y disposiciones de los órganos de gobierno del Congreso de los Diputados y del Senado, del Tribunal Constitucional, del Tribunal de Cuentas y del Defensor del Pueblo en materia de personal y actos de administración" (Art. 58.1º); las Salas de lo contencioso-administrativo de los Tribunales Superiores de las Comunidades Autónomas, "de los recursos contra las disposiciones y actos procedentes de los órganos de gobierno de la Asamblea legislativa de la Comunidad Autónoma y de sus Comisionados, en materia de personal y actos de administración" (Art. 74.1.c).

Segundo, en cuanto a las personas jurídico-privadas a las que se les reconoce por la Administración el ejercicio de potestades públicas, p.e., concesionario de servicios públicos (Art. 126.3 RSCL).

32 *Los Sindicatos Nacionales, producto del sistema autoritario franquista, como organismos de encuadramiento obligatorio de empresarios y trabajadores, fueron extinguidos por la Ley 19/1977, de 1 de abril, sobre regulación del derecho de asociación sindical (posteriormente derogada por la Ley orgánica 11/1985, de 2 de agosto, de libertad sindical), que reconoce el derecho a crear y formar parte de los sindicatos. Su existencia era radicalmente incompatible con el régimen democrático, necesariamente reconocedor de la Libertad sindical, como así lo hace la Constitución de 1978 en su artículo 28.1.*

Toda la restante actividad que desarrollan, regida por normas cuya naturaleza de Derecho público es indudable, están sin control judicial, sin garantía jurídica propiamente tal. Es de notar, no obstante, que esta materia está en trance de revisión básica con la elaboración de una nueva Ley Sindical, que es de esperar altere esa condición jurídica de los Sindicatos.

Consideraciones similares cabe hacer respecto a la actividad de las llamadas obras sindicales[33] que desarrollan una actividad de prestación de servicio público, paralela y sustancialmente similar a la de otros entes y órganos formalmente integrados en la Administración Pública (Obra Sindical del Hogar, Educación y Descanso, Cooperación, 18 de Julio, etc.), cuya normativa, salvo en lo que afecte en su actuación a través de normas de Derecho privado, está desprovista de garantía judicial propiamente tal.

Singularmente en el sector económico cualificado por su dinamicidad sucede que la Administración del Estado comienza a reconocer la potestad de producir actos administrativos a las organizaciones privadas representativas de esferas de intereses. En este sentido surgen dos técnicas autonómicas: Por una parte la Administración utiliza los contratos como fuentes de potestades, renunciando a encontrar la legitimación integral de sus potestades en la vía del imperio. En una sociedad democrática la Administración percibe la superior eficacia de las potestades convenidas sobre las potestades impuestas. De esta forma a través de contratos instrumenta la acción pública, siendo frecuente que en esos contratos se reconozca a los interesados diversas funciones de este carácter: tales son, por ejemplo, en nuestros regímenes de acción concertada las potestades reconocidas a las empresas que firman el concierto para establecer sistemas adecuados en torno a la promoción y fomento del comercio exterior, prohibiendo determinados mercados, imponiendo marcas únicas de comercialización o fijando los precios máximos y mínimos del producto.

Una segunda vía, al margen de esta Administración por contrato, es la constitución de agrupaciones de interesados desprovista totalmente de personalidades, basadas en la técnica privada de la representación, a través de Comisiones gestoras a que se reconoce el poder de determinar la conducta económica de los agrupados.

Estas relaciones no societarias, pero sí asociativas, son típicas en Derecho agrario (Grupos Sindicales de Colonización), en Urbanismo (Juntas de Compensación), en Derecho minero (agrupación de servicios en los cotos), en montes, en comercio exterior (grupos de exportadores), etc.

En consecuencia, este vasto campo de la Administración autónoma de la economía no viene afectado por referencias subjetivas, pues los entes representativos se encuentran desprovistos de personalidad jurídica o del carácter de órganos o perso-

---

33 *Las llamadas obras sindicales, al igual que los Sindicatos Nacionales, fueron extinguidos, al devenir el régimen democrático (Ley 19/1977, de 1 de abril, reguladora del derecho de asociación sindical; y Real Decreto-Ley 31/77, de 2 de junio, por el que se extingue la sindicación obligatoria y de la cuota sindical, se reforma las estructuras sindicales y reconversión de la Administración Institucional de Servicios Socio-Profesionales), integrándose su patrimonio en la Administración Institucional de Servicios Socio-Profesionales (AISS), según se dispone en el Real Decreto-Ley 19/1976, de 8 de octubre, por el que se creaba.*

nificaciones de la Administración Pública, al ser integralmente organizaciones privadas. Se trata de un retorno incipiente al sistema gremial que requiere una respuesta adecuada de la organización judicial, cuyas bases actuales están pensadas para unos postulados jurídicos y políticos, el liberalismo del pasado siglo, en el que la asociación, el gremio y el Sindicato estaban formalmente prohibidos y penalmente castigados.

El concepto de Administración Pública que a efectos jurisdiccionales establece el artículo 1° de la Ley de la jurisdicción contencioso-administrativa impide también que las decisiones de éstos en ejercicio de los poderes reconocidos por la Administración sean residenciados ante los Tribunales de la jurisdicción por ausencia de la nota subjetiva de actos de la Administración Pública. Sin embargo, los efectos de estos actos administrativos producidos por organizaciones privadas son tan radicales y tan amparados por los exorbitantes privilegios inherentes a la acción pública, que no se puede dejar indefenso al ciudadano por meras consideraciones formalistas en torno a la ausencia de carácter público del titular de la actividad.

VII. La reforma del sistema contencioso-administrativo como exigencia del concepto constitucional de jurisdicción (Base 2)

La base 2 del Anteproyecto, recogiendo lo dicho por el artículo 31 de la Ley Orgánica del Estado, define la actividad jurisdiccional como aquella a la que está atribuida las facultades de decisión y ejecución: "La potestad jurisdiccional, juzgando y haciendo ejecutar lo juzgado, corresponde exclusivamente a los Jueces y Tribunales"[34].

El concepto no es nuevo, sino que en los mismos términos consta en el artículo 245 de la Constitución de Cádiz y ha sido recogido en todas las constituciones de nuestra patria, de donde ha pasado a la citada Ley del Estado.

En la época de su formulación este concepto respondía a la realidad del sistema jurídico con el que concordaba, pues el Estado constitucional español rechazó la idea de una jurisdicción contenciosa administrativa concedida como un fuero privilegiado y servida por funcionarios. El Decreto de 13 de septiembre de 1813, congruentemente con el concepto de jurisdicción antes expuesto y de su atribución exclusiva a los Jueces y Tribunales, declaró de la competencia de éstos en todos los litigios en que fuera parte la Administración, incluida la materia fiscal.

El establecimiento en 1845 de una jurisdicción contencioso-administrativa concebida como un fuero privilegiado y servida por funcionarios y políticos se hizo, por consiguiente, sin amparo alguno en —más bien en contra— el concepto constitucional de jurisdicción. Ello explica que una de las primeras medidas de la evolución de 1868 fuera precisamente su derogación y la atribución pura y simple, por segunda vez, de los pleitos contencioso-administrativos a los Tribunales comunes.

---

34 *Siguiendo la tradición constitucional, se contiene en la Constitución de 1978 en su artículo 117.3, un precepto similar en el que se dispone:*

"El ejercicio de la potestad jurisdiccional en todo tipo de procesos, juzgando y haciendo ejecutar lo juzgado, corresponde exclusivamente a los Juzgados y Tribunales determinados por las leyes, según las normas de competencia y procedimiento que las mismas establezcan"

La restauración posterior de la jurisdicción contencioso-administrativa por la Ley Santamaría de Paredes y la evolución del sistema hasta nuestros días han llevado de nuevo a una discordancia con el concepto constitucional de jurisdicción, dadas las virtualidades decisorio ejecutorias reconocidas a los actos de la Administración en materia sancionadora y en los litigios, conflictos y controversias sobre derechos en que se enfrentan la Administración y un particular e incluso dos particulares, según antes hemos expuesto.

Esos poderes decisorio ejecutorios de la Administración son superiores, como vimos, a los de un órgano judicial de primera instancia. Asimismo, para concluir es oportuno insistir que siendo ello pura consecuencia y efecto reflejo del sistema contencioso-administrativo, el punto central de la reforma ha de ser precisamente el evitar que de su articulación técnica se derive el reconocimiento a la Administración, de modo general e indiscriminado, la facultad de juzgar y hacer ejecutar lo juzgado, o al menos y como alternativa compensadora, se robustezcan notablemente los poderes judiciales de control[35].

VIII. La responsabilidad civil de los funcionarios (Bases 22 y 25)

Otra innovación de Anteproyecto de sentido diverso de la anterior es la de atribuir a la Jurisdicción contencioso-administrativa el conocimiento de una materia que no ha sido hasta ahora de su competencia y que no le es propia, cual es la de los pleitos sobre responsabilidad civil de los funcionarios públicos. La atribución se hace en favor de las Salas de las Audiencias y del Tribunal Central[36].

Presumiblemente la causa de esta atribución se encuentra en la circunstancia de que en las cuestiones de responsabilidad civil se entremezclan como datos del proceso, datos de hecho y de derecho, pertenecientes al orden civil y administrativo, máxime cuando el acto o la actividad de un funcionario en cuanto tal pueda dar origen a responsabilidad personal del funcionario o a responsabilidad de la Administración. Es evidente por ello, y dada la formación básica de toda la Magistratura en Derecho privado, que los Tribunales Contenciosos están especialmente cualificados para conocer de estos pleitos.

El razonamiento anterior, sin embargo, no es suficientemente justificativo de la atribución, debiendo señalarse, con lo cual pierde ya parte de su fuerza, que argumen-

35 *La reforma de la Jurisdicción Contencioso-administrativa, de acuerdo con las exigencias constitucionales, aún no ha culminado con la promulgación de una nueva Ley de la Jurisdicción de lo Contencioso-administrativo que constituya a la Ley de 1936. No obstante, puede afirmarse que uno de los grandes retos que esa nueva Ley deberá resolver, en línea con la reflexión del Profesor Parada, son la articulación de mecanismos de protección cautelar del objeto litigioso, como correlato necesario al reconocimiento a la Administración de las potestades de autotutela. Particular intensidad asume tal exigencia con relación a los actos que afectan a los derechos fundamentales.*

Por otro lado, ciertamente como consecuencia del derecho a la tutela judicial efectiva (Art. 24.1 CE), y el sometimiento pleno de la Administración a la Ley y al Derecho, y el consiguiente control judicial (Art. 103.1 y 106.1 CE), de acuerdo con la interpretación del TC, la futura Ley deberá articular la plenitud del control jurisdiccional, derogando expresamente aquellas excepciones contenidas en la LJCA de 1936.

36 *Los pleitos sobre responsabilidad civil de los funcionarios públicos, hoy continúan residenciados ante los Tribunales civiles, ya que la LJCA no ha sufrido modificación en el sentido propuesto por el Anteproyecto.*

tos similares justificarían la atribución a los Tribunales contenciosos-administrativos de competencia para juzgar los delitos de los funcionarios públicos con motivo y ocasión del desempeño de su cargo o al menos de algunos de ellos, como la prevaricación, exenciones ilegales, usurpaciones de competencias, nombramientos ilegales, etc., en que el tipo criminal viene dado, pura y simplemente, en función de conductas que suponen vulneración de normas de Derecho administrativo.

Si se observa, además, que el proceso administrativo actual tiene como presupuesto la existencia de un acto administrativo y de una vía gubernativa previa, y que sus trámites procesales están pensados para la Administración Pública en posición de demandada se comprenderá que esa atribución de competencias obligan, cuando menos, al diseño de un proceso especial que ha de estar forzosamente inspirado en el proceso civil por tratarse al fin y al cabo de una cuestión y de un pleito entre simples particulares.

Las anteriores observaciones parece que deben ser ponderadas antes de adoptar una solución definitiva.

IX. El sometimiento de los jueces a la ley (Base 2, apartado 2)[37]

Se recoge en este punto una regla tradicional del Derecho público moderno. Sólo la Ley, entendiendo por tal la norma o el acto emanado del poder legislativo vincula

---

37 *Recogido expresamente en la Constitución (Art. 117.1: "La justicia emana del pueblo y se administra en nombre del Rey por Jueces y Magistrados integrantes del poder judicial, independientes, inamovibles, responsables y* ***sometidos únicamente al imperio de la Ley"),*** *y desarrollado por la LOPJ, en un doble sentido. Por un lado, reiterando el sometimiento de los Jueces y Magistrados a la Constitución y al imperio de la Ley (Art. 1). Por otro, la* ***vinculación*** *más fuerte de los Jueces y Tribunales a la Constitución frente a las normas infraconstitucionales, y a la Ley frente a los Reglamentos, si bien, sus facultades en el seno de aquella primera relación cuando se trata de una Ley, es distinta a las que puede ejercitar en el seno de esta otra.*

1° En el artículo 5 de la LOPJ se articula el referido principio de la vinculación más fuerte de los Tribunales a la Constitución:

> *"1. La Constitución es la norma suprema del ordenamiento jurídico y vincula a todos los Jueces y Tribunales, quienes interpretarán y aplicarán las leyes y los Reglamentos según los preceptos y principios constitucionales, conforme a la interpretación de los mismos que resulte de las resoluciones dictadas por el Tribunal Constitucional en todo tipo de procesos".*

2° De resultas de tal principio, cuando al Juez o Tribunal le surjan dudas razonables respecto la constitucionalidad de la Ley que ha de aplicar en la resolución del caso concreto, deberá promover la cuestión de inconstitucionalidad ante el Tribunal Constitucional:

> *"2.Cuando un órgano judicial considere, en algún proceso, que una norma con rango de ley, aplicable al caso, de cuya validez dependa el fallo, pueda ser contraria a la Constitución, planteará la cuestión ante el Tribunal Constitucional, con arreglo a lo que establece su Ley Orgánica" (Art. 5).*

3° Facultades diferentes se les reconocen cuando se trata de un Reglamento contrario a la Constitución o a la Ley. En este caso, los Jueces y Tribunales están habilitados para proceder a su inaplicación, de resultas de un previo juicio de validez, por virtud de lo dispuesto en el artículo sexto:

> *"Los Jueces y Tribunales no aplicarán los Reglamentos o cualquier otra disposición contrarios a la Constitución, a la ley o al principio de jerarquía normativa.*

al Juez o Tribunal. Negativamente esto comporta que el Juez no está vinculado por las normas emanadas del ejecutivo de la Administración, en otras palabras, por los Reglamentos. Sólo la norma-Ley vincula de tal forma que el Juez no puede admitir que ese extremo se discuta en el proceso ni plantearse de oficio la cuestión de su validez. El Reglamento vincula solamente al órgano judicial en la forma de los actos jurídicos válidos, lo que supone la posibilidad de verificar su validez o legalidad.

Este principio, que deriva del Ordenamiento constitucional y formulado por vez primera en el artículo 92 de la Constitución de 1869, está recogido en el artículo 27 de la Ley de Régimen Jurídico y cuya versión tradicional es la del artículo 7 de la Ley Orgánica vigente al decir que "los Jueces y Tribunales no aplicarán los Reglamentos generales, provinciales o locales que están en desacuerdo con las Leyes". Se opina que esta regla debe recogerse expresamente en la nueva Ley e incluso matizarla para dejar bien sentado que la vinculación de los Jueces directamente a la Ley implica poderes positivos de verificación de la legalidad y, en general, de la validez de todo tipo de normas sin aquel carácter de Ley, y por ende la facultad que debe ser formulada como un deber elemental de Juez de no acatamiento o aplicación de las disposiciones y Ordenes que estén en desacuerdo con las Leyes o estén afectas de cualquier otro vicio que afecte gravemente a su validez.

X. EL MINISTERIO FISCAL (Base 2, apartado 3, y base 68)[38]

El Anteproyecto sigue manteniendo los equívocos que, sin duda por un complejo proceso de acarreo histórico, se han producido en torno a esta figura del Ministerio Fiscal, y cuya propia denominación —fiscal viene de fisco— ya nada tiene que ver con sus actuales funciones.

Entre esos residuos históricos que empañan y desfiguran la institución sobresalen la asimilación funcionarial y de carrera y formación de los propios Jueces la tendencia a convertirse en fiscalizadores del funcionamiento judicial (Base 68, 3, 1), es decir, de inspectores de los propios Jueces, y a una cierta tendencia a participar en exceso de la Majestad del Estado con la adopción genérica para sus miembros de la denominación de Fiscales del Reino, fundamentalmente pretenciosa y que no corresponde a la realidad. Decimos esto porque todos los funcionarios del Estado, todos los Jueces, lo son del Reino o del Estado, y lo que de todos es predicable, no puede ser solamente atributo o calificativo de una minoría.

Residuo histórico es también la configuración del Fiscal como defensor de la legalidad a través de una transmutación de fisco o fiscalidad por legalidad. Actualmente afirmado el principio de sometimiento del Juez a la legalidad es éste el verdadero aplicador y defensor de la legalidad, el verdadero órgano imparcial por esencia. El Minis-

38 *En la Constitución de 1918 se hace mención al Ministerio Fiscal en el artículo 124, dentro del Título VI relativo al Poder Judicial. En el referido precepto se define la misión que se le encomienda: "1. El Ministerio Fiscal, sin perjuicio de las funciones encomendadas a otros órganos, tiene por misión promover la acción de la justicia en defensa de la legalidad, de los derechos de los ciudadanos y del interés público tutelado por la ley, de oficio o a petición de los interesados, así como velar por la independencia de los Tribunales y procurar ante éstos la satisfacción del interés social*

terio Fiscal cumple simples funciones de servicio público (tutelares en el Derecho de las personas y familia, ejercicio de la acción pública en el Derecho penal), permitiendo así que el proceso responda a determinados principios (rogatorios y contradictorios), pero en todo caso tales funciones no son propiamente jurisdiccionales. De aquí que exista una contradicción evidente entre los principios de jerarquía funcional y de legalidad e imparcialidad.

Basta, se insiste, con un órgano neutral e imparcial que es el Juez; pero para que pueda serlo es indispensable que las demás partes del proceso sean iguales sin que ninguna de ellas esté revestida de poderes públicos cualificados. El ensalzamiento equívoco del Ministerio Fiscal, su pretendida neutralidad e imparcialidad en el fondo lo que suponen es una merma de neutralidad e independencia del propio Juez.

Por ello la institución del Ministerio Fiscal se estima que debe ser rigurosamente administrativizada. Configurarlo como un puro y simple servicio público con funciones tutelares y de ejercicio de acciones públicas, dependiente además de la Presidencia del Gobierno, rompiendo todo tipo de vinculaciones orgánicas y de carrera entre Jueces y Fiscales y destacando su función de simple parte en el proceso.

XI. CONFLICTOS JURISDICCIONALES Y PREJUDICIALIDAD (Base 8 y Base 6)[39]

Al remitirse a una Ley especial nada se dice de esta base sobre el procedimiento y garantía a seguir en la resolución de los conflictos entre la Administración y los Tribunales, bien entendido que la cuestión relativa al órgano con competencia resolutoria de los conflictos está ya resuelta por el artículo 57 de la Ley Orgánica, que atribuye esa función al Jefe del Estado[40 41]. Queda, pues, sin decidir constitucionalmente los aspec-

39 *Ley de 17 de julio de 1948, relativa a Conflictos Jurisdiccionales, ha sido recientemente derogada por la Ley orgánica 2/1987, de 18 de mayo, de Conflictos jurisdiccionales. Como se indica en su Exposición de Motivos, las principales novedades introducidas, responden a la necesidad de adecuar el régimen jurídico de los Conflictos Jurisdiccionales a las normas constitucionales:*

1° La resolución de tales conflictos deja de ser competencia del Jefe del Estado, pasando a atribuirse a un órgano de composición mixta formado por representantes del Poder Judicial y del Consejo de Estado;

2° Se amplían los órganos legitimados para plantearlo, de acuerdo con la nueva estructura descentralizada del Estado: Comunidades Autónomas y las distintas Administraciones Locales;

3° Se procede a la simplificación del procedimiento de resolución de los conflictos.

40 *La Ley Orgánica del Estado de 10 de enero de 1967, por la derogada por la Constitución "en tanto en cuanto no estuviera ya derogada" por la Ley 1977, de 4 de enero, para la Reforma Política (disposición derogatoria primera C.E.).*

41 *En la Ley orgánica 2/87, de conflictos jurisdiccionales, se deroga la atribución al Jefe del Estado de la resolución de tales conflictos, en coherencia con su posición constitucionalmente reconocida, diametralmente opuesta a aquella que ostentaba bajo el régimen autoritario. En el artículo 56.1 CE se le reconoce un papel arbitral y moderador de las instituciones, al afirmarse que:*

"El Rey es el Jefe del Estado, símbolo de su unidad y permanencia, arbitra y modera el funcionamiento regular de las instituciones, asume la más alta representación del Estado español en las relaciones internacionales, especialmente con las naciones de su comunidad histórica, y ejerce las funciones que le atribuyen expresamente la Constitución y las leyes".

tos de asesoramiento técnico y de procedimiento, sobre lo que debería pronunciarse la Ley Orgánica de la Justicia, pues a ésta afectan sustancialmente.

En este punto del asesoramiento del Jefe del Estado en el actual sistema la única garantía técnica es el dictamen del Consejo de Estado. No obstante, se estima que este asesoramiento debe ser abandonado por la elemental razón de que el Consejo de Estado es un puro y simple órgano de Gobierno y Administración, si bien especialmente cualificado (artículo 40 de la Ley Orgánica), y por ello puede informar con neutralidad en los conflictos en que es parte la Administración frente a los Tribunales. Lo mismo cabría decir si para resolver las cuestiones de competencia se recabase únicamente el informe del Consejo judicial. Nótese, por lo demás, que en el Consejo de Estado no hay la menor representación judicial. Se sugiere por ello que en los conflictos entre la Administración y los Tribunales el actual dictamen del Consejo de Estado sea sustituido por el de un órgano rigurosamente neutral, creándose con esta finalidad una comisión paritaria de Consejeros de Estado procedentes del Cuerpo de Letrados y de Magistrados del Tribunal Supremo, que podría ser presidida por el Presidente o Vicepresidente de las Cortes[42]. Esta comisión haría las veces en el orden técnico del Tribunal de Conflictos que funciona en otros países europeos. '

Se hace notar también la conveniencia de consignar en esta base que no hay posibilidad de conflictos entre la Administración y la jurisdicción contencioso-administrativa por razones obvias.

Asimismo debe aprovecharse la regulación del sistema de conflictos y de prejudicialidad para afirmar el principio de plenitud de jurisdicción del Juez penal, principio contradicho en la actualidad por el artículo 15 de la Ley de Conflictos Jurisdiccionales[43] y por una reciente jurisprudencia de la Sala 2ª del Tribunal Supremo.

El artículo 15 de la Ley de Conflictos permite a la Administración plantear a los Tribunales penales cuestiones de competencia en base a la presunta existencia en el proceso penal de cuestiones previas administrativas y con ello paralizar o incluso dejar sin efecto el proceso penal. Esta facultad de la Administración ha servido fundamentalmente como fórmula de protección de los funcionarios públicos acusados de delito, sobre todo en aquellas etapas históricas en que no estaban vigentes las técnicas de la llamada garantía administrativa o autorización para procesar a funcionarios.

La Sala 2ª del Tribunal Supremo, en pronunciamiento reciente (auto de 29 de octubre de 1968), ha sentado de hecho la anómala doctrina, anómala en relación con la tradición de nuestro Derecho y del Derecho comparado, de que los Tribunales penales no tienen competencia para entender de las denuncias contra funcionarios públicos

---

42 *La Ley orgánica 2/87, ha configurado un órgano de resolución de los conflictos jurisdiccionales de composición mixta, representantes del Poder judicial y del Consejo de Estado, y presidido por el Presidente del Tribunal Supremo (Art. 38.1 LOPJ), similar al propuesto por el Profesor Parada, si bien no se trata de un órgano consultivo sino plenamente resolutorio del conflicto, que, a mayor coincidencia, lleva la denominación de Tribunal de Conflictos de Jurisdicción (Art. l).*

43 *La plenitud de jurisdicción del Juez penal ha sido salvaguardada por la Ley orgánica 2/87, al derogarse la posibilidad de que la Administración pueda plantear cuestiones de competencia al Juez penal en base a la presunta existencia en el proceso penal de cuestiones previas administrativas*

cuando el examen de los hechos imputables comporta una valoración o calificación de actos administrativos que como tales tienen abierta la posibilidad de su revisión jurisdiccional a través de recursos administrativos y contenciosos-administrativos. Se funda tal doctrina en que el examen por el Tribunal penal de tales actos, aunque ello sea a les solos efectos penales de responsabilidad de los funcionarios, comportaría una intromisión de la jurisdicción penal en la contencioso-administrativa.

El error de esta decisión judicial se hace patente con sólo advertir que los delitos de los funcionarios públicos presuponen siempre actos y actuaciones administrativas y como tales revisables por vía administrativa y contenciosa: negar por ello la posibilidad de un directo enjuiciamiento penal equivale a hacer imposible la misma responsabilidad penal de los funcionarios públicos y hacer tabla rasa de los correspondientes tipos del Código penal. De nada vale argüir en contra de lo expuesto que la competencia del Juez penal sería siempre posterior al pronunciamiento de la jurisdicción contenciosa, pues de una parte los delitos de los funcionarios son perseguibles de oficio y de otra los actos administrativos son revisables a instancia de parte: de aquí que se haría en todo caso depender la acción pública y la virtualidad y cumplimiento del Código penal de comportamientos privados de carácter voluntario, como son el ejercicio de los recursos administrativos y contenciosos.

SEGUNDA PARTE

ADMINISTRACIÓN Y JURISDICCIÓN PENAL

5.
LA RESPONSABILIDAD CRIMINAL DE LOS FUNCIONARIOS PÚBLICOS Y SUS OBSTÁCULOS: AUTORIZACIÓN PREVIA, PREJUDICIALIDAD ADMINISTRATIVA Y CUESTIONES PREVIAS*

SUMARIO: I. *Introducción.* II. *La autorización para proceder en Francia.* III. *El arrêt Pelletier y la interdicción de enjuiciamiento de actos administrativos por los Tribunales.* IV. *Prejudicialidad y vía de conflicto en Francia. La plenitud de jurisdicción del juez penal.* V. *La crítica de Dicey al sistema francés y los principios del Derecho inglés.* VI. *La autorización previa en España.* VII. *La prejudicialidad administrativa y sus problemas.* VIII. *Las llamadas cuestiones previas.* IX. *Dos últimas aplicaciones de la doctrina de la cuestión previa de la jurisprudencia de conflictos.* X. *Conclusiones.*

I

Uno de los problemas de mayor gravedad en la ciencia del Derecho administrativo es el de la garantía del administrado. La preocupación por este problema ha tenido en parte recientemente un feliz desenlace con la reforma de la jurisdicción contencioso-administrativa en 1956 y la regulación unitaria de los recursos administrativos en la Ley de Procedimiento administrativo de 1958. La doctrina ha trabajado ampliamente sobre estos textos y este esfuerzo sobre una regulación de por sí amplia y generosa ha plasmado en recientes pronunciamientos de la jurisdicción contencioso-administrativa, por los que se revela la intención de desenvolver toda la potencialidad contenida en las nuevas y fundamentales fuentes del Derecho administrativo. El acto administrativo impugnado va siendo fiscalizado en sus más recónditos secretos: el fin y la causa. Otro tanto podemos afirmar de la potestad reglamentaria de la Administración, antes sólo controlada por medios indirectos.

---

* Publicado en *Revista de Administración Pública,* N° 31, Madrid, enero-abril 1960, pp. 95-149.

Desde el punto de vista de las relaciones entre los diversos poderes del Estado, la característica más sobresaliente de la nueva jurisdicción contencioso-administrativa es su carácter judicialista. La misma Exposición de Motivos de la Ley Reguladora lo afirma en términos que no admiten duda: "La Ley es judicialista, siguiendo la orientación que impuso la Ley de 5 de abril de 1904, en cuanto confía la jurisdicción contencioso-administrativa a verdaderos tribunales encuadrados en la común organización judicial e integrados por magistrados profesionales, con los deberes e incompatibilidades propios de los mismos". Una compensación, a mi juicio, había de tener esta quiebra en la forma tradicional de entender el principio de división de poderes y el sometimiento total de la Administración, precisamente en su actividad propia y específica, a la fiscalización de los tribunales. Esta compensación no podía ser mejor ni más lógica que la que la propia Ley ha actuado completando la formación penalista y civilista, de estilo liberal, con una formación iuspublicista de los que han de ser jueces del actuar administrativo. Ha aparecido con ello un nuevo tipo de magistrado, al que aplicándole la terminología que García de Enterría[1] propugna para el nuevo tipo de jurista del que tan necesitados estamos en la coyuntura actual, podríamos denominar magistrado de Estado. Parece como si ante la aparición de ese nuevo tipo de magistratura la Administración se desnudara con naturalidad, sin resto alguno de su viejo y absurdo pudor, para someterse a un examen y control, que hace un siglo hubiese sido considerado como un atentado gravísimo a uno de los principios informadores de la organización del Estado.

La amplitud de la fiscalización contencioso-administrativa, con ser importante, no es el único medio para lograr el sometimiento de la Administración al Derecho y una mayor garantía del administrado contra el abuso administrativo. Es necesario que se complete con la revitalización de los propios sistemas de fiscalización administrativa, por medio de la revisión de oficio, de la que es preliminar un buen funcionamiento de los servicios de inspección y control. Pero, sobre todo, y esto es primordial en la materia, es necesario su complemento con la actualización de la responsabilidad civil, penal y disciplinaria de los funcionarios. Olvidar el tema de la responsabilidad de los funcionarios públicos es olvidar que el acto administrativo y la norma reglamentaria emanan de una persona física, el funcionario. Hacer procesos a los actos y a las normas, en demasía, olvidando las personas de quienes emanan, puede resultar tan absurdo como los antiguos procesos para ajusticiar a las cosas y a los animales. Y es que existe una indudable relación cuantitativa entre los procesos a los actos y los procesos a las personas de quienes los actos emanan. Al aumentar los procesos a aquéllos disminuyen los procesos a éstas, y al contrario, puede afirmarse, que los procesos a las personas, y ello es lógico pues se suprime la causa productora, en cuanto aumentan hacen disminuir la necesidad de los procesos a los actos. El índice de la proporción vendrá dado por el ordenamiento jurídico según las facilidades o los obstáculos que establezca para las acciones contra los actos o contra las personas. Hauriou[2] señaló refiriéndose al derecho francés que "históricamente el artículo 75 de la Constitución

1 García de Enterría: "Reflexiones sobre los estudios de derecho", en *Revista de Educación*, núm. 5°, noviembre-diciembre de 1952.

2 Hauriou: *Precis de Droit Administratif,* 12 ed., París, 1933, p. 23.

del año VII y la garantía de los funcionarios son la causa, al menos en la misma medida que el principio de separación de los poderes, de la canalización en nuestro derecho en la teoría del acto; toda la exigencia de represalias ha encontrado su satisfacción en el recurso contra el acto y en las acciones de indemnización contra la Administración". Por ello nos parece oportuno señalar el peligro que para la Administración Pública puede derivarse de que la garantía del administrado sea sólo a costa de la anulación de actos y reglamentos administrativos y de las condenas por daños contra la Administración. Y a una inseguridad en la actuación administrativa y a una molestia continua para el administrado conducirá, de manera inevitable, el desarrollo mongólico de la jurisdicción contencioso-administrativa y el raquitismo, por otra parte endémico en nuestro Derecho, de los varios aspectos de la responsabilidad de funcionarios. Por aquel desarrollo y esta atrofia la garantía del administrado corre el riesgo de convertirse en una relación de "continuado tejer y destejer actos y reglamentos" entre la jurisdicción contencioso-administrativa y la Administración en la que, aparte de la carga que supone la impugnación para el administrado, la única perjudicada sería la propia Administración Pública.

El tradicional abandono del tema de la responsabilidad de los funcionarios públicos en la doctrina ha tenido por causa primordial el cultivo separado de la parte que a cada cual afecta por administrativistas, penalistas, civilistas y procesalistas. Este tratamiento particularizado, no ha plasmado en un estudio unitario imprescindible para un tema de tal envergadura y trascendencia.

En la praxis judicial la tímida actitud de los tribunales ha estado, en parte, condicionada por los obstáculos, que examinamos en este estudio, derivados de un mal entendimiento de la doctrina de la separación de poderes. En materia de responsabilidad criminal la autorización para proceder contra funcionarios y las llamadas cuestiones previas administrativas han sido los parapetos de siglo y medio de irresponsabilidad, y si bien la irresponsabilidad de los funcionarios goza de una desgraciada tradición en nuestra Patria, es en nuestro tiempo, ante la existencia de masas burocráticas antes no imaginables, cuando el problema adquiere extrema gravedad. Pero en buena parte también la timidez de los jueces ha sido condicionada por la complejidad del fenómeno administrativo, cada día en aumento, sin que por otro lado aumentase la preparación iuspublicista de la carrera judicial. Téngase presente en prueba de este aserto que el delito de prevaricación administrativa del artículo 358 del Código penal y el artículo 377 relativo al uso ilegal de la potestad reglamentaria son en vía penal un paralelo de la impugnación de actos y reglamentos en la vía contencioso-administrativa. Ambos delitos implican que el juez penal ha de pronunciarse sobre la justicia y legalidad de actos y reglamentos administrativos, como supuestos de la sanción penal, en la misma forma que el tribunal contencioso-administrativo, y si para éste es ya incuestionable la especialidad en derecho público, con mayor motivo ha de serlo para el juez penal, que además de aplicar la pena puede provocar la nulidad del acto administrativo por el juego automático de la nulidad de pleno derecho contemplada en el apartado b) del artículo 47 de 1a Ley de Procedimiento Administrativo.

Recientemente la Ley de Régimen Jurídico ha abordado el problema de la responsabilidad penal de funcionarios y, afirmamos, que con escasa fortuna. Las normas contenidas en sus artículos 44 a 49 no pasan de ser declaraciones de principios ya contenidos con anterioridad en nuestro ordenamiento. La preocupación primordial de la Ley de Régimen Jurídico parece ser más la de la garantía del funcionario que la del administrado al establecer tribunales de mayor rango que los que correspondan por razón del delito. Nada, sin embargo, dice la Ley, sobre la especialidad administrativa de los magistrados que han de componer las Salas, ni sobre los jueces instructores, a pesar de que en la especialidad de unos u otros más que en la mayor categoría de los tribunales ha de descansar lógicamente, en mayor medida, la garantía del funcionario y del administrado así como la real efectividad de la responsabilidad criminal.

A un buen deseo responde, sin duda, el párrafo 2° del artículo 35 al establecer que "en ningún caso será requisito indispensable para la apertura y validez del procedimiento judicial el consentimiento previo de la autoridad administrativa". Pero tampoco en esto introduce la Ley novedad alguna en nuestro Derecho. La autorización previa para proceder contra los funcionarios públicos fue ya derogada por la Constitución de 1869 y con responder esta institución a un mal entendimiento, ya superado por el Derecho francés de donde se toma, del principio de división de poderes, no comporta un obstáculo tan regresivo para la virtualidad de la responsabilidad criminal como el *arbitrado por la Ley de Conflictos de 17 de julio de 1948* al regular las cuestiones previas administrativas en su artículo 15.

Nuestro estudio se va a ceñir, pues, a estos dos obstáculos a las acciones penales contra funcionarios públicos. El estudio paralelo de las mismas cuestiones en el Derecho francés no lo efectuamos por motivos de simple especulación erudita, sino porque nuestro sistema no puede ser concebido y valorado correctamente sin esta referencia. Ello se debe a que las fuentes francesas han sido las inspiradoras de las originarias soluciones positivas y doctrinales de nuestra Patria.

II

La autorización previa para proceder contra funcionarios o "garantía administrativa" tiene en Francia un viejo antecedente en las evocaciones. Con el nombre de evocaciones se denominó en el *ancien régime* los supuestos en que estando conociendo de un asunto de su competencia los Parlamentos judiciales, el Rey llamaba a su Consejo el conocimiento del negocio, previa noticia que le era dada por el intendente. En unos casos se trataba de asuntos administrativos en los que surgían litigios que, por no haberse hecho previa reserva de competencia a favor de la jurisdicción administrativa del intendente y del Consejo Real, se recurría a este sistema. Otras veces, se trataba de asuntos de derecho privado en los que se encontraba implicada alguna cuestión de interés público o bien procesos civiles y penales seguidos ante los Parlamentos contra funcionarios de la Administración Real. En este último supuesto con la técnica de las evocaciones se conseguían en el *ancien régime* los mismos efectos que después de la Revolución se habían de conseguir con la vía de conflicto hasta 1828 y con la garantía administrativa hasta 1870. La afirmación vale en cuanto a la responsabilidad criminal, pero no es exacta en cuanto a la civil como veremos.

Tocqueville[3] nos describe con extraordinaria claridad las causas y funcionamiento de las evocaciones en el *ancien régime*. Un capítulo dedica a la cuestión y lleva un título de por sí bastante expresivo: «Que la justice administrative et la garantie des fonctionnaires sont des institutions de l'ancien régime". Dice Tocqueville «que no había país en Europa donde los tribunales ordinarios dependiesen menos del Gobierno que en Francia; pero tampoco había país donde los tribunales de excepción estuviesen más en uso. Entre estos dos hechos había una relación evidente. Como el Rey no podía apenas hacer nada sobre la suerte de los jueces; de manera que el Rey no le podía revocar ni cambiar de lugar, ni siquiera corrientemente elevar de grado; en una palabra, no les sujetaba ni por ambición ni por miedo por lo cual se sintió pronto molesto con esta independencia. Esto le había llevado... a sustraerles el conocimiento de los negocios que interesaban directamente a su poder, y a crear para su uso particular, al lado de ellos, una especie de tribunal más dependiente, que presentaba a este respecto alguna apariencia de justicia sin serlo en realidad". Refiere, también, Tocqueville que durante el último siglo de la Monarquía el Gobierno del Rey después de haber dictado alguna disposición, pocas eran las veces que omitía consignar una fórmula por la que establecía que los litigios a que la disposición diera lugar serían excluidos del conocimiento de los tribunales y llevados ante los intendentes y el Consejo. La fórmula ordinaria era la siguiente: «Ordonné en outre Sa Magesté que toutes les contestations qui pourrons survenir sus l'execution du présent arrêt, circunstances et dependances, seront portées devant l'intendant, pour être jugées par lui, sauf appel au conseil. Defendons à non cours et tribunaux dén prendre connaissance". La práctica de las evocaciones surge precisamente respecto de las materias regidas por leyes y costumbres viejas en las que no se tomó la medida precautoria de esta cláusula de reserva de competencia. En estos casos —sigue diciendo Tocqueville— «le Conseil intervient san cesse par voie d'évocation, enléve d'entre les mains des juges ordinaires l'affaire où l'administration est intéressée, et l'attire à lui".

La técnica de las avocaciones se emplea para toda clase de asuntos y entre ellos, como decíamos, para sustraer al conocimiento de los tribunales los procesos contra funcionarios.[4] «Lorsque les tribunaux de l'ancien régime —sigue diciendo Tocqueville—[5] voulaient poursuivre un représentant quelconque du pouvoir central, il intervinait d'ordinaire un arrêt du conseil qui soustrait l'accusé à sea juges et le renvoyait devant des commisaires que le conseil nommait; car, comme l'ecrit un conseiller d'ètat de ce temps-là, un administrateur ainsi attaqué aùt trouvé de la prévention dans l'esprit des juges ordinaires, et l'autorité du roi eût été compromise. Ce sortes d'evocations n'arrivaient pas seulement de loin en loin, mais tous les jours, non-seulement à propos des principaux agents, mais des moindres". Refiere Tocqueville a este respecto un ejemplo elocuente. Un capataz de "puentes y caminos" había maltratado a un paisano y era por ello perseguido ante los tribunales. El Consejo reclama el asunto y el ingeniero jefe en escrito confidencial al intendente le dice que, en efecto, el capataz «est

3 Alexis de Tocqueville: *L'Ancien Régime et la Revolution*. Edición de Obras Completas. Gallimard, París, 1952, pp. 123 y ss.

4 Waline: *Droit Administratif*, Sirey. París, 1957, p. 615.

5 Alexis de Tocqueville, *op. cit.*, pp. 126 y ss.

très-reprensible, mais ce n'est pas raison pour laisser l'affaire suivre sen cours; car il est de la plus grande importance pour l'administration des ponts et chaussés que la justice ordinaire n'entende ni ne reçoive les plaintes des corvéables contra les piqueurs des travaux. Si cet exemple était suivri, ces travaux seroient troublés par des procès continuels, que l'animosité publiqué qui s'attache à ces fonctionnaires feroit naître".

Condenada bajo la Revolución la práctica de las avocaciones al establecer la Constituyente de 1789 el derecho que la sociedad tiene «a pedir cuenta a todo agente de su administración", una Ley de 14 de diciembre de 1789 vuelve, en cierto modo, a aquella práctica condicionando el ejercicio de cualquier acción contra un empleado público a la previa autorización, que había de conceder el Directorio del Departamento. En esta Ley el antecedente más inmediato en el nuevo Estado del artículo 75 de la Constitución del año VIII: «Los agentes del Gobierno, excluidos los ministros, no podrán ser perseguidos por hechos relativos al ejercicio de sus funciones sino en virtud de una decisión del Consejo de Estado. En este caso la persecución tiene lugar ante los tribunales ordinarios". La idea de la protección del funcionario no es un invento de los revolucionarios, pero sí lo es la técnica de naturaleza preventiva por medio de la que esta protección se articula frente al sistema de evocaciones que suponía una protección *a posteriori* y que no implicaba una protección con carácter general para todos los funcionarios. Tocqueville,[6] para quien la institución de la garantía administrativa es nefasta porque la intervención «de l'administration dans la justice déprave les hommes et rend á les rendre tout á la fois révolutionnaires et serviles", en su afán de demostrar que la Revolución no había comportado tantos cambios como en la época se afirmaba, advierte también respecto de esta institución que tampoco supone una novedad: «Les administrateurs ont encore coutume d'appeler le privilége que leur est accordé par cet article une des grandes conquêtes de 89; mais en cela ils se trompent également, car, sous l'ancienne monarchie, le gouvernement n'avait guère moins de soin que de nos jours d'eviter aux fonctionnaires le dèsagrèment d'avoir à se confesser à la justice, comme de simples citoyens. La seule difference essencielle entre les dux époques est celle-ci: avant le Révolution, le gouvernement ne pouvait couvrir sea agents qu'en recourant à des mesures illegales et arbitraires, tandis que depuis il a pu légalement leur laisser violer les lois".

La excepción del artículo 75 referente a los ministros se explica por existir en el momento de promulgarse la Constitución del año VIII el sistema especial de *empeachment* para exigirles responsabilidad según el artículo 12 de la Constitucionalidad de 12 de julio de 1795: «Los ministros pueden ser acusados por la Cámara de diputados por crímenes cometidos en el ejercicio de sus funciones. En este caso son juzgados por el Senado". Además de los ministros, y a partir de 1818, el último artículo de las sucesivas leyes presupuestarias introduce una nueva excepción y quedan en virtud de ella excluidos los agentes de finanzas con ocasión de la percepción ilegal de impuestos.

El principio de la garantía administrativa del funcionario recibía una doble sanción: la de orden penal que gravitaba sobre los oficiales de la policía judicial o del Ministerio público o los jueces que después de la reclamación de parte y con

---

6 *Op. cit.*, pp. 125-126.

voluntad de violar la ley, infringían el artículo 75, lo que implicaba incurrir en las responsabilidades de los artículos 127 y 128 del Código Penal; y la que incidía sobre los actos judiciales comportando la nulidad absoluta del procedimiento en base al quebrantamiento de una norma considerada de orden público, sin que ello implicara perjuicio para las partes que podían ejercitar de nuevo sus demandas una vez cumplida la formalidad.[7]

Por contra, la falta de autorización no podía ser alegada como apoyo para el planteamiento de una cuestión de competencia por la Administración. Para que ésta pudiera elevar el conflicto, era y es necesario que entrara en colisión con los tribunales para pretender conocer de una cuestión cuya última resolución le correspondiera. Sin embargo, con autorización o sin ella, los únicos competentes para declarar la responsabilidad civil o criminal eran y son los tribunales. El artículo 3° de la Ordenanza de 1 de junio de 1828 prohíbe expresamente la elevación del conflicto por la falta de autorización. Ducrocq[8] señala que esta prohibición se explica por la circunstancia de que el tribunal es competente en cuanto al fondo, circunstancia que hace desaparecer, como hemos dicho, los elementos jurídicos constitutivos del conflicto jurisdiccional. Una consecuencia de importancia se derivaba de esta prohibición y es la de que a la autoridad judicial correspondía la última palabra sobre la aplicación del artículo 75.

El artículo 75, que escapa a la derogación de conjunto de la Constitución del año VIII, fue objeto durante su vigencia de encontradas críticas. Los defensores sostenían que protegía el ejercicio normal de las funciones públicas evitando la subordinación a los tribunales de las autoridades y agentes del poder ejecutivo. Por contra, los impugnadores alegaban que era contrario al principio de igualdad ante la ley, atribuyendo al funcionario la libertad de todos sus actos. Dice Moreau[9] que "si los actos son legales y justos, los funcionarios nada tienen que temer de la competencia judicial; y si sus actos son ilegales o injustos, es necesario que sean juzgados como tales... Para evitar la injusticia es suficiente con descubrir al autor real del acto; es esta una tarea que no sobrepasa las facultades de los tribunales judiciales". Laferrière[10] describe el estado de opinión que hizo posible la derogación con estas palabras: «La protection donnée aux actes administratifs n'a jamais été impopulaire en France, où l'on' n'a admis à aucune époque que le pouvoir exécutif fut subordonné au pouvoir judiciaire. Au contraire, la protection accordé aux personnes, l'impunité trop souvent assurée á des fautes ou á des délits qui n'avaient rien de commun avec l'exercice de la puisance publique, a jeté un profond discrédit sur l'article 75 de la Constitution de l'an VIII. Vivement attaqué sous la Restauration, remis en question devant les Chambres sous le gouvernement de Juillet, condamné sous second Empire par des manifestations unanimes de tous les représentants de l'opinión libérales, le système de l'autorisation préalable davait fatalement succomber avec le gouvernement qui

---

7 Ducrocq, *Cours de Droit Administratif et de Législation Française des Finances,* París 1900, tomo tercero, pp. 336 y ss.

8 *Op. cit.,* pp. 337 y ss.

9 *Moreau, Droit Administratif.* Fontemoing, París, 1909, p. 1.087.

10 Laferrière, *Traité de la Juridiction Administratif et des recours contencieux,* París, 1896, p. 640.

en avait le plus tendu les ressorts. Il fallait d'ailleurs que la réaction contra cette institution fùt bien vive, pour que le governement de la Défense nationale se crût obligé d'abroger, par son décret de 19 septembre 1870, l'article 75 de la Constitution de l'an VIII, au moment oú il prenait lui-même la responsabilité du pouvoir dans les circonstances les plus difficiles; il fallait que cette reáction fùt bien générale pour qu´en 1871, la commission chargée par l'Assamblée nationales d'exercer un contrôle sévère sur tous les actes législatifs du Gouvernement provisoire, n'ait éléve aucune objection contre le maintien de cette reforme".

El artículo 1° del Decreto-Ley de 19 de septiembre de 1970 estableció: «Se deroga el artículo 75 de la Constitución del año VIII. Se derogan igualmente todas las otras disposiciones de leyes generales o especiales teniendo por objeto o fin impedir los procedimientos dirigidos contra los funcionarios públicos". Estas otras disposiciones a que el Decreto-Ley hace referencia son aquellas que dictadas con posterioridad al artículo 75 y respondiendo a un fin de rapidez y simplificación concedían a determinadas autoridades administrativas, dependientes del Ministerio de Finanzas, la facultad de conceder la autorización. Estas autoridades en ningún caso podían denegarla, correspondiendo siempre la denegación al Consejo de Estado. El artículo 2° del Decreto-Ley, temiendo que la garantía derogada originase excesivas acciones infundadas contra los funcionarios, prescribió que "serán posteriormente establecidas las penas a que puede haber lugar en interés público contra los particulares que hayan dirigido denuncias temerarias contra los funcionarios".

La jurisprudencia inmediatamente posterior al Decreto-Ley, interpretándolo correctamente, acoge las demandas dirigidas contra los funcionarios públicos. Desaparece con esto una de las más graves causas de inferioridad que Dicey había señalado en el Derecho continental respecto del anglosajón, carente de esta *protection of officcials,* y compensadora en el orden de la garantía patrimonial del administrativo del principio anglosajón de irresponsabilidad de la corona. Pero bien pronto el funcionario encontrará un sucedáneo a la garantía desaparecida, lo que nos induce a pensar que la tendencia a buscar una protección contra la responsabilidad es una constante en el Derecho continental, derivada, sin duda, de la dinámica misma del principio de división de poderes, tal como lo entendieron los revolucionarios, es decir, como prohibición a los tribunales de entender de cuestiones administrativas, entendido el concepto en el más amplio sentido y no en el restringido de «administrar".

III

Lo cierto es que esta aproximación del Derecho francés al anglosajón va a durar sólo tres años. Por el célebre *arrêt Pelletier* de 26 de julio de 1873, la interdicción a los tribunales de conocer del acto administrativo, será el nuevo parapeto del funcionario. La cuestión que motiva el *arrêt Pelletier* es la siguiente: Un tribunal de Senlis se declara competente para conocer de una demanda por daños motivada por la prohibición de un periódico ordenada por el comandante general y el prefecto de Oise. El Tribunal rechaza la declinatoria propuesta por el prefecto. Sustanciada la competencia el Tribunal de Conflictos por el *arrêt* citado resuelve la competencia a favor de la Administración basándose en la prohibición que, en virtud del principio de separación de poderes, es hecha a los Tribunales para conocer de los actos administrativos. [11]

El *arrêt* Pelletier interpretando de esta forma el Decreto-Ley de 1870 había conseguido el efecto bien imprevisto para éste, como señala Ducrocq,[12] de que en adelante no habría autoridad administrativa ni judicial competente para conocer de las acciones dirigidas contra los agentes del Gobierno por hechos relativos al ejercicio de sus funciones. «El Decreto-Ley de 1870 —dice— ha dado el poder de apreciación a los Tribunales en todos los casos o, de lo contrario, es necesario reconocer no solamente que no les ha concedido nada, sino que les ha privado de la facultad de conocer en aquellos casos en que el Consejo de Estado acordaba la autorización de proceder». Por su parte, Waline[13] refiere que en las conclusiones expuestas ante el Consejo de Estado en 1918, el comisario del Gobierno, León Blum, decía abiertamente que la interpretación dada al Decreto-Ley de 1870 por el *arrêt* Pelletier era un error, pero que la jurisprudencia era tan constante que no cambiaría.

---

11 La parte argumental más importante del "arrêt Pelletier» tomada de Ducrocq, *op. cit.*, p. 341, es la siguiente: «Considerando que el conjunto de estos textos establecía dos prohibiciones distintas que, derivando una y otra del principio de división de poderes a fin de asegurar su exacta aplicación, se referían a objetos diversos y no producen las mismas consecuencias desde el punto de vista de la jurisdicción; que la prohibición hecha a los tribunales judiciales de conocer de los actos de la Administración Pública de cualquier naturaleza que sea constituye una regla de competencia absoluta y de orden público, destinada a proteger el acto administrativo y que encuentra su sanción en el derecho conferido a la autoridad administrativa de proponer la declinatoria y de elevar el conflicto de atribuciones...; que la prohibición de perseguir a los agentes del gobierno sin autorización previa, destinada sobre todo a proteger a los funcionarios públicos contra las persecuciones temerarias, no constituía una regla de competencia, pero producía un efecto de no-admisibilidad, constituyendo un obstáculo a todos los procedimientos dirigidos contra estos agentes por unos hechos relativos a sus funciones...; que este efecto de no admisibilidad se refería únicamente a los tribunales judiciales y no podía nunca dar por parte de la autoridad administrativa a un conflicto de atribuciones. Considerando que el decreto emanado del Gobierno de la Defensa nacional que deroga el artículo 75 de la Constitución del año VIII, así como todas las otras disposiciones de leyes generales o especiales que tenían por objeto impedir los procedimientos dirigidos contra los funcionarios públicos de todo orden, no ha tenido otra finalidad que la de suprimir la no-admisibilidad resultante del defecto de autorización, con todas sus consecuencias legales, y de dar así a los tribunales judiciales toda la libertad de acción en los límites de su competencia; pero que no ha tenido por consecuencia extender los límites de su jurisdicción, de suprimir la prohibición que les es hecha, por otras disposiciones distintas de las especialmente derogadas por el decreto, de conocer de los actos administrativos y de prohibir, en su caso, a la autoridad administrativa el derecho de proponer la declinatoria y elevar el conflicto de atribuciones, ya que una tal interpretación sería inconciliable con la ley de 24 de mayo de 1872 que, instituyendo el tribunal de conflictos, consagra de nuevo el principio de separación de poderes y las reglas de competencia que de él se derivan".

12 Ducrocq: *op. cit.*, p. 342.

13 Waline: *op. cit.*, p. 346.

Llegados a este punto nos interesa precisar que si bien en el orden de la responsabilidad civil del funcionario las afirmaciones anteriores son exactas y que del *arrêt* Pelletier arranca una evolución singular, no puede, sin embargo, predicarse lo mismo de la responsabilidad criminal. Respecto de ésta el Decreto-Ley de 1870 supone un paso adelante, en cuanto que suprime un auténtico obstáculo a la exigencia de responsabilidad criminal, sin que la doctrina del *arrêt* Pelletier juegue como sucedáneo de la garantía administrativa suprimida. Y ocurre así por los motivos que iremos viendo a lo largo del trabajo y que en síntesis anticipada reducimos a los siguientes: a) El principio de plena jurisdicción del juez penal unida a la consideración de éste como guardián de las libertades individuales; b) La regulación restrictiva de los supuestos en que la Administración puede, en materia penal, elevar el conflicto de atribuciones; c) La consideración por el Tribunal de Conflictos del delito del funcionario como falta personal, separable de las funciones y que, por consiguiente, al menos hasta 1918 en que el *arrêt* Lemonnier admite la teoría de la acumulación, no podía en ningún caso llevar consigo la responsabilidad del Estado.

Pero si la evolución que la doctrina sentada por el *arrêt* Pelletier se manifiesta ante todo en el orden de la responsabilidad civil, su estudio interesa para una mayor comprensión del problema de la responsabilidad criminal, ya que por tratarse de cuestiones íntimamente relacionadas, hasta el punto de que un mismo hecho puede dar origen al nacimiento simultáneo de ambas, haciendo claridad sobre aquélla se comprenden mejor las singularidades de ésta. Justificado, pues, el tratamiento de la responsabilidad civil, de dos condiciones va a depender, en adelante, su admisión respecto de las acciones ejercitadas por los particulares.[14]

1° De que la Administración haya o no elevado el conflicto para poner al funcionario al abrigo del procedimiento civil.

2° Elevado el conflicto por la Administración, de la calificación que el Tribunal de Conflictos haga del hecho imputado.

Esta última circunstancia ha llevado a este Tribunal a clasificar los actos del funcionario en dos categorías: falta personal y falta de servicio, correspondientes, según terminología más precisa inspirada en el efecto producido, a la de falta separable o no separable del ejercicio de las funciones.

Pero el sistema de protección por la vía del conflicto comportaba una injusticia evidente. No pudiendo el funcionario elevar el conflicto por sí mismo su cobertura quedaba a merced de la discrecionalidad del prefecto. Este podía dispensar la protección a unos y negarla a otros funcionarios según actualizase o no su facultad de elevación del conflicto. Para remediar esta situación una Ley de 12 de septiembre de 1941 aprobando el Estatuto de Funcionarios dispone, que «en el caso en que un funcionario haya sido perseguido por un tercero por falta de servicio, y donde el conflicto de atribuciones no haya sido elevado, la colectividad pública debe cubrir al funcionario de las condenas civiles pronunciadas contra él".

14 Waline: *op. cit.*, pp. 618 y ss.

Por consiguiente, si el conflicto no ha sido elevado, y el funcionario es condenado, la Administración debe reembolsarle del importe de la condena, obligándose con ello indirectamente a la Administración a la elevación del conflicto.

Restablecida la legalidad republicana por la Ordenanza de 9 de agosto de 1944 se declara la nulidad del precepto transcrito, pero es textualmente reproducido por el artículo 14 de la Ley del Estatuto General de Funcionarios de 19 de octubre de 1946.[15] Las críticas al precepto han sido unánimes. Waline[16] señala que "el artículo 14 descansa en la presunción de que el Tribunal de Conflictos habría dado al funcionario mayores garantías de buen juicio sobre esta cuestión que el Tribunal civil. Partir de tal principio es perder completamente de vista la razón misma de la institución del conflicto positivo y la razón particular de la intervención del Tribunal de Conflictos en la apreciación de las faltas separables o no separables, en la forma en que este razonamiento es hecho por el *arrêt* Pelletier... En principio, el conflicto positivo es instituido en interés exclusivo de la Administración, interés absolutamente distinto del de sus agentes..."

Estas expresiones de Waline prueban nuestro aserto de que en el Derecho continental si se suprime la protección directa, el funcionario, en su tendencia hacia la irresponsabilidad, encuentra un sucedáneo en la cobertura que facilita la vía del conflicto de atribuciones. También nos servirán para tener un criterio con que valorar nuestro estado actual en la materia, en el que la vía del conflicto ha sido hasta tal punto prostituida, que ha servido no ya para cubrir la responsabilidad civil del funcionario, sino, lo que es más grave, la misma responsabilidad criminal.

IV

El estudio que hemos efectuado sobre la garantía del funcionario en Francia no nos aclara nada más que la mitad del problema. Afirmábamos que el funcionario no sólo ha encontrado su cobertura en la llamada garantía administrativa, sino que la función misma que desempeña le ha brindado otra suerte de protección. Este nuevo proteccionismo es el resultado de la conjunción y " transacción entre dos cuestiones íntimamente enlazadas y en cierto modo opuestas: por un lado, el principio de la división de poderes tal como lo entendieron los revolucionarios, y la necesidad, por otra parte, para el juez represivo, por exigencia de la misma naturaleza de los tipos penales, de conocer de los actos y disposiciones administrativas. Así ocurre que si el principio de división de los poderes en lo que afecta a las relaciones Tribunales penales-Administración se interpreta como interdicción a aquéllos de conocer de los actos administrativos se producen dos órdenes de consecuencias:

---

15 A su vez, el artículo 11 del vigente estatuto de funcionarios de 4 de febrero de 1959, en su párrafo 2°, establece al respecto: "En el caso de que un funcionario haya sido demandado por un tercero por falta de servicio y en tanto el discernimiento de la competencia no haya sido resuelto, la Administración deberá, en la medida en que la falta personal no sea imputable al funcionario, resarcible de las condenas civiles contra él dictadas".

16 Waline: *op. cit., p.* 629.

—En los delitos o faltas que pueden cometer los particulares con motivo de la infracción de actos y reglamentos administrativos se les priva de un medio de defensa importante, cual es el de alegar y poder ser apreciado por el juez la ilegalidad del acto o reglamento cuya infracción se le imputa como presupuesto de la sanción penal.

—En los delitos que pueden cometer los funcionarios referentes al ejercicio de sus funciones administrativas se niega la jurisdicción que al juez represivo atribuye el Código Penal, ya que precisamente la cuestión de fondo comporta el examen de una actuación administrativa.

Para evitar estas dos consecuencias es preciso partir del otro término de la alternativa y entender la división de poderes entre los Tribunales criminales y la Administración como simple interdicción a aquéllos de "administrar", pero atribuyéndoles plenitud de jurisdicción para conocer y pronunciarse sobre los actos y disposiciones administrativas cuya legalidad es discutida como excepción o cuestión principal en el proceso penal. Esta solución es la tradicional en el proceso penal y a ella llega también el Derecho francés, después de costosa evolución y no sin actuales excepciones y disidencias. Veamos cuál ha sido esta evolución:

En el *Ancien régime* la magistratura constituida por los Parlamentos representaba una auténtica fuerza, que se colisiona frecuentemente con el poder real. No sólo pretenden ser los Parlamentos independientes en su función, escuetamente judicial, sino que pretenden ser, con base en la doctrina de Montesquieu, mucho más que simples jueces. García de Enterría[17] describe así la situación: «Los Parlamentarios habían intentado beneficiarse de la tesis de Montesquieu a raíz de la publicación de su obra en 1748, arreciando en su labor de resistencia al Rey. La doctrina de Montesquieu, él mismo consejero y presidente del Parlamento bordelés, podía, en efecto, serles favorable en tres puntos fundamentales. En primer lugar, y como es obvio, la idea de la independencia del poder judicial que consagraba la autonomía de los Parlamentos frente al Rey... Pero, en segundo lugar, la fuerza del argumento quedaba todavía reforzada por sus puntos de vista en relación con la forma ideal de gobierno que para Montesquieu era resueltamente la Monarquía moderada. La clave de esta moderación es la existencia de "poderes intermedios". Este poder moderador del poder real corresponde, según la tesis de Montesquieu, a los Parlamentos "precisamente con su estructura nobiliaria y sus poderes de *enregistrement* y *remontrance*... Pero esta concepción —sigue diciendo García de Enterría— cobra todo su vigor con la doctrina de Montesquieu del *Dépôt des Lois,* del depósito de las leyes, que viene a consagrar un verdadero sistema de gobierno de jueces... Como se comprende, esta concepción llega más allá que la mera separación de poderes, pues asigna a los jueces entendidos como cuerpos políticos la defensa de la Constitución o leyes fundamentales del país frente al propio legislador, la función de guardianes y defensores del sagrado depósito de las leyes frente a la voluntad momentánea del príncipe".

---

17 García de Enterría: "La Revolución francesa y la emergencia histórica de la Administración contemporánea, en *Estudios Homenaje a don Nicolás Pérez Serrano,* Reus, Madrid, 1959, t. II, pp. 221 y ss.

En este poder judicial robustecido la Administración real encontraba un oponente serio a sus actuaciones y para vencerlo recurrió a técnicas mucho más groseras que las actuales de la defensa del conocimiento del acto administrativo, hecho cuestión prejudicial y defendido por la vía del conflicto. No existe en la época una regulación del conflicto en el sentido moderno de la expresión. El Rey es el jefe máximo de la Administración, pero es al mismo tiempo el poder absoluto, el detentador de la soberanía. Los procedimientos para sustraer de los Tribunales el conocimiento de determinados asuntos se reconducen a las ya estudiadas de creación de Tribunales especiales mediante las fórmulas de reserva de competencia y a las avocaciones.

La Revolución supone un distinto planteamiento del problema derivado de una distinta actualización del principio de división de poderes. García de Enterría[18] señala que "los revolucionarios decidieron que la idea de la división de poderes debía articularse de tal forma que evitase el riesgo notorio, tanto de una prevalencia política del estamento nobiliario, identificado de hecho en su consciencia con los Parlamentos judiciales, como de un condicionamiento sustancial por parte de los jueces a las posibilidades de conformación revolucionaria que se abrían al poder central una vez en sus manos... Por otra parte, la experiencia impresionante de los Parlamentos había revelado con absoluta claridad que la estructura de poder que ellos postulaban de un predominio del poder judicial era inviable prácticamente, hubiese implicado —dice el mismo Tocqueville, íntimamente contrario al poder administrativo que como resultado de este apartamiento surgió— la imposibilidad absoluta de gobernar; la acción de estos cuerpos hubiera sido no sólo poderosa, sino irresistible absolutamente, pues, a diferencia de lo que hubiese cabido hacer con una Asamblea, no se les hubiese podido ni restringir, ni ganar, ni disolver. Este riesgo era especialmente valorado por los revolucionarios una vez que el poder central era suyo...». Del texto del dictamen de la Asamblea de donde salió la ley de separación se patentiza que «no puede ser más explícita la intención de los revolucionarios de liberar al poder central una vez en sus manos de los condicionamientos judiciales». Todo esto determinó la singular interpretación de la división de poderes como separación de los poderes, contrariamente no sólo a la doctrina de Montesquieu, sino también a la propia realidad de la Constitución inglesa (como de la americana) que era de donde el principio procedía. Esta separación implicaba hacer posible, sobre todo, la emergencia de un poder administrativo poderoso y autónomo. Era el ejecutivo, en efecto, el directo beneficiario del sistema, al implicar una exención del mismo en relación con los otros dos poderes. Respecto al poder judicial esta exención se proclamó absoluta; ésta es, en definitiva, la idea esencial del mecanismo, la separación absoluta de Justicia y Administración, la exención jurisdiccional del ejecutivo, cuando ciertamente lo único que el principio de división postulaba era la independencia judicial. La famosa Ley de la Asamblea Constituyente de 16-24 de agosto de 1790 decidió, en efecto, y aquí está la base del régimen administrativo, que «les fonctions judiciaires sont et demeuront toujours séparées des fonctions administratives. Les juges ne pourront, à peine de fourfaiture, troubler de quelque maniere que se soit operations des corps administratifs, ni citer devant eux les administrateurs pour raisson de leur fonctions». El Código Penal de 1791 da al princi-

18 García de Enterría: *op. cit.*, pp. 222 y ss.

pio nada menos que la garantía penal, al tipificar como delito la inmisión de los jueces en la acción administrativa. El sistema pasó a la Constitución de 1791 (Tít. III, Cap. V, Art. 3°) y de aquí a las Constituciones posteriores, recibiendo su cuño definitivo en la napoleónica del año VII. Pues bien, este poder administrativo, fuerte y poderoso que emerge de la Revolución, ya no hará uso ni de las avocaciones ni de las fórmulas de reserva de competencia, pero entre él y los Tribunales va a surgir una zona prohibida, constituida por los actos y reglamentos administrativos, zona ésta en la que la Administración impedirá la entrada a los Tribunales por una técnica de mayor calidad y finura jurídica, la prejudicialidad, cuya vertiente contenciosa será el procedimiento de conflictos.

Sin embargo, los textos de la separación de poderes son tan contundentes y el poder administrativo recién nacido tan fuerte, que los Tribunales atraviesan en los años siguientes a la revolución una fase de timidez,[19] de un gran respeto a esa zona prohibida, sin que sea necesario que la Administración ponga en práctica los medios necesarios para su defensa. Son los Tribunales de esta época Tribunales acobardados para los que el acto administrativo es algo santo, sagrado, intocable y que infunde tanto respeto como la misma Ley. Puede servir de ejemplo de esta postura un *arrêt* de 22 de Vendimiaire del año VII a propósito de una resolución municipal prohibiendo el cierre de las tiendas en domingo, cuando la Ley simplemente se limitaba a prescribir el cierre cada diez días. Sienta este *arrêt* la siguiente doctrina: «Considerando que esta resolución parece contraria a la Ley, pero teniendo en cuenta que en materia administrativa las resoluciones tomadas por los cuerpos administrativos tienen fuerza de Ley, y no pueden ser reformados por los Tribunales judiciales, por pertenecer este derecho a las autoridades administrativas...».[20]

Esta situación no va a durar mucho tiempo. Los Tribunales en 1810 van a iniciar una ofensiva[21] y precisamente la van a iniciar apoyándose en otro principio de rango constitucional y de sabor revolucionario tanto como el de la división de poderes, pero de un sentido ético más profundo. Este principio es el de la libertad del ciudadano, que sólo puede ser limitada por norma de rango legal y del que los Tribunales se consideran bien pronto sus defensores. En este año de 1810 el Tribunal de Casación, el 3 de agosto anula catorce sentencias del Tribunal de policía simple de La Rochelle por haber condenado a los acusados en virtud de un *arrêt* municipal prescribiendo ilegalmente el reposo municipal.

Pero la ofensiva iniciada por la acción de los Tribunales, acción que supone, como hemos visto, un enjuiciamiento sobre la legalidad de los actos y reglamentos administrativos y un posible desconocimiento de su virtualidad, va a obtener un refuerzo de importancia por una doble vía legislativa. Por un lado, con la publicación de la Ordenanza de 1 de junio de 1828 por la que se regula el procedimiento de conflictos, regulación que comporta una merma y una limitación de los poderes de la Adminis-

---

19 Christian Pelletier: *L'appréciation de la legalité des actes administratifs par le juge repressif.* Libraire Generale de Droit et de Jurisprudence, París, 1954, p. 16.

20 Tomado de Christian Pelletier: *op. cit.*, p. 16.

21 *Op. cit.*, p. 17.

tración para elevar el conflicto en materia criminal, con lo que se limita y merma el medio de defensa de ésta para la defensa de sus actos y reglamentos en orden a impedir que los Tribunales desconozcan su aparente legalidad. Por otra parte, la introducción del párrafo 15 en el artículo 471 del Código Penal, relativo a las contravenciones de policía, por la Ley de 28 de abril de 1828, estableciéndose en su virtud la sanción de multa para todos aquellos «que hubiesen contravenido los reglamentos legalmente hechos por la autoridad administrativa y aquellos que no hubiesen cumplido los reglamentos o resoluciones publicados por la autoridad municipal», dando pie con la expresión «legalmente» a un apoyo a la postura que acabamos de relatar que inician los Tribunales en 1810 para el examen de los actos y reglamentos administrativos cuando su legalidad es discutida en el proceso penal.

La Ordenanza citada de **1** de junio de **1828** establece en su artículo **1°:** «En el futuro el conflicto de atribuciones entre los Tribunales y la autoridad administrativa no se elevará en materia criminal. Tampoco podrá ser elevado en materia de policía correccional salvo en los dos casos siguientes: 1° Cuando la represión del delito es atribuida por una disposición legislativa a la autoridad administrativa. 2° Cuando la sentencia a dictar por el Tribunal dependa de una cuestión prejudicial cuyo conocimiento corresponda a la autoridad administrativa en virtud de una disposición legislativa».

El texto para las infracciones penales constitutivas de crímenes es terminante. El conflicto no puede ser elevado ni sobre el fondo ni sobre una cuestión prejudicial. Laferrière[22] dice que la expresión *1'avenir,* para el futuro, «contiene una alusión a un pasado que la Ordenanza de **1828** condena; se trata de la jurisprudencia aparecida durante el período revolucionario y, especialmente bajo el Directorio, según la cual la Administración reivindicaba el juicio de ciertos procesos criminales, ya para atender con mayor seguridad a unos inculpados que ella temían fuesen absueltos, ya para proteger a otros que temía que fuesen condenados. No se trataba de cuestiones prejudiciales, era el fondo mismo del proceso criminal lo que era reclamado por la Administración. Así M. de Cormenin, en su relación sobre la Ordenanza de **1828** calificaba esta jurisprudencia de monstruosa». De gran interés y peso son los argumentos con que un administrativista tan autorizado como Laferrière[23] justifica la interdicción de la vía del conflicto para las cuestiones criminales. «En primer lugar —dice—, la autoridad judicial posee, para el enjuiciamiento de las acusaciones criminales, unos poderes de plena jurisdicción que no sufren excepción alguna, sus atribuciones en esta materia tienen un carácter fundamental y de orden constitucional; ellas excluyen toda intervención de la autoridad administrativa, tanto en el juicio de las cuestiones prejudiciales como de la cuestión de fondo... En segundo lugar, las cuestiones prejudiciales comportan necesariamente una incompetencia. Pero es de principio que los pleitos criminales una vez comenzados deben ser continuados sin interrupción hasta la decisión por el Jurado... La doctrina que nosotros criticamos conduciría a crear un caso de reenvío forzoso y de incompetencia obligatoria fuera de las previsiones de la Ley».

---

22 Laferrière: *op. cit.,* tomo 1°, p. 623.

23 *Op. cit.,* tomo 1°, p. 623.

En materia de policía correccional el conflicto se prohíbe también en principio, salvo dos excepciones: apunta la primera al supuesto en que la Administración es investida excepcionalmente del derecho de reprimir determinadas infracciones de los administrados, potestad sancionadora atribuida en virtud de leyes especiales en materia de policía urbana, servidumbres militares, policía de circulación, legislación de minas, canteras, ferrocarriles, líneas telegráficas, etc.; la segunda excepción se refiere a la posible existencia en materia de policía correccional de cuestiones prejudiciales. 'Tal es el caso —dice Laferrière—[24] en el que los medios de defensa invocados por los acusados hacen necesaria la interpretación de órdenes emanadas de la autoridad administrativa, o la verificación de actos administrativos cuya existencia ha de ser constatada... La autoridad administrativa puede entonces reivindicar la cuestión prejudicial; pero ella no tiene competencia para determinar sobre la inculpación y para declarar aplicable o no el artículo del Código Penal a que se refiere la cuestión; debe dejar este cuidado a la autoridad judicial, después de haber aclarado el carácter del acto invocado".

En relación íntima con este último punto está la cuestión de saber en qué casos el juez represivo puede él mismo juzgar sobre el acto o reglamento administrativo sin necesidad de diferir la cuestión de su validez a la Administración y sin que, por consiguiente, ésta pueda elevar el conflicto sobre este conocimiento. La doctrina y la jurisprudencia francesa abordan este tema como el tema central de las relaciones entre la Administración y los Tribunales penales. El problema sobre el delito del funcionario no se plantea de manera directa y en el tratamiento incidental, de pasada, de que es objeto, parece darse por supuesta la competencia total del juez represivo no ya en cuanto al fondo, sino también respecto a las cuestiones prejudiciales que el delito del funcionario en el ejercicio de sus funciones pudiera comportar. Dejando para más adelante este último punto resumiremos ahora, de forma general, el alcance de la competencia del juez represivo para conocer de la validez de los reglamentos y actos de la Administración.

—En los actos administrativos reglamentarios el juez puede juzgar sobre la legalidad del reglamento tanto cuanto el reglamento sirve de fundamento al procedimiento y la ilegalidad es invocada por el inculpado, como cuando la legalidad del reglamento es invocada como medio de defensa por alegar el acusado que el acto que se le imputa era lícito en virtud de que el acto en cuestión está ajustado y es concorde con un reglamento administrativo. Los principios invocados por los jueces son diversos: la naturaleza del reglamento, norma general y por ello asimilable, desde un punto de vista sustancial a la Ley; que el juez de la acción es el juez de la excepción; el ser la autoridad judicial protectora de la libertad individual y, por último, el principio que antes atribuíamos a Laferrière de la plenitud de jurisdicción del juez penal. Sin embargo, el juez represivo no puede apreciar la oportunidad de las medidas tomadas por las autoridades administrativas para cumplir la misión que ellas tienen asignada. La concordancia entre la jurisprudencia del Tribunal de Casación y la del Tribunal de Conflictos en este punto es completa.[25]

---

24 Laferrière: *op. cit.*, tomo 1°, p. 624.

25 Christian Pelletier: *op. cit.*, pp. 40 y ss.; Georges Maleville: *Etendue du pouvoir juridictionnel des tribunaux judiciaires Juris classeur administratif*, fascículo 607, núms. 127 y ss.

—En el control de la legalidad de los actos administrativos es preciso distinguir dos supuestos: a) Que el control por los Tribunales esté previsto por una disposición legislativa. Así ocurre con dos textos represivos que han dado lugar a este control: el artículo 471 del Código Penal que usa la expresión, como ya hemos visto, de «reglamentos legalmente hechos», lo que ha llevado a los Tribunales no sólo a pronunciarse sobre la legalidad de los reglamentos, sino a extender el campo de aplicación a las medidas individuales sancionadas con unas penas de simple policía, explicándose esta extensión en el hecho de que la aplicación de un reglamento de policía comporta a menudo la intervención de decisiones individuales, debiendo en este supuesto el juez de simple policía decidir en un solo examen sobre esta doble cuestión de legalidad; el otro texto en que se apoya el control es el artículo 31 de la Ley de 11 de julio de 1938, que usa una fórmula análoga, pero en este caso discretamente referida a los actos individuales. La Ley se refiere a la organización de la nación para la guerra y el artículo 31 prescribe «que en tiempo de paz el que no hubiese cumplido las medidas legalmente ordenadas por la autoridad administrativa para la aplicación de las disposiciones de la presente Ley será sancionado con una multa de 16 a 5.000 francos». Sobre la base de este texto los Tribunales se han reconocido competentes para apreciar la legalidad de las requisas conminadas con penas correccionales;[26] b) En los supuestos no previstos por la Ley la doctrina del Tribunal de Conflictos y la de los Tribunales ordinarios no coinciden. Estos últimos se reconocen de ordinario competentes para apreciar la legalidad de los actos administrativos individuales. El Tribunal de Conflictos no ha admitido nunca una extensión tal de los poderes del juez represivo. Confirmando decisiones precedentes el *arrêt* Avranche de 5 de julio de 1951 entiende que la apreciación de la legalidad de los actos administrativos no reglamentarios por la jurisdicción penal «es, salvo en los casos de prescripción legislativa contraria, competencia de la jurisdicción administrativa en virtud de la separación de poderes». Esta doctrina ha merecido duras críticas. Liet-Veaux ve en esta solución la resurrección de la teoría del ministro-juez Auby, observa que las cuestiones prejudiciales «si son quizás jurídicamente lógicas, son socialmente regresivas en materia criminal».[27]

Queda ya despejado el camino, por lo que antecede, para examinar de forma concreta la extensión de la competencia del juez penal respecto al delito del funcionario sin más que hacer la aclaración de que el Código Penal francés divide las infracciones penales en tres grupos: crímenes, delitos y contravenciones. La división es verificada *a posteriori* según la naturaleza de la pena asignada a cada infracción. Así, las infracciones penales de los funcionarios por hechos relativos al ejercicio de sus funciones encajan en los crímenes o en los delitos según que tengan atribuida una pena de carácter aflictivo o infamante o una pena correccional, comportando también la consecuencia procesal de corresponder su conocimiento a la *Cour de d'assises* o al Tribunal correccional.

Pues bien, con respecto a las infracciones penales del funcionario que encaja en la categoría de crímenes los Tribunales penales conocen sin limitación alguna tanto en cuanto al fondo como a las cuestiones prejudiciales. Juega en este caso sin limitación

26 Christian Pelletier: *op. cit.*, pp. 66 y ss.

27 Georges Maleville: *op. cit.*, núms. 154 y ss.

alguna la terminante prohibición del artículo 1° de la Ordenanza de 1° de junio de 1828 en orden a la posibilidad de que la Administración reivindique el conocimiento, no ya de la cuestión de fondo, sino ni siquiera respecto de cuestión prejudicial alguna.

En las infracciones penales del funcionario constitutivas de delito, aparte de la circunstancia de que la elevación del conflicto no es permitida por la Ordenanza por no ser materia de policía correccional, la plenitud de jurisdicción del juez penal es afirmada por la jurisprudencia y por la doctrina. En estos casos la fundamentación se apoya en la identidad de la apreciación de la legalidad del acto administrativo del funcionario, cuyo examen penal se realiza, con la misma cuestión de fondo del proceso penal, unida a la caracterización de los delitos cometidos por el funcionario como faltas personales separables del ejercicio de las funciones. Christian Pelletier[28] dice que "el Tribunal de Conflictos, como todas las jurisdicciones, admite la competencia del juez represivo para apreciar la falta penal de un funcionario" y al hacerlo y extender así su jurisdicción "no hace acto de administrador, no hace otra cosa que cumplir su función de juez, que es la de reprimir las infracciones, y el principio de la separación de poderes está a salvo. El examen del acto administrativo no es más que accesorio y no interviene en tanto que elemento de la infracción. Esta doctrina se aplica por el Tribunal de Casación en el *arrêt* Reibel, distinguiéndose el supuesto en que el juez penal debe decidir sobre la legalidad de un acto administrativo individual y aquel en que el juez debe buscar *si* el acto administrativo incriminado constituye o no una infracción penada por la Ley". En el affaire Reibel éste acusaba al prefecto Ziwes de haber cometido, al negarle la inscripción de su candidatura para las elecciones en el registro correspondiente, la infracción sancionada como delito por el artículo 12 de la Ley de 29 de julio de 1913. El Tribunal de apelación se había declarado incompetente hasta tanto que el Consejo de Prefectura sé hubiese pronunciado sobre la legalidad de la negativa de registrar la candidatura realizada por el prefecto. El Tribunal de Casación por este *arrêt* de 26 de julio de 1951 casó la sentencia porque "la pretendida cuestión judicial no era otra cosa que el fondo del asunto, del que la corte era competente y uno de los elementos de la infracción atribuida al prefecto Ziwes". Georges Maleville[29] comentando esta resolución dice que «no había para el juez represivo una cuestión prejudicial de legalidad acerca de la negativa a registrar la candidatura de Reibel; había una cuestión de fondo, que era la de saber si había existido de parte del prefecto inobservancia de la Ley y si esta inobservancia había sido voluntaria, como lo exigía el artículo 12 de la Ley de 29 de julio de 1913".

Comentario aparte merece la acción civil derivada de la infracción penal. Respecto de ésta sólo la falta personal, separable de la función supone en su conocimiento la competencia de los Tribunales judiciales, mientras que la falta de servicio, que puede llevar consigo la responsabilidad del Estado, no puede ser apreciada si no es por la autoridad administrativa. De aquí que incluso en materia criminal a pesar de la prohibición del artículo 1° de la Ordenanza tantas veces citada, el conflicto pueda ser elevado sobre la acción civil, salvo en ciertos supuestos. Entre otros, merece destacarse que después de la Ley de 7 de febrero de 1933 que modifica el artículo 112 del Código

---

28 Christian Pelletier: *op. cit.*, 109.

29 Georges Maleville: *op. cit.*, núm. 50.

de instrucción criminal, el conflicto sobre la acción civil no puede ser elevado cuando se trata de violaciones de la libertad individual incriminadas en los artículos 114 a 122 del Código Penal y de la violación del domicilio del artículo 184.[30] Resulta, pues, en estos casos la competencia exclusiva de los Tribunales para la acción penal y la civil por ponerse en juego únicamente la responsabilidad personal de los agentes públicos culpables de las violaciones indicadas. Si la víctima pretende demandar al Estado, la competencia sobre la acción civil se determina ya por las reglas generales, que la atribuyen, salvo los casos de vía de hecho, a los Tribunales administrativos.

V

Después de haberse expuesto el sistema francés de responsabilidad de funcionarios es obligado señalar cuáles sean, si realmente existen, las características que lo diferencian del sistema anglosajón. La cuestión tiene relevancia por haberse montado sobre la dualidad de regímenes en orden a la responsabilidad uno de los rasgos diferenciales del sistema de *rule of law* frente al de *droit administratif.* Dicey[31] señala que «en Inglaterra la idea de igualdad legal o de la universal sujeción de todas las clases a una Ley administrada por los Tribunales ordinarios ha sido llevada a sus últimos extremos. Entre nosotros, cada funcionario, desde el primer ministro hasta el alguacil o el recaudador de contribuciones tiene la misma responsabilidad por todo acto realizado sin justificación legal como cualquier otro ciudadano". La crítica de Dicey al sistema francés se basa tanto en la protección dispensada por el artículo 75 de la Constitución del año VII como en la que se origina con motivo del *arrêt* Pelletier y la intervención del Tribunal de Conflictos. Sin embargo, Dicey[32] no está en lo cierto al equiparar una y otra protección y omite poner de manifiesto que el Decreto-Ley abrogatorio de 1870 comporta un efecto indudable en el orden de la responsabilidad criminal. A partir de esta fecha no puede decirse que en esta materia los regímenes inglés y francés respondan a principios diversos. En Inglaterra, no hay, evidentemente, ningún impedimento para que los Tribunales conozcan de los delitos de los funcionarios. Tampoco hay antecedente alguno en este sentido.

En la responsabilidad civil de los funcionarios ingleses ha existido, sin embargo, un régimen privilegiado, si bien de características distintas al francés. El sistema fue establecido por la Public Authorities Protection Act de 1893 modificada por la Limitation Act de 1939. La protección se basa en medios indirectos haciendo más onerosa la reclamación con el fin de evitar las naturales perturbaciones que en la Administración pueden causar las acciones infundadas. Así el particular debe en caso de no prosperar su reclamación abonar las costas a una escala elevada. También debe abonarlas en el

30 Georges Maleville: *Le procedure des conflits, Juris classeurs Administratifs,* fascículo 610, núm. 14.

31 Dicey: *Introduction to study of the Law of tbe Constitution,* 9ª edición, con introducción y apéndice por E. C. S. Wade, Londres, 1956, p. 193.

32 Dicey: *op. cit.,* pp. 331 y ss.

caso de no haber dado aviso de su reclamación al demandado o cuando el demandado es condenado a una suma inferior a la ofrecida por el demandante antes de dar comienzo el juicio. Por otra parte, la Limitation Act señala un plazo más reducido que el que corresponde a las acciones ordinarias por daños. La acción debe ejercitarse antes del transcurso de un año, contado a partir de la fecha en la cual la acción aconteció. Este sistema protector ha sido, sin embargo, derogado por la Ley de 20 de mayo de 1954.

Rasgo característico del Derecho inglés en general y que comporta consecuencias en el problema que estudiamos, es el de la relación de las acciones civiles y penales. Cuando un mismo hecho es constitutivo a la vez de un delito civil y de una "felonía", infracción penal, no es posible ejercer la acción de responsabilidad civil en el proceso penal. El juez penal es incompetente para conocer de las acciones civiles. Es más, si el hecho es una "felonía" no es posible intentar la acción civil antes que las acciones penales hayan sido ejercitadas o que unas razones convincentes hayan sido dadas para explicar la posposición de la acción penal a la civil.[33]

VI

La autorización para procesar tiene en España, al igual que en Francia, un planteamiento constitucional que ha pasado inadvertido. El Estatuto de Bayona al tratar del Consejo de Estado asigna a este cuerpo la función que, como hemos visto, es típica, por virtud del artículo 75 del año VIII, de su homónimo francés. El artículo 58 le atribuye competencia para conocer "...de la citación a juicio de los agentes o empleados de la Administración Pública".

En las Cortes de Cádiz se repudia el sistema. Late en ellas la preocupación de evitar las inmunidades que en materia criminal había comportado la situación anterior. Estas inmunidades tenían su origen en la práctica de las avocaciones, en la reapertura de los juicios ejecutoriados y en los fueros privilegiados. Los textos del discurso preliminar son claros al respecto: "Tal vez podrá convenir, en circunstancias de grande apuro, reunir por tiempo limitado la potestad legislativa y ejecutiva, pero en el momento en que ambas autoridades o alguna de ellas reasumiese la autoridad judicial, desaparecería para siempre no sólo la libertad política y civil, sino aquella sombra de seguridad personal que no pueden menos de establecer los mismos tiranos si quieren conservarse en sus estados. Por eso se prohíbe expresamente que pueda separarse de los Tribunales el conocimiento de las causas, y ni las Cortes ni el Rey podrán evocarlas, ni mandar nuevamente abrir los juicios ejecutoriados. La Ley sólo debe señalar el remedio para subsanar los perjuicios que pueden derivarse de los fallos de los jueces... La Comisión no necesita detenerse a demostrar que una de las principales causas de la mala administración de justicia entre nosotros es el fatal abuso de los fueros privilegiados introducido para ruina de la libertad civil y oprobio de nuestra antigua y sabia Constitución...", Estos textos muestran al mismo tiempo la distinta situación de nues-

33 Denis Levy: *La responsabilité de la puissance publique et ses agents en Inglaterre.* Librairie Générale de Droit et de Jurisprudence, París 1957, p. 331.

tros Tribunales de justicia respecto de los Parlamentos franceses. Frente al poderío de éstos, en el *ancien régime* se patentiza en la misma época la postración y debilidad de nuestra administración de justicia. Esto explica que la Constitución de Cádiz no contenga norma alguna sobre la garantía del funcionario. Precisamente la anterior inmunidad de éstos y su situación privilegiada, como contrario al principio de igualdad ante la Ley, es lo que tratan de evitar las Constituyentes de Cádiz. Sólo respetan el fuero militar y de forma restringida: "Del mismo modo ha creído indispensable dejar a los militares aquella parte de fuero particular que sea necesaria para conservar la disciplina y subordinación de las tropas en el Ejército y Armada".

Pero no sólo se repudia la institución de la garantía administrativa *stricto sensu,* sino que también se trata de evitar la protección indirecta provocada por la degeneración del sistema de conflicto. La utilización de esta vía con fines bastardos es una constante en nuestro Derecho. Ya en esta época, de la misma forma y manera que ocurre en nuestros días, en la regulación y práctica de los conflictos entre los Tribunales penales y la Administración, ésta no ha sido una celosa defensora del acto administrativo, en orden a evitar el conocimiento de éste por el juez represivo, sino sólo en tanto en cuanto de ese conocimiento pudiera derivarse la responsabilidad criminal de funcionarios cualificados.

La Comisión denuncia con expresión contundente y de perfecta actualidad el vicio que sitúa todavía a nuestro ordenamiento en una posición de inferioridad respecto a los europeos en orden a la garantía del administrado y al principio de igualdad de los ciudadanos ante la Ley penal: "El conflicto de autoridades —dice el discurso preliminar— que llegó a establecerse en España en el último reinado, de tal modo había anulado el imperio de las Leyes, que casi parecía un sistema planteado para asegurar la impunidad de los delitos".

Consecuente con los principios expuestos, el articulado de la Constitución de prueba de un sano judicialismo: "La potestad de aplicar las Leyes en los juicios civiles y criminales pertenece exclusivamente a los Tribunales" (artículo 242). "Ni las Cortes ni el Rey podrán ejercer en ningún caso las funciones judiciales, avocar causas pendientes, ni mandar abrir los juicios fenecidos" (artículo 243).

Este último precepto lo omite la Constitución de 1837 al tratar de la organización del poder judicial. Por ello no sorprende encontrar un supuesto típico de evocación en una Real Orden de 27 de febrero de 1840: "Enterada S. M. la Reina Gobernadora de que algunos jueces de primera instancia se han creído autorizados a proceder judicialmente contra los alcaldes constitucionales que no les han dado los correspondientes avisos sobre el paso y los movimientos de facciosos... siendo la voluntad de S. M. que los jueces levanten mano desde ahora en las causas formadas que remitirán a los jefes políticos como comprobantes de la falta cometida por los alcaldes". Para lo sucesivo manda S. M. para este supuesto concreto que "en vez de formarles causa por ello reclamen los jueces el apoyo de los jefes políticos y siéndoles negado lo pongan en conocimiento de S. M. por conducto del Ministerio de Gracia y Justicia, que reclamará del de Gobernación lo que convenga".

Aparte de esta Real Orden, el camino hacia la garantía administrativa del funcionario se inicia tímidamente con la obligación de los Tribunales de justicia de dar aviso al jefe del empleado respecto del que hubiesen decretado la prisión. Se ordena así por la Real Orden de 25 de octubre de 1844 y se concreta a los empleados del Ministerio de la Gobernación. Se fundamenta este aviso en el entorpecimiento que para el servicio público puede derivarse de las prisiones de los empleados sin noticia de sus jefes respectivos. Por lo demás, en esta disposición no se distingue entre delitos relativos o no al ejercicio de las funciones.

El sistema de la autorización previa lo instaura la Ley de 2 de abril de 1845 para el gobierno de las provincias. Sitúa en los Jefes Políticos la facultad de otorgar o negar, con arreglo a las Leyes o instrucciones, la autorización competente para procesar a los empleados y corporaciones por hechos relativos al ejercicio de sus funciones. La facultad es discrecional y solamente condicionada en la negativa por la obligación de dar cuenta documentada al Gobierno a fin de que éste adopte la resolución que convenga. Para formar causa a los Jefes Políticos, no ya para procesar, se exige la previa autorización del Rey.

La Real Orden de 27 de marzo de 1850 completa y perfecciona la escasa regulación existente sobre la materia. El principio general de que parte es que el juez no podrá dirigir su acción contra ningún empleado o cuerpo dependiente del Gobernador de la provincia por algún hecho que sea relativo al ejercicio de sus funciones administrativas, ya sea recibiéndole declaración indagatoria, ya decretando su arresto o prisión, o de otro modo que la caracterice de presunto reo sin la autorización que previene la Ley de 2 de abril de 1845. Para pedir esta autorización remitiría el juez, previo informe del promotor fiscal, las diligencias en compulsa al Gobernador, el cual oyendo al Consejo Provincial resolvía en términos de tres días. Otorgada la autorización, el Gobernador remitía al Ministro de la Gobernación una copia del expediente con una comunicación razonada. Negar la autorización no era de la competencia del Gobernador, limitándose éste a elevar el expediente original al Ministerio de la Gobernación que resolvía previa consulta al Consejo Real. Esta técnica es similar a la que se consagró en el Derecho francés, en donde sólo la denegación era competencia exclusiva del Consejo de Estado, habiéndose posibilitado, en virtud de disposiciones posteriores al texto básico del artículo 75 de la Constitución del año VIII, la facultad de concederlas por las autoridades administrativas de quienes dependía el funcionario.

Para los delitos flagrantes y aquellos que el Código Penal configura como graves, se atribuye al juez la facultad de proceder al arresto o prisión del empleado, pero pidiendo al Gobernador, dentro de las veinticuatro horas siguientes, la necesaria autorización.

Si se trata de un delito no relativo al ejercicio de las funciones administrativas, el juez cumplía con dar aviso al Gobernador. Para el supuesto de que el Gobernador no estuviese de acuerdo con la calificación extra-administrativa del delito verificada por el juez, se prevé un procedimiento similar al del conflicto que terminaba con la resolución que correspondía, previa consulta del Consejo Real, conjuntamente a los Ministerios de Gracia y Justicia y Gobernación. Si no había acuerdo entre ambos, desaparecería la posibilidad de este supuesto típico de acto complejo y resolvía el Consejo de Ministros.

El Real Decreto de 29 de abril de 1857 establece algunas modificaciones en el sistema que se refieren a los términos y forma en que la Administración habría de resolver los expedientes. Salvando una laguna de la legislación anterior se establece que en las autorizaciones para proceder contra Gobernadores, cuando el Ministro de la Gobernación no estuviese de acuerdo con el dictamen del Consejo Real, propondría a S. M. la resolución que estimase más acertada.

La institución que hemos expuesto es, en general, justificada por la doctrina, entre la que destaca Colmeiro.[34] Maneja éste dos tipos de argumentos. Uno de ellos es el de la situación del funcionario, quien a diferencia del juez, se encuentra subordinado al superior y por obrar bajo el mandato del Ejecutivo, "o el Ministro aprueba el hecho de su mandatario y cubre con su responsabilidad la responsabilidad del subalterno, degenerando la cuestión administrativa en política, o lo desaprueba fundado en que el agente obró sin orden o excedió los límites de la potestad, y entonces abandona a su agente y le entrega a los Tribunales para que le juzguen y castiguen...". Dada esta situación peculiar del funcionario, la autorización previa "es un medio de conservar la unidad de la Administración y la responsabilidad en el Gobierno". Por otra parte, Colmeiro alega el principio de la independencia de los poderes: "Si se concediese al poder judicial sin limitación alguna la facultad de encausar a los agentes administrativos, conocería indirectamente de los actos de administración, turbando la armonía constitucional y destruyendo el principio de la recíproca independencia de poderes".

Sin embargo el mismo Colmeiro[35] no es tan celoso defensor del acto administrativo cuando los Tribunales, en cuestión de conocer de los delitos o faltas de los particulares a los que daba y da origen la infracción por éstos de las resoluciones y disposiciones administrativas, han de interpretarle. A esta interpretación la llama doctrinal y "a los jueces —dice— y a los Tribunales del fuero común debe corresponder este derecho, porque *cui jurisdictio data est, ea quoque concesa esse videntur, sine quibus jurisdictio explicari non potest*".

De algunas afirmaciones de Colmeiro[36] sobre la autorización para procesar se infiere la influencia de las soluciones francesas a supuestos no previstos por el legislador. Así sostiene: que debe ser extendida la autorización a los supuestos de simple acción civil de indemnización de daños en los casos que se ejercite con independencia de la acción penal; «que debe extenderse al funcionario, aun después de volver a la vida privada, con respecto a los actos de su vida pública»; «que la aquiescencia o renuncia voluntaria de esta protección no dispensa de solicitar la previa autorización para procesarle". Como fundamento de estas dos últimas aseveraciones dice, que «semejante requisito no constituye un privilegio personal, sino una garantía de orden público ni protege al empleado, sino al empleo". Por otra parte, afirma que «la falta de autorización previa es un vicio sustancial del proceso, y sin ser causa de inhibición puede dar lugar a una cuestión de nulidad ante el mismo Juez o Tribunal superior durante el procedimiento, y cerrado éste, a una cuestión de responsabilidad judicial o administrativa; pero nunca a una contienda de competencia, porque las de esta naturaleza versan sobre cuál de las dos autoridades debe de conocer sobre un asunto y no sobre el modo

34 Colmeiro: *Derecho Administrativo español*, 2ª ed., Madrid, 1858, pp. 74 y ss.

35 *Op. cit.*, p. 44.

36 *Op. cit.*, pp. 77 y ss.

de proceder en el uso de su respectiva autoridad o jurisdicción". Con esta afirmación contradice el fundamento que antes señalábamos atribuía Colmeiro a la autorización previa, y lo hace no sólo por imitación de la solución francesa al respecto, sino también forzado por el artículo 3° del Real Decreto de 4 de junio de 1847, que siendo copia literal a este respecto de la Ordenanza francesa de 1 de junio de 1828, prohibía a los Jefes Políticos suscitar contienda de competencia por no haber procedido la autorización correspondiente, para perseguir a los empleados en concepto de tales.

Pero a pesar de ser Colmeiro un celoso defensor de esa Administración incipiente que es la nuestra en el pasado siglo, advierte «que si no hay discreción y prudencia en el uso de este derecho, ni la Ley será guardada, ni cumplida la justicia, ni los ciudadanos tendrán amparo contra los abusos de la omnipotencia de los Ministros y los delegados de su potestad absoluta". Por ello, terciando entre los abolicionistas y partidarios de la autorización, admite una excepción de importancia, ya establecida en Francia por el último artículo de cada Ley presupuestaria desde 1818, alegando que «la cobranza de impuestos ilegales, la malversación de fondos públicos, las violencias y falsedades en las elecciones y los delitos cometidos por agentes muy subalternos en el desempeño de sus deberes oficiales, merecen una represión dura, un castigo pronto y un remedio eficaz, si debe algún día purificarse la Administración de los vicios que la debilitan y quebrantan mucho más que puede fortalecerla una autorización para procesar sin tasa ni medida".[37]

La frase transcrita por Colmeiro puede servir de tema de seria meditación en nuestros días. Vivimos, no ya ante una Administración incipiente, que es la que Colmeiro presencia, sino regidos por una Administración mastodóntica, en la que sin la necesaria presión de la responsabilidad criminal, además de la civil y disciplinaria, también debilitadas (presión prácticamente inexistente, en parte por la subsistencia de obstáculos similares a la autorización y, en parte, por la inadecuación de nuestros actuales órganos judiciales) se tiende a una «privatización» de los oficios y función pública empujada *y* sostenida por el sistema de compatibilidades, las tasas para funcionarios *y* los espíritus de cuerpo.

La influencia francesa y la idea de Colmeiro la recogen la Ley y el Reglamento para el Gobierno y Administración de las provincias de 25 de septiembre de 1863. Este, sin embargo, es más generoso en la admisión de excepciones. A la que Colmeiro propugna añade otra de gran relieve para la garantía personal: «Tampoco será necesaria la autorización —dice el Reglamento— cuando sin orden expresa del Gobernador de la provincia los empleados detengan a alguna persona y no la entreguen en el término de tres días al tribunal competente».

Sin más salvedad de importancia que la constituida por la Real Orden de 31 de agosto de 1866, que hace extensiva la necesidad de autorización a los supuestos en que los funcionarios sean objeto de procedimientos ante los Tribunales militares, la autorización previa naufraga en el espíritu judicialista de la Constitución de 1968. En el dictamen de la Comisión redactora se patentiza la inexistencia total de recelos contra el poder judicial y la necesidad de vigorizarlo: «Es preciso que el individuo tenga

37 Colmeiro: *op. cit.*, p. 79.

garantizados sus propios derechos por algo que no dependa de la voluntad movible y tornadiza de las Asambleas políticas, por algo más alto y más imparcial que el sistema de partido, por algo que no subordine jamás lo que hay de esencial y permanente en el hombre y en la sociedad, a las conveniencias del momento, siempre pasajeras y transitorias; es preciso, en fin, que la seguridad, la propiedad, la libertad queden bajo el amparo inviolable de los Tribunales de justicia, estimulados y vigilados constantemente por ese interés individual que nada fatiga ni detiene. La importancia y elevación de la magistratura será por eso otro rasgo característico de nuestra obra constitucional». El artículo 30 de esta Constitución y, por consiguiente, un año antes que en Francia, deroga el sistema de autorización previa: «En ningún caso —dice este artículo— será necesaria la previa autorización para procesar a los funcionarios públicos, cualesquiera que sea el delito que cometieren». Con la misma redacción se recoge este precepto en el artículo 32 del proyecto de Constitución Federal de la República Española presentado a las Cortes Constituyentes el 17 de julio de 1873.

El artículo 77 de la Constitución de 1876 abre de nuevo la posibilidad del renacimiento de la garantía derogada al establecer que «una Ley especial determinará los casos en que haya de exigirse autorización previa para procesar, ante los Tribunales ordinarios, a las autoridades y sus agentes». La institución de nuevo potenciada por este precepto constitucional, no pudo nacer por no haberse llegado nunca a promulgar, durante el período de vigencia de esta Constitución, la Ley especial que autorizaba. Por eso pasa a ser una institución fantasma, sin realidad, de hueco contenido que sostienen, de una parte, el precepto constitucional citado y, de otra, el artículo *666* de la Ley de Enjuiciamiento Criminal, que en su número 5° configura como un artículo de previo pronunciamiento «la falta de autorización administrativa para procesar, en los casos en que sea necesaria con arreglo a la Constitución y a las Leyes especiales».

Nada dice al respecto la Constitución de 1931. Se ocupa de nuevo de la cuestión el artículo 44, párrafo 2° de la Ley de Régimen Jurídico: «En ningún caso será requisito indispensable para la apertura y validez del procedimiento judicial el consentimiento previo de la autoridad administrativa». La Ley de Régimen Jurídico no introduce modificación en el sistema anterior a su vigencia. No extingue una institución existente, pues está sin vida desde la Constitución de 1869. Viene, sin embargo, a señalar para el futuro un principio de gran importancia que en el derecho anglosajón es un principio indiscutido y en el régimen francés, en el que el nuestro se inspiró, la responsabilidad directa, en malicia criminal, sin el obstáculo de la previa autorización es un fruto del Decreto-Ley de 1870 que derogó el artículo 75 de la Constitución del año VII.[38]

Pero si, con carácter general, el artículo 44 no cumple una función derogatoria, sí puede cumplirla, juntamente con los demás preceptos de la Ley de Régimen Jurídico, respecto de régimen especial que instauró la Ley de 22 de febrero de 1941, acerca del

---

38 En el Derecho italiano es necesaria la autorización para proceder contra los oficiales o agentes de seguridad pública, de policía judicial y los militares en servicio de seguridad, cuando se trate de procedimientos que traen causa en hechos realizados por éstos con motivo del ejercicio de estas funciones de seguridad. Así lo establece el artículo 16 del Código de Procedimiento penal. Asimismo la Ley provincial y municipal de 13 de marzo de 1934 exige la previa autorización del Jefe del Estado para proceder contra los

procedimiento penal contra miembros de F. E. T. y de las J. O. N. S. y otras jerarquías. Esta afirmación la hacemos pensando en el carácter cuasi-constitucional de la Ley de Régimen Jurídico[39] y en la generalidad de su aplicación que no deja siquiera por mencionar a los funcionarios militares y a los componentes del poder judicial, para dejar subsistentes las normas especiales porque se rigen, sin que esta misma salvedad la haga extensiva a los funcionarios del Movimiento. Las normas de competencia, procedimiento y autorización previa para éstos serán las que con carácter general para todos los funcionarios públicos contiene la Ley de Régimen Jurídico, sin que tampoco pueda alegarse en contra la discutida naturaleza de la relación de empleo de los funcionarios del Movimiento, porque tratándose de responsabilidad criminal rige plenamente el concepto amplio de funcionario público del artículo 119 del Código Penal. Resta por examinar cuál ha sido el efecto práctico del sistema de la autorización previa. Durante su período de vigencia cumplió sus fines proteccionistas al mismo tiempo que efectos similares se cumplían con la protección dispensada en la vía de conflictos como vecinos, con la alegación de cuestión previa administrativa. El estudio de la jurisprudencia relativa a las resoluciones de conflictos entre la Administración y los Tribunales criminales pone de manifiesto, como veremos, la alegación sistemática de la existencia en los procedimientos penales de cuestiones previas administrativas, precisamente en procedimientos seguidos contra funcionarios públicos por delitos referentes al ejercicio de sus funciones. El proceso, degenerativo del sistema de conflictos entre la Administración y los Tribunales criminales del que decía las Constituyentes de 1812 que más bien parecía un sistema ideado para asegurar la impunidad de los delitos, ha vuelto a cumplirse. Y es que un dilema de extraordinaria gravedad parece gravitar sobre esta cuestión: o se prohíbe la elevación del conflicto en materia criminal, como lo hace la vigente Ordenanza francesa de 1° de junio de 1828, o bien el sistema se bastardea y prostituye. Ante el peligro del uso indebido de la potestad de elevación del conflicto es más conveniente volver al retrógrado y superado sistema de la autorización previa. Al menos éste tiene a su favor la circunstancia, evidentemente justa, de que protege por igual a todos los funcionarios, mientras que la discrecionalidad en el planteamiento por la Administración del conflicto, primero, y la discrecionalidad de la resolución del conflicto, después, comporta una injusticia evidente en cuanto protege solamente a aquellos funcionarios respecto de los que, siguiéndoseles un proceso criminal, el Gobernador tiene a bien elevar el conflicto, en lo que el sistema se reconduce a un proteccionismo para funcionarios determinados.

---

prefectos y alcaldes y sustitutos de ambos respecto a los delitos cometidos en el ejercicio de sus funciones. El Jefe del Estado ha de concederla o denegarla después de oír al Consejo de Estado. Algunos sostienen que el artículo 28 de la Constitución vigente, al establecer la responsabilidad penal de los funcionarios, ha ejercido un efecto derogatorio. En este sentido Espósito: "La responsabilitá dei funcionari e dei dipendenti publici, in *La Costituzione italiana,* Cedam, 1954, pp. 103 y ss.; Vitta: *Diritto Amministrativo,* Torino, 1955, t. II, p. 308.

39 En este sentido Pérez Serrano: "Una ley básica que no es fundamental", en *Estudios homenaje a Barcia Trelles*, 1958.

VII

En el estudio que antecede sobre la autorización para proceder contra los funcionarios públicos, señalamos cómo en España la aparición del moderno Estado constitucional llega con el deseo de potenciar un poder judicial debilitado, no sólo por su propia división intestina en numerosísimos fueros, sino también por la constante injerencia del monarca en los asuntos judiciales. Pero a diferencia de lo ocurrido en Francia, no existen en nuestra Patria unos Tribunales que ostenten siquiera sea la sombra de poderío o de pretensiones políticas de los Parlamentos. Por ello, casi todas las Constituciones españolas, sobre todo las de inspiración liberal, tratan de animar a este poder judicial, nacido en las Cortes de Cádiz, que ni siquiera fue poderoso en el sistema político anterior, y en el que se deposita toda la fe en orden a lograr el triunfo de los principios sustanciales de igualdad y legalidad que estas Constituciones postulan. No podemos hacer aquí, pues nos llevaría demasiado lejos, un estudio completo de las relaciones en el ámbito constitucional de los Tribunales y el ejecutivo. Baste a los fines de nuestro trabajo con lo ya dicho y con la afirmación siguiente: los textos constitucionales españoles en su mayoría están redactados en este punto de tal forma que en ellos se defiende precisamente al poder judicial y se le defiende precisamente de los otros dos poderes, sin que se observe en ellos la preocupación, que late en los textos franceses, de la defensa de la Administración frente al poder judicial. Pero a pesar de los ánimos y refuerzos que nuestros Tribunales han recibido siempre de los textos constitucionales, la Administración les ha ganado la batalla. El examen de la legalidad de la actuación administrativa ha sido una meta inaccesible prácticamente para los Tribunales, y lo ha sido no porque la Administración haya sido, no nos cansaremos de repetirlo, una celosa defensora de la eficacia total de sus providencias, sino porque tras la defensa de la legalidad de éstas, lo que realmente ha defendido es la irresponsabilidad de los administradores. Para comprender esta lucha es necesario descender al estudio de las cuestiones prejudiciales y previas, estudio que hasta el momento ha sido monopolizado por los procesalistas, y que ha sido el campo de batalla en la pugna entre jueces y administradores.

Comenzaremos afirmando que la prejudicialidad administrativa ante los Tribunales criminales es un fenómeno sustantivo, único, que ha recibido en nuestro ordenamiento dos tratamientos adjetivos o procedimentales diversos: el de los artículos 3° a 7° de la Ley de Enjuiciamiento Criminal, y el de las regulaciones de cuestiones de competencia entre la Administración y los tribunales, por medio de las llamadas cuestiones previas administrativas, actualmente reguladas en el artículo 15 de la Ley de 17 de julio de 1948 [40(I)].

Dice Gómez Orbaneja[41] que existe prejudicialidad administrativa cuando la resolución de una cuestión de derecho administrativo ejerce influencia sobre una decisión

---

40 *La Ley de Conflictos de 17 de julio de 1948, ha sido expresamente derogada por la Ley Orgánica 2/1987, de 18 de mayo, de conflictos jurisdiccionales.*

41 Gómez Orbaneja: *Comentarios a la Ley de Enjuiciamiento criminal*, Bosch, Barcelona, 1947, tomo 1°, p. 136.

penal. «Lo característico de la prejudicialidad —afirma— es que su contenido está regulado por un ordenamiento jurídico distinto del de la cuestión principal, de suerte que de plantearse aisladamente su decisión competiría a un juez o a un órgano público diferente". La competencia, pues, de la resolución de la prejudicialidad administrativa, corresponde, bien a los Tribunales contencioso-administrativos, bien a los distintos órganos de la Administración. «Esta prejudicialidad —sigue diciendo el autor citado[42] y lo corrobora la jurisprudencia, juega en la sentencia penal como una cuestión de hecho y por ello no puede ser motivo fundado para la casación, jugando siempre como elemento fáctico, tanto se incluya en los resultados, como en los considerandos de la sentencia criminal".

La característica del tratamiento de la prejudicialidad en la Ley de Enjuiciamiento Criminal es que en ésta al Tribunal se le otorgue la facultad de resolver por sí mismo la cuestión prejudicial; o bien deferir su resolución al Tribunal contencioso-administrativo. Y ello es así a pesar de que el artículo obliga a suspender el procedimiento y a diferir la resolución de la cuestión prejudicial cuando ésta fuese determinante de la culpabilidad (entendido el concepto no en el sentido estricto de elemento subjetivo del delito, sino en el más amplio y sinónimo de responsabilidad) o de la inocencia, puesto que al quedar a cargo del Tribunal penal el apreciar si se da o no esta circunstancia, a él se reconduce actualizar la posible intervención del Tribunal contencioso-administrativo. Lo que de ninguna manera autoriza la Ley de Enjuiciamiento Criminal es diferir la resolución de la cuestión prejudicial a los órganos de la Administración. Aclarado este extremo, dos supuestos son posibles:

1° Que el Tribunal decida resolver por sí mismo la cuestión prejudicial, en cuyo supuesto, y por mandato del artículo 7°, se atemperará a las normas de derecho administrativo en su resolución. Ninguna objeción ni ninguna aclaración creemos que es necesario hacer a esta forma de resolver la prejudicialidad. En nuestro pensamiento ésta es la forma ortodoxa de resolver la prejudicialidad administrativa.

2° Que el Tribunal suspenda el procedimiento hasta la resolución de la cuestión prejudicial por quien corresponda, pudiendo fijar un plazo que no exceda de dos meses para que las partes acudan al Tribunal contencioso-administrativo competente (artículo 4°).[43] Los problemas que la doctrina procesal plantea y resuelve en este caso son los siguientes: la posibilidad para el Tribunal de suspender de oficio el proceso si las partes no hacen uso de este derecho, problema que Gómez Orbaneja resuelve afirmativamente y Aguilera[44] en sentido contrario; la posibilidad de conceder un plazo superior al de dos meses a las partes, habida cuenta de que éste es en exceso limitado por la necesidad de agotar la vía previa gubernativa antes de acudir a la vía jurisdic-

---

42 *Op. cit.*, p. 144.

43 Parece obligado entender que este señalamiento judicial de plazo reabre los plazos caducados de recurso contencioso, y aun en su caso los de la vía administrativa previa si ésta fuese precisa.

44 Gómez Orbaneja: *op. cit.*, p. 217; Aguilera de Paz: *Tratado de las cuestiones prejudiciales y previas en el proceso penal*, Reus, Madrid, 1917, p. 163.

cional, que Gómez Orbaneja[45] resuelve admitiendo la posibilidad del señalamiento de un nuevo plazo para acudir al Tribunal contencioso-administrativo, a contar desde el momento en que ha sido obtenida la resolución administrativa que cause estado; por último, respecto a la fuerza vinculante de la sentencia administrativa en el proceso penal, este mismo autor,[46] a *sensu contrario,* y en base al carácter vinculante que el artículo 5° señala para las cuestiones de validez de matrimonio o de supresión de estado civil, señala que las resoluciones del Tribunal contencioso-administrativo no vinculan al juez penal no teniendo para éste el valor de la cosa juzgada.

Sin embargo, el problema que queremos plantear y que no encontramos resuelto por los procesalistas es el de la forma de articulación en el proceso administrativo de estas pretensiones en las que se hace jugar a la prejudicialidad. El proceso contencioso-administrativo es revisor de actos y disposiciones de la Administración. En él pueden actuarse pretensiones tendentes a obtener declaraciones de nulidad, por no ser conformes a Derecho, de actos o disposiciones de la Administración, pudiendo pedirse además el reconocimiento de una situación jurídica individualizada; no cabe, sin embargo, ejercitar en él una pretensión simplemente declarativa como en el proceso civil o simplemente interpretativa como en el contencioso francés. De aquí se deduce que sólo podrán articularse en el proceso contencioso-administrativo aquellas cuestiones prejudiciales en que una de las partes interese precisamente una declaración de ilegalidad. Así, tratándose de un delito del artículo 238 del Código Penal de «desobediencia expresa a las órdenes del Gobierno referentes a la transformación, suministro, adquisición, transporte, importación o exportación de materias, efectos, semovientes o de cualquier género de mercancías en lo relativo a la sustancia, cualidad, cantidad o tiempo de las mismas", la posible condena habrá de partir de la legalidad y validez del acto administrativo del Gobierno y el inculpado podrá actualizar esta cuestión como prejudicial mediante la pretensión ejercitada ante la jurisdicción contencioso-administrativa, pidiendo la declaración de nulidad de la orden del Gobierno cuyo incumplimiento se le imputa. Pero si la sentencia penal para condenar tiene que partir de la ilegalidad del acto o reglamento administrativo, en este caso el inculpado no puede dirigirse a la jurisdicción contencioso-administrativa pidiendo que declare que el acto o reglamento es ajustado a Derecho y, por consiguiente, válido. Esto es lo que acontece con la mayoría de los delitos de funcionarios. Así, el funcionario acusado de un delito de prevaricación o de exacciones ilegales, no puede obtener de la jurisdicción administrativa una sentencia por la que se declare que el acto es justo o legal, o bien que la exacción es ajustada a Derecho.

VIII

La prejudicialidad no sólo se contempla en los artículos 3° a 7° de la Ley de Enjuiciamiento Criminal. Existe, como decíamos, otro tratamiento de la prejudiciali-

45 *Op. cit.,* p. 226.

46 Gómez Orbaneja, *op. cit.* p. 229.

dad en nuestro Derecho, que ya no tiene por fundamento auxiliar al juez penal en la resolución de cuestiones que le son extrañas, sin mermar su libertad de criterio y de decisión, sino que implica el arrancar de éste el conocimiento de la cuestión prejudicial y otorgársela, no ya a la jurisdicción revisora de la Administración, sino a la misma Administración, y no para auxiliar al Tribunal criminal mediante la decisión administrativa, sino incluso para vincularle de forma rotunda, llegando, como dice el artículo 15 de la actual Ley de Conflictos[47], a la posibilidad de que la decisión administradora suponga la ilegitimidad del proceso penal.

Que las cuestiones previas administrativas suponen otra forma de dar tratamiento a la prejudicialidad, lo afirma Gómez Orbaneja.[48] "El concepto de prejudicialidad incluye tanto aquellas cuestiones de materia no penal para cuya resolución es normalmente competente —de presentarse aislados— un órgano jurisdiccional distinto del penal, sea un juez civil o administrativo cuanto aquéllas cuya resolución compete a un órgano no jurisdiccional, especialmente a una autoridad administrativa. Según esto, son también cuestiones prejudiciales las llamadas cuestiones previas administrativas, previstas en el artículo 4 del Real Decreto para la resolución de las competencias entre las autoridades administrativas y los Tribunales de 8 de septiembre de 1887. A tenor del artículo 3° de esa disposición (hoy artículo 15 de la Ley de Conflictos de 17 de julio de 1948), son tales aquellas cuestiones de que dependa el fallo que los Tribunales ordinarios o especiales hayan de pronunciar". Más adelante señala que "la heterogeneidad de la materia prejudicial en la previa administrativa es doble; por un lado, no es materia penal; por otro, no corresponde a la función jurisdiccional", y aclarando la cuestión por un ejemplo dice, que "el modo cómo la liquidación de cuentas municipales influye en la determinación de la responsabilidad penal en el delito de malversación, o cómo la fijación de atribuciones del funcionario público puede determinar el delito de usurpación de funciones, etc., es esencialmente análogo al modo cómo de la existencia del matrimonio depende el delito de bigamia, o de la propiedad ajena de la cosa el delito de hurto. La diferencia que encontramos entre estos dos últimos casos y aquéllos nada tiene que ver con la que caracteriza la prejudicialidad. En el matrimonio o propiedad se trata de relaciones jurídicas sobre las cuales la llamada a pronunciarse es la jurisdicción; en los otros dos ejemplos, la determinación corresponde a la ¿Administración activa". Para este autor, en la prejudicialidad administrativa, en «unos casos la decisión pertenece a la esfera jurisdiccional, Tribunales contenciosos, pero en otros lo ha reservado la Ley a la autoridad administrativa. "En tal caso —afirma—[49] no cabe,

47 *La Ley de Conflictos de 17 de julio de 1948, ha sido expresamente derogada por la Ley orgánica 2/1987, de 18 de mayo, de conflictos jurisdiccionales. A mayor abundamiento, en la nueva Ley no se habilita a la Administración con la posibilidad, contenida en el artículo 15 de la Ley de 1948, de diferir la jurisdicción penal, a través de instar una cuestión previa administrativa. El sistema judicial español, configurado por la Constitución, la Ley orgánica 6/1985 de 1 de julio, del Poder Judicial, y la Ley orgánica 2/1987, es radicalmente incompatible con aquel preconstitucional, al asentarse sobre la independencia del "Poder Judicial" y la plenitud de la jurisdicción que ejerce.*

48 Gómez Orbaneja: *op. cit.*, p. 170.

49 Gómez Orbaneja: *op. cit.*, p. 173.

por regla general, que el juez penal la decida aun cuando sólo fuese a los efectos de la represión sin incurrir en exceso de poder".

Lo que no nos dice Gómez Orbaneja es en qué casos la Ley reserva a la Administración este conocimiento sobre las cuestiones prejudiciales para que pasen a la categoría de "previas". Ni lo dice ni podría señalar ningún caso de reserva legal en este sentido. En este punto tiene perfecta razón Aguilera de Paz.[50] "No existe una norma fija para determinar cuándo y en qué casos debe reconocerse la existencia de alguna cuestión previa administrativa, y está sometida la declaración de su concurrencia, en la mayoría de los casos, a la resolución de los conflictos jurisdiccionales que motivan, existiendo en la materia una jurisprudencia vastísima que, en algunas ocasiones, resulta contradictoria". Y esto tenía forzosamente que ocurrir así, puesto que la cuestión previa no es más que una forma, un envase para el tratamiento de la prejudicialidad importado del Derecho francés de 1847, pero sin que al mismo tiempo se importase el contenido que en éste realmente tenía en el artículo 1° de la Ordenanza francesa de l° de junio de 1828, en el que, como vimos, la posibilidad de elevación del conflicto, por existencia de cuestión prejudicial, se contempla únicamente para la materia de policía correccional.

El artículo 3° del Real Decreto de 4 de junio de 1847 es una copia desgraciada del artículo 1° de la Ordenanza francesa: "No se podrá suscitar contienda de competencia: 1° En los juicios criminales, a no ser que el castigo del delito o falta haya sido reservado por la Ley a los funcionarios de la Administración, o cuando en virtud de la misma Ley debe decidirse por la autoridad administrativa alguna cuestión previa, de la cual dependa el fallo que los Tribunales ordinarios o especiales hayan de pronunciar... 3° Por no haber procedido la autorización correspondiente para perseguir a los empleados en concepto de tales".

La redacción del precepto con sentido prohibitivo está claro. Se pretende, en principio, que la elevación del conflicto en materia penal sólo tenga lugar con carácter excepcional. Pero la admisión de la excepción para las cuestiones prejudiciales hará que este principio prohibitivo o limitativo quede desbordado. Los redactores del precepto, ante la inexistencia en nuestro Código Penal de la clasificación tripartita de las infracciones penales y ante la imposibilidad o dificultad de limitar la excepción a la materia correccional sólo les quedaba la alternativa de extender la posibilidad de elevación del conflicto por presunta existencia de cuestión previa a toda la materia penal o, de lo contrario, no admitirla en ningún caso. Desgraciadamente, optaron por la admisión con carácter de generalidad, con lo que desvirtuaron el sentido de la regulación francesa.

Este precepto pasa a ser el artículo 54 del Reglamento de 25 de septiembre de 1863, y de este Reglamento para el Real Decreto de 8 de septiembre de 1887, que, además, y ésta es una segunda desgracia, ayuda por primera vez el trámite que la Administración ha de observar en la sustanciación de la cuestión prejudicial, así como el efecto que la decisión administrativa habría de producir en el proceso penal (artículo 4°). El éxito de la cuestión previa es tan completo, que el sistema se afianza y pasa al

---

50 Aguilera de Paz: *op. cit.,* p. 298.

artículo 15 de la Ley de 17 de julio de 1948. Ya no queda nada en esta Ley de aquella timidez del Real Decreto de 1847 en el planteamiento de cuestiones de competencia a los Tribunales. El legislador de 1948 admite la posibilidad de plantear contienda de competencia a los Tribunales criminales en todos los casos[51] y, además, ante el éxito con que la Administración ha manejado ante estos Tribunales, ya veremos con qué bastardos fines, la cuestión previa dispensa, en este punto, a las relaciones Tribunales Criminales-Administración, de un tratamiento de favor verdaderamente excepcional. "Excepto en los juicios criminales —dice el artículo 15[52]— no está lícito a las autoridades administrativas invocar como fundamento de la inhibitoria cuestiones previas de ninguna especie. Cuando en tales juicios las invoquen, deberán forzosamente concretar en su requerimiento el texto o textos que la amparen" La redacción del artículo es regresiva. Antes era preceptivo que la cuestión previa fuese de la competencia de la Administración por expresa disposición de una Ley. Ahora basta con que un "texto o textos la amparen", con lo que se da entrada a la legitimación de cuestiones previas por normas de carácter inferior a Ley.

Por lo demás, la regulación actual[53] es la siguiente: Inhibido el Tribunal o, en caso contrario, sustanciada la competencia y atribuida ésta sobre la cuestión previa a la Administración, "la autoridad administrativa llamada a resolverla la decidirá en el plazo que las Leyes y Reglamentos generales hayan establecido. Cuando no exista plazo prefijado, la cuestión previa habrá de resolverse en el término máximo de seis meses, transcurrido el cual sin que aquélla lo haya resuelto, el juez o Tribunal que antes conocía del asunto reclamará los autos de la autoridad requirente, la que habrá de devolverlos dentro de los cinco días siguientes, continuándose por el organismo judicial el procedimiento interrumpido en la forma legal. Si la autoridad administrativa no devolviese los autos a la judicial en los casos en que esto sea procedente, ésta lo pondrá directamente en conocimiento de la Presidencia del Gobierno para que ordene a la primera el cumplimiento del anterior trámite, sin perjuicio de exigirle las respon-

---

51 *El legislador de 1987, igualmente admite la posibilidad de plantear conflicto de jurisdicción por la Administración a los Tribunales criminales, pero con ciertas cautelas:*

1° "No podrán plantearse conflictos frente a la iniciación o seguimiento de un procedimiento de habeas corpus *o de adopción en el mismo de las resoluciones de puesta en libertad o a disposición judicial" (Art. 6).*

2° El requerimiento de inhibición formulado por la Administración a un Tribunal penal, no suspende la tramitación de la causa, hasta el momento de la adopción de la sentencia. En todo caso, la tramitación de tales conflictos, al igual que aquellos entre la Administración y un Tribunal que conoce de un proceso de protección de derechos fundamentales, tendrá una tramitación preferente ante el Tribunal de Conflictos de Jurisdicción:

"Cuando el requerimiento se dirija a un órgano jurisdiccional del orden penal o que esté conociendo de un asunto tramitado por el procedimiento preferente para la tutela de los derechos y libertades fundamentales previsto en el artículo 53-2 de la Constitución no se suspenderá el procedimiento, sino, en su caso, hasta el momento de dictar sentencia. El Tribunal de Conflictos otorgará preferencia a la tramitación de los conflictos en que concurran estas circunstancias?" (Art. 11.2).

52 *Derogado por la Ley orgánica 2/1987, de 18 de mayo, de Conflictos jurisdiccionales.*

53 *Derogada por la Ley orgánica 2/1987, de 18 de mayo, de Conflictos jurisdiccionales.*

sabilidades en que haya podido incurrir por la negligencia". El texto es bastante claro y no merece la pena gastar tiempo en su comentario. El intérprete más elemental puede constatar por sí mismo que al permitirse el paso de un sumario a manos de la autoridad administrativa se está negando la jurisdicción criminal y convirtiendo a la Administración en juez y parte. La afirmación no es gratuita, pues el artículo 15 va todavía más lejos: una vez en manos de la Administración de autos, ésta resuelve la cuestión prejudicial y su resolución paradójicamente, ¡y a diferencia del valor que se atribuye a la sentencia del Tribunal contencioso-administrativo que resuelve una cuestión prejudicial!, es vinculante para el Tribunal criminal. Este ha de declarar forzosamente el "no haber lugar a la continuación del juicio si la decisión administrativa envolviera falta de legitimidad del procedimiento".

Cambiando de método, éste es el momento de preguntarnos por la causa que sociológicamente ha permitido el triunfo de este tratamiento de la prejudicialidad administrativa. Para resolver el problema es necesario examinar las resoluciones de competencia sustanciadas por esta causa e indagar en ellos qué tipo de delitos las ocasionaron. Esto nos descubrirá la clase de acciones penales que la Administración ha tratado de paralizar. Gómez Orbaneja[54] en la sistematización que efectúa en su obra de los decretos resolutorios de las competencias, en un 100 por 100 éstos se refieren a delitos cometidos por los funcionarios públicos en el ejercicio de sus funciones. Por vía de enumeración señalamos que los tipos concretos de delito en los que se ha admitido la existencia de cuestión previa, son los siguientes:[55] Abandono del cargo o función, alteración de lindes, allanamiento de morada, anticipación de funciones, atentado (de un alcalde contra un juez municipal), coacciones, daños, desobediencia, detención ilegal (de un juez municipal practicada por un alcalde, entre otras), delitos electorales, estafa, exacciones ilegales, falsedad fraude, malversación, nombramientos ilegales, prevaricación, prolongación de funciones, usurpación de atribuciones, usurpación de funciones. En causas seguidas por los delitos enumerados la jurisprudencia de conflictos en unos casos ha admitido y en otros no la cuestión previa. Buscar un criterio que dilucide la fundamentación de las resoluciones en uno u otro sentido es tarea inútil.

Por otra parte, la jurisprudencia no se ha preocupado de señalar el fundamento justificativo de esta merma de la jurisdicción de los Tribunales criminales. Gómez Orbaneja,[56] como decimos, lo justifica en el exceso de poder que se originaría si los Tribunales conocieran de las cuestiones previas administrativas. En apoyo de su afirmación cita los textos constitucionales, sin especificar cuáles sean éstos, los artículos 2° y 4° de la Ley Orgánica del Poder Judicial [57] y el artículo 378 del Código Penal. La afirmación respecto de los textos constitucionales no es exacta. Nuestras Constituciones tienen

---

54 Gómez Orbaneja: *op. cit.*, p. 175-186.

55 Una sistematización alfabética de los casos en que se ha admitido o desestimado la existencia de cuestiones previas administrativas puede verse en Pera Verdaguer: *Jurisdicción y competencia*, Bosch, Barcelona, 1953, pp. 635-843.

56 Gómez Orbaneja: *op. cit.*, p. 173.

57 *La Ley Provisional sobre organización del Poder Judicial de 15 de septiembre de 1870 (conocida como Ley Orgánica del Poder Judicial), ha sido derogada por la Ley Orgánica 6/1985, de 1 de julio, del Poder Judicial.*

una preocupación inversa cual es la de asegurar, precisamente, la independencia del poder judicial, sin que en ellas existan normas que limiten la jurisdicción de éste, ni que respondan al temor de invasiones en la esfera administrativa. Valgan en este punto las citas ya hechas al hablar de la autorización para proceder contra funcionarios y, a mayor abundamiento, la de dos textos recientes: el artículo 94 de la Constitución de 1931, que establece que "los jueces son independientes en su función. Sólo están sometidos a la Ley", y el principio IX de la Ley de 17 de mayo de 1958 [58], al prescribir que "todos los españoles tienen derecho a una justicia independiente" [59]. De estos textos lo que realmente se deduce es el principio de plenitud de la jurisdicción penal [60]. Y a este principio no se opone, en absoluto, el artículo 4° de la Ley Orgánica del Poder Judicial[61] al prohibir a los jueces y Tribunales "mezclarse directa o indirectamente en

58 *La Ley de 17 de mayo de 1958, de Principios de Movimiento Nacional, ha sido derogada por la Constitución, "en tanto en cuanto no estuvieran ya derogada" por la ley 1/1977, de 4 de enero, para la Reforma Política (disposición derogatoria primera).*

59 *La Constitución de 1978 ha constitucionalizado, como derecho subjetivo de carácter fundamental, el derecho de todas las personas "a obtener la tutela efectiva de los jueces y tribunales en el ejercicio de sus derechos e intereses legítimos sin que, en ningún caso, pueda producirse indefensión" (Art. 24.1). Ciertamente, la plena operatividad de tal derecho, presupone y exige que el Poder judicial, entre otros aspectos, reúna las siguientes características:*

- *un estatuto personal de sus miembros que garantice su independencia, inamovilidad, responsabilidad y sometimiento únicamente a la Ley (Art. 117.1 CE);*
- *monopolio del ejercicio de la potestad jurisdiccional: "El ejercicio de la potestad jurisdiccional en todo tipo de procesos, juzgando y haciendo ejecutar lo juzgado, corresponde exclusivamente a los Juzgados y Tribunales determinados por las leyes..." (Art. 117.3 CE);*
- *el obligado cumplimiento de sus resoluciones (Art. 118 CE);*
- *El control de toda la actividad administrativa:*

  "Los Tribunales controlan la potestad reglamentaria y la legalidad de la actuación administrativa, así como el sometimiento de ésta a los fines que la justifican" (Art. 106.1 CE).

60 *La plenitud de la jurisdicción penal, está hoy expresamente reconocida, al menos, por lo que se refiere a los conflictos de competencia entre Juzgados y Tribunales de distinto orden. en el artículo 44 de la Ley orgánica 6/1985, de 1 de julio, del Poder Judicial, al disponerse que:*

"El orden jurisdiccional penal es siempre preferente. Ningún Juez o Tribunal podrá plantear conflicto de competencia a los órganos de dicho orden jurisdiccional".

En el ámbito de los conflictos de Jurisdicción, aquellos que enfrentan a la Administración con los Tribunales, si bien no existe precepto alguno que así lo declare, puede afirmarse su reconocimiento implícito a través de la derogación de la posibilidad de diferir la jurisdicción penal a través del planteamiento de cuestiones administrativas previas.

61 *La Ley Provisional sobre organización del Poder Judicial de 15 de septiembre de 1870 (conocida como Ley Orgánica del Poder Judicial), ha sido derogada por la Ley Orgánica 6/1985, de 1 de julio, del Poder Judicial, no obstante, en ésta, como corolario de la independencia de los miembros del Poder Judicial y su monopolio de la función jurisdiccional, establece la interdicción del ejercicio de cualquier función distinta a la que tienen comendada:*

> *"Los Juzgados y Tribunales no ejercerán más funciones que las señaladas en el párrafo anterior [ejercicio de la potestad jurisdiccional juzgando y haciendo ejecutar lo juzgado'], las de Registro Civil y las demás que expresamente les sean atribuidas por ley en garantía de cualquier derecho" (art. 2).*

asuntos peculiares a la Administración del Estado, ni dictar reglas o disposiciones de carácter general acerca de la aplicación o interpretación de las Leyes", pues lo único que prohíbe al poder judicial es "administrar" en la doble vertiente del uso de la potestad de gestión y la reglamentaria, pero nada está más lejos del concepto de "administrar" que el examen de una actuación administrativa a los efectos de decidir si es o no constitutiva de delito. Lo que sí implica exceso de poder y atentado a la independencia judicial es el diferir la calificación sobre la legalidad de la actuación administrativa a la propia Administración, puesto que el propio artículo 2° de la Ley Orgánica del Poder Judicial[62] extrañamente citado por Gómez Orbaneja en apoyo de su tesis, lo que hace es atribuir esta calificación monopolísticamente a los Tribunales al prescribir que "la potestad de aplicar las Leyes en los juicios civiles y criminales, juzgando y haciendo ejecutar lo juzgado corresponderá exclusivamente a los jueces y Tribunales". El artículo 378 del Código Penal tampoco es contrario a lo que decimos, pues al tipificar como delito la conducta del "juez que se arrogare atribuciones propias de las autoridades administrativas, o impidiere a éstas el ejercicio legítimo de las suyas", sólo prohíbe a éste administrar, pero no examinar, actuaciones administrativas.

El error de fondo de la doctrina procesal es creer que existe un apoyo, fuera del artículo 15 de la Ley de Conflictos[63], en el que fundamentar en nuestro ordenamiento la presunta facultad de la Administración para definir la legalidad de sus actuaciones. La Administración carece en absoluto de esta facultad. Sólo tiene la de dictar actos y disposiciones que son presuntamente válidos o inválidos, presuntamente legales o ilegales, en tanto en cuanto los órganos jurisdiccionales no deciden, y éstos ya con carácter definitivo y vinculante, sobre la validez o invalidez. Y esto es una consecuencia directa del principio de legalidad que al implicar el sometimiento de la Administración a la Ley comporta el depósito de órganos distintos de la propia Administración de la facultad última de decidir si su actuación es o no ajustada al ordenamiento jurídico. Lo contrario sería hacer a la Administración juez y parte, con lo que el principio de legalidad se volatizaría.

Los órganos definidores de la legalidad de la actuación de la Administración cuando ésta actúa a través de normas de derecho administrativo, son los de la jurisdicción contencioso-administrativa y los de la jurisdicción criminal. Ambas se encuentran, no en posición de igualdad, sino en posición de subordinación de la jurisdicción contencioso-administrativa a la jurisdicción criminal. La jurisdicción contencioso-administrativa fiscaliza a la Administración y sus decisiones son vinculantes para ésta

---

Precepto que traslada a nivel legislativo, lo ya contenido en la Constitución (Art. 117.4): *"Los Juzgados y Tribunales, no ejercerán más funciones que las señaladas en el apartado anterior [ejercicio de la potestad jurisdiccional en todo tipo de procesos, juzgando y haciendo ejecutar lo juzgado] y las que expresamente les sean atribuidas por ley en garantía de cualquier derecho".*

62 *La Ley Provisional sobre organización del Poder Judicial de 13 de septiembre de 1870 (conocida como Ley Orgánica del Poder Judicial), ha sido derogada por la Ley Orgánica 6/1983, de 1 de julio, del Poder Judicial. No obstante, en ésta se reproduce el tenor literal del artículo 2 de la Ley de 1870, precisamente en su artículo 2,1, igualmente contenido en el artículo 117,3 de la Constitución.*

63 *Derogado por la Ley orgánica 2/1987, de 18 de mayo, de Conflictos jurisdiccionales.*

(sin perjuicio de las posibilidades de inejecución de sentencias que suponen las causas de inejecución tasadas por la Ley jurisdiccional). A su vez, las decisiones de la jurisdicción criminal son vinculantes para una y otra sin limitación alguna. La existencia de actos y disposiciones administrativas excluidas de la fiscalización contencioso-administrativa[64] no supone una exclusión de la verificación por la jurisdicción criminas de estos mismos actos en orden a determinar si son o no constitutivos de delito.

Las afirmaciones anteriores encuentran su apoyo en preceptos propios de la legislación administrativa en la siguiente forma.

—La posición de prevalencia de la jurisdicción criminal sobre la contencioso-administrativa y la Administración se deduce del artículo 47 de la Ley de Procedimiento Administrativo al declarar éste la nulidad de pleno derecho de los actos que sean constitutivos de delito. Este precepto sólo puede tener virtualidad si las decisiones de la jurisdicción criminal tienen pleno carácter vinculante. Supone este precepto la atribución de una fiscalización total sobre todo la actuación administrativa legitimada en el hecho de que lo que es delito no puede ser otra cosa, que el delito es el pecado jurídico que contamina y anula todo lo que toca y que, por consiguiente, no puede haber obstáculo alguno en la búsqueda y declaración de las actividades delictuosas a fin de que la vida moral del ordenamiento jurídico pueda ser realidad. Naturalmente, esto supone que no sólo alcanza esta sanción a aquellos actos administrativos cuyo contenido sea delictual, sino también a los que proceden a una actuación delictual del funcionario que no se trasluce en el contenido del acto, los dictados a consecuencia de delito.[65]

---

64 *Después de la Constitución de 1918, debe entenderse derogada cualquier exclusión de actos o disposiciones administrativas del control del Poder Judicial, por contraria al derecho a la tutela judicial efectiva, sin que en ningún caso pueda producirse indefensión (Art. 24>1 CE) y lo dispuesto en el artículo 106.1, que somete a control de lo i Tribunales toda la actividad administrativa, sin resquicio alguno:*

"Los Tribunales controlan la potestad reglamentaria y la legalidad de la actuación administrativa, así como el sometimiento de ésta a los fines que la justifican".

65 Garrido Falla admite la posibilidad de actos válidos que tienen su motivación en hechos que son constitutivos de delito, en *Régimen de impugnación de actos administrativos,* Instituto de Estudios Políticos, Madrid, 1956. En la nota 27 de la página 217 pone el ejemplo de un funcionario que con amenazas físicas obtiene la plaza, a que tiene derecho, de su superior, sin perjuicio de la responsabilidad penal, el acto de nombramiento sería válido. La tesis nos parece insostenible después de dictada la Ley de Procedimiento y por virtud de lo establecido en el artículo 47. Incluso antes de ser esta Ley promulgada creemos que, en virtud de la fuerza expansiva que la ilicitud penal comporta y que explicamos en el texto, no puede sostenerse la validez de los actos administrativos originados por una causa que constituye delito. Todo lo que es ilicitud penal provoca ilicitud y nulidad de pleno derecho, sin que en este punto puedan admitirse diferencias entre la nulidad que el delito provoca en el acto o contrato civil y la que provoca en el acto y contrato administrativo. Insiste Garrido en el punto de vista criticado con posterioridad a la Ley de Procedimiento, aunque sin hacerse cuestión de la misma, en su *Tratado de Derecho administrativo,* I, Madrid, 1958, pp. 434-35. Nos parece que el artículo 127, núm. 4°, de la propia Ley de Procedimiento, al que haremos inmediata referencia, salda definitivamente el problema en el plano positivo.

—La posición de prevalencia de la jurisdicción criminal sobre la contencioso-administrativa, en concreto, se basa en el tratamiento de la prejudicialidad. La jurisdicción criminal, según el artículo 3º de la Ley de Enjuiciamiento Criminal, tiene competencia para resolver las cuestiones administrativas prejudiciales. Si difiere su conocimiento a la jurisdicción contencioso-administrativa, la decisión de ésta, como ya vimos, no tiene carácter vinculante para la jurisdicción criminal. Por contra, el tratamiento de la prejudicialidad penal en el proceso contencioso-administrativo tiene, en el artículo 4° de la Ley Reguladora de la Jurisdicción Contencioso-Administrativa, un tratamiento inverso. "La competencia de la jurisdicción contencioso-administrativa —dice este precepto— se extenderá al conocimiento y decisión de las cuestiones prejudiciales e incidentales no pertenecientes al orden administrativo, directamente relacionadas con un recurso contencioso-administrativo, salvo las de carácter penal". Esto supone que la prejudicialidad penal debe ser diferida a la jurisdicción de esta índole y que sus decisiones son vinculantes para la jurisdicción contencioso-administrativa.

—La posición de prevalencia de la jurisdicción criminal, en concreto, sobre la Administración y el carácter vinculante de las resoluciones de aquélla para ésta se apoya, además del precepto citado del artículo 47 de la Ley de Procedimiento Administrativo, en el número 4° del artículo 127 de la misma Ley, que abre la vía de revisión administrativa a los actos firmes que se "hubiesen dictado como consecuencia de prevaricación, cohecho, violencia u otra maquinación fraudulenta y se haya declarado así en sentencia firme judicial". La Administración al resolver la revisión de estos casos no debe hacer otra cosa que suprimir la simple apariencia de un acto que, desde que la sentencia criminal fue dictada, ya era, de por sí, nulo de pleno derecho.

Frente a este sistema, el carácter vinculante que en el proceso penal atribuye el artículo 15 de la Ley de Conflictos[66] a las decisiones administrativas comporta las siguientes consecuencias:

—En orden a los principios constitucionales supone la violación del postulado de justicia independiente en cuanto las decisiones de ésta dependen de previas resoluciones administrativas; vulnera el principio de sometimiento de la Administración a la Ley por atribuir a la Administración el doble carácter de juez 'y parte, y, por último, dado que el uso que de esta facultad ha hecho la Administración, desde su puesta en vigor por el Real Decreto de 8 de septiembre de 1887, ha sido, sistemáticamente preordenado a evitar el conocimiento por los Tribunales de hechos atribuidos a funcionarios y presuntamente delictivos, se quebranta el principio de igualdad de los ciudadanos ante la Ley penal.

—En el orden práctico, las anomalías a que el sistema puede dar origen son numerosos. Por vía de ejemplo señalaremos una: la Administración resuelve una Cuestión previa declarando la legalidad de un acto administrativo. Esta resolución es vinculante para la jurisdicción criminal. Nada impide, sin embargo, que sea impugnada ante la jurisdicción contencioso-administrativa y que ésta, a su vez, declare la ilegalidad del mismo acto. La burla de la jurisdicción criminal es evidente y se patentiza más la absurdidad del sistema si se piensa que la resolución del Tribunal contencioso-ad-

66 *Derogado por la ley orgánica 2/1987, de 18 de mayo, de Conflictos jurisdiccionales.*

ministrativo no es vinculante en el proceso penal. Los Tribunales penales pueden lo más: no tener en cuenta la declaración de legalidad de un acto administrativo hecho por la jurisdicción contenciosa; pero no pueden lo menos: desconocer la declaración de legalidad del mismo acto verificada por la Administración.

IX

Pasamos ahora a examinar dos aplicaciones recientes de las llamadas cuestiones previas administrativas. El primer supuesto es anterior, tanto en cuanto al hecho que lo motiva como al Decreto resolución de la competencia, a la Ley de Régimen Jurídico de la Administración del Estado. El segundo es posterior. Ambos Decretos resolutorios de competencias fueron, por cierto, dictados en contra del dictamen emitido por el Consejo de Estado, lo cual además de poner de relieve que este autorizado órgano consultivo no acepta ya la aplicación indiscriminada de la doctrina de las cuestiones previas, no obstante el artículo 15 de la Ley de Conflictos que parece ampararla, viene a poner en entredicho todo el sistema de resolución de conflictos al revelarse en realidad como un sistema que permite la decisión unilateral de la Administración frente a los Tribunales. Para asuntos bastante menos importantes en el orden político y jurídico y que además pueden fiscalizarse posteriormente por tal jurisdicción contencioso-administrativa, ha establecido la Ley de Procedimiento el carácter vinculante de los dictámenes del Consejo de Estado (artículos 109 y 110).

El Decreto de 1° de julio de 1954, publicado en el *Boletín Oficial del Estado* el día 7 del mismo mes, ha sido ya comentado por Garrido en el número 14 de esta Revista.[67] El supuesto de hecho que lo motiva, según el relato que este autor hace, es el siguiente: "El día 23 de mayo de 1951 es detenido don P. G. C., por orden del juez especial de delitos monetarios, quedando a su disposición. Como quiera que no se dictase auto de procesamiento ni se notificase el de prisión, en 5 de diciembre del propio año, el detenido formuló querella ante la Audiencia Provincial de Madrid, promoviendo el antejuicio que para exigir responsabilidad penal a los jueces y magistrados, establecen los artículos 258 y 259 de la Ley Orgánica del Poder Judicial[68], citándose como infringido el artículo 17 de la Ley de Delitos Monetarios de 24 de noviembre de 1938[69], que limita a sesenta días, salvo prórroga excepcional del Ministro de Hacienda, el plazo máximo en que deben ser fallados los expedientes en materia de delitos monetarios, así como los artículos 357 y 188 del Código Penal. Dada la categoría personal del inculpado, la Audiencia Provincial elevó las diligencias al Tribunal Supremo, pero la Sala 2ª de este alto organismo las devolvió a la Audiencia Provincial de procedencia por considerarla competente. En este punto la cuestión, la Audiencia Provincial es requerida de inhibi-

67 Garrido Falla: *Nota de Jurisprudencia*, en esta Revista, 14, pp. 157 y ss.

68 *La regulación de la responsabilidad penal de los Jueces y Magistrados, hoy está contenida en los artículos 405 a 410 de la Ley orgánica 6/1985, de 1 de julio, del Poder Judicial.*

69 *Derogada por la Ley 40/1979, de 10 de diciembre, sobre régimen jurídico de control de cambios, posteriormente modificada parcialmente por la Ley Orgánica 10/ 1983 de 16 de agosto.*

ción por el delegado de Hacienda, pues que dependiendo el juez de delitos monetarios de un Tribunal superior, encuadrado orgánicamente en el Ministerio de Hacienda[70], se planteaba una cuestión previa a resolver, de carácter administrativo, que impedía la actuación de la jurisdicción penal ordinaria. La Audiencia Provincial confirma su competencia y la cuestión, consiguientemente, queda planteada, remitiéndose el expediente a la Presidencia del Gobierno".

El Decreto que comentamos resuelve la competencia a favor del delegado de Hacienda por existir cuestión previa administrativa que describe en los siguientes términos en el considerando sexto: "Que de cuanto antecede resulta indudable que para que la jurisdicción ordinaria pudiera ser competente para conocer si se han cometido o no los delitos imputados en la querella al juez especial de delitos monetarios en expediente seguido por el mismo a don P. G. C., es necesario que previamente sea resuelta por el Ministro de Hacienda y a la luz de los preceptos de la Ley especial de 24 de noviembre de 1938[71], la cuestión de si existe o no en la referida legislación especial plazos rígidos para la tramitación de estos expedientes y si, de existir, el juez los infringió maliciosamente, o si, por el contrario, a juicio de dicho Ministerio, tuvo fundados motivos para no resolver el expediente de que se trata dentro de los plazos normales, o si obtuvo o no la prórroga que permite la letra e) de la Disposición final primera de la Ley de 24 de noviembre de 1938, que el señor Ministro de Hacienda concede en uso de sus facultades discrecionales, no limitadas ni en orden a la duración de la prórroga, ni por trámite alguno de procedimiento, bastando que, si a juicio del propio Ministro, mediara para ello causa atendible; y por lo que hace referencia al supuesto delito de retención arbitraria, o de retención en calidad de preso de un detenido cuya soltura proceda, si a juicio del propio Ministro, de quien en lo gubernativo depende el Juzgado de Delitos Monetarios[72] están o no reguladas en forma especial en la Ley de 24 de noviembre de 1938 la prisión preventiva y libertad provisional de los expedientados, y si estima que el juez vulneró, en su caso, las disposiciones aplicables a estos casos".

Garrido, en su valiente y razonado comentario a este Decreto expone con claridad cómo la doctrina establecida en sus considerandos es atentatoria al principio de libertad personal, que tiene rango constitucional en nuestro Derecho, por virtud del artículo 18 del Fuero de los Españoles[73] [74], y que se infringe también como conse-

70 *La Jurisdicción administrativa de delitos monetarios ha desaparecido con la derogación de la Ley de delitos monetarios de 1938 por la Ley 40/79, de 10 de diciembre.*

71 *Derogada por la Ley 40/1979.*

72 *Vid. nota XVIII.*

73 *Derogado por la Constitución "en tanto en cuanto no estuviera ya derogada" por la ley 1/1977, de 4 de enero, para la Reforma Política (disposición derogatoria primera).*

74 *El derecho a la libertad personal está recogida en la Constitución de 1978 en su artículo 17.1: "Toda persona tiene derecho a la libertad y a la seguridad. Nadie puede ser privado de su libertad, sino con la observancia de lo establecido en este artículo y en los casos y en la forma previstos en la Ley".*
A mayor abundamiento, en el artículo 25.3 se contiene la interdicción de toda sanción administrativa que, "directa o subsidiariamente, impliquen privación de libertad".

cuencia el principio de la consideración del juez penal como guardián de la libertad individual al confundir la cuestión previa con la cuestión de fondo. "Configurar la existencia —dice Garrido— de una cuestión previa administrativa a que se refieren los considerandos 5° y 6° del Decreto que se comenta, resultando, pues, tan difícil que el propio Decreto, al razonar sobre la materia (Considerando 5°), está prejuzgando el fondo del asunto; pues no otra cosa significa invocar el artículo 12 de la Ley Especial de Delitos Monetarios de 24 de noviembre de 1938, con la pretensión de demostrar así que los efectos del artículo 188 del Código Penal quedan enervados. Este es justamente el fondo del asunto, y lo que, creemos nosotros, debieron decir los Tribunales de la jurisdicción penal".

Pero la doctrina que siente el Decreto encierra otras contradicciones que evidencian que sus redactores tampoco tienen muy claro el concepto de la cuestión previa. Así, en el considerando tercero se dice, que "si lo que se achacara al juez de delitos monetarios fuese la comisión de algún delito común, aunque éste lo hubiera realizado con ocasión del desempeño de sus funciones, como sería el caso de imputársele, verbigracia, un delito de prevaricación o de cohecho, sería evidente de la competencia de la jurisdicción ordinaria para entender del asunto.

Olvidan los redactores del Decreto o desconocen que es tradicional, desgraciadamente, la admisión de cuestión previa, en los delitos de prevaricación, por la jurisprudencia de conflictos. Es peregrina, también, la afirmación transcrita de que el delito de detención arbitraria no es un delito común y que, sin embargo, lo es el de prevaricación.

Cerramos el comentario a este Decreto recordando lo que ya hemos dicho acerca de las soluciones del Derecho francés en este punto: que no admite, en los casos que implican atentado a la libertad personal, la posibilidad de elevación del conflicto, incluso respecto a la acción civil.

El hecho que motiva el Decreto de 25 de febrero de 1960, publicado en el *Boletín Oficial del Estado* de 3 de marzo, no es de la gravedad del anterior, consistente, como vimos, en la detención sin formalidades de un ciudadano durante más de cinco meses. Pero si el hecho no es tan grave, sí lo es la doctrina a que ha dado lugar. La cuestión es la siguiente, según los términos, bastante oscuros, por cierto, del primer resultando: "Que en 21 de agosto de 1957 don S. A. M. se dirigió al Juzgado de Valverde del Camino manifestando que por auto de 8 de junio de 1957 se resolvió el expediente de dominio instruido por él para reanudar el tracto sucesivo registral de determinada finca en el lugar conocido con el nombre de «Mesoneros y Toscones», ordenándose inscribir a su nombre el dominio de dicha parcela; habiéndose seguido dicho expediente sin conformidad del Ayuntamiento de Valverde del Camino por suponer éste que aquella suerte de tierra, incluida dentro del perímetro del monte «Gramonosas Castaño y Rivera», pertenecía al mismo; manifestaba asimismo que en 26 de julio y 12 de agosto había sido sancionado con multas de 750 y 1.500 pesetas, más otro tanto en concepto de daños y perjuicios por el ingeniero jefe de la brigada de Huelva-Sevilla del Patrimonio Forestal del Estado, por pastoreo abusivo de 150 cabezas de ganado, pastoreo realizado, según el cliente, en su propia finca, por lo que renunciaba tales hechos como eventualmente constitutivos de delito de coacción".

El Juzgado de Instrucción de Valverde del Camino dictó, en 26 de noviembre de 1957, acto de procesamiento contra el ingeniero jefe de la brigada Sevilla-Huelva del Patrimonio Forestal del Estado por entenderle autor de un delito de coacción ilegal. Requerido el Juzgado de inhibición por el Gobernador Civil de Huelva y sustanciada la competencia, el Decreto que comentamos resuelve la cuestión de competencia a favor de la Administración, entendiendo que la cuestión previa a decidir por ésta "consiste en determinar si el ingeniero contaba con la autorización legal suficiente para obrar en la forma en que lo hizo..., puesto que si estuviera legítimamente autorizado no podría, en atención a lo que dispone en artículo 96 del Código Penal, ser reo del delito de coacciones". En apoyo de la existencia de cuestiones previas cita expresamente el Decreto en varios considerandos el artículo 15 de la Ley de Conflictos Jurisdiccionales[75].

Lo que nos interesa sobre todo subrayar de la doctrina sustentada por este Decreto es la de la interpretación de conjunto que en él se verifica sobre la regulación de la responsabilidad criminal de funcionarios por la Ley de Régimen Jurídico. Hemos sustentado en la Introducción de este estudio que la regulación de esta materia supone no a una mayor efectividad de la responsabilidad criminal, suprimiendo obstáculos al ejercicio de las acciones, sino que sus preceptos implican un privilegio para los funcionarios, una ampliación de la garantía de éstos y una merma para la garantía de los administrados. Pues bien, ésta es la interpretación y aplicación que hace el Decreto que comentamos en sus dos primeros considerandos:

"Considerando que daba la trascendencia y repercusiones que puede tener, incluso para la propia Administración, la sustanciación de juicios criminales contra los funcionarios públicos, siempre ha habido normas tendentes a rodear de las máximas garantías tanto el procesamiento como el enjuiciamiento en general de dichos funcionarios, así en épocas anteriores se requería la autorización de la Administración como requisito previo para que el expresado procesamiento pudiera acordarse, y si bien en la actualidad dicha autorización no es necesaria, existen normas que han venido a sustituirla, como los artículos 46 a 49 de la Ley de Régimen Jurídico de la Administración del Estado que regulan la responsabilidad penal de los funcionarios públicos y también por lo que respecta concretamente a los conflictos jurisdiccionales, el artículo 15 de la Ley de 17 de julio de 1948[76], en relación con las cuestiones previas administrativas".

"Considerando que el artículo 46 de la Ley de Régimen Jurídico de la Administración del Estado establece que el enjuiciamiento de los funcionarios con categoría de jefes superiores de Administración o más elevada por supuestos delitos en el ejercicio de sus cargos, corresponde a la Sala de lo Criminal del Tribunal Supremo, y que el enjuiciamiento de las demás autoridades y funcionarios civiles compete a las Audiencias Provinciales, es bien claro que el juez de Instrucción de Valverde del Camino no tiene competencia, como pretende, para procesar a resolver el correspondiente sumario contra el ingeniero jefe de la brigada Sevilla-Huelva del Patrimonio Forestal del Estado".

---

75 *Derogado por la Ley orgánica 2/1987, de 18 de mayo, de Conflictos jurisdiccionales.*

76 *Derogado, vid. nota XXII.*

Frente a esta doctrina se revela la frustración del propósito a que quería responder la Ley y que expresamente se declara en la Exposición de Motivos: "Junto a la responsabilidad del Estado se regula también la de las autoridades y funcionarios, desde el Ministro del Gobierno hasta los agentes subalternos, en la seguridad de que todo lo que robustezca el principio de responsabilidad viene a consolidar el prestigio y eficacia de la Administración y la leal colaboración de los administrados". ¿En qué ha consistido —preguntamos— ese robustecimiento? ¿Acaso ha consistido, como dice con énfasis excesivo este último considerando, que los jueces de Instrucción no son ya competentes para instruir los correspondientes sumarios? Si los redactores del Decreto nos hubieran dicho que el ingeniero en cuestión es jefe superior de Administración hubiéramos comprendido que al ser competente la Sala de lo Criminal del Tribunal Supremo, por aplicación del último párrafo del artículo 303 de la Ley de Enjuiciamiento Criminal, el Juez de Instrucción sólo era competente para instruir las primeras diligencias y remitirlas al Tribunal competente. Pero es que los redactores del Decreto no lo dicen, y aunque así fuera, no es posible sacar de un problema de competencia entre distintos órganos judiciales, y precisamente de competencia jerárquica, un argumento para resolver una competencia entre la jurisdicción ordinaria penal y la Administración.

X

Ante la realidad que este estudio creemos que pone de manifiesto sobre la languidez y debilidad, muy cercana a la inexistencia, de la responsabilidad criminal de los funcionarios públicos, proponemos, como soluciones de *lege ferenda,* la introducción en nuestro Derecho de los siguientes correctivos:

1° Complementar el artículo 44 de la Ley de Régimen Jurídico, en el que se establece la innecesariedad del consentimiento previo de la autoridad administrativa para la apertura y validez del procedimiento judicial, con el establecimiento, en fórmula afirmativa sin excepciones ni paliativos, de la plenitud de jurisdicción de los jueces y Tribunales penales ordinarios y especiales, excluyendo formalmente la posibilidad de toda cuestión previa administrativa.

2° Derogación del artículo 15 de la Ley de 17 de junio de 1948[77] referente a las cuestiones previas, administrativas e interdicción formal, mediante la consiguiente reforma de esta Ley a la Administración de la facultad de plantear cuestiones de competencia positivas a los jueces y Tribunales penales ordinarios y especiales, salvo quizá en materia de faltas por la posibilidad de una competencia común o alternativa del derecho sancionador administrativo de policía, argumento que, como se comprende, es *a limine* implantable en materia de delitos.[78]

---

77 *Derogado, vid. nota XXII.*

78 La solución a este problema por la vía del conflicto es una solución deficiente por ser la vía del conflicto demasiado complicada y lenta para problemas, como los de las faltas, de reducida importancia. Al legislador toca, sobre todo, deslindar con mayor claridad que la existente en la actualidad los límites entre la falta penal y la potestad sancionadora.

3° Regulación en la Ley de Jurisdicción Contencioso-Administrativa de un procedimiento cuyas características habrían de ser la rapidez y la oficialidad, para la sustanciación de las cuestiones prejudiciales administrativas, que implicadas en un proceso penal, los Tribunales de esta jurisdicción remitiesen a los Tribunales contencioso-administrativos para su conocimiento en los términos establecidos en los artículos 3° y 4° de la Ley de Enjuiciamiento Criminal.

4° Modificación del artículo 46 de la Ley de Régimen Jurídico de la Administración del Estado, inspirado por el principio de fuero personal para determinadas categorías de funcionarios, en el sentido de afirmar la necesidad del principio de especialización administrativa de los Jueces Instructores y Tribunales para el enjuiciamiento de los delitos cometidos por los funcionarios públicos en el ejercicio de sus funciones administrativas, sin perjuicio de la competencia de los Jueces de Instrucción ordinaria para el inicio de los correspondientes sumarios e instrucción de las primeras diligencias, y sin perjuicio, también, de la competencia de los órganos jurisdiccionales ordinarios para el conocimiento de los delitos cometidos por los funcionarios sin relación alguna con la función pública. Esta Magistratura especializada podía buscarse hoy fácilmente en la escala especial de magistrados de las Salas de lo contencioso-administrativo creada por la Ley Jurisdiccional de 27 de diciembre de 1956 y que ha constituido una de sus más felices innovaciones.

5.

EL PODER SANCIONADOR DE LA ADMINISTRACIÓN Y LA CRISIS DEL SISTEMA JUDICIAL PENAL*

A mi inolvidable amigo y compañero José Antonio Manzanedo Mateos, Profesor Agregado de Derecho Administrativo, y a Cristina, su mujer, que por acompañarle en todo, tuvo el valor de seguirle hasta el fondo del mar.

SUMARIO: I. *Introducción.* II. *Zonas pacíficas y zonas polémicas.* III. *Ambito de poder sancionador de la Administración en el Derecho comparado:* A) La situación del Derecho francés. B) Sistema penal e infracciones administrativas en Italia. C) El sistema anglosajón. IV. *Técnicas procesales que permiten una respuesta judicial a la infracción de las disposiciones administrativas:* A) La presencia de la Administración en el proceso penal francés a través de funcionarios propios. B) La adaptación del proceso penal francés a la corrección de las infracciones administrativas: 1. Facilidades para la constatación y prueba de las infracciones. 2. La citación o comparecencia directa del inculpado ante el juez sin instrucción de sumario o procedimiento. 3. La eliminación del proceso penal a través de la multa de composición y la multa de *forfait.* C) El proceso contravencional en Italia. D) La oblazione y la conciliación administrativa. V. *La reciente legislación despenalizadora:* A) Sentido y alcance. B) La despenalización en la ley italiana de 3 de mayo de 1967. C) La nueva legislación alemana sobre infracciones administrativas. VI. *Potestad sancionadora de la Administración en España. Origen y desarrollo:* A) Consideraciones generales. B) De la Constitución de Cádiz a la Dictadura: 1. Régimen constitucional y potestad sancionadora de la Administración. 2. Los equívocos constitucionales y la afirmación del poder sancionatorio administrativo en la legislación de 1845. 3. El doble poder sancionador del alcalde y el fracaso del Código penal como límite a las sanciones administrativas. 4. Los intentos de supresión y contención de la potestad sancionadora de la Administración. 5. La tendencia de la legislación especial administrativa a integrar la represión de este orden en el sistema penal

---

* Publicado en *Revista de Administración Pública,* N° 67, Madrid, enero-abril 1962, pp. 41-43.

común. C) La legislación de la Dictadura y de la II República. D) El poder sancionatorio de la Administración desde 1939. VII. *Las causas del desarrollo del Poder penal de la Administración española. En particular la rigidez e ineficacia del sistema judicial penal:* A) Ausencia de los funcionarios públicos del proceso penal y falta de valor probatorio de la actividad administrativa de constatación de las infracciones. B) Ambigüedad en tomo a la naturaleza y carácter del ministerio fiscal. C) La rigidez de la regla *nulla poena sine iudicto.* VIII. *Constitucionalidad o inconstitucionalidad del poder sancionador de la Administración.* IX. *Condiciones para el acercamiento del ordenamiento español al Derecho europeo.*

I. Introducción

El desarrollo espectacular, a cuyo progreso no se ve el fin, del poder sancionador de la Administración pública española está convirtiendo el tema de las infracciones administrativas en una cuestión grave, quizá la más grave de las que tiene planteadas el ordenamiento jurídico español, pero de la gravedad al dramatismo sólo hay un paso y ésta parece ser ya la fase en la que nos encontramos, pues las palabras y los hechos están subiendo de tono. Los penalistas acusan al Derecho administrativo de acaparamiento indebido de las funciones represivas y de vaciar las naturales competencias de los tribunales penales: *La codicia del Derecho administrativo* —afirma Rodríguez Devesa—[1] *reviste a veces formas inadmisibles, pues ni siquiera el positivismo más radical puede defender el que baste una ley para convertir en sanciones administrativas verdaderas penas privativas de libertad,* en las Cortes los debates más apasionados se producen cuando se discuten temas relacionados con normas sancionadoras administrativas, como recientemente ha tenido lugar con motivo de la discusión y aprobación de la ley 36/1971, de 21 de julio, que reforma determinados artículos dé la ley de Orden Público [2]: los Colegios de abogados abordan y contestan estos poderes sancionadores por cuanto la cuestión está implícita en la más amplia temática de las jurisdicciones especiales; los medios de comunicación, en editoriales, comentarios y noticias, aluden constantemente el exceso del poder represivo de la Administración.

Resumiendo muy esquemáticamente el estado de opinión, podría afirmarse que las creencias más generalizadas son las siguientes: se piensa en primer lugar que la Administración española detenta un poder ajeno, mientras que el Derecho administrativo teoriza y legitima dicho poder como connatural y esencial para el normal funcionamiento del ejecutivo; se parte, al propio tiempo, de la inocencia del Derecho penal y del propio sistema judicial penal, cuya organización y funcionamiento se cree es ajeno al desarrollo del poder punitivo de la Administración; se piensa, por último, que ese

---

1 *Derecho penal. Parte general,* Madrid, 1971, p. 17.

2 *La Ley de Orden Público de 30 de julio de 1959, ha sufrido importantes modificaciones después de la promulgación de la Constitución, no sólo por lo en ella dispuesto, sino también por la legislación postconstitucional, particularmente, las Leyes Orgánicas 4/1981 de 1 de junio, por la que se regula los estados de alarma, excepción y sitio (en desarrollo del artículo 116 CE), 9/1984, de 26 de diciembre, contra la actuación de bandas armadas y elementos terroristas y de desarrollo del artículo 55.2 de la Constitución, y la 2/1986, de 13 de marzo, de Fuerzas y Cuerpos de Seguridad.*

desarrollo es consecuencia de un autoritarismo administrativo extraño a los estados liberales, contrario a las esencias del Estado de Derecho e incluso anticonstitucional.

Pero ni todo es verdad ni todo es mentira en ese difuso y complejo estado de opinión cuya virtualidad a nuestros efectos ha de consistir en señalar las interrogantes que exigen una respuesta urgente a la que ha de subordinarse toda la instrumentación metodológica. Porque, dicho sea de paso, hasta ahora el tratamiento del poder sancionador de la Administración ha consistido en un estudio sectorial y problemático: sectorial por haber sido abordado con timidez, pero sin conexión ni esfuerzo coordinador por el Derecho administrativo y el Derecho penal, por cuanto a todos afecta, al menos, como una cuestión de límites; tratamiento problemático, por cuanto el carácter de zona fronteriza que ha pesado siempre sobre las sanciones administrativas ha llevado a la ciencia penal española a renunciar a un estudio frontal y exhaustivo gastando toda la energía discursiva en la eterna cuestión previa sobre la adscripción de este sector del ordenamiento a una y otra disciplina jurídica y condenando —lo que es muy propio del Derecho penal— a las sanciones administrativas a un obsesivo y constante problematismo. Efectivamente, desde que Goldschmidt publicó en 1902 su famosa obra[3] sobre Derecho penal administrativo, la ciencia penal española no ha dejado de preguntarse metafísicamente sobre el carácter de las sanciones administrativas, desdeñando el estudio del material normativo en que refleja en nuestro Derecho, desdeñando asimismo hacer uso de un comparatismo elemental que sirva de medida para graduar el desarrollo de las infracciones administrativas y desdeñando, por último, todo tipo de historicismo que permita saber de dónde viene ese poder a la Administración española y a dónde nos puede llevar si no se corrige su trayectoria.[4]

Son varias las razones por las que los penalistas repudian el estudio de la legislación administrativa represiva.

Una de ellas suele ser la de su falta de codificación, el constituir una legislación *extra codicem* y, por tanto, excepcional y anormal —según la acostumbrada terminología peyorativa de los penalistas— aunque esa anormalidad se prolongue más allá de la vigencia de los propios códigos penales. En todo caso, el mito de la codificación, tan querido de la ciencia penal,[5] suele ser una primera objeción en que fundar el repudio de las normas administrativas sancionadoras. Frente a esa actitud conviene recordar que el Código penal, como cualquier otro, no comporta un *plus* de valor formal frente a cualquier otra norma con rango de ley; que la codificación misma es un lujo, una meta inalcanzable en una época caracterizada por la exuberancia y transitoriedad de

3 *Das Verwaltungstrafacht*, Berlín, 1902.

4 Amplia información bibliográfica y un resumen de la cuestión en Jiménez Asúa, *Tratado de Derecho penal*, 2ª ed., Buenos Aires, 1956, tomo I, pp. 46 y ss.

5 Hasta tal punto es esto cierto que el único libro que por su título parece ofrecer un estudio de las infracciones administrativas, el de Castejón, *Faltas gubernativas y administrativas*, en el fondo no es más que un alegato en favor de la necesidad de confeccionar un Código de la infracción de policía; otra obra con ambicioso título, pero que agota la mayor parte de su contenido y el esfuerzo del autor en abstractos prolegómenos sobre el ordenamiento jurídico-administrativo, el Derecho administrativo y el ilícito administrativo, es la de Montoro Puerto, *La infracción administrativa*, Barcelona, 1965.

elaboración de las normas jurídicas, sin que, por otra parte, comporte ninguna garantía jurídica especial el que la norma se sitúe fuera o dentro del Código penal, que se sustituye o reforma tantas veces cuantas quiere el legislador de turno.[6]

Otro argumento para separar del mundo jurídico-penal las infracciones administrativas consiste en suponer que en éstas no concurren algunos de los elementos que la teoría técnico-jurídica del delito da por supuestas en las infracciones codificadas. Este argumento, referido a la supuesta falta de tipicidad, ha sido recientemente esgrimido ante las Cortes por el procurador Herrero Tejedor[7] para defender la competencia administrativa y la incompetencia judicial en la represión de las infracciones contrarias al orden público: *El poder judicial* —afirmó— *tiene el poder punitivo contra los actos de las personas que están tipificadas... No se puede traspasar por tanto a las autoridades judiciales lo que no les competen, y que no producirían otro efecto que malgastar la esencia y potencia del poder judicial.*

El argumento no es, a nuestro juicio, válido, pues dentro del Código penal hay sobrados ejemplos de falta de tipificación, como ocurre en los delitos de prensa e imprenta [8] y en los delitos y faltas que incriminan conductas por la simple inobservancia de las leyes o reglamentos administrativos, mientras que, por otra parte, la legislación administrativa sancionadora ofrece ejemplos más que sobrados de conductas perfectamente tipificadas y a las que se conecta una sanción. Tampoco resulta fácil prestar asentimiento a la tesis de que el poder judicial no debe "gastarse" cuando falta una correcta tipificación. Lo lógico sería compensar ese defecto de tipificación, esa falta de garantía, con la intervención del juez y no restar ésta a la falta de aquélla.

Pero, en último término, el argumento que explícita o implícitamente ha provocado el abandono por la ciencia jurídico-penal del estudio de las infracciones administrativas es la circunstancia de que éstas son impuestas directamente por la Administración a través de órganos ordinarios o colegiados a modo de tribunales administrativos. De esta forma, el Derecho penal español renuncia a establecer sus fronteras sobre la realidad de la actividad represiva del Estado, centrando su objeto sobre la parte de aquella que se efectúa a través del sistema judicial. Esa actitud, esa limitación, resulta incongruente con el hecho de que la ciencia penal ha optado hace tiempo con excluir de su ámbito de estudio los aspectos 'procesales y orgánicos reduciendo la materia penal a las normas substantivas y desde esa toma de posición debería resultar irrelevante

6 Más adelante nos detendremos en la exposición de la solución arbitrada por la Constitución de la V República francesa a esta cuestión, así como acerca de la flexibilidad adoptada en este punto por el Código penal del vecino país.

7 *Boletín Oficial de las Cortes Españolas,* apéndice 216, p. 61, en que se recoge la discusión relativa a la ley 36/1971, de 21 de julio, que reforma determinados artículos de la ley de Orden público.

8 *La Ley orgánica 4/1980, de 21 de mayo, de reforma del Código Penal en materia de delitos relativos a las libertades de expresión, reunión y asociación, ha modificado sustancialmente esta materia, tipificando, en consonancia con el reconocimiento constitucional, de los derechos fundamentales de libertad de expresión (Art. 20), reunión (Art. 21), y asociación (Art. 22), los delitos cometidos con ocasión de su ejercicio.*

el que la norma que define y sanciona una conducta sea aplicada por los tribunales o por la Administración pública.

Repudiada por la doctrina penal, poco puede hacerse en y desde el Derecho administrativo para dar cuenta de una normativa que por su naturaleza punitiva sólo puede comprenderse desde los instrumentos dogmáticos que con precisión casi matemática se han elaborado por el Derecho penal. Poco podía hacerse y poco más se ha hecho por el Derecho administrativo que dar cuenta del crecimiento del poder sancionador de la Administración, cuestionar sobre su legitimidad y arbitrar las mínimas garantías del procedimiento administrativo y contencioso-administrativo.[9]

Parece, pues, llegado el momento de abandonar todo ese problematismo sobre si las infracciones administrativas pertenecen o no al Derecho penal para comenzar un estudio con perspectiva histórica y comparatista. Hay, además, problemas muy graves, interrogantes de urgencia del momento político y jurídico que exigen respuestas incompatibles con ociosidades metafísicas y deslindes preciosistas entre las disciplinas jurídicas, Y es que lo que realmente importa ahora es saber si es o no patológico el desarrollo del poder sancionador de la Administración española; si por ello es esencialmente diferente nuestro ordenamiento con respecto a otros de nuestro mismo ámbito geográfico y cultural; y supuesta la diferencia indagar sus causas y buscar remedios a esa situación.

Evidentemente, las cuestiones enumeradas no pueden resolverse desde la aldeana perspectiva de una disciplina jurídica, sea el Derecho penal, el Derecho procesal o el Derecho administrativo. Todas esas disciplinas tendrán algo que decir y habrán de ser tenidas en cuenta para articular unas respuestas coherentes al hecho diferencial más notable y singular del ordenamiento jurídico español.

---

9 Especial preocupación ha mostrado recientemente por la cuestión de las sanciones administrativas denunciando la lesión que su existencia puede comportar a los derechos fundamentales, Lorenzo Martín-Retortillo, en *Libertad religiosa* y *Orden público*, Tecnos, 1970, y *Sanciones penales y sanciones gubernativas*, Salamanca, 1971; en el mismo sentido de repudio del antitiranismo administrativo que los poderes punitivos de la Administración comportan, González Pérez, en *Administración pública y libertad*, Méjico, 1971, y *Comentarios a la ley de Orden público*, Madrid, 1971.

A pesar de estas importantes reacciones, constituye un lugar común de la doctrina administrativa española la creencia de que el poder de policía de la Administración comporta un poder sancionador o represivo, sin más problema que el de sus límites en relación con el poder penal de los tribunales. Hay quienes en el colmo del entusiasmo administrativo llevan a sostener la incapacidad de los jueces para el ejercicio de ese poder punitivo. En este sentido Montoya Melgar (*Jurisdicción y administración del trabajo*, Tecnos, 1970, p. 138) llega a afirmar que "iría contra la naturaleza de las cosas" que la Magistratura del Trabajo pudiera imponer una sanción administrativa.

Urge, pues, y este es el sentido del presente trabajo, desmitificar el concepto y funcionalidad de la policía administrativa como técnica de intervención, precisando que tiene un carácter meramente preventivo. *Vid.* por todos Caullei, *Cours de Police administrative et Judiciaire*, 16 edición, París, 1955, p. 291; Castagne, *Le controle Jurisdictionnel de la Legalité des Actes de Police Administrative*, París, 1964, pp. 22 y ss.

II. Zonas pacificas y zonas polémicas

No todo lo que entra en una amplia concepción del poder sancionador de la Administración es objeto de cuestión. No todas las infracciones y sanciones administrativas son discutidas, son contestadas, y ello porque hay una gran variedad y notables diferencias desde el punto de vista de las justificaciones entre unas y otras.

Singularidad propia tienen, en efecto, las sanciones disciplinarias que la Administración impone a sus funcionarios y sobre la que pueden discutirse aspectos parciales de su organización y diseño legal, pero, y de momento, no la justificación misma de que la Administración pueda sancionar a sus funcionarios. La razón quizá derive del hecho de que todavía es históricamente reciente la adquisición por los funcionarios de un sistema de estabilidad en el empleo, frente a los antiguos avatares del *spoil system,* seguridad compensada con un poder correctivo interno. Para su justificación poco importa que se esgrima que la relación del funcionario con la Administración es de carácter negocial o contractual, o se afirme, siguiendo la moda, que el funcionario está en una relación estatutaria. En todo caso, es el funcionario quien ha ido al encuentro de ese poder, sometiéndose voluntariamente a una relación jurídica y aceptando todos sus contenidos negociales o reglamentarios. El poder disciplinario, vistas así las cosas, aparece como una reacción frente a los incumplimientos producidos en el seno de una relación de servicios, constituyendo la sanción máxima, la separación del servicio, en el fondo, ni más ni menos, que una rescisión de contrato.[10]

Lo mismo podría derivarse de las sanciones que se imponen a los contratistas o concesionarios. Se trata también de situaciones voluntariamente aceptadas y de sanciones que operan como privativas de bienes jurídicos que son contenidos de la relación negocial y explicables como reacciones frente a incumplimientos reales o supuestos.

Pero las justificaciones anteriores no sirven para que la Administración castigue a quienes caminan por la vida como simples súbditos sin haber aceptado voluntariamente una relación especial de poder con sus inevitables cargas, pero también con todas sus indudables ventajas, prerrogativas y derechos. Las sanciones administrativas que entran, pues, en la zona polémica son las restantes, las que impone la Administración, como supuesta consecuencia de los llamados —con muy defectuosa y equívoca terminología— poderes de policía general o de orden público, o de policía especial en los diversos sectores de la actividad administrativa, y que afectan a la propiedad y a la libertad de los súbditos. Más claramente todavía, la zona polémica son las sanciones que el ordenamiento español permite imponer abiertamente a la Administración en materia de orden público, prensa, contrabando, moneda, comercio, turismo, vivienda, caza, pesca, urbanismo, industria, etc., y por infracciones a la legislación administrativa.

---

10 Las consideraciones del texto aplican, a nuestro juicio, el hecho de que los ordenamientos donde aparece una reglamentación sobre los derechos y deberes de los funcionarios públicos se atribuya a la Administración pública una potestad disciplinaria que se ejercita en régimen de Derecho administrativo. Con ello no pretendemos, sin embargo, sentar ninguna conclusión definitiva sobre la naturaleza y fundamento de tal poder de la Administración, remitiendo al lector el excelente y exhaustivo trabajo de Nieto. *Problemas capitales del Derecho disciplinario,* publicado en el núm. 63 de esta Revista.

Pero a pesar de la carga opresiva de esta equívoca terminología de los policías generales o especiales, no surgen en ellas relaciones especiales de poder, relaciones jurídicas voluntariamente aceptadas, cuyos contenidos pueden ser reducidos o eliminados en base a la mecánica jurídica del incumplimiento contractual. El ciudadano está aquí en situación de simple súbdito, y la relación de supremacía general o los poderes concretos de intervención administrativa no justifican privaciones de derechos y libertades operadas directamente por la Administración. El Derecho administrativo comparado nos ofrece —como vamos a ver a continuación— el espectáculo ejemplar de una Administración sin poderes represivos o sancionadores, de una Administración no por ello menos defensora y protegida en la defensa de sus múltiples disposiciones y providencias de signo interventor; pero protegida y con absoluta eficacia no por sí misma, sino cabalmente, a través del sistema judicial penal, que juega no como un mecanismo de garantía de reacción externa ante la desobediencia a sectores acotados del Derecho en los estrechos límites de un código, sino como garantía última de todo el ordenamiento, incluido, como no podía ser menos, la legislación administrativa en su totalidad.

III. ÁMBITO DE PODER SANCIONADOR DE LA ADMINISTRACIÓN EN EL DERECHO COMPARADO

Más allá de lo que hemos llamado las zonas pacíficas —sanciones a funcionarios y a concesionarios o contratistas y limitadísimos casos especiales—, el ordenamiento de los países europeos no acepta que la Administración puede imponer por sí misma ninguna clase de sanción, ni el Gobierno mismo, ni los ministros del Interior, ni los prefectos, ni las autoridades locales, ni los titulares de los diversos sectores especializados de la Administración pueden imponer a los ciudadanos ningún tipo de sanción por mínimo que sea. Ni las alteraciones al orden público, ni las infracciones a la disposición administrativa especial, comportan consecuencias administrativas de orden sancionador, como a continuación vamos a ver con algún detalle.

A) *La situación del Derecho francés*

Dos instituciones claves, ambas judiciales, monopolizan en Francia el poder sancionador estatal como consecuencia de las infracciones a la legislación administrativa: los Tribunales de Policía y Correccionales y el Contencioso de Represión. Los primeros son verdaderos tribunales penales, servidos por jueces, integrados en el sistema judicial común. Las infracciones que dichos tribunales corrigen son las infracciones a la legislación administrativa, integradas de lleno por derecho propio en el Código penal. Más aún, después de la Constitución de 1958 y en virtud de la deslegalización operada al efecto, la definición de lo que son infracciones de policía es competencia del poder reglamentario autónomo de la Administración, y dichas infracciones vienen a constituir lo que se llama —frente a la parte legislativa— la segunda parte del Código penal o parte administrativa. La base del mecanismo está ahora en el artículo 25 del Código penal:

> Las contravenciones de policía y las penas que le son aplicables en los límites fijados por los artículos 465 y 466 del Código penal son determinadas por decretos tomados en las formas previstas para los reglamentos de Administración pública.

El poder ejecutivo puede, pues, definir infracciones a ¿as que automáticamente se conectan las sanciones previstas por el Código penal; pero el poder ejecutivo que puede definir infracciones con poder propio no puede aplicar sanciones, pues ello es competente de los tribunales de policía.

Otro rasgo a destacar del Derecho francés es el de la existencia de una cobertura penal general para la protección de la legislación administrativa, mediante la previsión genérica como infracción de policía en el artículo R-26-15 (antiguo y famoso artículo 471-15), de las infracciones y desobediencia a *aquellos que hubiesen contravenido a los decretos o* arretés *legalmente hechos por la autoridad administrativa o a los decretos publicados por la autoridad municipal.*

Esta es la situación actual; pero la tradición del Derecho francés responde igualmente a un rechazo del poder sancionatorio directo de la Administración. Cuando en el vecino país se hablaba y se habla de represiones o sanciones administrativas se hacía y se hace referencia a las derivadas de conductas del funcionario o a las previstas en la legislación colonial sobre los indígenas. Esta situación fue alterada por el régimen de Vichy primero, y después, por la legislación económica de la postguerra contenida en la Ordenanza de 30 de junio de 1945, que atribuía poderes sancionadores directos a la Administración de comercio, poderes que han desaparecido, integrados en el sistema judicial común antes descrito, en virtud de la Ley de 28 de noviembre de 1955. En todo caso, debe notarse que la doctrina francesa, tanto la penal como la administrativa, como la que ha hecho substantivo a efectos de constituir una disciplina jurídica independiente el tema de las libertades públicas, está siempre alerta frente a cualquier quebranto del principio de que toda la actividad represiva del Estado debe realizarse a través del sistema judicial común.

En la actualidad —aparte del poder disciplinar—, sólo caen fuera del sistema judicial común las sanciones que se imponen a través del denominado contencioso de represión; pero conviene advertir inmediatamente que en el contencioso de represión no hay competencia sancionadora de la Administración activa, que se limita a instruir el expediente de constatación de los hechos infractores, por no corresponderle a ésta, sino a la Jurisdicción contencioso-administrativa la imposición de las sanciones. Son, pues, los tribunales, los tribunales contenciosos, los que ejercen el poder penal.

Se trata además de una excepción dentro del sistema contencioso-administrativo a su carácter de revisor de actuaciones ya cumplidas o decididas por la Administración activa. No hay en este contencioso acto previo (sancionador había de ser) de la Administración. Se trata, en suma, de una supervivencia del inicial carácter plurifuncional de la jurisdicción contenciosa, que está presente en sus orígenes, y que se intentó establecer en España con el proyecto Silvela, en 1838.

El ámbito del contencioso de represión comprende las infracciones a la *grande voirie* o dominio público mayor, y es una supervivencia histórica de las funciones garantizadoras que correspondían a los intendentes del antiguo régimen en auxilio de su propia competencia en la apertura y conservación de las vías públicas. La Revolución atribuyó esa competencia a los tribunales penales, y, tras el fracaso de éstos, a los consejos de prefectura. Comprende este sector las infracciones sobre el demanio marítimo, sobre el demanio fluvial y las grandes vías terrestres, competencia ahora mermada en materia de infracciones de tráfico y por otras disposiciones recientes que marcan una tendencia a englobar esa función represiva en la común de los tribunales de policía y correccionales.

B) *Sistema penal e infracciones administrativas en Italia*

La garantía penal del Derecho administrativo se presenta en Italia —más o menos— en los mismos términos que en el Derecho francés.

La característica esencial del sistema italiano es también por ello la atribución a los tribunales penales del castigo de las infracciones a la legislación administrativa, en virtud del principio consagrado en el artículo 2 de la fundamental Ley de 20 de marzo de 1865: *Sono devolute alla giurisdizione ordinaria tutte le cause per contravvenzione e tutte le materie nelle quali si faccia questione d'un diritto civile o político, comunque vi possa essere interessata la pubblica amministrazione, e ancorché siano emanati provedimenti del potere esecutivo o dell' autorità amministrativa,* reservándose a la Administración un ámbito propio, casi doméstico, en el que ejercita por sí misma la función represiva, ámbito que en la actualidad se ha ampliado con la Ley de 3 de mayo de 1967 [11], por la que se despenalizan determinadas materias. El paso, como veremos, de esta competencia a la Administración no implica un desapoderamiento de los tribunales penales, que conservan un control sobre esa actividad represiva a través del sistema de recursos.

Como señala Zanobini,[12] en el Derecho administrativo la infracción de los deberes generales y especialmente aquellos que afectan al orden público y a la policía en sus varias manifestaciones, las antiguas penas administrativas han sido sustituidas por penas comunes contravencionales.

Como reductos de esa antigua concepción ya superada, resta en la competencia de la Administración la posibilidad de imponer sanciones en las siguientes materias:

- En materia tributaria, en la que las penas pecuniarias han conservado su carácter de sanción administrativa, sanción que es compatible y absolutamente independiente de la penal o, incluso, de la civil (recargos) que pueda corresponder al infractor por los mismos hechos (Ley de 7 de gennaio de 1929).
- Por infracción a deberes derivados de especiales relaciones de poder, "sin perjuicio de las sanciones penales por los mismos hechos. En relación de sujeción especial, según el mismo autor, están los militares, los funcionarios, los miembros de los órganos colegiados, los pertenecientes a asociaciones y corporaciones públicas, los acogidos a institutos públicos y los concesionarios de servicios públicos.

Fuera de los supuestos anteriores, el castigo de las infracciones a la legislación administrativa se lleva a efecto por el sistema penal común, en el que tienen entrada normalmente por su calificación en el Código penal o en la legislación administrativa como infracciones contravencionales, categoría alternativa de los delitos, y que justamente con ésta agotan la materia penal.

---

11 *Derogada por la Ley de 24 de noviembre de 1981, por la que se modifica el sistema penal, que ha operado una ampliación aún mayor de las materias des penalizadas.*

12 *Corso di Diritto amministrativo,* I, pp. 358 y 359.

Dentro del Código penal están incluidas, como contravenciones, las desobediencias a los "mandatos de la autoridad, legalmente hechos por razones de justicia o de seguridad pública, o de orden público, o de higiene" (Art. 650); las desobediencias a la identificación personal, a prestar colaboración en ocasiones de tumulto (Art 652); la formación de cuerpos armados (Art. 653); la manifestación de sediciosos o peligrosos (Arts. 654 a 658); el ejercicio del arte tipográfico sin licencia de las autoridades o sin observar las prescripciones legales (Arts. 659-661); la apertura o ejercicio de agencias de negocios o espectáculos públicos sin la preceptiva licencia o declaración ante la Administración (Arts. 665-668); los ejercicios de oficios propios de vagabundeo o de la mendicidad, sin observar las prescripciones de la Ley de Seguridad Pública (Arts. 667-671); la entrada en lugares prohibidos por interés militar, publicación no autorizada de las discusiones o deliberaciones secretas del Parlamento (Arts. 682-685); la fabricación, introducción, tenencia o venta de drogas o bebidas, sin observar las prescripciones de las leyes o de la autoridad (Arts. 689 a 691); el uso por los comerciantes de medidas o pesas ilegales (Arts. 692-694); la fabricación, consumo o tenencia de armas y explosivos sin autorización (Arts. 695-703); las infracciones a la policía sanitaria (Arts. 728-730); las contravenciones a la actividad social de la Administración en materia de instrucción y trabajo de menores y de conservación del patrimonio arqueológico, histórico, artístico o de las bellezas naturales (Arts. 731-734), etc.

Contravenciones penales son también otras muchas infracciones previstas en la legislación administrativa, a las que como tales infracciones penales se aplican las normas y principios del Código penal (Art. 16 C. P.), salvo que una norma legal establezca una excepción, pero siempre con respecto a los principios fundamentales. Lo mismo puede decirse del régimen procesal, con lo que la singularidad queda reducida prácticamente al lugar *extra codicem* de colocación en el ordenamiento.

Una de las leyes más importantes de esta legislación marginada del Código, y llamada por ello, con desdén penalista, legislación extravagante, es la contenida en el texto único de la Ley de Seguridad Pública, aprobada por Real Decreto de 18 de junio de 1931. A este texto se le atribuye también un valor complementario del Código penal por la constante referencia que éste hace a aquél, y muchos de los preceptos del Código son normas en blanco que han de ser llenadas con los preceptos substantivos de la Ley de Seguridad Pública, algunos de los cuales, por cierto, a pesar de no haber sido formalmente derogados, han perdido su valor por resultar incompatibles con los principios de libertad y los derechos públicos subjetivos garantizados por la Constitución.

Las infracciones previstas en este texto se refieren a la incomparecencia ante la autoridad de Seguridad Publica (Art. 15), reuniones y manifestaciones (Art. 18), cultos y prácticas religiosas (Art. 25), tenencia y circulación de armas o incumplimiento de los deberes de registro (Arts. 28 a 62), prostitución, etc.

En materia sanitaria se prevén numerosas infracciones de carácter contravencional, como las omisiones de denuncias de muerte y de aborto por parte de los ejercientes de la medicina; o las previstas con motivo del ejercicio farmacéutico en el comercio de sustancias venenosas o estupefacientes, y las relativas a la higiene del suelo o de la vivienda, del agua potable o la alimentación, contenidas todas ellas en diversos textos, siendo el más importante el Real Decreto de 27 de julio de 1934, modificado por la Ley de 1 de mayo de 1941.

En materia cinematográfica tienen interés las infracciones relativas a la exhibición obligatoria de filmes de producción nacional o a la asistencia de menores a películas determinadas.

En fin, y para no alargar demasiado esta panorámica, señalaremos qué infracciones contravencionales están previstas en materia de caza y pesca, turismo, elecciones, montes, minas, tráfico rodado, navegación marítima y aérea, vivienda y urbanismo, comercio, finanzas, derecho de autor y prensa e impuestos, etc.

Especial interés tienen para el Derecho administrativo las infracciones a los reglamentos de los entes locales, municipios y provincias, cuya regulación básica está contenida en los artículos 106 y 110 y artículo 155 del texto único de la Ley Provincial y Comunal, aprobado por Decreto de 3 de marzo de 1934. El artículo 106 castiga, en efecto, con multa "las contravenciones a las disposiciones de los reglamentos comunales", y el 155 hace extensiva la sanción a las infracciones a los reglamentos provinciales. Con la misma pena, el artículo 106, párrafo 2°, *castiga* "las contravenciones a las ordenanzas del alcalde". A estas normas, verdaderas normas en blanco, hay que añadir en el catálogo de los instrumentos de coherción de los entes legales el ya citado artículo 650 del Código penal, que participa de la misma naturaleza.

C) *El sistema anglosajón*

Ni que decir tiene que este principio del monopolio de los tribunales para la imposición de toda suerte de penas y castigos constituye un axioma incontrovertible del Derecho anglosajón, no sólo, por supuesto, del Derecho inglés, sino también en Estados Unidos y en todo el sistema del *common Law.* Como ha recordado recientemente García de Enterría[13] el principio se remonta al famoso artículo 2° de la Carta Magna, donde el tema de las facultades sancionatorias del monarca está explícitamente previsto y regulado. Los barones imponen al rey que ningún hombre libre pueda ser escogido, emprisionado, exilado, ni de algún modo arruinado *(nullum libre homo cogiatur vel impresonetur aut exuletur aut alique modo distrustur),* sino *per legale iudicium parium* y según la *lex terrae*. De este precepto —uno de los más prestigiosos del Derecho constitucional deriva su origen la institución del jurado y la incapacidad represiva del monarca y del ejecutivo.

El artículo 2° de la Carta Magna ha de tener un importante complemento en la doctrina del *Chief Justice* Coke, quien en el histórico caso de las "Prohibiciones del Rey", decidido en 1607, ha de hacer frente a la pretensión del rey Jacobo I de avocar para sí la resolución de un pleito, argumentando que si la justicia se administraba en nombre del rey, el rey mismo podía administrar directamente la justicia, según los criterios de la razón natural que en él concurrían como en todos los humanos. Rompiendo una lanza por el arte del Derecho, Edward Coke, en este famoso caso, afirmará que *"el rey en su propia persona no puede juzgar ningún caso, ni criminal de traición o felonía, ni entre partes privadas, que conciernen a las herencias, bienes, patrimonios de los súbditos: esto debe ser determinado y juzgado por los tribunales de justicia, según el Derecho y la costumbre*

---

13 "Consideraciones jurídico-administrativas sobre las jurisdicciones punitivas especiales". Conferencia pronunciada en el Círculo de Estudios Jurídicos de Madrid, 1970.

de Inglaterra, pues si Dios ha dotado al rey de razón suficiente para decidir los juicios con excelente ciencia y con grandes dones de la naturaleza, su majestad no ha aprendido las leyes del Reino de Inglaterra, y las causas que conciernen la vida, la herencia, los bienes y la fortuna de sus súbditos no deben ser decididos por la razón natural, sino por el juicio y la razón artificial o artificiosa del Derecho, pues el Derecho es un arte que requiere un largo estudio y experiencia antes de que un hombre pueda blasonar de conocerlo, y el Derecho es la vara de oro y la medida para enjuiciar las causas de los súbditos y, a la vez, es el Derecho con lo que el propio rey protege su seguridad y su paz". De este capital razonamiento deriva el principio de que aunque la justicia se administra en nombre del rey, éste no puede ejercerla por sí mismo, por haber ejecutado una delegación permanente e irrevocable en favor de los tribunales.

IV. Técnicas procesales que permiten una respuesta judicial a la infracción de las disposiciones administrativas

Si, como acabamos de ver, a través de esta incursión por el Derecho europeo, son los tribunales penales los que conocen de las infracciones administrativas, ello obedecerá, sin duda, a que el sistema judicial común permite resolver los problemas que el castigo de las infracciones administrativas plantean.

Pero, ¿cuáles son estos problemas? A nuestro juicio, son, fundamentalmente, los siguientes: un problema cuantitativo derivado de la masificación, en progresión creciente, de este tipo de infracciones, como ocurre con las infracciones de tráfico; un segundo problema es el de la coordinación: coordinación entre los órganos administrativos y los órganos judiciales, coordinación entre el procedimiento administrativo y el proceso judicial.

Pues bien, la respuesta al problema de la manifestación y crecimiento de las infracciones administrativas encuentra solución en las siguientes técnicas: posibilidad de un proceso sin condena, desplazando o centrando la garantía del sancionado en la aceptación de un recurso suspensivo anulatorio, por el solo hecho de la formalización contra dicha condena; en segundo lugar, con la posibilidad de enervar la acción penal misma mediante una solución conciliadora, que se concreta en los institutos de la multa de composición o de la conciliación administrativa.

Al problema de la coordinación se atiende, primordialmente, mediante las técnicas siguientes: con la presencia, en situación privilegiada, de los funcionarios en el proceso penal y, además, con el reconocimiento de un valor probatorio a los documentos en que se incorpora la actividad administrativa de constatación de las infracciones, excepcionando el principio de libertad de valoración de la prueba en el proceso penal.

A) *La presencia de la Administración en el proceso penal francés, a través de funcionarios propios*

Un sistema penal que pretenda servir de garantía al ordenamiento jurídico administrativo debe ofrecer camino y cauces para que la Administración esté presente en el proceso y puedan actuar sus pretensiones.

La presencia de la Administración en el proceso penal se consigue a través de una concepción no cerradamente corporativa y judicialista del ministerio fiscal, .en el que se integran, con la consideración de miembros del *parquet*, los funcionarios de ciertas Administraciones para la persecución de infracciones que lesionan intereses a su cargo. En este punto, el artículo 1° del Código de procedimiento penal ha respetado la condición de fiscales que en el antiguo Código de instrucción criminal tenían los administradores de contribuciones indirectas, de Aduanas, de Puentes y Caminos y de Aguas y Montes. En unas ocasiones, el ejercicio de la acción pública se reparte entre los miembros del *parquet* y los funcionarios, según la naturaleza de las penas; en otros casos, pueden intervenir conjuntamente los funcionarlos de la Administración interesada y los miembros del ministerio fiscal, o bien, la intervención de éstos está reducida y atribuida exclusivamente a los funcionarios.

La importancia cuantitativa del supuesto que analizamos viene dada en función, más que de los casos citados, del hecho general de que en los tribunales de policía —ante lo que se ventila la mayor parte de las infracciones penales de carácter administrativo— las funciones del ministerio público son desempeñadas por comisarios u oficiales de policía y, en casos excepcionales, por el alcalde del lugar de residencia del tribunal o de uno de sus adjuntos (Arts. 95 y 96 del CPP).

A la asimilación de los funcionarios de determinadas Administraciones a los miembros del ministerio público hay que añadir, en la cuenta de la coordinación tribunales penales-Administración pública, la atribución del carácter inequívoco de policía judicial —por el número 3° de los artículos 15 y 28 del CPP— a los funcionarios y agentes a los que la ley encomienda ciertas funciones de policía judicial, y entre los que deben citarse los ingenieros y agentes técnicos de Aguas y Montes, dependientes del Ministerio de Agricultura; los guardas campestres, dependientes de la Administración municipal; los agentes de las Administraciones fiscales de registro, contribuciones directas e indirectas; inspectores de trabajo; los agentes del PTT, de Ferrocarriles, del servicio de fraudes, de verificación de pesas y medidas, de control y de encuestas económicas, etc. En todo caso, son oficiales de la policía judicial los alcaldes y sus adjuntos y los prefectos.

Las funciones de la policía judicial —y, por tanto, de los funcionarios de la Administración que la ejercen en el sector administrativo a su cargo— son importantes. Con carácter general, la policía ejerce las delegaciones que le confía la Jurisdicción de instrucción y cumple sus órdenes, o bien, si no está abierta ninguna información, constata las infracciones, reúne las pruebas y busca a los autores. A este efecto, la policía judicial recibe las quejas y denuncias y, fundamentalmente, constata las infracciones a través de los procesos verbales, procedimiento escrito formalizado, al que se asignan importantes efectos probatorios, como luego veremos. En caso de delito flagrante, la policía judicial dispone de poderes coercitivos, similares al juez de instrucción, para realizar la encuesta: comiso de instrumentos, realización de pruebas de pericia en el lugar de autos, interrogatorio de testigos y sospechosos y detenciones *(garde a vue)* por un período de veinticuatro horas, si lo considera necesario para la investigación (Art. 63, CPP).

B) *La adaptación del proceso penal francés a la corrección de las infracciones administrativas*

El castigo de las infracciones administrativas, a través de los tribunales, había de suponer las correspondientes previsiones y adaptaciones del proceso penal a esta función. Estos mecanismos procesales al servicio primordial del castigo penal de las infracciones administrativas —por estar previstas en el procedimiento ante los tribunales de policía— son los siguientes:

1. *Facilidades para la constatación y prueba de las infracciones*

Como ya dijimos, la policía judicial dispone de los llamados procesos verbales (*procés verbaux*) —que a pesar de su denominación no son tales, sino informaciones escritas— para constatar las infracciones. Bajo pena de nulidad, los procesos verbales deben acomodarse a determinados requisitos: redacción dentro de cierto plazo, constancia del nombre y cualidad de redactor, a fin de verificar su competencia material y territorial, firma y fecha.

La importancia de las constataciones realizadas en los procesos verbales por los funcionarios deriva de la virtualidad para derogar una de las reglas más firmemente asentadas en los procesos penales de tipo continental sobre la carga de la prueba. En principio, el proceso verbal o acta que constata la existencia de un hecho presuntamente delictivo no tiene más valor que el de una simple reseña (Art. 430 del CPP); sin embargo, los procesos verbales que constatan infracciones de simple policía hacen fe, salvo prueba en contrario, *parfois même jusqu'a inscription de faux.* Esta regla, contenida en el artículo 537 del CPP, se *reitera* en el artículo 336 del Código de Aduanas; en el artículo 7 de la Ordenanza de 30 de junio de 1945, relativa a las infracciones económicas, y en el artículo 469 del Código rural, relativo a las infracciones de pesca. Por esta regla, las infracciones a la legislación administrativa tienen un trato de favor dentro del proceso penal común, aunque, por supuesto, ello beneficie también a otro tipo de infracciones.

2. *La citación o comparecencia directa del inculpado ante el juez, sin instrucción de sumario o procedimiento*

Constatada la existencia de un hecho infraccional, no es necesaria la instrucción de un sumario (*Información*) ni de un procedimiento o expediente administrativo antes de la celebración del juicio por una contravención de policía y ni siquiera por delitos en materia correccional. La competencia del tribunal queda establecida por la simple comparecencia voluntaria del presente infractor, llamado por un *avertissement,* o simple notificación, en la que se precisan los hechos que constituyen la infracción, su calificación y el texto que se considera infringido. Esta notificación puede ser hecha por el ministerio público o por la *Administración interesada* (Art. 389 del CPP). En todo caso, la competencia del tribunal se produce, comparezca o no el infractor, a través de la citación directa realizada por aquéllos o, incluso, por la parte civil. La citación directa es un documento formal, cuyo original se remite al tribunal para su unión al *dossier* del asunto y una copia al interesado, exponiéndole con detalle los hechos incriminados sobre los que únicamente se extenderá la competencia del tribunal, que si no se considera suficientemente aclarada la cuestión puede ordenar unas medidas de información suplementaria, pero sin recurrir al juez de instrucción.

La actividad del ministerio fiscal o de los funcionarios a él asimilados y la de los miembros de la policía judicial no puede entenderse asimilada al concepto de sumario ni al de procedimiento administrativo en sentido de Derecho español, por cuanto para éste es esencial el trámite de audiencia y defensa del interesado, que se manifiesta en los trámites de notificación del pliego de cargos y propuesta de resolución. Toda la garantía la centra el sistema procesal francés, con cierto desdén para el procedimiento, en el acto del juicio y en la intervención del juez, garantía, a nuestro entender, superior a la de una mecánica procedimental compleja ante simples funcionarios.

3. *La eliminación del proceso penal, a través de la multa de composición y la multa de forfait*

La ausencia del proceso —pero no la de la intervención del juez— es lo que diferencia la multa de composición de la multa *a forfait*.

La multa de composición actúa en el campo de las contravenciones de policía, con excepción de las más graves, las llamadas de quinta clase, así como en aquellos hechos infraccionales de los que se derivan responsabilidades civiles para terceros, y las incluidas en el Código forestal en el de trabajo y en todos los casos en que se excluya por ley especial. Fuera de estos casos, se impone al órgano judicial *la obligación* de zanjar la cuestión con el uso de este arbitrio; nadie por ello puede ser llevado ante un tribunal de policía sin haber sido previamente invitado a través de la correspondiente notificación —en la que se precisará su importe— a pagar la multa sustitutoria del proceso y de la condena que a través de él pudiera corresponderle.

La multa de composición es sustitutoria de un proceso y de la sanción que a través de él pudiera corresponder, pero esa sustitución no lleva a convertir la multa de sustitución en una sanción administrativa. Por el contrario, no supone una extinción de la acción pública, y conlleva el reconocimiento del interesado de haber cometido la infracción de que se le imputa. Si paga la multa, ningún recurso es ya posible; si no la paga, rechazando la proposición del juez, tiene lugar la celebración del juicio en la forma apuntada (Arts. 524 a 530 del Código de procedimiento penal).

Sustancialmente, diversa de la multa de composición es la multa *a forfait*, que se aplica en determinadas infracciones de circulación automóvil, concretamente en las más livianas, siempre que no se hayan producido daños a terceros (Arts. 529 y 530 del CPP y Ley de 6 de julio de 1966). Esta multa extingue la acción pública, y su pago se efectúa sin intervención del juez, ante el agente de la circulación, en el propio momento de la constatación del hecho infraccional o ante el organismo de Tráfico en los ocho días siguientes a la de aquella constatación. Este mecanismo sólo opera cuando el presunto infractor voluntariamente lo acepta, pues en caso contrario, para imponer la sanción, se ha de seguir el sistema judicial ordinario antes descrito.

C) *El proceso contravencional en Italia*

Partiendo, como parte el Derecho italiano, del principio básico de la competencia de la Jurisdicción penal para la corrección de las infracciones administrativas, y salvada, por consiguiente, la exigencia primaria de la garantía que es la intervención del juez —el pretor—, los demás mecanismos procesales están al servicio de la rapidez y eficacia del proceso penal.

En forma similar a la descrita, para el Derecho francés funcionan aquí la técnica del proceso verbal para la constatación de las infracciones, misión propia de los órganos comunes de la policía judicial, a los que se asimilan en numerosas leyes los funcionarios de la Administración para la constatación de los hechos infraccionales cometidos en el ámbito de la materia de su competencia.

La simplificación máxima del proceso contravencional puede darse o ser consecuencia del empleo de la técnica del *decreto di condamna,* hipótesis frecuente en las infracciones al ordenamiento administrativo, por cuanto se aplica, según establecen los artículos 506 y 507 del Código de procedimiento penal, a las contravenciones, a las que correspondería una multa no superior a 5.000 liras. Es el pretor a quien corresponde dictar el decreto de condena cuando del examen de los actos y de las investigaciones practicadas estima que la sanción no debe pasar de esa cifra, fijando, conjuntamente con la sanción, las responsabilidades civiles, la confiscación o restitución de las cosas secuestradas y las costas del procedimiento. El procedimiento queda zanjado de esta forma, sin previo juicio, por medio de una sentencia de condena *inaudita parte,* que, como tal, ha de conformarse a los requisitos formales de las demás sentencias (Arts. 470 a 507).

La marginación de un principio tan esencial al proceso penal como es el del contradictorio está compensada con la posibilidad de formular oposición al decreto dentro de los cinco días siguientes a su notificación, exponiendo, conjuntamente con la petición de celebración del juicio, los motivos en que aquélla se funda. Propuesta en forma la oposición, el *pretor* cita formalmente para el contradictorio *(dibatimento)* y revoca, por el solo hecho de la comparecencia del inculpado, el *decreto di condamna,* pronunciando, después del juicio, la sentencia absolutoria o de condena que proceda, si bien en este último caso puede darse la *reformatio in peius,* imponiendo una sanción superior a la inicialmente acordada.

D) ***La "oblazione" y la conciliación administrativa***

La razón de ser de estos institutos sustancialmente idénticos radica también en la conveniencia de no recargar la actividad de la Administración de Justicia y reducir al mínimo las molestias procesales o procedimentales de los infractores en aquellos casos en que la infracción no es grave y está sancionada únicamente con penas pecuniarias.

La regulación básica en el Derecho italiano está contenida en el artículo 162 del Código penal, a cuyo tenor, en las contravenciones para las cuales la ley establece la pena de multa no superior a 10.000 liras, el contraventor puede pagar antes de la apertura del juicio o antes del Decreto de condena una suma equivalente a la tercera parte de la pena establecida para la contravención cometida, además de los costas del procedimiento. La suma a pagar se fija en la actualidad en la quinta parte del máximo de la multa, sin que en ningún caso pueda ser inferior al mínimo.

Con la *oblazione* se extingue la infracción, renunciando el Estado a hacer valer la pretensión penal, y el presunto infractor, el uso de las garantías jurisdiccionales establecidas en su defensa por el ordenamiento jurídico.

Tanto la *oblazione* como la conciliación participan de la misma naturaleza, por cuanto producen los mismos efectos sustanciales, pero el primer término se reserva a la regulada con carácter general en el Código penal y el segundo para lo que es objeto de regulación en leyes especiales, y cuyo montante viene determinado en cada caso por la Administración. Mientras la oblación, además, se ejercita con el acto único del pago, la conciliación se cumple a través de diversos y sucesivos actos: demanda del infractor, decisión de la autoridad administrativa y pago.

Esta técnica, nacida en el Derecho italiano, ha demostrado poseer una gran fuerza expansiva, y ha sido acogida en otros países, como es el caso ya expuesto de Francia.

V. La reciente legislación despenalizadora

A) *Sentido y alcance*

El principio comúnmente aceptado en el Derecho europeo de la impotencia de la Administración para el ejercicio de cualquier tipo de competencias represivas está sufriendo algunas correcciones por razones de orden práctico.

La práctica, en efecto, viene mostrando que el sistema judicial penal está sufriendo una sobrecarga de actividad con motivo de la multiplicación en progresivo aumento de las infracciones a la legislación administrativa. ¿Cómo liberar a los jueces de su excesiva polarización en castigar las infracciones a la legislación administrativa sin que el sistema judicial pierda el control de la función depresiva? La respuesta parece encontrarse en un sistema de asociación más estrecha de la Administración al ejercicio de esas funciones represivas, sin que ello comporte un traslado puro y simple de esas competencias a la Administración ni una marginación del juez ordinario. En esto consiste justamente la des- penalización, que viene a ser un sistema de equilibrio en el que la administración ejerce la función represiva en un régimen diverso del común a la restante actividad administrativa y caracterizado fundamentalmente por la privación a los actos sancionadores de carácter penal y del privilegio de decisión ejecutoria, y además porque la fiscalización de esa actividad no ha de llevarse por los estrechos caminos del recurso contencioso-administrativo, sino por anchas avenidas de un recurso suspensivo ante el juez ordinario. Esas características se aprecian en la reciente legislación italiana y alemana, que a continuación analizamos con algún detalle.

B) *La despenalización en la Ley italiana de 3 de mayo de 1967* [14]*(IV)*

Según vimos, el ámbito propio de la potestad sancionadora de la Administración italiana es el muy limitado que incide en las relaciones especiales de supremacía, y sólo, en cierto aspecto, las infracciones a los deberes generales entran en el ámbito de la competencia administrativa a través de una vía de sumisión voluntaria que es a lo que se reconduce la técnica de la conciliación (a diferencia de la oblación), que la actúa el pretor.

---

14 *La Ley italiana de 3 de mayo de 1967, fue derogada por la Ley de 24 de noviembre de 1981, por la que se modifica el sistema penal, en cuyo capítulo I, distribuido en cuatro secciones, se regulan las sanciones administrativas. En la sección primera se contienen los principios generales de la ordenación contenida en la Ley (principio de legalidad, capacidad de entender y querer, elemen-*

Este clásico esquema ha sido, sin embargo, alterado, por razones prácticas, con la aprobación de la Ley de 3 de mayo de 1967, que ha establecido un nuevo régimen para determinadas infracciones.

Según el artículo *1° no constituyen delito* —término empleado en sentido amplio, comprensivo de los delitos strictu sensu y las faltas o contravenciones penales—, *y quedan sujetas a la sanción administrativa del pago de una suma de dinero, las infracciones a las normas siguientes cuando en ellas esté prevista únicamente la pena de multa* [15].

Las normas cuyas infracciones son sometidas a esta despenalización o conversión administrativa son los reglamentos provinciales y comunales y las que regulan la circulación en carretera en sus diversos aspectos: las del Código de la circulación (texto único de 15 de junio de 1959); las que regulan la protección de las carreteras y áreas públicas (obras sobre carreteras sujetas a licencia o concesión, modalidades de éstas,

---

to subjetivo, causas de exclusión de la responsabilidad, concurso de personas, solidaridad, no transmisibilidad de la obligación, supuesto de varias violaciones de disposiciones que prevean sanciones administrativas, principio de especialidad, la sanción administrativa pecuniaria y su relación entre un límite máximo y mínimo, criterios para la aplicación de la sanción administrativa pecuniaria, y su ámbito de aplicación), en la segunda el procedimiento, en la tercera, la despenalización de delitos y contravenciones, y, por último, en la cuarta, se contienen las disposiciones transitorias y finales.

En general, puede afirmarse que la despenalización operada por la Ley de 24 de noviembre de 1981, es mucho más intensa que aquella de 1967. En efecto, en su artículo 32 se dispone que se sancionarán con sanción administrativa de pago de una suma de dinero, "toda violación para la que está prevista la sola pena de multa o de ammenda *[multa judicial]" salvo aquellas específicamente excluidas de la propia Ley (Art. 34). Se invierte el sentido de la Ley de 1967, donde la despenalización era tasada. En la Ley de 1981, la despenalización es general respecto de todas aquellas violaciones castigadas con la imposición de una sanción penal al abono de cantidad, y, específicamente, aquellas que se relacionan en el artículo 33.*

Por lo demás, el procedimiento es sustancialmente idéntico a aquel de la Ley de 1967.

15 *En el artículo 32 de la Ley de 24 de noviembre de 1981, la despenalización se extiende a todas las violaciones que tienen previstas pena de multa o* ammenda *[multa judicial] (afirmación matizada por lo dispuesto en los dos párrafos siguientes del mismo artículo, y en el artículo 34 donde se relacionan supuestos que quedan excluidos de la despenalización en todo caso), no circunscribiéndose, como en la Ley de 1967, a una lista tasada:*

"No contituiscono reato e sano soggette alla sanzione amministrativa del pagamento di una somma di denaro tute la violazioni per le quali é prevista la sola pena della multa o dell'ammenda salvo quanto disposto, per le violazioni finanziere, dall'art. 39.

La disposizione del precedente comma non si applica al reati in esso previsti che, nella ipotesi aggavate, siano punibili con pena detentiva, anche se alternativa a quella pecuniaria.

La disposizione del primo comma non si applica infine, ai delitti in esso previsti che siano punibili a querela".

En el artículo 33 se relacionan supuestos específicos de despenalización contenidos en el Código penal (Arts. 669, 672, 687, 693 y 694), Ley de Seguridad Pública (Arts. 121 y 124 y su reglamento Arts. 121, 180, 181 y 186), código de la circulación (Arts. 8, 58.8, 72, 83.6 y 88.6) y Ley 24 de diciembre de 1969, sobre seguro obligatorio de responsabilidad civil derivada de la circulación de vehículo a motor (Art. 32.1).

obligaciones del concesionario), normas contenidas en el *Códice de la Strada* de 1933, en cuanto no han sido derogadas por el Código de 1959, y, por último, las normas que disciplinan los servicios de transporte por carretera mediante vehículos automóviles (Ley de 20 de junio de 1933).

La suma que debe pagarse a título de sanción administrativa es igual a la prevista en las normas despenalizadas (Art. 2°)[16]. Lógicamente, la autoridad administrativa dispone del poder discrecional que al juez atribuye el artículo 132 del Código penal para graduar el importe de la obligación pecuniaria, si bien ateniéndose a los criterios del artículo 132 del Código penal (gravedad del hecho y del daño producido, peligrosidad, intensidad del dolo o la culpa, etc.)[17]. Según el artículo 4°, la obligación del pago no se transmite a los herederos[18].

La admisión de la oblación o conciliación administrativa la acepta el artículo 5°, con efecto liberatorio para todos los obligados, mediante el pago de una suma reducida en los casos en que esté admitida en los textos despenalizados[19]. Las previsiones en relación con la constatación de las infracciones, la imputación de la misma por el agente de policía o funcionario en el momento de la comisión y la notificación de los procesos verbales siguen en vigor (Art. 6°) [20].

La comunicación de la infracción debe ser realizada, cuando sea posible, de forma inmediata a su comisión por el agente, concretándose el hecho, la norma violada, la posibilidad de oblación y la forma de efectuarla. Si la comunicación personal e inmediata a alguna de las personas obligadas no es posible, los extremos de infracción deben ser notificados dentro de los treinta días siguientes a su constatación, extinguiéndose la obligación de pago si transcurre este término sin efectuarse la notificación (Art. 7°)[21].

---

16 *Artículo 38 de la Ley de 24 de noviembre de 1981:*

"La somma darita ai sensi del primo comma dell'art. 32 è pari al'ammontare della multa o dell'ammenda stabilita dalle disposizione che prevedono le singole violazion".

Principio que es matizado a continuación, al disponerse el montante especifico de determinadas sanciones administrativas, correspondientes a otras tantas infracciones despenalizadas, exceptionando lo dispuesto en el primer apartado, al romper su correlación con lo establecido en la disposición que la prevé.

17 *Articulo 11 de la Ley de 24 de noviembre de 1981:*

"Nella determinazione della sanzione amministrativa pecuniaria fissata dalla legge tra un limite mínimo ed un limite massimo e nell'applicazione delle sanzioni accesorie facoltative, si ha riguardo alla gravita della violazione, all'opera svolta dall'agente per la eliminazione o attenuazione delle conseguenze della violazione, nonché día personalità dello stesso e alle sue condizioni economiche".

18 *Artículo 7 de la Ley de 24 de noviembre de 1981:*

19 *Artículo 16 de la Ley de 24 de noviembre de 1981:*

"E'ammesso il pagamento di una somma in misura ridotta pari alla terza parte del massimo della sanzione prevista per la violazione commessa o, se più favorevole, al doppio del mínimo delta sanzione edittale, oltre alle spese del procedimento, entro il termine di sessenta giorini dalla contestazione immediata o, se questa non vi è stata, dalla notificazione degli stremi della violazione".

20 *Artículos 13 y 17 de la Ley de 24 de noviembre de 1981.*

21 *Artículo 14 de la Ley de 24 de noviembre de 1981.*

En los casos en que no fuera procedente la oblación, o bien cuando no haya sido consentido el pago, deberá enviarse al prefecto, alcalde o presidente de la Junta Provincial, según los casos, una relación circunstanciada de los hechos con las pruebas de las correspondientes comunicaciones o notificaciones; al juez debe remitirse, en todo caso, si de la constatación de los hechos se dedujese la posible existencia de delito. Las autoridades indicadas, si estiman *fundato l'accertamento,* oídos los interesados, o bien si éstos formulan reclamación dentro de los quince días siguientes a la terminación del término útil para la oblación, determinarán, con ordenanza motivada, la suma debida por la usurpación dentro de los límites máximo y mínimo establecidos por la ley y decretarán el pago juntamente con las costas de la notificación al autor y a las personas que resulten solidariamente obligadas. La orden de pago —que constituye título ejecutivo— señala un término para su cumplimiento que no puede ser inferior a treinta días desde la notificación[22].

La garantía frente a esta nueva actividad administrativa se articula, según la tradición del Derecho italiano, mediante un recurso ante el pretor competente en el territorio en que se ha cometido la infracción. Además, la despenalización se ha llevado al límite de fijar para la impugnación el camino del proceso civil, el de cognición, en el que la Administración estará representada por la *Avvocatura dello Stato* o por los propios funcionarios del organismo interesado (Art. 3° del Real Decreto de 30 de octubre de 1933). El proceso, tras las fases de exposición (*Tratazzione*), prueba y conclusiones, ha de determinar con una sentencia inapelable en la que el juez ha de limitarse a rechazar la oposición o a anular la sanción por ilegitimidad intrínseca o extrínseca, pero sin facultad de sustituir la sanción por otra diversa. En manos del juez se deja, por último, la posibilidad, sin limitación por causas o motivos concretos, de suspender la ejecución de la orden del pago[23].

El artículo 10 de la ley que comentamos atiende a los supuestos de conexión objetiva, declarando que, cuando la existencia de un delito dependa de la constatación de una infracción despenalizada y el infractor no haya ejercitado la oblación, el juez penal competente, para conocer del delito lo será también para decidir sobre la existencia de la infracción y para aplicar en la sentencia de condena la sanción establecida en la ley por la infracción misma, cesando la competencia del juez penal si el proceso se cierra por extinción del delito o por falta de una condición de procedibilidad[24].

La *ratio legis* de este nuevo tratamiento para determinadas infracciones penales se encuentra en motivos ciento por ciento pragmáticos, entre los que sobresalió la urgente necesidad de liberar a los jueces de una sobrecarga de trabajo, derivada de la multiplicación de las infracciones, que conlleva el uso cada vez más generalizado de los medios de transporte autónomos. No aparece, ni por asomo, en esta ley la intención de reconocer a la Administración un poder jurídico sancionador propio y de naturaleza penal, de lo que se huye con exquisito cuidado terminológico, soslayando el empleo de expresiones, tales como multa o *anmenda,* para designar la consecuencia de

22 *Artículos 17 y 18 de la Ley de 24 de noviembre de 1981.*

23 Artículos 22 y 23 de la Ley de 24 de noviembre de 1981.

24 *Articulo 24 de la Ley de 24 de noviembre de 1981.*

la infracción, que se configura como delito civil derivado de un hecho ilícito, a modo de responsabilidad extraconceptual, y que, justamente por ello, ante un juez civil, y a través de un proceso de esta índole, encontrará el juicio definitivo sobre su pertinencia.

C) *La nueva legislación alemana sobre infracciones administrativas*

El 1 de octubre de 1968 ha entrado en vigor en Alemania la nueva Ley de infracciones Administrativas (*ordnungswidig Reiten)*$_y$ a cuya regulación se han sometido muchos delitos e infracciones penales con previsión de despenalización para el futuro de otros más. La ley se refiere sólo a la parte general de estas nuevas infracciones administrativas, pues cada infracción en particular sigue estando individualmente regulada en su ley correspondiente (montes, circulación, comercio, etc.).

Por infracción administrativa se entiende la acción que realiza el tipo de una ley en la que está sancionada con una multa (Art. 1°), exigiéndose los elementos de la tipicidad y la punibilidad propios de los delitos y también los correspondientes a la imputabilidad y a la culpabilidad, aceptándose sólo excepcionalmente la modalidad culposa.

A la Administración, con la colaboración de la policía, se atribuye, en principio, la competencia para sancionar, decidiendo de forma discrecional si ha de iniciar o no el procedimiento con sujeción a un principio de oportunidad. El procedimiento a seguir es el regulado en la ley, aplicándose subsidiariamente la Ley de Enjuiciamiento Criminal. Cuando la infracción es leve (hasta 20 marcos de multa) y el interesado está de acuerdo con ello, puede imponerse la multa sin procedimiento alguno, pagándose aquélla en el acto.

Toda la garantía la centra le ley en la más completa subordinación de la actividad sancionadora de la Administración al juez penal, lo que justamente tiene lugar a través de un recurso de potencialidad superior incluso al efecto suspensivo. La interposición del recurso ante el juez penal priva, en efecto, de toda eficacia —no ya solamente de la ejecutiva— al acto sancionador, que queda sin validez alguna, provocando un traslado competencial *ad nutum* ante el juez penal, que revisa el caso entero previa la oportuna instrucción a cargo del fiscal. La Administración no es parte recurrida en este proceso, reduciéndose su papel al de informante del juez, que puede también llamar a los funcionarios a testificar.

VI. POTESTAD SANCIONADORA DE LA ADMINISTRACIÓN EN ESPAÑA. ORIGEN Y DESARROLLO

A) *Consideraciones generales*

Como ya hemos anticipado, el rasgo sobresaliente de la organización jurídica de la actividad represiva del Estado consiste en la desmesurada extensión de materias sobre las que incide la potestad sancionadora de la Administración, y correlativamente, la reducida, casi nula, competencia de los tribunales penales para conocer de las infracciones a la legislación administrativa, competencia prácticamente congelada en la descripción de las conductas tipificadas en el Código penal.

Por de pronto, la potestad sancionadora de la Administración cubre en el ordenamiento español el ámbito admitido en el Derecho comparado, con una justificación muy diversa, relativo a la potestad disciplinaria sobre sus propios funcionarios y el que detentan las corporaciones profesionales sobre sus miembros.

Fuera ya de los límites del Derecho administrativo europeo, nuestro ordenamiento atribuye a las autoridades gubernativas generales (Consejo de Ministros, ministro de la Gobernación, director general de Seguridad, gobernadores y alcaldes) una importante potestad sancionadora cuya regulación está alojada tradicionalmente en las leyes de régimen local y en la Ley de Orden Público. Las conductas contrarias a las ordenanzas o reglamentos municipales o las atentatorias al orden público, descrito genéricamente como "el normal funcionamiento de las instituciones públicas y privadas, el mantenimiento de la paz interior y el libre y pacífico ejercicio de los derechos individuales, políticos y sociales reconocidos en las leyes". Atentado el orden público es, en último término, "la alteración de la paz pública o la convivencia social" (Art. 2°; Art. 1° de la Ley de 30 de julio de 1959).

Fuera también del límite del Derecho europeo, nuestro ordenamiento ha investido a la Administración pública, en todos los sectores especializados de su intervención, de una potestad sancionadora cuya importancia, por la gravedad de las sanciones que puede imponer, va en aumento. Así ocurre en la legislación tributaria, de comercio interior, de comercio exterior, publicidad, de montes, caza, pesca, navegación aérea, prensa, turismo, trabajo, aguas, tráfico, agricultura, vivienda, urbanismo, etc.

El punto más grave de distorsión lo constituye aquel en que la atribución del poder sancionatorio a la Administración comporta la posibilidad de imponer penas de privación de libertad, directa o indirectamente, por impago de las pecuniarias[25], lo que ha llevado en ocasiones a la creación de tribunales administrativos o jurisdicciones especiales, a los que se atribuye esa competencia represiva, como ocurre con los tribunales de contrabando y defraudación[26] y el Juzgado de Delitos Monetarios[27].

Toda esta potestad sancionadora de la Administración, la normal y la que podríamos llamar patológica, en contraste con el ámbito de desarrollo del Derecho europeo, está sujeta a un régimen jurídico-administrativo cuyos rasgos generales son los siguientes: las sanciones las imponen las autoridades o tribunales administrativos directamente, "de plano"[28] o a través de la instrucción de un expediente administrativo;

---

25 *La Constitución española de 1978 ha establecido, expresamente, la interdicción de toda sanción administrativa que suponga privación de libertad, al disponer en su artículo 25.3:*

"La Administración civil no podrá imponer sanciones que, directa o subsidiariamente, impliquen privación de libertad".

26 *Los Tribunales administrativos de contrabando y defraudación fueron suprimidos por la Ley orgánica 7/1982, de 13 de julio, que derogó la Ley de contrabando aprobada por Decreto de 16 de julio de 1964.*

27 *Los Juzgados de Delitos Monetarios fueron suprimidos por la Ley 40/1979, de 10 de diciembre, sobre Régimen Jurídico de Control de cambios (posteriormente modificada parcialmente por la Ley Orgánica 10/1983, de 16 de agosto), que derogó la Ley Penal y Procesal de Delitos Monetarios, de 24 de noviembre de 1938.*

28 *El Tribunal Constitucional ha declarado expresamente inconstitucionales las sanciones administrativas de plano, en su sentencia de 8 de junio de 1981, al afirmar que:*

las reglas de fondo aplicables coinciden o no con las reglas y principios del Derecho Penal[29], cuya aplicación subsidiaria en unos casos ha sido admitida y en otros rechazada por la jurisprudencia; los tribunales penales son ajenos a la fiscalización de los actos administrativos sancionatorios, únicamente impugnables ante los tribunales contencioso-administrativos a través de recursos no suspensivos[30] y en ocasiones condicionados a la regla *solve et repete*[31]; por último, esta potestad sancionadora es independiente de la jurisdicción penal común, en el sentido de que una y otra pueden actuar sobre los mismos hechos sin coordinación ni vinculación de los pronunciamientos de una sobre la otra[32].

"tales valores [que se encuentran en la base del artículo 24 CE y el de seguridad jurídica del artículo 9] no quedarían salvaguardados si se admitiese que la Administración, por razones de orden público, puede incidir en la esfera jurídica de los ciudadanos imponiéndoles una sanción sin observar procedimiento alguno, y, por tanto, sin posibilidad de defensa previa a la toma de la decisión, con la consiguiente carga de recurrir para evitar que tal acto se consolide y haga firme. Por el contrario, la garantía del orden constitucional exige que el acuerdo se adopte a través de un procedimiento en el que el presunto inculpado tenga oportunidad de aportar y proponer las pruebas que estime pertinentes y alegar lo que a su derecho convenga".

29 *El Tribunal Constitucional, en su sentencia de 8 de junio de 1981, ha establecido la comunidad de principios del Derecho penal y del Derecho administrativo sancionador, en tanto que manifestaciones del* ***ius puniendi*** *del Estado:*

"... los principios inspiradores del orden penal son de aplicación, con ciertos matices, al derecho administrativo sancionador, dado que ambos son manifestaciones del ordenamiento punitivo del Estado, tal como refleja la propia Constitución (Art. 25, principio de legalidad), y una muy reiterada jurisprudencia de nuestro Tribunal Supremo".

30 *La rigidez de la no suspensión de la eficacia de la sanción, de resultas de su impugnación jurisdiccional, se ha visto notablemente modulada, al menos cuando están en juego los derechos fundamentales de la sección primera de la Constitución, por virtud de lo dispuesto en la Ley 62/1978, de 26 de diciembre, de protección jurisdiccional de los derechos fundamentales de la persona. El Tribunal acordará la suspensión de su eficacia "salvo que se justifique la existencia o posibilidad de perjuicio grave para el interés general" (Art. 7.4). En todo caso, los recursos contra las sanciones pecuniarias reguladas por la Ley del Orden público, llevan aparejados su suspensión (Art. 75).*

31 *La cláusula de* solve et repete, *en cuanto que condicionante del acceso a la jurisdicción, hoy, por virtud de lo dispuesto en el artículo 24.1 de la CE (derecho a la tutela judicial efectiva, sin que en ningún caso pueda producirse indefensión), debe entenderse derogada.*

32 *El Tribunal Constitucional, en su sentencia 77/1983, de 3 de octubre, al enumerar los límites de la potestad sancionadora de la Administración, taxativamente ha fijado la subordinación de la Administración a los Tribunales en el ejercicio del* ius puniendi *del Estado.*

"La subordinación de los actos de la Administración de imposición de sanciones a la autoridad judicial exige que la colición entre una actuación jurisdiccional y una actuación administrativa haya de resolverse en favor de la primera. De esta premisa son necesarias consecuencias las siguientes: a) el necesario control a posteriori *por la autoridad judicial de los actos administrativos mediante el oportuno recurso; b) la imposibilidad de que los órganos de la administración lleven a cabo actuaciones o procedimientos sancionadores en aquellos casos en que los hechos puedan ser constitutivos de delito o falta según el Código Penal o las leyes penales especial, mientras la autoridad judicial no se haya pronunciado sobre ellos; c) la necesidad de respetar la cosa juzgada".*

Una situación como la descrita no es el fruto únicamente de la legislación —frente a lo que a primera vista pudiera pensarse— peculiar de una determinada etapa política, aunque en algunas épocas la potenciación de la potestad sancionadora de la Administración está vinculada al autoritarismo del sistema político. Lo que parece más cierto es que autoritarismo administrativo que esta potestad comporta en manos de la Administración española es una constante para todos los sistemas políticos que desde el comienzo del constitucionalismo se han sucedido. Todos, incluso los más confesadamente liberales, han colaborado a introducir en la legislación administrativa esta potestad punitiva, saltando por encima de sus propias normas constitucionales; normas constitucionales, a este respecto, siempre las mismas, siempre igualmente contraria a que la represión estatal pudiera ejercitarse fuera del cauce del proceso penal y por órganos distintos de los tribunales penales.

En pocas materias resultará, como en ésta, tan significativa la contradicción entre la norma constitucional y la ley ordinaria, e incluso el simple reglamento, y más clara la prueba del nominalismo de nuestras constituciones, de su inoperanda para ser guía y criterio de la redacción de las normas realmente operantes en el comportamiento político y social.

Criterios cuantitativos y cualitativos permiten, sin embargo, distinguir en la evolución del Derecho español tres períodos.

Un primer período cubre desde la Constitución de Cádiz hasta la Dictadura del General Primo de Rivera (1923), período caracterizado por la aparición y afirmación de un poder sancionador moderado y limitado a las autoridades gubernativas de índole provincial o local (alcaldes y gobernadores).

El segundo período, de 1923 a 1939, comprende la legislación de la Dictadura y de la II República, caracterizado a su vez por la politización del poder sancionador y la apertura de su ejercicio a las autoridades gubernamentales, ministro de la Gobernación y Consejo de Ministros.

Un tercer período se iniciará en 1939, con la expansión del poder sancionador al ámbito de todos los sectores de intervención administrativa especial, sin la pérdida de sus anteriores caracteres.

B) *De la Constitución de Cádiz a la Dictadura*

1. *Régimen constitucional y potestad sancionadora de la Administración*

La historia de la contradicción entre unas leyes ordinarias que atribuyen una potestad sancionadora a la Administración y las normas constitucionales que prohíben esta atribución, comienza ya, aunque tímidamente, en Cádiz.

La Constitución de 1812 fue categórica en el punto de separación de las funciones judiciales, entre las que incluye todas las represivas, y las funciones administrativas. Por de pronto, el artículo 172 impide al mismísimo rey privar a "ningún individuo de su libertad, ni imponerle por sí pena alguna". Este precepto, dirigido a la cabeza del Estado y del poder ejecutivo, desautorizaba toda posibilidad sancionatoria de las autoridades inferiores, y es que la Constitución de Cádiz, en la protección de las libertades personales, huyendo de las declaraciones dogmáticas de los derechos, usó de una técnica mucho más eficaz y práctica de declarar la incompetencia del ejecutivo, dando al poder judicial toda la función contenciosa y toda la función represiva a través de una minuciosa reglamentación, cuyos preceptos, fundamentalmente relativos a la atribución monopolística de juzgar y ejecutar lo juzgado en los juicios civiles y criminales (Arts. 242 a 248), siguen vigentes.

La minuciosa ordenación del poder judicial —tan descuidada en todas las constituciones posteriores— se complementa con una regulación de los principios fundamentales del proceso penal, orientados a la salvaguardia de la libertad personal e influenciados por el sistema inglés —invocado en la Exposición de Motivos—, algunos de cuyos rasgos, como la inexistencia del ministerio fiscal y la falta de consagración del principio inquisitivo orientando el proceso penal al modelo de proceso civil, son perfectibles.

Merece la pena señalar, respecto al Constitucionalismo de 1812, que los alcaldes, a la par que rectores de la Administración municipal, son el "último escalón del orden judicial" (Arts. 275 de la Constitución), a los que encomendó el juicio de conciliación, la decisión de juicios civiles de ínfima cuantía, y en lo penal, el conocimiento de los negocios criminales sobre injurias y *faltas livianas* y la instrucción de sumarios en el territorio de la demarcación municipal y detención de delincuentes con inmediata remisión al juez del partido.

Respecto a los jefes políticos (los gobernadores), representantes en la provincial del rey y por ello del ejecutivo, la Constitución nada prevé sobre sus facultades sancionatorias.

Pero tanto alcaldes como gobernadores van a ser investidos por leyes ordinarias de una levísima potestad sancionadora de índole no judicial.

Esta atribución tiene lugar, primeramente en favor de los jefes políticos, por el Decreto constitucional de 23 de junio de 1813, aprobatorio de la Instrucción para el Gobierno Económico-Político de las Provincias, cuyo artículo 1° del capítulo III les permitía "no sólo ejecutar gubernativamente las penas impuestas por las leyes de policía y buen gobierno", sino también *"imponer y exigir multas a los que desobedezcan o falten d respeto, y a los que turben el orden o el sosiego público"*.

En términos similares se pronuncia el artículo 239 de la siguiente Instrucción, contenida en la Ley de 3 de junio de 1823, con la salvedad de establecer un límite —que se fija en 1.000 reales—a la cuantía de las multas. El artículo 207 de esta Instrucción facultaba, por su parte, a los alcaldes en los mismos términos que a los gobernadores, si bien con la limitación de que las multas no pasarían de 500 reales.

Por lo demás, en el Código penal de 1822 no hay previsión alguna de potestades sancionadoras administrativas, a pesar de que el artículo 185 alude a la cuestión en los siguientes términos: *Las culpas y los delitos no comprendidos en este Código que se cometan contra los reglamentos u ordenanzas particulares que rigen en algunos ramos de la Administración pública serán juzgados y castigados respectivamente con arreglo a las mismas ordenanzas y reglamentos.* No hay aquí atribución de potestad punitiva por dos órdenes de razones. Por una parte, este precepto parece copiado del artículo 486 del Código penal francés, en el que la invocación de las sanciones previstas en los reglamentos de Administración pública se hace en conexión con la competencia de los tribunales para imponerlas ("*Dans toutes les matières qui n'ont pas été réglées par le present Code et qui soint regies par des lois et réglements particulières, les Courts et les Tribunaux continueront de les observer*").

Por otra parte, y quizá sea ésta la explicación más completa, el precepto de nuestro Código, situado antes de otros que aluden a la jurisdicción militar y eclesiástica, parece orientado a salvar las competencias privativas de ambos órdenes judiciales, cuya especialidad respetaba la propia Constitución.

2. *Los equívocos constitucionales y la afirmación del poder sancionatorio administrativo en la legislación de 1843*

Las constituciones posteriores a la de Cádiz no son tan categóricas como aquélla en la defensa de la libertad personal, ni tan minuciosas en la ordenación de los poderes públicos. La nueva preocupación por la brevedad y la remisión de materias hasta entonces constitucionales a leyes ordinarias, que se hace implícita en la Exposición de Motivos de la Constitución de 1837, había de suponer un notorio confusionismo en la delimitación de las competencias entre el ejecutivo y el poder judicial.

En concreto, la libertad personal no queda ya garantizada constitucionalmente frente al poder ejecutivo, por cuanto el artículo 7° de la Constitución de 1837 y el mismo precepto de la Constitución de 1845 remiten a leyes ordinarias la determinación de los supuestos en que los españoles podrán ser detenidos y presos, y confinados, o allanada su morada. Bien es verdad que el artículo 9° exigía la intervención del juez o tribunal competente para los procesamientos y sentencias y que en la ordenación del poder judicial se sigue declarando la exclusiva competencia dé éste para juzgar y hacer ejecutar lo juzgado, pero la regulación constitucional de la libertad no es tan clara, precisa y categórica como en la Constitución de 1812, lo que facilitará la aparición del arresto sustitutorio en el haz de poderes sancionadores de la Administración.

(Nada tiene de particular, pues, que, ante esta tibieza constitucional, el artículo 4° de la Ley de 2 de abril de 1845 atribuyese competencia al gobernador civil para *reprimir y castigar todo desacato a la religión, a la moral, a la decencia pública y a cualquier falta de respeto a su autoridad, imponiendo las penas correccionales y sometiendo a los Tribunales de justicia los sucesos merecedores de mayor castigo.* Las penas correccionales, según el artículo 5°, consisten ahora en *multas hasta un máximo de mil reales, permitiendo al Gobernador imponer en caso de insolvencia la detención, sin que el término de ésta pueda pasar de un mes.*

3. *El doble poder sancionador del alcalde y el fracaso del Código penal como limite a las sanciones administrativas*

La legislación de 1845 mantiene la tradición del carácter mixto del alcalde, que era a la vez el último peldaño de la jerarquía administrativa y el último escalón del orden judicial, invistiéndosele por ello de una doble facultad sancionadora.

Como juez, el alcalde instruye las primeras diligencias en los asuntos criminales y celebra los juicios de faltas con arreglo al libro tercero del Código penal, y como autoridad administrativa, aplica las penas señaladas en las leyes y reglamentos de policía y en las ordenanzas municipales e impone y exige las multas con las limitaciones siguientes: hasta quinientos redes de vellón, en los pueblos que no lleguen a quinientos vecinos; hasta trescientos, en los que no lleguen a cinco mil, y hasta quinientos, en los restantes (Art. 75 de la Ley de 8 de enero de 1845).

El poder sancionatorio, tan paladinamente reconocido en la legislación del régimen local, se pretendió inequívocamente limitar por el Código penal de 1848, cuyo artículo 493 estableció el principio de que en las ordenanzas municipales y demás reglamentos generales o particulares de la Administración pública, que se publicaren en lo sucesivo, y en los bandos de policía y buen gobierno que dictaren las autoridades no se establecerán penas mayores que las señaladas en este libro (el 111 de las faltas), aun cuando hayan de imponerse en virtud de atribuciones gubernativas, a no ser que se determinare otra cosa por leyes especiales.

Pero más que una limitación, este artículo supone un reconocimiento en favor de la potestad sancionadora de la Administración en un doble sentido: reconocimiento, en primer lugar, de que la materia penal —si bien limitada a las penas previstas para las faltas— no constituía reserva legal y que, por consiguiente, suponía una habilitación positiva para su regulación por la potestad reglamentaria a todos los niveles; en segundo lugar, un reconocimiento de la inexistencia de un límite constitucional que impidiere al legislador ordinario la posibilidad de atribuir la administración competencias penales de cualquier grado por leyes especiales. En resumen, ni reserva legal ni límite constitucional.

La razonable resistencia a aceptar el principio, ciertamente anómalo, de que la materia penal no era monopolio exclusivo del poder judicial fue vencida en el Consejo Real, al resolver una cuestión de competencia entre un gobernador civil y un juez de primera instancia, en el que se discutía si los alcaldes podían imponer sanciones con independencia y al margen de sus poderes judiciales para el enjuiciamiento de las faltas. Por Real Decreto-sentencia de 31 de octubre de 1849 se resuelve esta cuestión en términos generales e inequívocamente justificadores de la autonomía del poder penal de la Administración:

> Considerando que al conferir el Código penal a los alcaldes la atribución de juzgar en primera instancia y en juicio verbal las faltas que en él se mencionan, ha estado lejos de privarles de los demás caracteres, facultades y atribuciones que a dichos funcionarios competen como delegados del Gobierno y como administradores de los pueblos.
>
> Que correspondiendo por las leyes a los alcaldes y otras autoridades administrativas superiores e inferiores la facultad de imponer multas gubernativamente como atribución necesaria para el desempeño de sus funciones, y habiéndose organizado sobre este fundamento toda la Administración por Leyes recientemente publicadas, este fundamento desaparecería si el Código penal se entendiese en el sentido de que todos los hechos de esta clase han de ser calificados de faltas y todas las faltas juzgadas por los alcaldes con la dependencia y bajo la subordinación de los jueces de primera instancia.
>
> Que esta interpretación acarrearía los graves inconvenientes: 1° De que se entendiese variada la forma actual de la Administración pública en su

> parte más esencial, que es el ejercicio de la autoridad, que debe ser libre y desembarazada, sin perjuicio de la responsabilidad de sus agentes. 2° De que esto sucediese con motivo de una ley provisional, en la cual ni en el Código para cuya observancia fue dictada no se trató ni discutió de propósito un punto de tanta trascendencia, a fin de evitar conflictos entre la Administración y el poder judicial. 3° De que, con esta doctrina, ceñirse deberían y concentrarse en el juicio de los alcaldes y tenientes la aplicación de los medios coercitivos y correccionales y los actos todos de autoridad que requiriesen la imposición de multas u otras reprensiones semejantes señaladas en las leyes. 4° De que, según esto, estarían los agentes y empleados de la Administración, como tales, sometidos a los funcionarios del orden judicial y además sujetos a las reclamaciones de los particulares que se creyesen agraviados, por más temerarios que fuesen, con grave daño del servicio público y menoscabo de la independencia e irresponsabilidad de la Administración consignadas en la Constitución y en las leyes.

Como esta larga cita pone de manifiesto el poder sancionador de la Administración, el Consejo de Estado lo justifica, más allá del amparo formal que suministran las leyes ordinarias y la propia Constitución, en la esencia misma de la Administración, concebida como un poder cuya autoridad parece inimaginable sin la facultad de castigar a los súbditos, haciendo tabla rasa de uno de los principios capitales del Estado liberal.

La doctrina sentada por Real Decreto-sentencia puede explicar la adición de un segundo párrafo —reiterativo y contundente— del principio establecido en el artículo 493 del Código penal de 1848 y que justamente aparece en el artículo 503 del Código penal de 1850.

> Conforme a este principio —el de que por la vía reglamentaria no podían imponerse sanciones superiores a las previstas para las faltas—, las disposiciones de este libro no excluyen ni limitan las atribuciones que por las Leyes de 8 de enero y 2 de abril de 1845 y cualesquiera otras especiales competan a los agentes de la Administración para dictar bandos de policía y buen gobierno y para corregir gubernativamente las faltas en los casos en que su represión les esté encomendadas por las mismas leyes.

Cuando la doctrina administrativa se enfrenta con esta cuestión, parte ya de este hecho consumado y verá el poder penal de la Administración pública como una facultad natural, constitucionalmente válida y legislativa y jurisdiccionalmente aceptada. Así, Colmeiro, además de invocar la citada doctrina del Consejo de Estado que hace suya (*Derecho administrativo español, 1850*, tomo II, p. 303), afirma por su cuenta y riesgo que la *independencia de la Administración estaría comprometida si no tuviese ninguna potestad coercitiva o careciese absolutamente de facultades para exigir la fiel observancia de sus actos, aplicando penas pecuniarias o corporales dentro de los límites de una simple corrección o por vía de disciplina. El poder legislativo delega en la Administración esta parte de funciones propias del poder judicial* (tomo I, p. 26).

La falta de lógica y la incongruencia del pensamiento de Colmeiro —en cuanto no puede menos de reconocer el carácter judicial del poder sancionador— se ponen también de manifiesto a propósito de sus consideraciones sobre el ámbito de la potestad reglamentaria, en la que incluye la posibilidad de establecer penas, pues —afirma— *aunque la posibilidad de establecerlas corresponde al poder legislativo y al judicial el aplicarlas, alguna vez sucede que los reglamentos contengan cláusula penal, y acaso también la autoridad Administrativa se atribuye el derecho de castigar sus infracciones. Estas excepciones se fundan, o en una delegación expresa de la Ley, o en la necesidad de armar el poder ejecutivo con facultades coercitivas dentro de los límites de la policía correccional.*

4. *Los intentos de supresión y contención de la potestad sancionadora de la Administración*

Reconocido por la legislación, y santificado por la Jurisprudencia y la doctrina, el poder penal de la Administración va a conocer un espléndido, aunque lamentable, desarrollo en la legislación posterior, tanto en lo que afecta a la competencia de las autoridades gubernativas cuanto a las causas específicas legitimadoras de su ejercido, legislación elaborada por regímenes políticos de significación muy diversa e incluso antitética.

Se salva, ciertamente, de este juicio la legislación que se inicia con la Constitución de 1868, etapa de radicalismo democrático que conlleva la potenciación máxima del poder judicial de que son exponentes el Decreto de Unificación de Fueros, la supresión de la jurisdicción contenciosa en el Consejo de Estado, la propia Constitución de 1869 y la Ley de Orden Público de 1870.

Por de pronto, el preámbulo de la Constitución de 1869, tras mostrar la desconfianza sobre las Cortes y la Prensa como garantizadoras del Derecho y del mantenimiento de la libertad individual, afirma la necesidad de que *la seguridad, la propiedad, la libertad, queden bajo el amparo inviolable de los tribunales de justicia. La importancia y la elevación de la magistratura será otro rango característico de nuestra obra constitucional.*

La preocupación por la libertad se plasma con la regulación minuciosa en el título primero de la Constitución, artículos 1° al 31, de los Derechos fundamentales, destacando, a nuestros efectos, los artículos 2° y 11, prohibiendo toda detención o prisión que no fuera por causa de delito, y la creación de comisiones especiales o tribunales extraordinarios para Conocer en materia penal. Estas limitaciones de rango constitucional, unidas a la regulación del poder judicial, proclamando el principio de unidad de fuero y el monopolio jurisdiccional de los jueces (Arts. 91 y 98), desautorizaban *a radice* toda posibilidad de potestades sancionadoras en las autoridades administrativas. A esta conclusión nos lleva también el análisis de la Ley de Orden Público de 1870 (23 de abril), que condiciona a una ley votada en Cortes —llamada precisamente Ley de Suspensión de Garantías— la congelación provisional de las libertades fundamentales y la declaración de los estados de prevención y guerra, pero que en ningún caso faculta o atribuye potestades sancionadoras ordinarias fuera de la declaración formal de aquéllas.

Sin embargo, "una cosa es predicar y otra dar trigo", y en este período la legislación ordinaria, saltando por encima de tan excelsos principios, sigue los cauces de las precedentes, como se desprende del artículo 625 del Código penal de 1870, de la Ley Municipal del mismo año, que mantiene las facultades gubernativas de los alcaldes —que dejarán de ser jueces en la Ley Orgánica del Poder Judicial de 1870— con posibilidades de imponer el arresto sustitutorio en caso de impago de multas.

Como reacción drástica contra toda facultad sancionatoria de la Administración, la constituye el artículo 72 del Proyecto de Constitución Federal de la República Española, que terminantemente *prohíbe al poder ejecutivo en todos sus grados imponer penas, ni personales ni pecuniarias, por mínimas que sean,* agregando para mayor claridad que *todo castigo se impondrá por el poder judicial.* La Constitución de 1876 y las Leyes Municipal y Provincial de 1867 seguirán la línea del período anterior, sin olvidarse ya esta última ley de las facultades sancionadoras de los gobernadores de provincias.

5. *La tendencia de la legislación especial administrativa a integrar la represión de este orden en el sistema penal común*

A pesar de las facilidades que el sistema penal común, a través del Código, permitía, la legislación especial administrativa de este período —dicho sea en su honor— mantuvo un criterio estricto de respeto a aquél, remitiendo normalmente al juez penal el castigo de las infracciones a la legislación administrativa. Así se desprende de las regulaciones penales contenidas en las más importantes normas administrativas, algunas de las cuales analizamos a continuación.

En primer lugar, como pieza de especial solera del Derecho administrativo, debe destacarse el sistema contenido en las Ordenanzas de Montes de 1833. En ellas la Administración carece de competencias sancionadoras propias, que son atribuidas a los jueces ordinarios. Esta atribución está compensada con ciertas ventajas orgánicas y procesales, que son, como vimos, rasgo genérico del proceso penal francés de los tribunales de policía: a los funcionarios del ramo de montes se les otorga el carácter de ministerio fiscal y se les da asiento de distinción cerca del juez; por otra parte, los atestados de los guardas forestales, cuando reúnan determinados requisitos, hacen fe plena sin que se admita prueba en contrario. De este sistema se pasaría a uno mixto administrativo-judicial con la Ley de 1863 y el Reglamento de 17 de mayo de 1863.

Ni en la Ley de Caza de 3 de mayo de 1833, ni en la Ley de 16 de mayo de 1902 se atribuye la más mínima potestad sancionadora a la Administración. Por el contrario, el artículo 45 de esta última ley atribuye a los jueces municipales y a los jueces de tribunales ordinarios la competencia, según que la infracción sea constitutiva de delito o falta.

En materia de contrabando, también responden a un sistema judicial la Ley de 30 de mayo de 1830 y el Real Decreto de 20 de junio de 1852. El texto articulado, aprobado por Real Decreto de 3 de septiembre de 1904, únicamente atribuía a las Juntas Administrativas el conocimiento de las faltas, reservando el de los delitos a los tribunales penales, siguiendo el procedimiento llamado administrativo-judicial, que suponía la competencia de éstos, actuando en juicio oral o instancia única, si bien con alguna adaptación en materia de procedimiento.

En prensa, la Ley de 26 de julio de 1883 facultó a la autoridad gubernativa para corregir las infracciones que no constituyeran delito con las penas señaladas en el Código penal para las faltas. Pero la competencia gubernativa se encuentra limitada por el hecho de que, contra el acto sancionador, se acepta un recurso suspensivo ante el juez penal, que ha de tramitarlo con arreglo a las normas establecidas para la apelación del juicio de faltas.

En materia de comercio interior y salud pública, el Real Decreto de 22 de diciembre de 1908 no atribuye competencia sancionadora a la Administración, limitándose a establecer unas reglas a que han de acomodarse los funcionarios para la averiguación y constatación de los hechos cometidos en fraude, pesos y calidad en los alimentos. Esta regulación sobreentiende que el castigo por estos hechos corresponde a los Tribunales penales.

La invasión de normas represivas en la legislación especial administrativa no es, pues, característica de este período, como tampoco del siguiente; es, más bien, un producto tardío de la legislación administrativa surgida a partir de 1939.

C) *La legislación de la Dictadura y de la II República*

La apoteosis del poder penal administrativo se inicia en período de la Dictadura de Primo de Rivera —1923-1930-—, que fue en esto plenamente consecuente con los principios políticos que inspiraban su régimen político.

El poder penal de la Administración se afirma, en efecto, en términos absolutos, sin limitaciones en el Decreto de 18 de mayo de 1926: *En materias gubernativas y disciplinarias, el Gobierno usará de facultades discrecionales en la adopción de medidas, imposición de sanciones, sin otro límite que el que señalan las circunstancias y el bien del país y lo inspire su rectitud y patriotismo (Art. 1°). Sobre tales determinaciones del poder público, a partir del 13 de septiembre de 1923 no se admitirá ni tramitará otro recurso que el elevado al propio Consejo de Ministros, cuya resolución será inapelable (Art 3°).*

A nivel de legislación local, en el Estatuto de 1924 de Calvo Sotelo las multas aparecen como ingreso municipal (Art. 316), como una sanción por defraudación de las exacciones municipales (Art. 578 y Reglamento de Hacienda Municipal de 23 de agosto de 1924), aparte, claro está, como sanción ordinaria por infracción de las Ordenanzas Municipales y Bandos de Policía y Buen Gobierno, así como sanción por desobediencia al alcalde o {alta de respeto a su autoridad (Art. 154). Por su parte, el Código penal de 1828 estableció que las ordenanzas y reglamentos no podrán establecer penas privativas de libertad directas ni subsidiarias superiores a las del libro tercero, pero este límite no operaba para las penas pecuniarias; todo ello sin perjuicio de lo dispuesto en leyes especiales.

Por lo demás, la legislación de la Dictadura ofrece la particularidad de que en ella se consagra y generaliza la atribución de potestades sancionatorias a los órganos superiores de la Administración central, pues, aparte de los poderes derivados del Decreto-ley antes citado de 1926, el estatuto provincial de 1925 regula los poderes sancionadores del gobernador y también del ministro de la Gobernación.

Quien pensase que la caída de la Dictadura y el advenimiento de la II República cambió el signo de la legislación administrativa en el punto que estudiamos, se engañaría. La II República fue inconsecuente con sus principios democráticos y no menos dura en el diseño de la represión administrativa que lo que fue la Dictadura. Precisamente, una de las primeras leyes aprobadas en el Parlamento, incluso antes de la propia Constitución de 1931 (9 de diciembre) es la Ley de Defensa de la República de 21 de octubre de 1931, una ley que, más que para reprimir hechos concretos, apuntó a someter al desafecto político al nuevo régimen, como se desprende del discurso de presentación a las Cortes del presidente del Gobierno, lleno de injuriosa y despectiva causticidad contra los republicanos tibios:

> Yo creo, señores diputados, que esta ley tiene, en primer lugar, las ventajas de hacer creer y hacer saber al país que es posible una república con autoridad y con paz y con orden público. Lejos, señor Ossorio y Gallardo, de recibir con enojo y sorpresa el país esta ley, yo le aseguro a su señoría que la recibirá con júbilo y entusiasmo, sobre todo el país republicano, y sólo mirarán con recelo y enojo esta ley aquellos que tengan que temer algo de su aplicación.
>
> ¿Quién tiene que temer algo de su aplicación? De ninguna manera, la verdadera prensa, señor Royo-Villanova. Aquí no se habla de la prensa digna de ese nombre, la prensa que vive a la luz del día, dentro de las leyes y que respeta su decoro y el ajeno pero a las hojas y a las pequeñas bellocadas clandestinas que andan circulando por toda España, llevando a todas partes el descrédito de la institución republicana y de sus hombres, y del Parlamento y de los diputados y de la obra legislativa, ¿a eso vamos a llamar prensa, a esos reptiles que circulan por la sombra, que van de mano en mano corriendo por los rincones de la Península y sembrando el descrédito o la burla a las malas pasiones? Eso no es prensa, señor Royo-Villanova; eso no es prensa, y contra ella vamos.
>
> ¿Quién más tiene que temer esta ley? El funcionario negligente y desafecto, el magistrado poco celoso en la aplicación de la ley, el libelista —que noblemente oculta su nombre para eludir la gloria de sus escritos—; el agitador de oficio, sin convicciones ni conciencia, que se complace en sabotear la paz y la justicia de la ley republicana; los conspiradores de café, que creen tener montada una máquina infernal contra la República, porque, rodeados de media docena de monas epilépticas que por equivocación llevan el nombre de hombres, traen y llevan el instrumento a la destrucción, enredando, desacreditando, difundiendo la alarma y acabando por crear alrededor del régimen republicano esta situación de intranquilidad, de inquietud, de alarma, que, en definitiva, es un daño positivo, no para el vigor y la subsistencia del régimen, sino para su prosperidad, para los negocios, para todo el conjunto de la vida social, que sin este recurso se enrarecería en torno a la República; y eso es todo, señores diputados.

La ley definía, como actos de agresión a la República, un variopinto rosario de actitudes genéricamente descritas, huyendo de toda concreción y tipicidad, entre las que, a título ejemplificativo, destacan las siguientes: la difusión de noticias que puedan quebrantar el crédito o perturbar la paz o el orden público toda acción o expresión que redunde en menosprecio de las instituciones u organismos del Estado; la apología del régimen monárquico o de las personas en que se pretenda vincular su representación: el uso de emblemas, insignias o distintivos alusivos a uno y a otras; la suspensión o cesación de industrias o labores de cualquier clase sin justificación bastante; las huelgas no anunciadas, las declaradas por motivos ajenos a las condiciones de trabajo o sin someterse a procedimientos de arbitraje y conciliación; la alteración injustificada del precio de las cosas; la falta de celo y la negligencia de los funcionarios públicos en el desempeño de sus oficios.

Las sanciones previstas en la ley —penas las llamó en su discurso el presidente del Gobierno— consistían en el confinamiento o extrañamiento de personal, la imposición de multas hasta 10.000 pesetas y la clausura e intervención de contabilidad de centros y asociaciones. Todas estas medidas podían decretarse sin sujeción a procedimiento por el ministro de la Gobernación o el Consejo de Ministros no admitiéndose más recurso que el de reposición ante estas mismas autoridades en plazo de veinticuatro horas o cinco días, respectivamente. Por último, estas sanciones gubernativas se declaraban compatibles e independientes de las establecidas leyes en leyes penales.

Esta ley nació como norma temporal —hasta la disolución de las Cortes constituyentes, según la disposición transitoria de la Constitución de 1931—, pero su espíritu y parte de sus preceptos habían de incorporarse con carácter permanente a la Ley de Orden Público de 28 de julio de 1933, que el legislador republicano intentó justificar en la necesidad de un perfeccionamiento del ordenamiento jurídico y en la inadecuación al mismo tiempo de la Ley de Orden Público del 23 de abril de 1870.

Tres son, en realidad, las innovaciones sustanciales de esta ley: la definición del orden público y el establecimiento de un catálogo de actos contrarios al mismo; la atribución al ejecutivo —sin necesidad de contar con el parlamento— de la facultad de declarar los estados de prevención, alarma y guerra, y, por último, la atribución a la autoridad gubernativa de facultades sancionatorias ordinarias fuera de la declaración formal de los estados de excepción.

El orden público se define como el normal funcionamiento de las instituciones del Estado y el libre y pacífico ejercicio de los derechos individuales, políticos y sociales en la Constitución. Como actos contrarios al orden público, se regulan —aparte de los que se realizan por medios violentos— los dirigidos a perturbar el funcionamiento de las instituciones del Estado, la regularidad de los servicios públicos o el abastecimiento y servicios necesarios a las poblaciones, la huelga y la suspensión de industrias ilegales, y los que de cualquier modo no previsto en los artículos anteriores alteren materialmente la paz pública (Artículos 1° y 3°).

Los actos contrarios al orden público no constitutivos de delito podían ser sancionados por la autoridad gubernativa —fuera de la declaración de los estados de prevención, alarma y guerra— con multas de diez a cinco mil pesetas, aumentadas en caso de reincidencia en un cincuenta por ciento. El régimen de aplicación de diseño con el máximo rigor: las multas debían hacerse efectivas en el plazo de cuarenta y ocho horas, término igualmente para un recurso de alzada ante la autoridad gubernativa superior a la sancionante, que había de resolverlo en el plazo de diez días; si dentro de las veinticuatro horas de existir acuerdo gubernativo no se hubiese hecho efectiva la multa, se procedería a la exacción por la vía de apremio por el juez de instrucción, que, si fuere requerido para ello por la autoridad gubernativa, decretaría el arresto subsidiario del multado por tiempo no superior a un mes. Contra las multas impuestas se admitía recurso ante el Tribunal de Garantías Constitucionales, *recurso que no tenía efecto suspensivo.* Por último, debe consignarse que la autoridad gubernativa podía decretar la detención gubernativa del multado si careciese de arraigo en el lugar y prestase caución (Art. 18).

En el ámbito municipal, la ley de 1935 mantiene el criterio tradicional (base XX, Arts. 88 y 122 del texto articulado) de la potestad sancionadora del alcalde por la infracción de ordenanzas y bandos municipales con límite máximo de hasta doscientas pesetas en las capitales con más de cincuenta mil habitantes. Con multas de la misma cuantía podían sancionar las infracciones de los bandos de policía y buen gobierno. Estas facultades del alcalde son independientes de las que le corresponde como delegado del Gobierno, dando lugar, según actuara en una u otra condición, a un diverso régimen de impugnación: *Contra las multas impuestas por el alcalde, habrá recurso ante el juez de instrucción cuando la imponga en el ejercicio de su jurisdicción y de alzada en única instancia ante el gobernador cuando lo hiciera como delegado del Gobierno.*

D) *El poder sancionatorio de la Administración desde 1939*

No era fácil para los legisladores del nuevo Estado llevar todavía más lejos que los regímenes anteriores el ámbito sancionatorio gubernativo.

La defensa del nuevo régimen por medio de la tipificación penal de las actividades políticas contrarias y su castigo a través de jurisdicciones especiales, hicieron innecesario en principio, el aumento de sanciones administrativas de multa y arrestos subsidiarios.

La legislación municipal por ello no ofrece novedades dignas de destacar. Las facultades sancionadoras de alcaldes y gobernadores (artículos 112 y 260 del texto refundido de 24 de junio de 1955)[33], siguiendo la tónica de la legislación anterior, con sanciones máximas de quinientas y diez mil pesetas, respectivamente.

Novedad importante es el diseño, en la ley de Procedimiento Administrativo de 17 de junio de 1958, de un procedimiento sancionados que establece garantías formales de importancia notoria (Arts. 136 a 137), pero que se declara inmediatamente inaplicables a la represión de los fraudes fiscales, a las sanciones gubernativas en los casos y circunstancias de la Ley de Orden Público y a las infracciones de las leyes sociales (Decreto de 10 de octubre de 1959).

La Ley de Orden Público, de 30 de julio de 1959[34], y antes el Estatuto de Gobernadores Civiles (Decreto de 10 de octubre de 1958)[35] elevan las cuantías de las penas

---

33 *Derogado por la Ley 7/1985, de 2 de abril, reguladora de las bases del Régimen Local. En su artículo 4.1 se afirma que las Entidades Locales, en tanto que Administraciones públicas de carácter territorial, gozarán, entre otras prerrogativas, de la potestad sancionadora [letra f)]. su ejercicio, por lo que se refiere a los Ayuntamientos, lo tiene atribuido el Alcalde [Art. 21.1 k)].*

34 *La Ley de Orden Público de 30 de julio de 1959, tras la promulgación de la Constitución, ha sufrido importantes modificaciones. Vid. nota 1.*

35 *Derogado por el Real Decreto 3117/1980, de 22 de diciembre, que aprueba el Estatuto de los Gobernadores Civiles. En su artículo 13 se le reconoce la potestad sancionadora:*

pecuniarias, cuyo máximo se establece como facultad del Consejo de Ministros en quinientas mil pesetas.

Nuevamente aparece la intención de liberar en todo condicionamiento formal la facultad gubernativa de sanción en el Decreto de 16 de junio de 1965, que, al declarar vigente el Procedimiento Administrativo del Ministerio de la Gobernación de 31 de enero de 1947, permite la *sanción de plano* cuando de la denuncia o antecedentes apareciese comprobada la infracción (Art. 137, apartado 5)[36].

Cierra esta evolución la ley de 21 de julio de 1971, que reforma determinados artículos de la Ley de Orden Público, elevando la cuantía de las sanciones económicas a un millón de pesetas y extendiendo el arresto sustitutorio—que pasa ahora a denominarse "responsabilidad penal subsidiaria"— a la privación de libertad hasta tres meses[37].

Pero lo más característico de este período no es tanto el aumento cuantitativo del poder sancionador gubernativo en el ámbito de la policía general sobre orden público, cuanto el desarrollo cualitativo del poder sancionador en todos los ámbitos de la intervención administrativa. Esta expansión tiene lugar de dos formas: bien a través de la conversión del poder policial penal en potestad sancionados de la Administración a través de nuevas regulaciones legislativas y reglamentarias, como ha tenido lugar, entre otros casos, en contrabando y defraudación y al actualizar algún sector del Derecho administrativo, como la legislación de montes; bien, en otras ocasiones, la potestad sancionadora aparece configurada *ex novo* en favor de la Administración sin que suponga, por consiguiente, un traspaso de competencias represivas antes domiciliadas en el poder judicial. En este último, quizá, el fenómeno más relevante de la moderna legislación administrativa en que no hay ley básica o reglamento que al lado de las regulaciones materiales no establezca una cohorte de sanciones para los futuros infractores; el capítulo represivo al margen del sistema judicial penal se ha convertido en el inquilino habitual de toda regulación administrativa, como acreditan la legislación tributaria, de vivienda, urbanismo, tráfi-

"Corresponde al Gobernador civil la potestad, de sancionar, conforme a lo previsto en las Leyes, los actos contrarios a las mismas y a las disposiciones del Gobierno, sin perjuicio de las competencias de los Jueces y Tribunales".

Atribución que se reitera en el artículo 17 al afirmarse que al Gobernador Civil corresponde, entre otras funciones, "ejercer la facultad sancionadora que las confieren las leyes" [letra e)]

36 Las sanciones de plano, *o adoptadas con omisión del procedimiento sancionador, como ya lo ha afirmado el Tribunal Constitucional en su sentencia de 8 de junio de 1981, son inconstitucionales, por cuanto "la garantía del orden constitucional exige que el acuerdo se adopte a través de un procedimiento en el que el presunto inculpado tenga oportunidad de aportar y proponer las pruebas que estime pertinentes y alegar lo que a su derecho convenga".*

37 *La posibilidad de sanciones administrativas impositivas de privación de libertad, después de la Constitución está radicalmente prohibidas, por disposición expresa (Art. 25.3). Ya con anterioridad el Real Decreto-Ley 6/1977, de 25 de enero, por la que se modifica la Ley de Orden Público, igualmente así lo disponía. En su artículo 1, si bien no con la generalidad de la afirmación constitucional, se fijaba la interdicción de toda "responsabilidad personal subsidiaria por impago de multas impuestas por actos contrarios al orden público".*

co, comercio interior, comercio exterior, policía fluvial, navegación aérea, industria, agricultura, trabajo, publicidad, caza, etc.

No es este lugar propio para un estudio pormenorizado de las manifestaciones sancionadoras de esta profusa legislación administrativa, obra de muy diversos personajes legislativos y burocráticos y por ello singular, cuando no contradictoria, en cada una de sus manifestaciones; de aquí el panorama anarquizante que esta legislación ofrece huérfana de principios unitarios hasta tal punto por la propia jurisprudencia ha sido incapaz de crear una doctrina coherente, como demuestra el hecho de que en unos casos afirma la sujeción del poder penal administrativo a las reglas del Derecho penal común y en otras muchas ocasiones la declara exenta de tales condicionamientos.

VII. Las causas del desarrollo del poder penal de la Administración española. En particular la rigidez e ineficiencia del sistema judicial penal

Intentar develar las causas y motivos que han originado la atribución por la legislación administrativa de un poder penal a la Administración pública es tarea previa a cualquier intento de reforma, reforma ineludible si, como creemos, ese poder en su configuración actual, es contrario a elementales principios de nuestro constitucionalismo pasado y presente y marca el signo diferencial más grave del Derecho español en relación con el Derecho europeo.

Por de pronto, del análisis de la evolución histórica de la legislación, administrativa se desprende que buena parte de ese desarrollo y, desde luego, el del crecimiento del poder sancionador de las autoridades gubernativas en materia de orden público, o el que afecta a la regulación de los derechos fundamentales como la libertad de expresión, ha sido consecuencia de reacciones defensivas de los grupos políticos dominantes frente a sus antagonistas, sin que en este punto ninguno de los sistemas políticos que han precedido al actual pueda considerarse inocente en el arte de la creación y empleo de potestades administrativas para descalificar al adversario político. Si la regulación de la Dictadura atribuyó descaradamente ese poder al ejecutivo, la de la II República siguió su mal ejemplo y, además, trató de justificarlo y encubrirlo con tecnicismos jurídicos.

Pero los motivos políticos sólo pueden explicar el desarrollo de una parte del poder sancionador de la Administración, pero no ciertamente de acuella otra en que ese poder afecta a los múltiples sectores de la intervención administrativa. Pensar que obedece a motivaciones políticas el que sea la Administración y no los tribunales los que sancionan las infracciones a la legislación de tráfico, vivienda, comercio o industria supondría dimensionar en exceso el concepto de lo político con la consecuencia de encubrir motivos y causas de otro orden más modesto, pero no menos decisivo.

Decisivo es, en efecto, para explicar la extensión del poder sancionador de la Administración cual sea la extensión del poder penal de los tribunales. Porque el sector de la actividad represiva del Estado que los jueces no cumplen, tienden a cubrirlo los funcionarios. Si la legislación ha optado por la solución administrativa ello debe obedecer, al menos en buena parte, a que el legislador mismo desconfíe de que el sistema judicial pueda cumplir satisfactoriamente con aquella función.

Esa presunta desconfianza del legislador aparece ciertamente justificada si se compara nuestro sistema judicial penal con el de otros países: un sistema rígido, el nuestro, pensado y diseñado, según parece, para corregir cualquier infracción, menos las infracciones a la legislación administrativa. El castigo de éstas, por sus especiales cualificaciones y, sobre todo, por su reciente masificación, impone una mayor coordinación de la Administración con los tribunales —sin perjuicio, claro está, de la independencia de éstos— y obliga al montaje de mecanismos procesales que permite a los jueces resolver con prontitud un número de asuntos antes inimaginables.

Nuestro viejo sistema procesal no parece haber tenido en cuenta esos factores, como evidencia la escasa atención que dedica a la regulación del juicio de faltas (Arts. 692 a 697 de la Ley de Enjuiciamiento Civil), juicio a través del que, lógicamente, habrían de enjuiciarse la mayor parte de las infracciones a la legislación administrativa, infracciones de menor entidad, aunque no siempre. La Administración pública y los intereses que encarna son, en todo caso, los grandes ausentes del sistema procesal penal, como se evidencia a través del análisis de algunos de sus rasgos más característicos.

A) ***Ausencia de los funcionarios públicos del proceso penal y falta de valor probatorio de la actividad administrativa de constatación de las infracciones***

Los funcionarios públicos —y con relación a los hechos que afectan a su actividad administrativa— pueden estar y actuar según vimos, en el proceso penal de corte francés, bien como auxiliares de los órganos jurisdiccionales, bien como una de las partes del proceso.

En el primer caso, los funcionarios públicos actúan como órganos dependientes de la propia justicia, caracterización que se desprende en nuestro Derecho de la regulación contenida en los artículos 282 a 288 de la Ley de Enjuiciamiento Criminal.

Las limitaciones de esta regulación se hacen evidentes por el solo hecho de considerar, por de pronto, que la consideración de miembros de la policía judicial —aparte de los miembros de los institutos armados y miembros de la policía en sentido material— no comprende ni mucho menos a todos los funcionarios públicos, sino únicamente a las autoridades administrativas encargadas de la seguridad pública y de la persecución de los delitos o de algunos especiales.

La regulación de la Ley de Enjuiciamiento Criminal parece responder a la preocupación de asegurar la subordinación de la policía judicial a los jueces fiscales, pero sin conceder nada a cambio en el orden probatorio a la actividad investigadora que éstos desarrollan. Con acertada terminología distingue la ley entre atestados y procesos verbales (relación circunstanciada de los hechos ante el juez o el fiscal), pero a ninguno de ellos confiere más valor que el que tendría el documento en que se consignase la actividad investigadora de un simple particular, como se desprende de la regulación del artículo 297 de la Ley de Enjuiciamiento Criminal:

> Los atestados que redactaren y las manifestaciones que hicieren los funcionarios de la policía judicial a consecuencia de las averiguaciones que hubiesen practicado, se considerarán denuncias para los efectos legales. Las demás declaraciones que prestaren deberán ser firmadas y tendrán el valor de declaraciones testificales en cuanto se refieran a hechos de conocimiento personal.

Los funcionarios tampoco son, ni siquiera por asimilación circunstancial, miembros del ministerio público. Miembros de éste sólo lo son los integrados en el Cuerpo o Cuerpos correspondientes, ni uno más ni uno menos. Síguese de aquí que el ramo o sector de la Administración afectado por una infracción con consecuencias penales no puede comparecer como parte a través de funcionarios propios en el proceso, y ello ni en calidad de ministerio fiscal ni en condición de parte acusadora, función que corresponde monopolísticamente a los abogados del Estado. Su función queda prácticamente reducida al envío del *dossier* del asunto o testimonio de particulares al ministerio fiscal.

B) *Ambigüedad en torno a la naturaleza y carácter del ministerio fiscal*

El ministerio fiscal es —pese a sus orígenes y denominación— una institución despegada y distante del quehacer de la Administración pública. Por la forma de su reclutamiento, por sus condiciones de carrera y por su enfática vinculación al principio de legalidad, el ministerio fiscal es un cuerpo de funcionarios judiciales en los que descansa, a través del juego del principio acusatorio, una parte esencial del proceso penal.

De su viejo carácter de promotores o procuradores reales, resta su deber de obediencia al Gobierno a través del Ministerio de Justicia y del fiscal del Tribunal Supremo, obediencia que —aunque de muy difícil conciliación con la enfática vinculación a la legalidad— es todo lo que les queda de su condición de funcionarios a los miembros del ministerio fiscal.

Pero funcionarios o no, la realidad sociológica muestra que los fiscales tienden más a ser defensores en el proceso de la sociedad, del interés general, que del Estado o de intereses administrativos concretos. Estas tendencias a erigirse en unos segundos jueces y a desentenderse de los intereses singulares de la Administración pública se explica no solamente por su asimilación en las leyes orgánicas a las condiciones de carrera de jueces y fiscales, sino también por la aparición desde mediados del pasado siglo en el seno del Ministerio de Hacienda de un Cuerpo de Funcionarios, los Abogados del Estado, cuyo progreso en la Administración se debe en buena parte al hecho de haber desplazado a los fiscales de su papel de defensores de la Administración en la jurisdicción civil y en la contencioso-administrativa a través de una fase intermedia en que el abogado del Estado actuaba como un simple delegado del ministerio fiscal.

Incluso en el proceso penal, el ministerio fiscal ha sido desplazado en cuanto defensor y representante del Estado. El Estado es para el ministerio fiscal un afectado más, de la misma condición que cualquier otra persona física o jurídica por las consecuencias de la acción delictiva, pero no es un cliente particular y preferente; el ministerio fiscal no es el representante del Estado como sujeto de Derecho, como persona jurídica, como Administración pública, en suma, sino un simple mecanismo abstracto al servicio del principio acusatorio que encama, defiende y representa intereses supraadministrativos.

Poco importa que la Administración pública pueda constituirse en parte en el proceso penal a través del abogado del Estado, pues la actuación de éste —desprovisto de todo privilegio procesal— está pensada para situaciones excepcionales, para supuestos en que hay que defender un interés patrimonial concreto, pero no para actuar en forma constante y continúa en el ejercicio de acciones penales que pudieran derivar de las infracciones a la legislación administrativa.

Falta, pues, en nuestro proceso penal o falta en la Administración pública la pieza de engarce entre ésta y la justicia penal, falta el mecanismo que permita llevar ante el juez penal de forma eficaz y directa la acción derivada de las infracciones a la legislación administrativa. Esta misión no puede ser, ante una Administración tan vasta y compleja como la actual, más que tarea específica de los propios funcionarios, convertidos ahora a través del poder sancionador en verdaderos jueces penales, quizá por o como consecuencia, en parte, de habérseles negado el pan y la sal dentro del sistema judicial común.

C) *La rigidez de la regla* nulla poena sine indicio

La creciente multiplicación de las infracciones a la legislación exige confiar en el juez hasta el punto de aceptar la posibilidad de condenas sin proceso, bien porque se produce un consentimiento del sancionado, bien porque toda la garantía se desplaza en el otorgamiento a aquel de un recurso especialmente enérgico que no sólo suspende los efectos del acto sancionador, sino que, además, invalida y anula la resolución sancionadora contra la que se dirige, forzando al órgano a un nuevo juicio.

Ambas técnicas, desarrolladas, como hemos visto, en el Derecho comparado europeo, son completamente desconocidas por nuestra legislación procesal, en la que no hay cabida para mecanismos de conciliación ni para resoluciones judiciales *inaudita parte,* originándose siempre y en todo caso la celebración del correspondiente juicio.

VIII. CONSTITUCIONALIDAD O INCONSTITUCIONALIDAD DEL PODER SANCIONADOR DE LA ADMINISTRACIÓN[38]

Ineludible resulta, ante una cuestión tan grave como la que nos ocupa, seguir cuestionando sobre la conformación o contradicción del poder sancionador de la Administración con las normas constitucionales. A nuestro juicio, la contradicción entre la legislación ordinaria habilitante del poder penal de la Administración pública y las normas constitucionales, puesta de relieve en la evolución histórica del Derecho español, ha de seguir en las últimas etapas de nuestro constitucionalismo.

---

38 *La Constitución española de 1978, aunque de manera indirecta, se manifiesta respecto de la constitucionalidad de la potestad administrativa sancionadora. Lo dispuesto en sus artículos 25 ("1. Nadie puede ser condenado o sancionado por acciones u omisiones que en el momento de producirse no constituyan delito, falta o infracción administrativa, según la legislación vigente en aquel momento"; y 3°, interpretado a sensu contrario: "La Administración civil no podrá imponer sanciones que, directa o subsidiariamente, impliquen privación de libertad"), y 45,3 ("Para quienes violen lo dispuesto en el apartado anterior [protección del medio ambiente], en los términos que la ley fije se establecerán sanciones penales o, en su caso, administrativas, así como la obligación de reparar el daño causado"), permite afirmar, como así se ha expresado el Tribunal Constitucional en su sentencia 77/1983, de 3 de octubre, que "nuestra Constitución no ha excluido la existencia de una potestad sancionadora de la Administración, sino que, lejos de ello, la ha admitido en el artículo 25, apartado tercero, aunque, como es obvio, sometiéndole a las necesarias cautelas, que preserven y garanticen los derechos de los ciudadanos". Límites que el Tribunal Constitucional formula en los siguientes términos:*

Parece evidente, en efecto, que ni la Ley de Defensa de la II República ni la Ley de Orden Público de 1933 eran congruentes con las terminantes declaraciones de los artículos 28, 29 y 31 de la Constitución republicana, según los cuales:

> Nadie será procesado sino por tribunal competente y conforme a los trámites legales, ni detenido ni preso sino por causa de delito, ni competido a mudar de residencia a no ser en virtud de sentencia ejecutoria.

Sólo desconociendo el sentido elemental y literal de estos términos hubiera podido admitirse que los confinamientos o los arrestos subsidiarios e incluso de multas impuestas, todos ellos, por las autoridades gubernativas no violaban flagrantemente la Constitución.

Las Leyes Fundamentales vigentes[39] no van a la zaga de ninguna otra Constitución, salvo la de Cádiz, en la reserva al poder judicial de la competencia en la función represiva, por cuanto, a través de un proceso de acarreo normativo, han incorporado a sus textos, literalmente además, los preceptos sobre la cuestión contenidos en el constitucionalismo histórico.

En el Fuero de los Españoles[40] los artículos 17, 18 y 19 afirman el derecho a la *seguridad jurídica, la prohibición de detenciones no judiciales superiores a setenta y dos horas y de condenas que no sean impuestas por tribunal competente y previa audiencia y defensa del interesado.* Muy difícil o imposible resulta ciertamente conciliar estas reglas con las potestades sancionadoras de la Administración, que pueden llegar a privaciones de libertad impuestas *de plano*[41] —es decir, sin audiencia del interesado ni defensa— y sin posibilidad de ejercitar recurso alguno cuando se exige el previo pago de la multa y el sancionado carece de medios económicos. La privación del derecho de recurso —a través de la exigencia del previo pago—[42] está también en contradicción con el principio IX de la Ley de Principios del Movimiento Nacional[43], que afirma el *derecho*

"los límites que la potestad sancionadora de la Administración encuentra en el artículo 25.1 de la Constitución son: a) la legalidad, que determina la necesaria cobertura de la potestad sancionadora en una norma de rango legal, con la consecuencia del carácter excepcional que los poderes sancionatorios en manos de la Administración presentan; b) la interdicción de las penas de privación de libertad, a las que puede llegarse de modo directo o indirecto a partir de las infracciones sancionadas; c) el respeto de los derechos de defensa, reconocidos en el artículo 24 de la Constitución, que son de aplicación a los procedimientos que la Administración siga para imposición de sanciones, y d) finalmente, la subordinación a la autoridad judicial

39 *Derogadas por la Constitución de 1978 que, en su disposición derogatoria primera, así lo dispone respecto de las denominadas Leyes fundamentales del anterior régimen, "en tanto en cuanto no estuvieran ya derogadas" por la Ley 1/1977, de 4 de enero, para la Reforma Política.*

40 *Derogado por la Constitución (disposición derogatoria primera). Vid. nota XXIX.*

41 *La Constitución, en su artículo 23.3, establece la interdicción de toda sanción administrativa que suponga, directa o subsidiariamente, privación de libertad.*

42 *La cláusula solve et repete, debe entenderse inconstitucional, al entrar en conflicto con el derecho a la tutela judicial efectiva, sin que en ningún caso pueda producirse indefensión, del artículo 24.1 de la Constitución.*

43 *Derogada por la Constitución (disposición derogatoria primera). Vid. nota XXIX.*

de los españoles a una justicia independiente que será gratuita para los que carecen de medios económicos[44].

Frente a una opinión o actitud que contempla como únicamente contraria a los principios constitucionales la sanción consistente en privaciones de libertad[45], contradicción que nos alcanzaría a las sanciones pecuniarias, debe señalarse que a través de éstas, ya consistan en multas ya en prohibiciones o suspensiones del ejercicio de actividades comerciales o industriales, puede llegarse —todo dependerá de la cuantía de las multas en relación con el patrimonio del sancionado o de la intensidad de las medidas cuantitativas de sus actividades— a situaciones reales de confiscación de bienes o simplemente a atentados a la propiedad sin las garantías de la expropiación forzosa. Los principios constitucionales que prohíben la confiscación de bienes o que protegen la propiedad privada contra la actividad del ejecutivo impidiendo a éste destruir o limitar aquélla pueden ser burlados fácilmente a través de sanciones pecuniarias y ejecuciones administrativas de apremio sobre el patrimonio.

Desde el punto de vista de la organización de las funciones o poderes superiores del Estado, la potestad punitiva de la Administración aparece en atenta oposición al monopolio jurisdiccional que los artículos 24 y 31 de la Ley Orgánica[46] atribuyen a los jueces y tribunales. Seguir estos preceptos: *La justicia gozará de completa independencia y será administrada en nombre del Jefe del Estado y de acuerdo con las leyes por jueces y magistrados independientes. La función jurisdiccional, juzgando y haciendo ejecutar lo juzgado en los juicios civiles, penales, contencioso-administrativos, laborales y cualesquiera otros que establezcan las leyes, corresponde exclusivamente a los juzgados y tribunales*[47].

Como ha señalado García de Enterría,[48] "es evidente que estas declaraciones de nuestros textos constitucionales están aludiendo a un concepto material de pena, no puede admitirse la licitud de un fácil regateo de la imperatividad de estos textos por el argumento puramente formalista de que las sanciones que administra o define la Administración no son verdaderas penas, sino que son sanciones administrativas y que las conductas sancionadas no son delitos, sino unas infracciones. Esta, natural-

44 *En la Ley orgánica 6/1983, de 1 de julio, del Poder Judicial, se declara la gratuidad de la Justicia, "en los supuestos que establezca la ley" (Art. 20.1). En su desarrollo se ha dictado la Ley de Supresión de las Tasas Judiciales.*

45 *En la Constitución, taxativamente se dispone la interdicción de toda sanción administrativa que suponga directa o subsidiariamente, privación de libertad (Art. 253).*

46 *Derogada por la Constitución (disposición derogatoria primera). Vid. nota XXIX.*

47 *En la Constitución se dispone que:*

"La justicia emana del pueblo y se administra en nombre del Rey por Jueces y Magistrados integrantes del poder judicial, independientes, inamovibles, responsables y sometidos únicamente al imperio de la ley" (Art. 116.1).

Igualmente, se declara el monopolio de la función jurisdiccional por los Jueces y Tribunales:

"El ejercicio de la potestad jurisdiccional en todo tipo de procesos, juzgado y haciendo ejecutar lo juzgado, corresponde exclusivamente a los Juzgados y Tribunales determinados por las Leyes, según las normas de competencia y procedimiento que las mismas establezcan" (Art. 116.3).

48 Conferencia citada.

mente, no es una justificación, es un *postenus*. Es un posterius para explicar precisamente la alusión de un texto de la ley que justamente por su carácter constitucional no puede tener más que un sentido perfectamente inequívoco". Toda la legislación del siglo XIX las denomina penas y así se designaban en el discurso ante las Cortes Constituyentes del presidente del Consejo de Ministros defendiendo la Ley de Defensa de la República.

Todavía podía encontrarse un último obstáculo constitucional a la potestad punitiva de la Administración en el artículo 2° de la Ley Orgánica[49], para el que "la soberanía nacional es una e indivisible, sin que sea susceptible de delegación ni cesión. El sistema institucional del Estado español responde a los principios de unidad y poder y coordinación de funciones"[50]. Según algunos, este precepto —inspirado en los artículos 5° y 6° del anteproyecto de constitución de la Monarquía española, presentada por Primo de Rivera a la Asamblea Nacional de 6 de jubo de 1929— supondría una vía libre, una licencia al ejecutivo, a la Administración, para el ejercicio de funciones judiciales mediante la fácil invocación de la unidad de poder. Este argumento pierde toda su fuerza si se piensa que sobre el mismo pudiera justificarse la eventual atribución a las Cortes de funciones judiciales y administrativas y el ejercicio por los tribunales de funciones administrativas o legislativas. El precepto, como decíamos, viene inspirado en la legislación constitucional proyectada de la última etapa de la Dictadura, pero la invocación del precedente no facilita la tesis de la confusión de funciones por cuanto allí se dice muy claramente que *el sistema constitucional del Estado español responde d doble principio de diferenciación y coordinación de funciones*. Y es precisamente el principio de la coordinación de funciones el que queda maltrecho con la atribución de la misma función represiva a diversos órganos del Estado, que funcionan con absoluta independencia, que pueden enjuiciar y dictar resoluciones sobre unos mismos hechos y con posibilidad de resultados judiciales últimos divergentes, en una palabra, con efectos frontalmente contrarios a los que la más modesta coordinación exigiría.

IX. CONDICIONES PARA EL ACERCAMIENTO DEL ORDENAMIENTO ESPAÑOL AL DERECHO EUROPEO

Después de siglo y medio de disparidad entre la legislación ordinaria y la Constitución de poco serviría ciertamente tachar de anticonstitucionales a las normas administrativas que regulan el poder sancionador de la Administración. Anularlas a través de un recurso de contrafuero o simplemente derogarlas —más allá de las polémicas y

49 *Derogada la Constitución (disposición derogatoria primera). Vid. nota XXIX.*

50 *El Estado social y democrático de Derecho, diseñado en la Constitución de 1978, en coherencia con su naturaleza, se separa de los parámetros de unidad de poder y coordinación de funciones del Estado autoritario. La división de poderes no ha sido explícitamente recogido en el texto constitucional, pero es obvio que inspira la articulación de los distintos poderes del Estado. Muestra de ello, son sujeto de regulación diferenciada en títulos separados; el Poder Legislativo en el título III, el Ejecutivo en el título IV y el Judicial en el título VI ("Del Poder Judicial").*

Por otro lado, el Estado democrático español es un Estado descentralizado, donde la división de poderes esta interrelacionada con una distribución territorial del mismo (con exclusión del "Poder Judicial").

politizadas normas sancionadoras sobre el orden público y los que afectan a algunas jurisdicciones especiales— supondría dejar indefensa a la Administración y negar la más elemental garantía a reglas necesariamente coactivas sobre la actividad de los administrados.

Más prudente parece, por ello, propugnar soluciones menos radicales y en este sentido se puede y debe ir al encuentro del Derecho europeo, que busca, como hemos puesto de relieve, una despenalización o desjudicialización de la actividad represiva del Estado llamando a la Administración a colaborar, siempre bajo la más enérgica fiscalización por los jueces y tribunales, en la tarea de sancionar las cada vez más numerosas infracciones a la legislación administrativa. Antípoda nuestra situación actual de la del Derecho europeo, el acercamiento a éste sólo es posible a través de una —valga la expresión— desadministrativización de la actividad penal o represiva del Estado ejercida en su mayor parte a través de funcionarios mediante actos sujetos a un régimen estricto de Derecho administrativo, régimen jurídico que históricamente ha surgido con muy diversas finalidades.

La solución más simple quizá fuera la de privar a las resoluciones sancionadoras de la Administración del rasgo autoritario que más afecta a la garantía, es decir, del privilegio de decisión ejecutoria[51], pues ningún sentido tiene —o, mejor dicho, es un contrasentido evidente— que la sentencia de un tribunal penal por mínima que sea la pena impuesta —dictada por jueces a través de un proceso con exquisitas garantías—, no pueda ejecutarse si pende la resolución de un recurso y que, por el contrario, el acto sancionador dictado por un funcionario, a veces sin sujeción a procedimiento alguno, se ejecute, incluido su efecto máximo de privación de libertad, no obstante estar pendiente la resolución de un recurso jurisdiccional como es el contencioso-administrativo.

La solución más razonable, a nuestro juicio —recientemente adoptada, según vimos, por el Derecho alemán—, sería la de variar el orden jurisdiccional revisando ante la jurisdicción penal los actos sancionadores de la Administración, aceptando la posibilidad de interponer contra éstos, recursos suspensivos. El traslado de esa competencia revisora a la jurisdicción penal estaría avalado por dos órdenes de razones: en primer lugar, permitiría reconducir a unidad el ejercicio de la actividad represiva del Estado, dispersa ahora por una variada atribución a funcionarios y autoridades, tribunales especiales y la propia jurisdicción penal; en segundo lugar, se liberaría a la jurisdicción contencioso-administrativa de una competencia extraña a su naturaleza como es conocer de materia penal, permitiéndola ocuparse de sus asuntos específicos en un momento, además, en que dicha jurisdicción necesita con urgencia ser aliviada de una sobrecarga de trabajo que aumenta día a día el retraso de la revisión judicial administrativa con riesgo de hacer inoperante su específica función.

---

51 *Al menos, por lo que se refiere a las sanciones administrativas que inciden sobre los derechos fundamentales constitucionalizados en la sección primera del Cap. II del Título I de la Constitución, la relación tradicional ejecutividad-suspensión, se ha invertido\ El Tribunal acordará la suspensión de la sanción, salvo que existan razones fundadas de perjuicio al interés público (Art. 7.4 LPJDF). En todo caso, se acordará la suspensión de las sanciones pecuniarias recogidas en la Ley de Orden Público (Art. 7.5 LPJDF).*

Lo que no parece viable es traspasar sin más a los tribunales penales, para ser ejercida a través del sistema procesal común, las actuales competencias sancionadoras de la Administración. Solución ésta la más simple, pero, a la vez, en exceso simplista por cuanto para actuarse sería necesario que previamente se reformase sustancialmente el sistema judicial penal, incapaz en su configuración actual de asumir una tarea de tan vastas proporciones.

En todo caso, algo habrá que hacer para que la intervención judicial sea algo más que una tardía y estéril revisión de sanciones ejecutorias, de penas ya cumplidas, como ahora está ocurriendo.

Frente a lo afirmado por el fiscal del Tribunal Supremo —según recordamos al comienzo de este trabajo— pensamos que el juez está para gastarse, para vivir inmerso en la realidad, para ser inmolado, para ser sacrificado en medio de las controversias y los conflictos individuales o sociales, para asumir, en todo caso, la responsabilidad de la condena grave o leve de un semejante.

Si el juez —supuesta su independencia— ocupa una posición central en el Estado de Derecho es porque confiere al Derecho su dimensión humana, es porque tras él, con su sabiduría o su ignorancia, con su honradez o corrupción, con su fatuidad o su modestia, con su valor o su cobardía, está el hombre mismo, instancia siempre más segura —con todos sus riesgos y limitaciones— que referir la aplicación del Derecho represivo a organizaciones que encarnan otros valores, como la grandeza de la colectividad o la eficacia, ante cuyos altares resulta más fácil —simplemente más fácil— el sacrificio de los valores más entrañables de la persona humana.

TERCERA PARTE

El sistema de conflictos

7.

Los conflictos entre la Administración y los Tribunales ante la nueva Constitución*

SUMARIO: 1. Los tres sistemas de resolución de conflictos. 2. Origen y fundamento de la regla de la incapacidad del poder judicial para plantear el conflicto y su inicial recepción y posterior abandono por el Derecho español. 3. Del recurso por exceso de poder a la igualdad de iniciativa. 4. La inferioridad de los Tribunales en la fase resolutoria del conflicto. Sistemas de resolución de los conflictos. 5. Clases y objeto de las cuestiones de competencia, inexistencia de conflictos de decisión y de procedimientos de prevención de los conflictos. 6. Constitucionalidad de la atribución al Rey de la competencia resolutoria de los conflictos.

1. Los tres sistemas de resolución de conflictos

Los conflictos de competencia entre la Administración y los Tribunales, se resuelven, en primer lugar, a través de la Ley de 17 de julio de 1948, sobre Conflictos Jurisdiccionales[1], y adoptan en el Derecho español la modalidad de un pleito entre

---

* Publicado en *Revista de Administración Pública,* N° 84, Madrid, septiembre-diciembre, 1977, pp. 553-587.

1 *Derogada por la Ley orgánica 2/1987, de 18 de mayo, de Conflictos jurisdiccionales, que reforma el régimen jurídico regulador de los conflictos jurisdiccionales para acomodarlo a la Constitución de 1978. Culminando la línea de evolución iniciada, ya con anterioridad, por la Ley orgánica 6/1985, de 1 de julio, del Poder judicial (LOPJ), en su título III ("De los conflictos de jurisdicción y de los conflictos y cuestiones de competencia").*

Entre otras modificaciones, la LOPJ en lo que ahora nos interesa, 1) opera un cambio terminológico para referirse a los distintos conflictos: con el término conflictos de jurisdicción denomina a aquellos que surgen entre los Juzgados o Tribunales y la Administración; conflictos de competencia entre Juzgados o Tribunales de distinto orden jurisdiccional; y cuestiones de competencia entre Juzgados y Tribunales de un mismo orden jurisdiccional; 2) los conflictos de jurisdicción entre Juzgados y Tribunales y la Administración, la LOPJ (Art. 38) residencia su resolución,

poderes, un juicio constitucional, cuya decisión se reserva al Jefe del Estado[2]. Otras dos características singularizan a *este* sistema respecto a otros ordenamientos, a saber: Igualdad entre la Administración y los Tribunales, respecto al planteamiento; y desigualdad entre aquélla y éstos, en cuanto a las garantías arbitradas a los efectos decisorios.[3]

Ciertamente, la más rigurosa igualdad rige en cuanto a las posibilidades de planteamiento de una reclamación de competencia, ya que el conflicto, tanto puede ser planteado por la Administración contra los Tribunales, como por éstos frente a la Administración. En el primer caso[4] están legitimados para promover el conflicto de los gobernadores civiles y los delegados de Hacienda y, en el segundo[5], las Salas de

---

en un órgano colegiado específico de composición mixta (dos Magistrados de la Sala de lo Contencioso-administrativo del Tribunal Supremo, designados por el Pleno del Consejo General del Poder Judicial, y tres Consejeros Permanentes de Estado) y presidido por el Presidente del Tribunal Supremo, con lo que desaparece, en consonancia con las funciones constitucionales que se le reconoce, la atribución de su resolución al Jefe del Estado.

2 *La LOPJ, además de pasar a denominarlos como Conflictos de Jurisdicción, residencia su resolución ante un órgano colegiado específico, posteriormente denominados por la Ley orgánica 2/1987, de 18 de mayo, de Conflictos Jurisdiccionales, como Tribunal de Conflictos de Jurisdicción, de tal modo que deroga, en coherencia con las funciones que constitucionalmente tiene atribuidas, la atribución de su resolución al Jefe del Estado.*

3 *Desigualdad corregida por la Ley orgánica 2/1987, vid. Nota (6).*

4 *La relación de órganos de la Administración legitimados para promover el conflicto de jurisdicción, en consonancia con el Estado descentralizado resultante del Estado definido por la Constitución, ha sufrido una notable ampliación. En su artículo 3 se dispone:*

"Podrán plantear conflictos de jurisdicción a los Juzgados y Tribunales:

1° En la Administración del Estado:

a) Los miembros del Gobierno.

b) Los Delegados del Gobierno de las Comunidades Autónomas.

c) Los Generales con mando de región militar o zona militar, los Almirantes con mando de zona marítima, el Almirante Jefe de la jurisdicción central, el Comandante General de la Flota y los Generales Jefes de región aérea o zona aérea.

d) Los Gobernadores civiles.

e) Los Delegados de Hacienda.

2° En la Administración autonómica, el órgano que señale el correspondiente Estatuto de Autonomía. A falta de previsión en el Estatuto de Autonomía, podrán plantear conflictos, el Consejo de Gobierno de la Comunidad Autónoma o cualquiera de sus miembros, por conducto del Presidente.

3° En la Administración Local:

a) Los Presidentes de las Diputaciones Provinciales u órganos de la Administración Local de ámbito provincial.

b) Los Presidentes de los Cabildos y Consejos Insulares.

c) Los Alcaldes Presidentes de los Ayuntamientos".

5 *La Ley 2/1987, respecto de la legitimación de los órganos judiciales, al igual que con los órganos administrativos, opera una considerable ampliación. En su artículo 2 se habilita a "cualquier*

Gobierno del Tribunal Supremo, los capitanes generales, como autoridades judiciales, las Salas de la Contencioso-Administrativo, los magistrados de Trabajo y los Tribunales Tutelares de Menores.

Esta igualdad inicial sobre la legitimación para plantear el conflicto se rompe de forma favorable a la Administración en la fase resolutoria de conflictos en la que todo el asesoramiento del órgano decisorio corre a cargo de órganos administrativos sin intervención alguna de los Tribunales, como tales[6], Esta comienza con el envío a la Presidencia del Gobierno de las diversas actuaciones judiciales y administrativas de los contendientes, que serán remitidas al Consejo de Estado, para que en el término de dos meses proponga la decisión motivada que estime procedente. La consulta se remite, a su vez, a los ministros de quien dependen los Tribunales y autoridades administrativas contendientes, que expresarán su opinión en el plazo de un mes, entendiéndose que el silencio implica conformidad con el dictamen del Consejo de Estado. Todavía el asunto es sometido a la consideración de otro órgano administrativo, el Consejo de Ministros, antes de la resolución irrevocable del Jefe del Estado, que se extenderá motivada en forma de Decreto, la que para su cumplimiento se comunicará a los contendientes y se publicará en el "Boletín Oficial del Estado"[7].

Los límites de la competencia entre lo administrativo y los otros órdenes judiciales puede venir fijado, además del enfrentamiento directo entre la Administración y los Tribunales (civiles, penales y laborales), a través de las descritas cuestiones de

---

juzgado o Tribunal" para plantear conflictos jurisdiccionales a la Administración (con la única excepción de los Juzgados de Paz que deberán tramitar la cuestión al Juez de Primera Instancia e Instrucción).

6 *En la Ley 2/1987 se corrigen, al menos, la exclusiva participación de la Administración en la fase resolutoria del conflicto al monopolizar el asesoramiento del órgano resolutorio del conflicto (el Jefe del Estado). Al crearse un órgano especifico, de composición mixta (Magistrados de la Sala de lo Contencioso-administrativo del Tribunal Supremo y Consejeros Permanentes del Estado), el procedimiento de resolución se despega de toda intervención cualificada de la Administración, ganando en independencia, a estos efectos: 1) desaparece la intervención del Consejo de Estado, que era el llamado a proponer la decisión motivada que estimase oportuna (Art. 33 de la Ley de 17 de julio de 1948); 2) al igual que la posibilidad de los Ministros o, en su caso, del Consejo de Ministros, de disentir de la decisión propuesta por aquél; y 3) la resolución del conflicto por el Jefe del Estado. La Ley 2/87, por contra, da entrada al Ministerio Fiscal, en orden a que exprese las alegaciones que estime oportuna con relación a las actuaciones, por plazo común de diez días, junto a la Administración, como trámite inmediatamente anterior a que el Tribunal de Conflictos de Jurisdicción resuelva a través de sentencia.*

7 *El procedimiento, por virtud de lo dispuesto en la Ley 2/87, ha sufrido importantes modificaciones, en dos direcciones: 1) reduciendo drásticamente la participación de la Administración en la fase de resolución del conflicto que, en la Ley de 1948 era monopolizadora, al darse entrada al Ministerio Fiscal; y 2) una importante simplificación, ya que queda reducido a dos momentos (salvo el supuesto de apreciación de irregularidades formales en la sustanciación), según se establece en su artículo 14-1:*

1° Vista de las actuaciones (por diez días comunes) tanto al Ministerio Fiscal (del lado judicial) como al órgano administrativo contendiente;

2° Dictado de la sentencia (dentro de los diez días siguientes).

competencia positivas y negativas, por otro tipo de enfrentamiento: el que puede tener lugar entre los órganos de la Jurisdicción contencioso-administrativa y los de la Jurisdicción civil, penal o laboral, que se resuelve por una Sala especial, que preside el presidente del Tribunal Supremo y de la que forman parte un magistrado de lo Contencioso-Administrativo y otro de la Jurisdicción que interviene en la contienda (Decreto de 3 de octubre de 1950)[8]. Es evidente que existe el riesgo de que la doctrina acerca de los límites de uno y otro orden originada por esta Sala puede ser diversa de la que establezca el Jefe del Estado[9] a través del procedimiento de las cuestiones de competencia positivas o negativas[10]. En el fondo ocurre que el sistema de conflictos fue pensado en una época en que la Administración activa y la Jurisdicción Contencioso-Administrativa o Administración Contenciosa (Consejo de Estado, y Consejos Provinciales) formaban parte de un conjunto orgánico unitario, la Administración Pública, y al desgajarse la Jurisdicción contenciosa y convertirse en un orden judicial común, surgió de forma natural y lógica la posibilidad de otro sistema de conflicto de competencia que enfrenta ya a auténticos y verdaderos Tribunales.

De esta inicial unidad orgánica entre Administración Pública y Jurisdicción Contencioso-Administrativa deriva también la regla actual de que la Administración no puede plantear conflictos a esta última, La regla es obvia en el Derecho francés, en donde a nivel de Consejo de Estado, la unidad o interpenetración orgánica entre la Administración activa y contenciosa persiste. Por otra parte, como veremos, son los Consejeros de Estado los que representan los intereses de la Administración y defienden sus competencias ante el Tribunal de Conflictos. El conflicto, pues, sólo puede darse frente a los Tribunales civiles y penales.

En nuestro Derecho, por el contrario, los presupuestos son diversos. El proceso de judicialización del orden Contencioso-Administrativo y su separación radical de la Administración Pública se ha llevado hasta el final con la Ley de la Jurisdicción de 1956. Por otra parte, la Ley de Conflictos Jurisdiccionales incluye a los Tribunales de lo Contencioso-Administrativo entre los órganos judiciales que pueden plantear cuestiones de competencia a la Administración (Art. 8), lo que da a entender que es válida la hipótesis inversa. La jurisprudencia de conflictos ha aceptado por ello la posibilidad de conflicto iniciado por la Administración contra los órganos de la Jurisdicción Contenciosa (Decreto 2708/1967, de 2 de noviembre, y Decreto 299/1969, de 20 de febrero).[11]

Ahora bien, ¿cuáles son las cuestiones sobre las que la Administración y la Jurisdicción Contencioso-Administrativa pueden entrar en conflicto de competencia? A

---

8 *Derogado por la Ley Orgánica 6/1983, de 1 de julio, del Poder Judicial. Los denominados conflictos de competencia entre Juzgados o Tribunales de distinto orden jurisdiccional, por virtud de lo dispuesto en el artículo 42 de la LOPJ, son resueltos por "una Sala especial del Tribunal Supremo presidida por el Presidente y compuesta por dos Magistrados, uno por cada orden jurisdiccional en conflicto, que serán designados anualmente por la Sala de Gobierno. Actuará como Secretario de esta Sala especial el de Gobierno del Tribunal Supremo".*

9 *Después de la Ley 2/1987, el Tribunal de Conflictos de Jurisdicción.*

10 *Después de la LOPJ, conflictos de jurisdicción.*

11 Comentados por L. Martín-Retortillo en los núms. 55-60 de esta Revista.

nuestro juicio, la contienda puede versar sobre el alcance de los límites del enjuiciamiento contencioso de la actividad de la Administración, límites establecidos por el legislador, que ha excluido la actividad política o actos de gobierno, así como otras materias especificadas en el artículo 40 de la Ley Jurisdiccional, del enjuiciamiento por los Tribunales Contenciosos. Igualmente el conflicto podría ser elevado por la **Administración** si el Tribunal Contencioso acepta un recurso sobre una cuestión civil o laboral en que es parte la Administración. Ahora bien, mientras que en el primer caso el establecimiento de los límites legales de la Jurisdicción Contenciosas sólo pueden ser establecidos por la Jurisdicción de conflictos, a requerimiento de la Administración,[12] en el segundo caso los límites pueden definirse también dentro del sistema judicial a través de las Salas especiales de competencia del Tribunal Supremo. Es obvio, como advertimos, que pueden darse pronunciamientos contradictorios.

Por último, un tercer sistema de delimitación de competencias y funciones entre lo administrativo y lo judicial, todavía inédito, paralelo al sistema de conflictos, es el de coordinación de funciones entre los altos órganos del Estado, regulado, en desarrollo del artículo 2° de la Ley Orgánica del Estado[13] por la Ley de 14 de julio de 1972[14]. Este singular procedimiento tiene por objeto que el Jefe del Estado decida *cuantas cuestiones pueden plantearse entre los Altos Órganos del Estado,* para garantizar y asegurar el

12 El reconocimiento de la primacía de la jurisdicción de conflictos en la delimitación de la actividad administrativa exenta de control contencioso sobre el que realizan los propios Tribunales de este orden, puede servir de compensación de la inevitable parcialidad de éstos al interpretar los límites de su propia competencia.

13 *Derogada por la Constitución de 27 de diciembre de 1978.*

14 *Derogada por la Constitución española y por la Ley Orgánica 2/1979, de 3 de octubre, del Tribunal Constitucional, al oponerse a lo en ellas establecido. En efecto, en la Ley de 14 de julio de 1972, en coherencia con el principio de coordinación de funciones entre los altos órganos del Estado, que peculiorizaba al Estado autoritario, en antitesis a aquel otro de división de poderes propios del Estado democrático de derecho, se articulaba un procedimiento de resolución de las cuestiones entre Gobierno y Justicia, cuya resolución correspondía al Jefe del Estado. La Constitución, fiel a la tradición democrática, ha articulado un Estado social y democrático de Derecho (Art. 1.1) con división funcional del poder (Legislativo, Ejecutivo y Judicial) y con distribución territorial del mismo (por cuya virtud los contenidos propios de aquellos dos primeros, potestades y competencias están repartidos entre las distintas instancias en que se organiza territorialmente el Estado). La consecuencia, en el ámbito que ahora nos interesa es obvio; la aparición de nuevos conflictos, aquellos suscitados entre órganos constitucionales, entre el poder central y las Comunidades Autónomas o entre éstos. Estos, por su indudable índole constitucional, están encomendados al Tribunal Constitucional, y su regulación a la Ley Orgánica que lo establece y ordena: Título IV "De los conflictos constitucionales", en su capítulo II, los conflictos entre el Estado y las Comunidades autónomas o de éstas entre sí, y en su capítulo III, los conflictos entre órganos constitucionales del Estado.*

En resumen, la Constitución ha operado un giro radical, fiel a la tradición democrática, que ha supuesto que la resolución de los conflictos constitucionales la tenga atribuida un órgano jurisdiccional de control de la constitucionalidad (Tribunal Constitucional), y la pérdida de la habilitación del Jefe del Estado en orden a su resolución, en coherencia con su papel moderador de las instituciones del Estado de ejercicio informal.

regular funcionamiento de los mismos y la debida coordinación de funciones. Justamente el artículo 2° admite la posibilidad de conflicto —"cuestión" como con notorio eufemismo lo llama esta Ley— entre el Gobierno y la Justicia representado por la Sala de Gobierno del Tribunal Supremo. La decisión en este procedimiento, a través del cual pueden sustanciarse auténticos conflictos de competencia, corresponde también al Jefe del Estado, si bien en este caso es asesorado por la Comisión permanente del Consejo Nacional y por el Consejo del Reino.

Ni que decir tiene que por esta vía puede crearse una doctrina contradictoria con la que desarrolle por los otros sistemas resolutorios de conflictos.

2. ORIGEN Y FUNDAMENTO DE LA REGLA DE LA INCAPACIDAD DEL PODER JUDICIAL PARA PLANTEAR EL CONFLICTO Y SU INICIAL RECEPCIÓN Y POSTERIOR ABANDONO POR EL DERECHO ESPAÑOL

Como hemos visto, en el sistema español de conflictos —y también en el procedimiento de coordinación de Altos Organos— es absolutamente normal la posibilidad de que el conflicto se inicie por los Tribunales, lo que contradice la más tradicional de las reglas del sistema de conflictos, del sistema continental o francés, centrada precisamente en la reserva de la iniciativa en favor exclusivo de la Administración.

El origen de esa incapacidad de los jueces para poner en marcha el sistema de conflictos, requiriendo de inhibición a la Administración, está localizado en el Derecho francés del Antiguo Régimen. Allí es donde nace la necesidad de un procedimiento de conflicto destinado, exclusivamente, a proteger a la Administración real contra la actuación invasora de los entonces prepotentes Parlamentos Judiciales. Las técnicas empleadas no son otras que el recurso de casación contra las sentencias judiciales, casación que entonces estaba atribuida al Consejo del Rey, y la avocación ante el mismo Consejo de los asuntos en tramitación.

Tras la Revolución, abandonada la práctica de las avocaciones y atribuido el recurso de casación al poder judicial, la Administración se encontraba absolutamente inerme ante los Jueces y Tribunales. Se trataba, pues, únicamente, de proteger al Gobierno frente a los jueces que, por pertenecer a cuerpos inamovibles, se consideraban irresponsables, nada se temía, por el contrario, de la Administración y de los ministros a su cargo, ya que cualquier exceso en el ejercicio de su competencia encontraría, se supone, la adecuada sanción por los mecanismos de la responsabilidad Parlamentaria (Cormenin). La Asamblea Constituyente se apercibió muy pronto de que si no se ponía remedio, el mismo poder legislativo sería invadido por el judicial. Se impuso así la regla de que *la elevación del conflicto es unilateral,* debiendo puntualizarse, además, que la protección se orientó a impedir que la Administración fuese indebidamente juzgada por los Tribunales ordinarios, civiles y penales, más que a proteger contra éstos a la Jurisdicción contencioso-administrativa, lo que explica la atribución al Prefecto de la competencia para la elevación del conflicto.

Por influencia directa del Derecho francés, se incorpora al nuestro un sistema de conflicto de este tenor, entendido únicamente como defensa de la Administración frente al poder judicial, en la primera regulación moderna, del Decreto de 4 de junio de 1846, que es, prácticamente, una copia de la ordenanza francesa de 1 de junio de 1828.

Colmeiro justificará la regla de la incapacidad del juez para plantear el conflicto, en la circunstancia de que la "autoridad judicial no es activa por su naturaleza, y porque si se concediese a los jueces y tribunales ordinarios la facultad de promover competencias de jurisdicción y atribuciones a la Administración, estaría en sus manos entorpecer y paralizar la acción de ésta en los negocios cuyo conocimiento les compete". Nada se dice, sin embargo, de la irresponsabilidad, a este efecto, de los jueces, quizás porque todavía a mediados del siglo pasado, cuando escribe, los jueces no habían consolidado su inamovilidad.[15]

3. DEL RECURSO POR EXCESO DE PODER A LA IGUALDAD DE INICIATIVA

Frente a lo expuesto sobre el Derecho francés y su recepción, aquí la verdad es que la tradición del Derecho español no obedecía a un principio de desconfianza hacia los Tribunales ordinarios. No hay en nuestro Antiguo Régimen, en nuestras Audiencias y Consejos ni una sombra siquiera del soberbio poder de los Parlamentos judiciales, ni una delimitación tan precisa de la organización y funciones judiciales. Más bien, lo que se da es una proliferación de Fueros y Jurisdicciones ordinarias y especiales de tal naturaleza que en la contienda de competencias es habitual entre ellas sin que se haga cuestión de los conflictos entre la Administración real y aquéllos.[16] Lo judicial y lo administrativo no están domiciliados en organizaciones diversas, sino que conviven en el interior de los Consejos. Audiencias y Juntas y los conflictos se dan en función de las competencias materiales y de la condición o fuero de las personas implicadas. En la Constitución de Bayona el planteamiento es ya muy distinto al atribuir al Consejo de Estado y al Rey el reconocimiento de las competencias de Jurisdicción entre los Cuerpos Administrativos y Judiciales (Art. 58), sin más precisiones. La de Cádiz ni siquiera se hace cuestión de los posibles conflictos entre éstos al regular las potestades regias o las competencias del Consejo de Estado. Los únicos conflictos que contempla son los que se producen en el seno de la organización judicial común, cuya resolución se encarga al Tribunal Supremo, superior de todos los jueces (Art. 261), creyendo haber acabado para siempre con las nefastas cuestiones de competencia por la simple abolición de los fueros privilegiados, según se desprende del discurso preliminar. Los gaditanos piensan el Estado más desde la perspectiva del Juzgado que desde la del Ministerio.

Si la regla del planteamiento unilateral del conflicto establecida en el Decreto de 4 de junio de 1846 obedecía a un mimetismo respecto al Derecho francés, contrario al judicialismo gaditano, no resulta sorprendente que, a seguidas, se trate de corregirla, arbitrando en favor de los Tribunales algún medio de defensa frente a las intromisiones administrativas en su función. Así, en la reforma del Consejo de Estado que opera la Ley de 17 de agosto de 1860, aparecerá consignado *un recurso de abuso de poder o de incompetencia que eleven al Gobierno las autoridades del orden judicial contra las resoluciones administrativas* (Art. 45, apartado 10) sobre el que informaría el Pleno del Consejo de Estado. Lo singular del caso es que este recurso se arbitra *al margen del sistema de conflictos* —en el que se sigue rigiendo la regla del planteamiento unilateral— y del sistema contencioso-administrativo, jurisdicción ejercida a través de la Sala de lo contencioso,

15 Sainz Moreno: "La inamovilidad del poder judicial", en *Revista de Derecho Administrativo.*

16 Dou y Bassol: *Instituciones de Derecho público general de España*. Madrid, 1800, tomo II.

y no del Consejo en Pleno. Parece ser que ante la falta de un procedimiento *ad hoc*, los jueces pretendieran hacer operativo el recurso por exceso de poder utilizando al efecto el procedimiento del sistema de conflictos, lo cual fue rechazado por el Real Decreto de 27 de mayo de 1870. Llenó aquella omisión de procedimiento la Ley Orgánica del Poder Judicial destinando los artículos 260 a 297 a reglamentar qué autoridades y a instancia de quiénes podrían promover los recursos de queja contra los excesos de poder de la autoridad administrativa y la tramitación a que debían ajustarse los expedientes. Después, completaron la regulación los artículos 118 y siguientes hasta el 124 de la Ley de Enjuiciamiento Civil. Según dichos preceptos el recurso podía promoverse: 1° A instancia de parte agraviada; 2° En virtud de excitación del Ministerio Fiscal, y 3° de Oficio.

Solamente las Audiencias y el Tribunal Supremo podían recurrir en queja al Gobierno contra las invasiones de la Administración en las atribuciones judiciales debiendo los Tribunales inferiores poner en conocimiento de aquéllos las infracciones de que fueran objeto en la Jurisdicción. La Ley no determinaba la tramitación que debía darse a estos expedientes y por ello, según Manresa, "el juez que los instruya se valdrá en cada caso de los medios más adecuados para hacer constar el abuso, admitiendo los documentos e informaciones pertinentes que presente la parte actora. Uno de esos medios podrá ser, en caso necesario, el de dirigir atenta comunicación a la autoridad o agente administrativo para que manifieste si ha dictado la resolución o ejecutado el hecho que constituye el abuso de poder; pero sin requerirle de inhibición porque lo prohíbe el artículo 118".[17]

Lo singular de este procedimiento —aparte de la prohibición de requerimiento de inhibición, cuya finalidad era impedir la paralización de la acción administrativa— radica en que la resolución del recurso se atribuye al Gobierno, y no al Jefe del Estado, asesorado por el Consejo de Estado en Pleno y previa audiencia del órgano administrativo presuntamente invasor de las competencias judiciales.

Ambas prerrogativas de la Administración —decisión por sí misma del recurso de exceso de poder e inmunidad frente a la paralización de la actividad administrativa— concluyen cuando la Ley de 17 de julio de 1948 integra el recurso por exceso de poder en el procedimiento de conflictos derogando las correspondientes normas de la Ley Orgánica del Poder Judicial y de la Ley de Enjuiciamiento Civil, y aceptando que los Tribunales puedan requerir de inhibición a la Administración con efecto suspensivo de la actuación de ésta (Art. 21). Precisamente una de las finalidades de la reforma fue la de terminar con esa especie de *capitis diminutio* del poder judicial, según confiesa la Exposición de motivos de la Ley, en la que se protesta contra "el injustificado recelo hacia los órganos de la jurisdicción judicial que colocaba a los Jueces y Tribunales en posición de inferioridad respecto a la Administración, puesto que no era dable a los primeros suscitar directamente conflicto jurisdiccional a ésta, debiendo limitarse a recurrir en queja al Gobierno, cuando estimaren que alguna autoridad administrativa había invadido sus atribuciones".

---

17 Manresa: *Comentarios a la Ley de Enjuiciamiento Civil*, tomo I, p. 400.

4. LA INFERIORIDAD DE LOS TRIBUNALES EN LA FASE RESOLUTORIA DEL CONFLICTO. SISTEMAS DE RESOLUCIÓN DE LOS CONFLICTOS

Si en lo que toca al reconocimiento al poder judicial de la facultad de requerir de inhibición a la Administración, nuestro Derecho ha ido bastante más tejos que su permanente fuente de inspiración, el Derecho francés, no cabe duda de que se ha quedado corto en garantías respecto a aquél en lo que atañe a la fase resolutoria del conflicto.

En efecto, aún admitiendo que el Jefe del Estado ejerce un poder arbitral entre los poderes ejecutivo y judicial (lo que es ya mucho admitir en nuestro Derecho, en el que sus funciones en y sobre la Administración son más directas y reales que las que tiene atribuidas en la Administración de justicia, protegidas por el principio de la independencia judicial), es obvio que la presunta imparcialidad del Jefe del Estado se encuentra mediatizada por la fase asesora previa de signo inequívocamente administrativo, a cargo de los ministros, el Gobierno y el Consejo de Estado.

Esta solución responde al modelo francés napoleónico que se supera en Francia, en 1872, con la creación de un Tribunal de Conflictos, que es la más alta autoridad jurisdiccional del país vecino, aunque sus miembros no tienen como ocupación única las tareas del Tribunal, cuantitativamente escasas. Su composición responde a la idea de una comisión paritaria: tres consejeros de la Corte de Casación y otros tres del Consejo de Estado elegidos por sus respectiva corporaciones por un plazo de tres años; estos seis miembros eligen a su vez a otros dos miembros, elección que suele recaer en un cuarto Consejero de la Corte de Casación y otro del Consejo de Estado. La Presidencia, para los casos de empate de votos, se atribuyó, con un criterio ciertamente arbitrario, al ministro de Justicia; en fin, ante el Tribunal funciona el Ministerio Fiscal, formado por dos *maîtres de requêtes* del Consejo de Estado y dos fiscales generales de la Corte de Casación.

Durante la primera época de funcionamiento (1872-1920) parece ser que el Tribunal de Conflictos orientó su actuación a garantizar la aplicación estricta del principio de separación de autoridades, defensor de la Administración, como sabemos, sin admitir más excepciones que las derivadas de leyes expresas derogatorias y, aun así, interpretándolas restrictivamente. A partir de 1920 abandona, en cierto modo, este principio de defensa de la competencia jugando el papel de definidor y creador de las mismas, consecuencia al parecer de una ofensiva de los miembros judiciales, no contrarrestada eficazmente por los consejeros de Estado, fruto de la cual son los *arrêts* (Bac d'Eoca, 1921; Melinette, 1933; Noliati, 1953), declarando la incompetencia de la Jurisdicción civil sobre el contencioso de los servicios públicos industriales y comerciales y el régimen jurídico que les resulta aplicable, y que amenaza con llevar por igual camino a los servicios sociales. Para un sector doctrinal todo esto se corresponde con la existencia de una cierta doctrina de Derecho público, que desconocedora de las razones de ser de la especificidad del Derecho Administrativo y sin fe en él, estaba dispuesta a todos los abandonos e, incluso, los apoyaba.[18]

La solución rigurosamente administrativa de nuestro sistema —que coincide por cierto con la que propugna el sector doctrinal francés recién aludido— contrasta aún

18 Benoit: *Le Droit administratif français*. París, Dalloz, 1968, p. 322.

más con la vigente en el Derecho italiano, que atribuye la resolución de los conflictos de competencia entre la Administración y los Tribunales a la Corte de Casación, en armonía con el principio de unidad judicial, es decir, de atribución de la Jurisdicción Contencioso-Administrativa a los Tribunales civiles ,que operó la Ley de 20 de marzo de 1863, la cual justamente en este punto atribuyó la jurisdicción de conflictos al Consejo de Estado, siendo corregida por la Ley de 31 de marzo de 1877.

5. CLASES Y OBJETO DE LAS CUESTIONES DE COMPETENCIA. INEXISTENCIA DE CONFLICTOS DE DECISIÓN Y PROCEDIMIENTOS DE PREVENCIÓN DE LOS CONFLICTOS

Sin definirlas, la Ley de Conflictos distingue las cuestiones de competencia positivas y negativas [19]: las primeras se producen cuando la Administración y un órgano del poder judicial pretenden conocer de un mismo asunto; las segundas cuando ambas declaran su incompetencia.

Por otra parte, la cuestión de competencia sólo puede tener por objeto las contiendas sobre competencias en ejercicio, no sobre las ya ejercidas o las eventualmente a ejercer sobre asuntos aún no planteados. De aquí la exclusión del planteamiento frente a asuntos pendientes de casación o revisión, de los fenecidos por sentencia firme, acto administrativo firme o pendiente de recurso de revisión u otro extraordinario (Arts. 13 y 14)[20].

Esta limitación se explica por la circunstancia de que el Derecho francés, que influye en nuestra legislación de conflictos, es el vigente en 1846, fecha en que se copia la ordenanza francesa de 1 de junio de 1824. No se importaron, pues, las regulaciones complementarias posteriores, y por ello nuestro Derecho desconoce los conflictos de decisión sobre asuntos ya terminados (regulado por una Ley de 20 de abril de 1932) y los procedimientos de reenvío (Decretos de 26 de octubre de 1849 y 25 de octubre de 1960).

En el Derecho francés el conflicto de decisiones se da (juntamente por supuesto con la posibilidad para el particular interesado de remitir la cuestión de fondo al Tribunal de Conflictos) siempre que dos decisiones jurisdiccionales definitivas, una de la jurisdicción administrativa y otra de la judicial ordinaria, relativas a un mismo objeto, presentan una contradicción de tal naturaleza que equivalga a una denegación de justicia. A su vez, para evitar conflictos futuros se idearon y regularon los procedimientos

---

19 *Conflicto positivo y negativo de jurisdicción, en la nueva terminología acuñada por la Ley 2/1987.*

20 *Exclusión hoy contenida en los artículos 1 y 8 de la Ley 2/1987, en los que se dispone:*

"artículo siete. No podrán plantearse conflictos de jurisdicción a los Juzgados y Tribunales en los asuntos judiciales resueltos por auto o sentencias firmes o pendientes sólo de recurso de casación o de revisión, salvo cuando el conflicto nazca o se plantee con motivo de la ejecución de aquéllos o afecte a facultades de la Administración que hayan de ejercitarse en trámite de ejecución

"artículo ocho. Los Jueces y Tribunales no podrán suscitar conflictos de jurisdicción a las Administraciones Públicas en relación con los asuntos ya resueltos por medio de acto que haya agotado la vía administrativa, salvo cuando el conflicto verse sobre la competencia para la ejecución del acto".

de reenvío: el reenvío obligatorio, que pretende evitar un eventual conflicto negativo, tiene lugar cuando, tras una primera declaración de incompetencia de un Tribunal (administrativo o judicial), un segundo Tribunal pretende dictar una nueva decisión de incompetencia. Esta debe evitarse y con ello el conflicto negativo, remitiendo las actuaciones al Tribunal de Conflictos. El reenvío facultativo se establece en favor del Consejo de Estado y del Tribunal de Casación, que pueden remitir en consulta al Tribunal de Conflictos cualquier asunto en que se suscite un problema de competencia.

6. CONSTITUCIONALIDAD DE LA ATRIBUCIÓN AL REY DE LA COMPETENCIA RESOLUTORIA DE LOS CONFLICTOS

Dejando para otro momento la reflexión sobre la conveniencia de ampliar nuestro sistema con mecanismos de prevención de conflictos y de extenderlo a los conflictos entre decisiones, y pasando también por alto la crítica negativa que reúne un procedimiento de tanta complejidad y lentitud, vamos a fijarnos en la fase decisoria, por ser ésta la que en principio pudiera suscitar problemas de contradicción con la nueva estructura democrática-parlamentaria del Estado español. El problema puede plantearse de la siguiente manera. ¿La atribución al Jefe del Estado dé la decisión de los conflictos sobre coordinación entre altos órganos por la Ley de 14 de julio de 1972, y de las cuestiones de competencia entre la Administración y los Tribunales por la Ley de 1948, será constitucionalmente válida? ¿Qué títulos pueden habilitar al Rey para seguir ejerciendo esa función, a tenor de lo ya consignado en el Proyecto de Constitución?

Desde luego parece evidente que la Ley de 1972 misma habrá que entenderla derogada con la entrada en vigor de la nueva Constitución, si ésta, siguiendo el diseño del proyecto, afirma el principio de separación de poderes y de prevalencia del Parlamento sobre el ejecutivo y el poder judicial, lo que es incompatible con un procedimiento que parte del supuesto enfrentamiento entre cualesquiera de ellos. Aparte, claro está, se producirá una inadecuación total del procedimiento a la nueva situación, ya que la fase asesora de la resolución del conflicto se atribuye a órganos en trance de desaparición definitiva, como son la Comisión Permanente del Consejo Nacional y el Consejo del Reino.

En cuanto al sistema de la Ley de Conflictos de 1948, al no prever el conflicto entre el Parlamento y los otros poderes, y al atribuir al Consejo de Estado la función asesora, las contradicciones que acabamos de exponer no le afectan. Pero puede, sin embargo, invalidar el sistema la posible falta de atribución constitucional al Rey del poder decisorio, y puede asimismo afectarle la atribución exclusiva de la fase de asesoramiento a puros órganos ejecutivos, como son el Gobierno y el Consejo de Estado (Arts. 95 y 106). En favor de la tesis negativa sobre la primera cuestión podría argüirse que la resolución de competencias no está consignada entre las que corresponden al Rey, según la enumeración taxativa que se hace en el artículo 54 del Proyecto de Constitución[21] (nombrar y separar al presidente del Gobierno y ministros, convocar y disolver las Cortes, convocar elecciones, sancionar y promulgar las Leyes, expedir Decretos acordados en Consejos de Ministros; conferir empleos civiles y militares, honores y

21 *Artículo 62 de la Constitución, en su redacción definitiva.*

distinciones; ejercer el derecho de gracia con arreglo a la Ley; presidir el Consejo de Ministros cuando sea necesario). En favor de la tesis afirmativa sobre el poder real decisorio de los conflictos entre la Administración y los Tribunales podría exhibirse el artículo 48[22], según el cual el Rey además de "'arbitrar y moderar el funcionamiento regular de las instituciones" ...ejerce las funciones que le atribuyen expresamente la Constitución y *las Leyes*. Admitir este punto de vista comporta desde luego aceptar que la moderación y arbitraje puede desarrollarse no solamente a través de un *indirizzo* político informal, sino también, y además, a través de procedimientos formalizados, y que por Leyes ordinarias pueden aumentarse las funciones y competencias reales. Lo uno y lo otro puede resultar excesivo y hacer inútil la enumeración taxativa de competencias regias del artículo 54 del Proyecto.

No es, sin embargo, mi intención resolver este conflicto sobre el sistema de conflictos, sino más modestamente desvelar sus contradicciones. También parece de interés señalar que ha desaparecido el título específico que en las anteriores Constituciones monárquicas hacía del Rey el órgano decisorio indiscutible de la resolución de conflictos entre la Administración y los Tribunales. Este título no era otro, a mi juicio, que el del poder jerárquico que, a la vez, ostentaba el Rey sobre la Administración y la Justicia, contempladas no como poderes independientes y autónomos, sino como ramas u órdenes diversificados de un mismo poder, el poder ejecutivo. Este comprendía en su seno tanto la aplicación voluntaria cuanto la contenciosa de las Leyes, y justamente bajo la superior dirección del Rey. Constitucionalmente esta formulación es paladina en la Constitución de Cádiz de 1812, en donde se le atribuye *en exclusiva* la potestad de hacer ejecutar las Leyes (Art. 170). Consecuentemente al Rey se atribuye la potestad reglamentaria y el mando de la Administración Pública y de la Justicia, a la que se adjetiva por cierto con el término Administrativo (título V), y para ello se le confiere la prerrogativa del nombramiento y separación de los ministros o secretarios de Estado y de los magistrados de todos los Tribunales civiles y criminales, a propuesta del Consejo de Estado. Además se le asigna específicamente la prerrogativa de cuidar de que en todo el Reino se "administre pronta y cumplidamente la justicia" (Art. 171), que se administra en su nombre, el cual encabeza las ejecutorias y provisiones de los Tribunales superiores (Art. 257). Con este arsenal de poderes ninguna duda ofrecía la constitucionalidad de una Ley o de un precepto reglamentario que le atribuyera resolver los conflictos entre esas dos administraciones que le estaban, casi por igual, sometidas. La jerarquía sobre una y otra resolvía inequívocamente la cuestión.

Esta concepción del poder ejecutivo con dos ramas luce también en los artículos 43, 45, **69** (deposición de jueces por orden del Rey) y 71 de la Constitución de 1845, que es la vigente cuando se aprueba el primer Decreto sobre el sistema moderno de conflictos. Y también está presente a través de los artículos 50 (potestad regia de hacer ejecutar las Leyes), 54 (cuidar de la justicia y cumplida Administración de Justicia), 74 (Administración de Justicia ejercida en nombre del Rey) de la Constitución de 1876, que era la vigente cuando se aprobó la regulación de los conflictos de más larga vida, la aprobada por Real Decreto de 8 de septiembre de 1887.

---

22 *Artículo 36.1 de la Constitución, en su redacción definitiva.*

La inadecuación constitucional del sistema de decisión regia de los conflictos comenzará, sin embargo, a partir del momento en que se eleva la Justicia a rango de poder independiente y separado del poder ejecutivo, cuando por obra de los demócratas radicales se comience a hablar de Poder Judicial, lo que tiene lugar en la Constitución de 1869, que liquida y supera la concepción del Rey como el superior jerárquico de la Administración de Justicia. Esta Constitución, en efecto, que servirá de apoyo y marco a la Ley Orgánica del Poder Judicial de 1870, distingue ya perfectamente entre el "poder ejecutivo que reside en el Rey y los ministros" (Art. 35) y "el poder judicial que ejercen los Tribunales" (Art. 36); ya no habla por otra parte "de la Administración de Justicia", y los Tribunales se vinculan directamente a la Ley y no a la potestad reglamentaria regia (Arts. 75 y 91). Análoga fue, en líneas generales, la concepción sobre la justicia en la Constitución de 1931, y nada en ella hacía presumible que el presidente de la República siguiera ejerciendo la Jurisdicción de Conflictos. Sorprende también que esa función no se hubiera atribuido al Tribunal de Garantías Constitucionales, ni que siquiera se hubiese considerado problema o materia constitucional, cuando otros conflictos como las regiones entre sí o la de éstas con el Tribunal de Cuentas, tuvieran entrada en la justicia constitucional, a pesar de su menor entidad política y jurídica. Pues bien, al igual que en esta última Constitución, el Proyecto constitucional en curso ni atribuye expresamente la facultad decisoria al Rey ni considera a la Justicia como una rama del poder ejecutivo. Tampoco incluye esta materia entre las competencias del Tribunal Constitucional. Se continúa, pues, la tradición de no mencionar la jurisdicción de conflictos, quizá y paradójicamente por no haber sido nunca cuestión conflictiva; quizá también porque es materia desconocida y confusa para nuestros constitucionalistas.

Ante el nuevo silencio constitucional lo más probable será, como ya ha ocurrido, que la competencia regia para decidir los conflictos entre la Administración y los Tribunales se acaba salvando y justificando con la invocación de las funciones moderadas y arbitrales que corresponden al Rey como Jefe de Estado. Sin duda se pasarán por alto los inconvenientes de aceptar la tesis, poco ortodoxa, de que los poderes del Rey no están taxativamente determinados en la Constitución, al menos aquellos que se resuelven en potestades jurídicas concretas, obligando también a aceptar que estos poderes pueden ser definidos por Leyes ordinarias y, por tanto, ilimitadamente ampliados por el legislador ordinario[23].

Más difícil será justificar en adelante la neta superioridad de la Administración en la fase de asesoramiento previo a la resolución por el Rey de los conflictos. Sobre todo entrará en cuestión inevitablemente el peso que en la misma se otorga al Consejo de Estado, cuya estructura está muy condicionada por los postulados políticos del régimen anterior[24]. La solución, si se quiere que sea respetuosa con la proyectada Consti-

23 *La Ley 2/1987, de 20 de mayo, de Conflictos jurisdiccionales, en línea con los planteamientos del Profesor Parada, ha negado la tradicional atribución al Monarca, de la resolución de los conflictos de jurisdicción, siendo residenciados en un órgano colegiado de composición mixta (Magistrados de la Sala de contencioso-administrativo del Tribunal Supremo y Consejeros Permanentes de Estado) que recibe el nombre de "'Tribunal de Conflictos de Jurisdicción".*

24 *Modificada por la Ley orgánica 3/1980, de 22 de abril, del Consejo de Estado.*

tución, no puede venir por la vía de introducir en el Consejo a representantes del poder judicial, trasvase incompatible con una organización pretenciosamente corporativa e independiente de la Justicia. Más bien parece que la solución ha de encontrarse por el camino de otorgar al órgano máximo del Poder Judicial, es decir, al Tribunal Supremo, una función consultiva de igual naturaleza que la otorgada al Consejo de Estado.

En cualquier caso, parece evidente que esta doble incertidumbre que se cierne sobre nuestro sistema de conflictos quedaría eliminada si la competencia resolutoria se atribuyera constitucionalmente a un Tribunal de Conflictos, de composición paritaria de jueces y administradores, o bien se incluyeran entre las que corresponden al Tribunal Constitucional[25].

25 *Si bien en el texto constitucional no se recogió la referida atribución a un órgano de composición paritaria, en la Ley orgánica 2/1987, se plasmó la alternativa que proponía el Profesor Parada, constituyéndose un "Tribunal de Conflictos de Jurisdicción", como el competente en su resolución. Por otro lado, con relación a los denominados conflictos constitucionales, aquellos que enfrentan al Estado y las Comunidades Autónomas, o éstas entre sí (específicamente atribuidos al Tribunal Constitucional en la Constitución, artículo l6l.l.c), o bien entre órganos constitucionales del Estado, como ya adelantara el Profesor Parada, han sido residenciados ante el Tribunal Constitucional (título IV, de la Ley Orgánica 2/1979, de 5 de octubre, del Tribunal Constitucional).*

La administración y los jueces
de
JOSÉ RAMÓN PARADA VÁZQUEZ
se imprimió en la República Argentina en
octubre de 2020.

www.ingramcontent.com/pod-product-compliance
Lightning Source LLC
LaVergne TN
LVHW090232051026
849517LV00001B/280

* 9 7 8 9 5 6 3 9 2 8 7 7 8 *